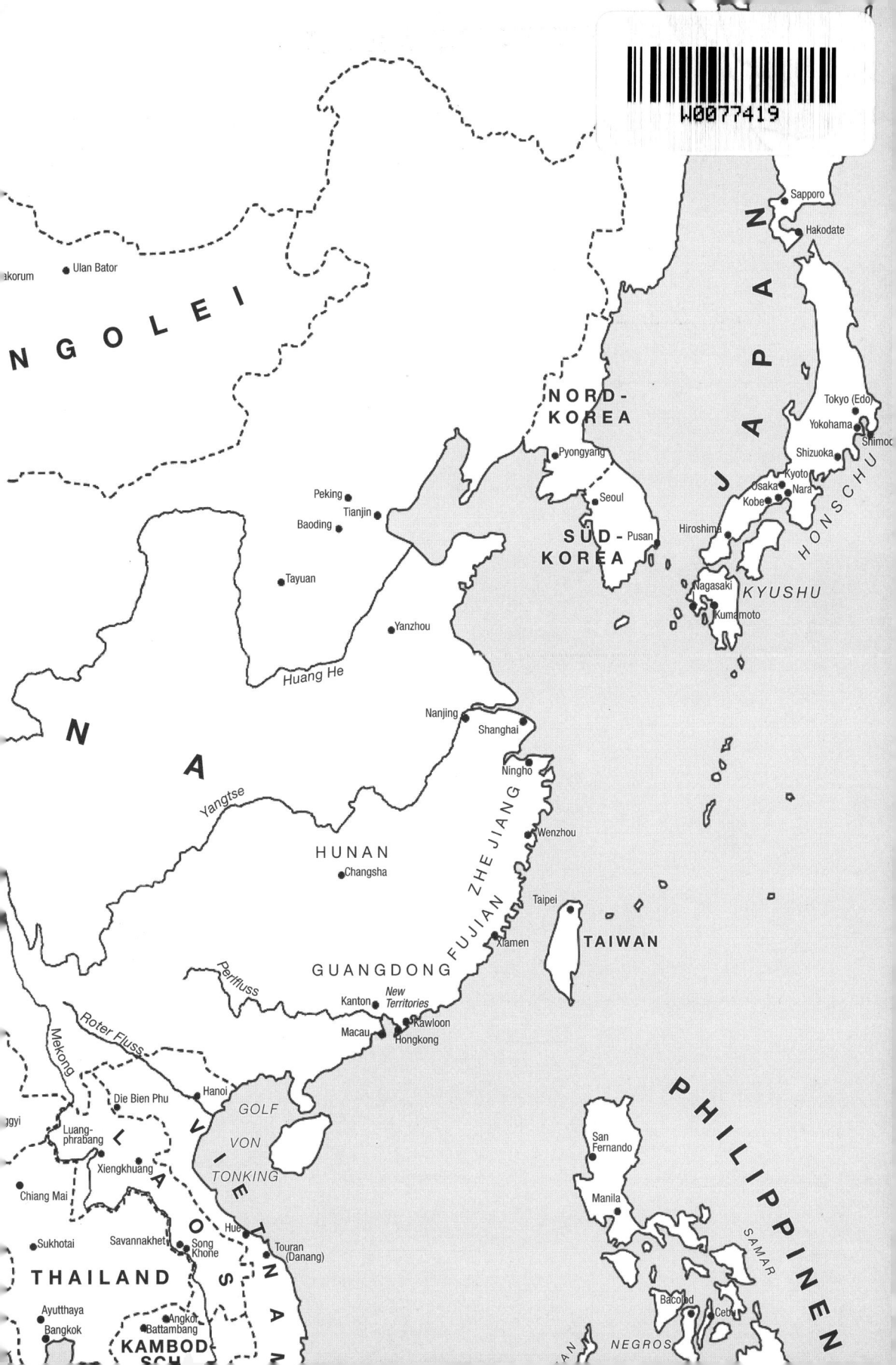

W0077419

Ulan Bator

akorum

M O N G O L E I

N
A

N

Peking
Tianjin
Baoding

Tayuan

Yanzhou

Huang He

Nanjing
Shanghai

Ningho

Yangtse

HUNAN
Changsha

Wenzhou

ZHE JIANG

FUJIAN

Taipei

Xiamen

TAIWAN

GUANGDONG

Perlfluss

Kanton
New Territories
Macau
Kawloon
Hongkong

NORD-
KOREA

Pyongyang

Seoul

SUD-KOREA

Pusan

Hiroshima

Nagasaki
Kumamoto

Sapporo
Hakodate

J A P A N

Tokyo (Edo)
Yokohama
Shimoc

Shizuoka

Kyoto
Osaka Nara
Kobe

H O N S C H U

KYUSHU

PHILIPPINEN

San
Fernando

Manila

SAMAR

Mekong

Roter Fluss

Hanoi

Die Bien Phu

Luang-
phrabang

Xiengkhuang

Chiang Mai

Sukhotai

Savannakhet

Song
Khone

Hue

Touran
(Danang)

THAILAND

Ayutthaya
Bangkok

Angkor
Battambang

KAMBOD-
SCH

L

A

O

S

V
I
E
T
N
A
M

GOLF
VON
TONKING

ngyi

Bacolod
Cebu

NEGROS

Friedrich Huber
Das Christentum in Ost-, Süd- und Südostasien sowie Australien

Kirchengeschichte
in Einzeldarstellungen

IV/8

Herausgegeben von
Ulrich Gäbler und Johannes Schilling
Begründet von
Gert Haendler und Joachim Rogge

Friedrich Huber

Das Christentum in Ost-, Süd- und Südostasien sowie Australien

EVANGELISCHE VERLAGSANSTALT
Leipzig

Die Deutsche Bibliothek – Bibliographische Information

Die Deutsche Bibliothek verzeichnet diese Publikation in der Deutschen
Nationalbibliographie; detaillierte bibliographische Daten sind im Internet
über <http://dnb.ddb.de> abrufbar.

© 2005 by Evangelische Verlagsanstalt GmbH, Leipzig
Printed in Germany · H 6976
Alle Rechte vorbehalten
Gedruckt auf alterungsbeständigem Papier
Layout: Jochen Busch
Druck und Binden: Druckerei Böhlau, Leipzig

ISBN 3-374-02119-0
www.eva-leipzig.de

Vorwort

Das vorliegende Werk nimmt in der Reihe „Kirchengeschichte in Einzeldarstellungen" eine Sonderstellung ein, indem es geographisch und zeitlich einen Raum umgreift, für den ein einzelnes Buch eigentlich nicht ausreicht. Die Darstellung machte eine Auswahl erforderlich und eine unterschiedliche Gewichtung der Themen. Es ist die Hoffnung des Verfassers, dass auf diese Weise westlichen Leserinnen und Lesern ein erster Zugang zu der Welt der asiatischen Christenheit eröffnet wird.

Die Abfassung des Buches war nur auf Grund der Mithilfe vieler möglich, von denen wenigstens einige genannt seien. Mein Vorgänger in Wuppertal, Herr Kollege Lothar Schreiner, und Herr Pfr. Uwe Hummel haben das Kapitel über Indonesien durchgelesen und mir wertvolle Ratschläge gegeben. Dieselbe Mühe hat sich Herr Dr. Gotthard Oblau mit dem Kapitel über China gemacht. Herr Kollege Takahisa Takeda hat mir in seinen Lehrveranstaltungen an der Kirchlichen Hochschule Wuppertal (im SS 2003) wichtige Einsichten in die Geschichte und Kirchengeschichte Japans vermittelt. Frau Anja Ruoß hat mich in der Schreibung der chinesischen Namen beraten. Zu danken habe ich in besonderer Weise den Mitarbeiterinnen und Mitarbeitern der Bibliothek der Kirchlichen Hochschule Wuppertal unter Leitung von Frau Diplom-Bibliothekarin Ingrid Leifert. Sie haben nicht nur in erstaunlich kurzer Zeit eine Vielzahl von Büchern aus den verschiedensten Bibliotheken für mich besorgt, sondern mich auch freundlich an fällige Rückgabetermine erinnert. Frau Anjanwu-Zander, Frau Hoerster und Herrn Gebauer, die für die Fernleihe zuständig waren, gilt hier mein besonderer Dank. Einen wesentlichen Beitrag bei der Entstehung dieses Buches haben meine studentischen Mitarbeiterinnen und Mitarbeiter geleistet: Silke Arendsen, André Beetschen, Eva Dannenberg, Barbara Herfurth, Karla Melzer, Daniel Meyer und Sabine Schmid. Sie haben unermüdlich Leihscheine ausgefüllt, Kopien erstellt, Schreibfehler und sachliche Irrtümer im Text aufgespürt und nicht zuletzt bei der Nutzung des Computers mit großer Zuverlässigkeit geholfen. Schließlich danke ich meinen Assistenten Pfr. Volker Dressel und Pfr. Sören Asmus. Auf letzteren und auf Frau Barbara Herfurth fiel die Mühe der abschließenden Überarbeitung des Manuskripts, die sie mit großem Einsatz an Zeit, Einfallsreichtum, Mitdenken und Sachkenntnis ausgeführt haben. Allen Genannten gilt mein Dank.

Schließlich habe ich dem Herausgeber der Reihe, Herrn Kollegen Gäbler, und Frau Dr. Annette Weidhas von der Evangelischen Verlagsanstalt gleicherweise für Geduld und für milden Druck zu danken.

Wuppertal, Dezember 2004   *Friedrich Huber*

Inhaltsverzeichnis

Abkürzungsverzeichnis

Bei den Abkürzungen halte ich mich in der Regel an S. Schwertner (Hg.): Theologische Realenzyklopädie. Abkürzungsverzeichnis, Berlin-New York 1994². Außerdem oder von Schwertner abweichend werden verwendet:

ABCFM   American Board of Commissioners for Foreign Missions
ASEAN   Association of South East Asian Nations
ATESEA   Association for Theological Education in South East Asia
BJP   Bharatiya Janata Party/Indische Volkspartei
BMS   Baptist Missionary Society
CCC   China Christian Council
CICM   Congregatio Immaculati Cordis Mariae (Scheut-Väter)
CIM   China Inland Mission
CKPV   Chinesische Katholische Patriotische Vereinigung
CMA   Christian and Missionary Alliance
CMS   Church Missionary Society
CNI   Church of North India
CPP   Kommunistische Partei der Philippinen
CSI   Church of South India
DAC   A Dictionary of Asian Christianity
DGI   Dewan Gereja-gereja di Indonesia/Indonesischer Kirchenrat
DSB   Chinesische Christliche Patriotische Drei-Selbst-Bewegung
DThWTh   Dictionary of Third World Theologies
ECVN   Evangelische Kirche von Vietnam
EIC   East India Company
GKPS   Gereja Kristen Protestan Simalungun/Christlich-Protestantische Simalungun-Kirche
GMD   Guomindang/Nationale Volkspartei
GPH   Gereja Protestan Halmahera/Protestantische Kirche in Halmahera
HKBP   Huria Kristen Batak Protestan/Toba-Batak-Kirche
IFI   Iglesia Filipina Independiente/Philippinische Unabhängige Kirche
INC   Indian National Congress
KPCh   Kommunistische Partei Chinas
LMS   Londoner Missionsgesellschaft
MCC   Myanmar Council of Churches
MEP   Société des Missions Étrangères de Paris/Pariser Missionsgesellschaft
Namfrel   National Movement for free elections
NCC-J   National Christian Council of Japan
NCCK   National Council of Churches in Korea

NCCP	National Council of Churches in the Philippines
NCF	Nepal Christian Fellowship
NGZV	Niederländisch-Reformierte Missionsvereinigung
NLD	National League for Democracy
NPA	New Peoples Army
NZG	Niederländische Missionsgesellschaft
ÖRK	Ökumenischer Rat der Kirchen
PCT	Presbyterianische Kirche von Taiwan
PGI	Persekutuan Gereja-gereja di Indonesia/Gemeinschaft der Kirchen in Indonesien
PROK	Presbyterian Church in the Republic of Korea
RMG	Rheinische Missionsgesellschaft
SEAGST	South East Asia Graduate School of Theology
SVD	Societas Verbi Divini/Steyler Missionsgesellschaft
TELC	Tamilische evangelisch-lutherische Kirche
UCCP	United Church of Christ in the Philippines
UMN	United Mission to Nepal
UZV	Utrechter Missionsgesellschaft
VOC	Vereinigte Ostindische Compagnie
VRC	Volksrepublik China

Literaturverzeichnis

In das Literaturverzeichnis wurden in der Regel nur die Titel aufgenommen, die mehr als einmal erwähnt werden. In den Anmerkungen sind diese Arbeiten mit Kurztitel genannt, der so gehalten ist, dass eine eindeutige Identifikation möglich ist. Bücher oder Aufsätze, auf die nur einmal verwiesen wird, wurden in den entsprechenden Fußnoten mit vollen bibliographischen Angaben aufgeführt.

Ackerman, S. E./R. L. M. Lee: Heaven in Transition. Non-Muslim Religious Innovation and Ethnic Identity in Malaysia, University of Hawaii Press, Honolulu 1988

Ahmad, M. D.: Afghanistan (Islamische Republik Afghanistan), in: U. Steinbach/R. Hofmeier/M. Schönborn (Hg.): Politisches Lexikon Nahost/Nordafrika, München 1994[3], S. 11–26

Ahn, B.-M.: Das Subjekt der Geschichte im Markusevangelium, in: J. Moltmann (Hg.): Minjung, S. 134–172

Ders.: Draußen vor dem Tor. Kirche in Minjung in Korea, Göttingen 1986

Ders.: Jesus und das Minjung im Makusevangelium, in: J. Moltmann (Hg.): Minjung, S. 110–132

Ders.: Minjung-Theologie, in: ZMiss 14 (1988), S. 83–93

Aleaz, K. P.: An Understanding of Jesus from within Advaita Vedanta – The Findings of a Research, in: NCRR 118 (1998), S. 168–182

Ders.: Church in the Indian Pluralistic Context: Challanges and opportunities, in: NCCR 115 (1995), S. 659–668

Ders.: Hindu-Muslim and Hindu-Christian Relations in the context of the Rise of Hindutva in India, in: NCCR 122 (2002), S. 437–452

Anderson, C.: To the Golden Shore. The Life of Adoniram Judson, Valley Forge 1987

Anderson, G. H. (Hg.): Studies in Philippine Church History, Ithaca-London 1969

Ders. u. a. (Hg.): Mission Legacies. Biographical Studies of Leaders of the Modern Missionary Movement, Maryknoll 1994

Antoni, K.: Shinto & die Konzeption des japanischen Nationalwesens (*kokutai*), Leiden-Boston-Köln 1998 (zitiert als „K. Antoni: Kokutai")

Ders.: Shinto, in: K. Kracht/M. Rüttermann (Hg.): Grundriß der Japanologie, Wiesbaden 2001, S. 115–147 (zitiert als „K. Antoni: Shinto")

Appasamy, A. J.: Sundar Singh: A Biography, Madras 1958

Baago, K.: The Movement around Subba Rao, Madras 1968

Ders.: Pioneers of Indigenous Christianity, Bangalore-Madras 1969

Baptist Church of Mizoram (Hg.): Reports by Missionaries of Baptist Missionary Society (B.M.S.) 1901–1938, Serkawn 1993

Barrett, D./Turian, G. T./Johnson, T. M. (Hg.): World Christian Encyclopedia. A comparative survey of churches and religions in the modern world. Bd. 1: The world by countries, religionists, churches, ministries; Bd. 2: The world by segments: religions, peoples, languages, cities, topics, Oxford 2001[2]

Battung, M. R. (Hg.): Theologie des Kampfes. Christliche Nachfolgepraxis in den Philippinen, Münster 1989

Bauer, W.: China und die Hoffnung auf Glück. Paradiese, Utopien, Idealvorstellungen in der Geistesgeschichte Chinas, München 1989[2]

Bays, D. H. (Hg.): Christianity in China. From the Eighteenth Century to the Present, Stanford/California 1996

Bechert, H.: ‚Das Lieblingsvolk Buddhas': Buddhisten in Birma, in: H. Bechert/R. Gombrich (Hg.): Der Buddhismus. Geschichte und Gegenwart, München 1984, S. 169–189

Ders.: Buddhismus, Staat und Gesellschaft in den Ländern des Theravada-Buddhismus, Bd. I: Grundlagen, Ceylon (Sri Lanka), Göttingen 1988 (unveränderter Nachdruck der Ausgabe von 1966)

Ders.: Buddhismus, Staat und Gesellschaft in den Ländern des Theravada-Buddhismus, Bd. II: Birma, Kambodscha, Laos, Thailand, Wiesbaden 1967

Becker, D. (Hg.): Ohne Streit kein Frieden? Konflikte in Partnerkirchen in Indien, Indonesien und Ozeanien, Frankfurt a. M. 1998

Ders.: Art. „Indonesien II. Christentumsgeschichte", in: RGG[4], Bd. 4, Sp. 116–118

Ders.: Die Kirchen und der Pancasila-Staat. Indonesische Christen zwischen Konsens und Konflikt, Erlangen 1996

Beltran, B. P.: Philippinische Theologie in ihrem kulturellen und gesellschaftlichen Kontext, Düsseldorf 1988

Bergunder, M.: From Pentecostal Healing Evangelist to Kalki Avatar: The Remarkable Life of Paulaseer Lawrie, alias Shree Lahari Krishna (1921–1989) – A Contribution to the Understanding of New Religious Movements, in: R. E. Frykenberg: Christians and Missionaries in India. Cross-Cultural Communication since 1500, London 2003, S. 357–375

Ders.: Die südindische Pfingstbewegung im 20. Jahrhundert. Eine historische und systematische Untersuchung, Frankfurt a. M. 1999

Berner, I.: Art. „Pakistan", in: DAC, S. 628–631

Best, E. E.: Christian Faith and Cultural Crisis. The Japanese Case, Leiden 1966

Beyer, U.: Entwicklung im Paradies. Sozialer Fortschritt und die Kirchen in Indonesien, Frankfurt a. M. 1974

Ders.: Und viele wurden hinzugetan. Karo-Batak-Kirche: Mission und Wachstum, Erlangen 1982

Blanke, G. H.: Das amerikanische Sendungsbewußtsein: Zur Kontinuität rhetorischer Grundmuster im öffentlichen Leben der USA, in: K.-M. Kodalle (Hg.): Gott und Politik in USA. Über den Einfluß des Religiösen, Frankfurt a. M. 1988, S. 186–215

Bonn, G.: Bhutan. Kunst und Kultur im Reich der Drachen. DuMont Kunst-Reiseführer, Köln 1988

Boxer, C. R.: The Christian Century in Japan 1549–1650, Berkeley-Los Angeles 1967

Boyd, R.: An Introduction to Indian Christian Theology, Madras-New Delhi 1975[2]

Brakel, L. F.: Indonesien, in: W. Ende/U. Steinbach (Hg.): Der Islam in der Gegenwart (4. Aufl.), S. 736–748

Bray, B.: Bhutan, in: D. E. Hoke (Hg.): The Church in Asia, S. 85–94

Breward, I.: A History of the Australian Churches, Sidney 1993

Ders.: A History of the Australian Churches, St. Leonards/Australia 1993

Ders.: A History of the Churches in Australasia, Oxford 2001

Brown, G. Th.: Christianity in the People's Republic of China, Atlanta/Georgia 1983

Brück, M. von/Lai, W.: Buddhismus und Christentum. Geschichte, Konfrontation, Dialog, München 1997

Bunda, N. D.: A Mission History of the Philippine Baptist Churches 1898–1998. From a Philippine Perspective, Aachen 1999

Bush, R. C. Jr.: Religion in Communist China, Nashville-New York 1970

Camps, A.: Franciscan Missions to the Mogul Court, in: ders.: Studies in Asian Mission History, 1956–1998, Leiden-Boston-Köln 2000, S. 60–74

Ders.: Mill Hill Missionaries in Afghanistan from 1879 until 1881 and their stay in Quetta-Baluchistan until 1883, in: ders.: Studies in Asian Mission History 1956–1998, Leiden-Boston-Köln 2000, S. 213–258

Caplan, L.: Religion and Power: Essays on the Christian Community in Madras, Madras 1989

Chain, T. A.: Art. „Myanmar", in: DAC, S. 574 f.

Chandler, D.: A History of Cambodia, Boulder/Colorado 2000³

Chang, M.: A History of Christianity in Taiwan, in: M. D. David (Hg.): Asia and Christianity, Bombay 1985, S. 14–40

Charbonnier, J.: The „Underground" Church, in: E. Tang/J.-P. Wiest (Hg.): The Catholic Church in Modern China, S. 52–70

Chew, E. C. T.: Art. „Singapore", in: DAC, S. 768–769

Ching, J.: Is There Religious Freedom in China?, in: E. Tang/J. P. Wiest (Hg.): The Catholic Church in Modern China, S. 43–51

Ders.: Konfuzianismus und Christentum, Mainz 1989

Cho, Y.: Glaube in Aktion, Karlsruhe 1980⁴

Chung, H. K.: „Komm, Heiliger Geist – erneuere die ganze Schöpfung". Eine Einführung in das theologische Thema, in: W. Müller-Römheld (Hg.): Im Zeichen des Heiligen Geistes. Bericht aus Canberra 1991, Frankfurt a. M. 1991, S. 47–56

Ders.: Schamanin im Bauch – Christin im Kopf. Frauen Asiens im Aufbruch, Stuttgart 1992

Claver, F. F.: Kirche und Revolution: Die philippinische Lösung, in: StZ 204 (1986), S. 507–521

Clymer, K. J.: Protestant Missionaries in the Philippines, 1898–1916. An Inquiry into the American Colonial Mentality, Urbana-Chicago 1986

Cohen, E.: Christianity and Buddhism in Thailand, in: Social compass 38 (1991), S. 115–140

Collani, C. von: Charles Maigrot's Role in the Chinese Rites Controversy, in: D. E. Mungello (Hg.): The Chinese Rites Controversy, S. 149–183

Ders.: Figurismus – Anfang und Ende einer kontextuellen Theologie in China, in: R. Malek (Hg.): „Fallbeispiel" China, S. 89–127

Constantino, R.: A History of the Philippines: From the Spanish Colonization to the Second World War, New York-London 1975

Cooley, F. L.: Die ökumenische Bewegung in Indonesien, in: R. Italiaander (Hg.): Indonesiens verantwortliche Gesellschaft, Erlangen 1976, S. 290–301

Ders.: The Growing Seed. The Christian Church in Indonesia, Jakarta 1981

Corba, E.: Muslime, Hindus und Christen im Dialog. Von der Initiative eines Missionars in einem bengalischen Dorf, in: KM 108 (1989), S. 122–126

Cormack, D.: Killing Fields, Living Fields, London 1997

Costa, H. de la: Episcopal Jurisdiction in the Philippines during the Spanish Regime, in: G. H. Anderson (Hg.): Studies in Philippine Church History, S. 44–64

Ders.: The Development of the Native Clergy in the Philippines, in: G. H. Anderson (Hg.): Studies in Philippine Church History, S. 65–104

Ders.: The Jesuits in the Philippines 1581–1768, Cambridge/Massachusetts 1967

Covell, R. R.: Confucius, the Buddha, and Christ. A History of the Gospel in Chinese, Maryknoll 1986

Ders.: The Liberating Gospel in China. The Christian Faith among China's Minority Peoples, Grand Rapids/Michigan 1995

Cox, J.: Imperial Fault Lines. Christianity and Colonial Power in India, 1818–1940, Stanford/California 2002

Cracknell, K.: Justice, Courtesy and Love. Theologians and Missionaries Encountering World Religions, 1846–1914, London 1995

David, M. D. (Hg.): Asia and Christianity, Bombay 1985

Deats, R. L.: Nationalism and Christianity in the Philippines, Dallas 1997

Decorvet, J./G. Rochat: L'Appel du Laos, Yverdon/Schweiz 1946

Devasahayam, V.: Frontiers of Dalit Theology, Chennai 1996

Diamond, N.: Christianity and the Hua Miao: Writing and Power, in: D. H. Bays (Hg.): Christianity in China, S. 138–157

Dictionary of Asian Christianity, A: Hg. von S. W. Sunquist: Rapids/Michigan-Cambridge/UK 2001

Dictionary of the Ecumenical Movement, hg. von N. Lossky u. a., Genf-Grand Rapids 1991

Dictionary of Third World Theologies, hg. von V. Fabella and R. S. Sugirtharajah, Maryknoll 2000

Die Entwicklungen der christlichen Missionen in Hinterindien, in: Magazin für die neueste Geschichte der evangelischen Missions- und Bibelgesellschaften, Jg. 1840, S. 3–153

Die Heidenpredigt in Indien, in: EMM 19 (1875), S. 26–41, 68–71, 165–172, 207–223

Documents of the Three-Self-Movement. Source Materials for the study of the Protestant Church in Communist China, hg. vom National Council of the Churches of Christ in the U.S.A., New York 1963

Dohi, A. u. a. (Hg.): Theologiegeschichte der Dritten Welt, Japan-München 1991

Donner, W.: Thailand. Land zwischen Tradition und Moderne, München 1996

Downs, F. S.: History of Christianity in India. Bd. V, Teil 5: North East India in the Nineteenth and Twentieth Centuries, Bangalore 1992

Draguhn, W. u. a. (Hg.): Politisches Lexikon Asien, Australien, Pazifik, München 1989[2]

Drummond, R. H.: A History of Christianity in Japan, Grand Rapids 1971

Dyck, D. J. van: Kirche unter dem Kreuz im Toradjaland, in: Th. Müller-Krüger: Indonesia Raja. Antlitz einer großen Inselwelt, Bad Salzuflen 1966, S. 137–141

Elison, G.: Deus Destroyed. The Image of Christianity in Early Modern Japan, Cambridge/Massachusetts-London 1991

End, Th. van den/A. Heuken/H. Ongirwalu: Art. „Indonesia", in: DAC, S. 374–380

Ende, W./U. Steinbach (Hg.): Der Islam in der Gegenwart, München 1991[3]

Dies.: Der Islam in der Gegenwart, München 1996[4]

England, J. C.: The Hidden History of Christianity in Asia. The Churches of the East before 1500, Delhi-Hong Kong 1996

Evangelisches Missionswerk in Deutschland (Hg.): Pakistan (Weltmission heute, Nr. 44), Hamburg 2002

Evers, G./R. Malek/N. Wolf: Christentum und Kirche in der Volksrepublik China, München 2002

Ders.: Die Länder Asiens, in: E. Gatz (Hg.): Kirche und Katholizismus seit 1945, Bd. 5, Paderborn-München-Wien-Zürich 2003

Ders.: Wie ein kommunistisches Regime die Kirche einschätzt, in: HerKorr 36 (1982), S. 393 bis 398

Fairbank, J. K./Goldmann, M.: China. A New History, Cambridge/Massachusetts-London 1998[2]

Ders.: Geschichte des modernen China 1800–1985, München 1989

Federschmidt, K. H.: Theologie aus asiatischen Quellen. Der theologische Weg Choan-Seng Songs vor dem Hintergrund der asiatischen ökumenischen Diskussion, Münster-Hamburg 1994

Fleisch, P.: Hundert Jahre Lutherische Mission, Leipzig 1936

Fleming, J. R.: Singapore, Malaysia and Brunei. The Church in a Racial Melting Pot, in: G. H. Anderson (Hg.): Christ and Crisis in Southeast Asia, New York 1969, S. 81–106

Forrester, D. B.: Caste and Christianity. Attitudes and Policies on Caste of Anglo-Saxon Protestant Missions in India, London-Dublin 1980

Franke, W.: China und das Abendland, Göttingen 1962

Frey, M.: Geschichte des Vietnamkriegs. Die Tragödie in Asien und das Ende des amerikanischen Traums, München 1999

Freytag, J.: Dialog mit der taiwanesischen Volksreligion?, in: JEM (1968), S. 75–81

Ders.: Die Bergbevölkerung in Taiwan (Formosa) – Kirche in einer ethnischen Minderheit, in: ders./H. J. Margull (Hg.): Junge Kirchen auf eigenen Wegen. Analysen und Dokumente, Neukirchen-Vluyn 1972, S. 35–80

Friederici, D.: Namaste Nepal. 20 Briefe an Manuela, Erlangen 1982

Fung, R. W. M. (Hg.): Graswurzel-Gemeinden auf Chinas Boden. Kirche im Sturm der Kulturrevolution, Wuppertal-Erlangen 1983

Gänßbauer, M.: Parteistaat und Protestantische Kirche. Religionspolitik im nachmaoistischen China, Frankfurt a. M. 2004

Gern, W.: Art. „Laos", in: RGG⁴, Bd. 5, Sp. 77–78

Gernet, J.: Christus kam bis nach China. Erste Begegnungen und ihr Scheitern, Zürich-München 1984

Ders.: Die chinesische Welt, Frankfurt a. M. 1988

Geschichte der Mission im birmanischen Reiche, in: Magazin für die neueste Geschichte der evangelischen Missions- und Bibelgesellschaften 1826, Zweytes Quartalheft, S. 192–356

Gheddo, P.: Katholiken und Buddhisten in Vietnam, München 1970

Gilmour, J.: Among the Mongols, London 1883

Glüer, W.: Christliche Theologie in China. T. C. Chao 1918–1956, Gütersloh 1979

Ders.: T. C. Chao 1880–1979. Scholar, Teacher, Gentle Mystic, in: G. H. Anderson u. a. (Hg.): Mission Legacies, S. 225–231

Gowing, P. G.: Islands under the Cross. The Story of the Church in the Philippines, Manila 1967

Grafe, H. (Hg.): Evangelische Kirche in Indien. Auskunft und Einblicke, Erlangen 1981

Ders.: The History of Christianity in Tamilnadu from 1800 to 1975, Bangalore-Erlangen 1990

Grayson, J. H.: Korea. A religious History, Oxford 1989

Gründer, H.: Welteroberung und Christentum, Gütersloh 1992

Guennou, J.: Missions Étrangères de Paris, Paris 1986

Guerrero, L. M.: Nazaleda and Pons: Two Spanish Friars in Exodus, in: G. H. Anderson (Hg.): Studies in Philippine Church History, S. 172–202

Haire, J.: The Character and Theological Struggle of the Church in Halmahera, Indonesia, 1941–1979, Frankfurt a. M. 1981

Hall, J. W.: Das Japanische Kaiserreich, Fischer Weltgeschichte Bd. 20, Frankfurt a. M. 2000¹²

Hambye, E. R.: History of Christianity in India. Bd. III: Eighteenth Century, Bangalore 1997

Hamma, F.: Laos (Länderbericht), in: KM 105 (1986), S. 102–105

Hanisch, R.: Philippinen, München 1989

Hao, Y. K.: From Prapat to Colombo. History of the Christian Conference of Asia (1957–1995), Hong Kong 1995

Hardacre, H.: Shinto and the state 1868–1988, Princeton 1989

Harper, S. B.: In the Shadow of the Mahatma. Bishop V. S. Azariah and the Travails of Christianity in British India, Grand Rapids/Michigan 2000

Hartmann, R.: Geschichte des modernen Japan. Von Meiji bis Heisei, Berlin 1996

Hebart, F.: Art. „Australia", in: The Encyclopedia of Christianity, Bd. 1, S. 165–168

Heissig, W.: Die Religionen der Mongolei, in: G. Tucci/ders.: Die Religionen Tibets und der Mongolei, RM, Bd. 20, Stuttgart etc. 1970, S. 338–348

Heuken, A.: Art. „Van Lith, Franz G. I. M.", in: DAC, S. 870

Hminga, C. L.: The Life and Witness of the Churches in Mizoram, Serkawn 1987

Hoekema, A.: Kirche und Theologie in Malaysia: Neuere Entwicklungen, in: ZMiss 26 (2000), S. 256-273

Hoerschelmann, W.: Christliche Gurus. Darstellung von Selbstverständnis und Funktion indigenen Christseins durch unabhängige, charismatisch geführte Gruppen in Südindien, Frankfurt a. M. 1977

Hoffmann-Richter, A.: Ahn Byung-Mu als Minjung-Theologie, Gütersloh 1990

Hoke, D. E. (Hg.): The Church in Asia, Chicago 1975

Hollenweger, W. J.: Charismatisch-pfingstliches Christentum. Herkunft, Situation, ökumenische Chancen, Göttingen 1997

Höllmann, Th.: Das Reich ohne Horizont: Berührungen mit dem Fremden jenseits und diesseits der Meere (14. bis 19. Jahrhundert), in: W. Bauer (Hg.): China und die Fremden. 3000 Jahre Auseinandersetzung in Krieg und Frieden, München 1980, S. 161–171

Hood, G. A.: China and Southeast Asia. Earthquake and Aftershocks, in: B. Thorogood (Hg.): Gales of Change. Responding to a Shifting Missionary Context, London 1994, S. 141–148

Ders.: Mission Accomplished? The English Presbyterian Mission in Lingtung, South China, Frankfurt a. M.-Bern-New York 1986

Hudson, D. D.: Protestant Origins in India. Tamil Evangelical Christians, 1706–1835, Grand Rapids/Michigan-Cambridge/UK-Richmond/Surrey 2000

Humphreys, R./Ward, R.: Religious Bodies in Australia, Melbourne 1988[2]

Hunt, E. N. Jr.: Protestant Pioneers in Korea, Maryknoll 1980

Hunter, A./Chan, K.-K.: Protestantism in Contemporary China, Cambridge 1993

Hutauruk, J. R.: Art. „Nommensen, Ludwig Ingwer", in: DAC, S. 608

Ders.: Die Batakkirche vor ihrer Unabhängigkeit (1899–1942). Probleme der kirchlichen Unabhängigkeit von Mission, Kolonialismus und Nationalismus, Diss., Hamburg 1980

Iglehart, Ch. W.: A Century of Protestant Christianity in Japan, Rutland-Tokyo 1959

Ileto, R. C.: Pasyon and Revolution. Popular Movements in the Philippines, 1840–1910, Quezon City 1979

Ion, A. H.: The Cross and the Rising Sun. The British Protestant Missionary Movement in Japan, Korea, and Taiwan, 1865–1945, Waterloo-Ontario/Canada 1993

Ders.: The Cross in the Dark Valley. The Canadian Protestant Movement in the Japanese Empire, 1931–1945, Ontario 1999

Jayaraj, D.: Inkulturation in Tranquebar. Der Beitrag der frühen dänisch-halleschen Mission zum Werden einer indisch-einheimischen Kirche (1706–1730), Erlangen 1996

Jennes, J.: A History of the Catholic Church in Japan, Tokyo 1973

Jones, F. P.: The Church in Communist China. A Protestant Appraisal, New York 1962

Kane, J. H.: J. Hudson Taylor 1832–1905. Founder of the China Inland Mission, in: G. H. Anderson u. a. (Hg.): Mission Legacies, S. 197–204

Kang, W. J.: Religion and Politics in Korea under the Japanese Rule. Studies in Asian Thought and Religion, Lewiston/USA-Queenston/Kanada 1987

Kaung, J.: Theologische Entkolonisierung. Ein Kommentar zu 1997, in: R. Malek (Hg.): Hongkong, S. 449–458

Keil, S./Jetzkowik, J./König, M. (Hg.): Modernisierung und Religion in Südkorea. Studien zur Multireligiosität in einer ostasiatischen Gesellschaft, München-Köln-London 1998

Kemp, H. P.: Art. „Mongolia", in: DAC, S. 562/563

Khai, C. K.: Pentacostalism in Myanmar, in: Asian Journal of Pentacostal Studies 5 (2002), S. 51–71

Khalid, D.: Afghanistan, in: W. Ende/U. Steinbach (Hg.): Der Islam in der Gegenwart (3. Aufl.), S. 236–248

Kim, Y.-J.: Der Protestantismus in Korea und die calvinistische Tradition. Eine geschichtliche Untersuchung über Entstehung und Entwicklung der Presbyterianischen Kirche in Korea, Frankfurt a. M. etc. 1981

Kimura-Andres, H.: Mukyokai. Fortsetzung der Evangeliumsgeschichte, Erlangen 1984

King, G.: A Schismatic Church? – A Canonical Evaluation, in: E. Tang/J.-P. Wiest (Hg.): The Catholic Church in Modern China, S. 81–102

Kinne, W.: A People's Church? The Mindanao-Sulu Church Debacle, Frankfurt a. M. 1990

Kipgen, M.: Christianity and Mizo Culture. The Encounter between Christianity and Zo Culture in Mizoram, Aizawl 1997

Kitamori, K.: Theologie des Schmerzes Gottes, Göttingen 1972

Kobong, Th.: Evangelium und Tongkonan. Eine Untersuchung über die Begegnung zwischen christlicher Botschaft und der Kultur der Toraja, Ammersbek bei Hamburg 1989

Kracht, K.: Geistesgeschichte der Frühmoderne, in: ders./M. Rüttermann (Hg.): Grundriß der Japanologie, Wiesbaden 2001, S. 149–189

Kraemer, H.: From Missionfield to Independent Church. Report on a decisive decade in the growth of indigenous churches in Indonesia, The Hague 1958

Kumazawa, Y./Swain, D. L. (Hg.): Christianity in Japan, 1971–90, Tokyo 1991

Kunz, H. M.: Von Marcos zu Aquino: Der Machtwechsel auf den Philippinen und die katholische Kirche, Hamburg 1995

Kwok, P.-L.: Chinese Women and Protestant Christianity at the Turn of the Twentieth Century, in: D. H. Bays (Hg.): Christianity in China, S. 194–208

Landa Jocano, F.: Folk Christianity. A Preliminary study of conversion and patterning of Christian experience in the Philippines, Quezon City 1981

Latourette, K. S.: A History of Christian Missions in China, New York 1928

Ders.: A History of the Expansion of Christianity. Bd. III: Three Centuries of Advance, A. D. 1500 – A. D. 1800, New York-London 1939

Ders.: A History of the Expansion of Christianity. Bd. VI: The Great Century in Northern Africa and Asia A. D. 1800 – A. D. 1914, New York-London 1944

Laures, J.: The Catholic Church in Japan. A short History, Notre Dame 1954

Lee, J.-H.: Das Traditionelle Verhältnis von Politik und Religion in Korea und die Christlichen Missionen, Diss. Hamburg 1979

Lehmann, A.: Es begann in Tranquebar. Die Geschichte der ersten evangelischen Mission in Indien, Berlin 1956

Leung, B.: The Catholic Church in Post – 1997 Hong-Kong: Dilemma in Church-State Relations, in: St. Uhalley, Jr./X. Wu (Hg.): China and Christianity. Burdened Past, Hopeful Future, New York-London 2001, S. 301–319

Li, W.: Die christliche China-Mission im 17. Jahrhundert. Verständnis, Unverständnis, Mißverständnis, Stuttgart 2000

Liao, D. C. E.: World Christianity. Bd. 2: Eastern Asia, Monrovia/California 1979

Lipner, J.: Brahmabandhab Upadhyay: The Life and Thought of a Revolutionary, Delhi 1999

Lokowandt, E.: Zum Verhältnis von Staat und Shinto im heutigen Japan – Eine Materialsammlung, Wiesbaden 1981

Longchar, A. W.: Interaction between Gospel and Culture among the Nagas, in: ders. (Hg.): Encounter between Gospel and Tribal Culture, Jorhat 1999, S. 44–55

Ders.: The Traditional Tribal Worldview and Modernity, Jorhat 1995

Lovett, R.: James Gilmour of Mongolia, London 1895

Löwner, G.: Religion und Entwicklung in Sri Lanka. Die Entwicklungsarbeit der protestantischen Kirchen in Sri Lanka im Vergleich mit der Sarvodaya-Bewegung und dem Aufbruch buddhistischer Mönche in die Entwicklungsarbeit, Erlangen 1999

Ludwig, K.: Birma, München 1997

Lutz, J. G./Lutz, R. R.: Karl Gützlaff's Approach to Indigenization: The Chinese Union, in: D. H. Bays (Hg.): Christianity in China, S. 269–291

Ders.: Chinese Politics and Christian Missions. The Anti-Christian Movements of 1920–28, Notre Dame/Indiana 1988

Luz, U./Yagi, S. (Hg.): Gott in Japan. Anstöße zum Gespräch mit japanischen Philosophen, Theologen, Schriftstellern, München 1973

Lwin, P. Th.: Art. „Calchi, Sigismondo Maria", in: DAC, S. 110

Ma Ji: My Statement, in: E. Tang/J.-P. Wiest (Hg.): The Catholic Church in Modern China, S. 120–125

MacInnis, D. E.: Religion im heutigen China. Politik und Praxis, Nettetal 1993

Ders.: Religionspolitik im kommunistischen China. Theorie und Praxis in Dokumenten, Göttingen 1972

Madsen, R.: China's Catholics. Tragedy and Hope in an Emerging Civil Society, Berkeley-Los Angeles-London 1998

Magnis-Suseno, F.: Neue Schwingen für Garuda. Indonesien zwischen Tradition und Moderne, München 1989

Majul, C. A.: Anticlericalism during the Reform Movement and the Philippine Revolution, in: G. H. Anderson (Hg.): Studies in Philippine Church History, S. 152–171

Majumdar, R. C./Raychaudhuri, H. C./Datta, K.: An Advanced History of India, Delhi etc. 1978[4]

Malatesta, E. J.: A Fatal Clash of Wills: The Condemnation of the Chinese Rites by the Papal

Legate Carlo Tommaso Maillard de Tournon, in: D. E. Mungello (Hg.): The Chinese Rites Controversy, S. 211–246

Malek, R. (Hg.): „Fallbeispiel" China. Ökumenische Beiträge zu Religion, Theologie und Kirche im chinesischen Kontext, St. Augustin-Nettetal 1996

Ders. (Hg.): Hongkong. Kirche und Gesellschaft im Übergang. Materialien und Dokumente, St. Augustin-Nettetal 1997

Mason, F.: The Karen Apostle or, Memoir of Ko Thah-Byu, Boston 1861

Mathew, C. P./Thomas, M. M.: The Indian Churches of Saint Thomas, Delhi 1967

Maull, H. W./Maull, I. M.: Korea, München 1987

May, Ch. W. L./Roxborogh, J.: Art. „Theological Education", in: DAC, S. 838–842

McCoy, A. W.: Priests on Trial, Ringwood/Victoria (Australia) 1984

Mesa, J. M. de: Art. „Philippines, Martial Law", in: DAC, S. 657/658

Miller, St. C.: Ends and Means: Missionary Justification of Force in Nineteenth Century China, in: J. K. Fairbank (Hg.): The Missionary Enterprise in China and America, Cambridge/Massachusetts 1974, S. 249–282

Ders.: „Benevolent Assimilation". The American Conquest of the Philippines, 1899–1903, New Haven-London 1982

Mingteh, T.: Christian Missionary as Confucian Intellectual: Gilbert Reid (1857–1927) and the Reform Movement in the Late Quing, in: D. H. Bays (Hg.): Christianity in China, S. 73–90

Miyata, M.: Mündigkeit und Solidarität. Christliche Verantwortung in der heutigen japanischen Gesellschaft, Gütersloh 1984

Moffett, S. H.: Christianity in Asia. Bd. I: Beginnings to 1500, Maryknoll 1998[2]

Moltmann, J. (Hg.): Minjung. Theologie des Volkes Gottes in Südkorea, Neukirchen 1984

Moritzen, N.-P.: Werkzeug Gottes in der Welt, Leipziger Mission 1836–1986, Erlangen 1986

Moule, A. C.: Christians in China. Before the Year 1550, London 1930

Müller-Krüger, Th. (Hg.): Indonesia Raja. Antlitz einer großen Inselwelt, Bad Salzuflen 1966

Ders.: Der Protestantismus in Indonesien, Geschichte und Gestalt, Stuttgart 1968

Mullins, M. R.: Christianity Made in Japan. A Study of Indigenous Movements, Honolulu 1998

Mundadan, A. M.: History of Christianity in India. Bd. I: From the Beginning up to the Middle of the Sixteenth Century (up to 1542), Bangalore 1989

Mungello, D. E. (Hg.): The Chinese Rites Controversy. Its History and Meaning, Nettetal 1994

Ders.: An Introduction to the Chinese Rites Controversy, in: ders. (Hg.): The Chinese Rites Controversy, S. 3–14

Muskens, M.: Partner im nationalen Aufbau. Die Katholische Kirche in Indonesien, Aachen 1979

Myint-U, Th.: The Making of Modern Burma, Cambridge 2001

Myung, H. K.: Ancestor Worship: From the Perspective of Korean Church History, in: J. Y. Lee (Hg.): Ancestor Worship and Christianity in Korea. Studies in Asian Thought and Religion. Bd. 8, Lewiston, Queenston 1988, S. 21–31

Neill, St.: A History of Christianity in India. 1707–1858, London etc. 1985

Ders.: A History of Christianity in India. The Beginnings to AD 1707, London etc. 1984

Ders.: Colonialism and Christian Missions, London 1966

Ders.: Geschichte der christlichen Mission, hg. und ergänzt von N.-P. Moritzen, Erlangen 1974

Ders.: The Story of the Christian Church in India and Pakistan, Madras 1972

Nørgaard, A.: Mission und Obrigkeit. Die dänisch-hallische Mission in Tranquebar 1706–1845, Gütersloh 1988

O'Brien, N.: Island of Tears, Island of Hope. Living the Gospel in a Revolutionary Situation, Maryknoll 1993

O'Farrell: The Catholic Church and Community. An Australian History, Kensington/Australia 1992[2]

Oddie, G. A.: India: Missionaries, Conversion, and Change, in: K. Ward/B. Stanley: The Church Mission Society and World Christianity, 1799–1999, Grand Rapids-Cambridge 2000, S. 228–253

Ders.: Missionaries, Rebellion and Proto-Nationalism. James Long of Bengal 1814–87, Richmond/Surrey 1999

Ders.: Social Protest in India. British Protestant Missionaries and Social Reforms 1850–1900, New Delhi 1979

Opitz, P. J.: Die Taiping Bewegung, in: ders. (Hg.): Chinas größte Wandlung. Revolutionäre Bewegungen im 19. und 20. Jahrhundert, München 1972, S. 23–54

Orr, R. G.: Religion in China, New York 1980

Pachuau, L.: Ethnic Identity and Christianity. A Socio-Historical and Missiological Study of Christianity in Northeast India with Special Reference to Mizoram, Frankfurt a. M. 2002

Panikkar, K. M.: Asien und die Herrschaft des Westens, Zürich 1955

Perry, C. L.: A Biographical History of the Church in Nepal, Katmandu 1993²

Ders.: Nepali Around the World. Emphasizing Nepali Christians of the Himalayas, Katmandu/Nepal 1997

Peter, D.: History of the Church in Sri Lanka, in: M. D. David (Hg.): Asia and Christianity, S. 154–161

Phan, P. C./Violet, J.: Art. „Vietnam", in: DAC, S. 876–880

Ders.: Art. „Rhodes, Alexandre de", in: DAC, S. 876

Ders.: Mission and Catechesis. Alexandre de Rhodes and Inculturation in Seventeenth-Century Vietnam, Maryknoll 1998

Philips, J. M.: From the Rising of the Sun. Christians and Society in Contemporary Japan, Maryknoll 1981

Pieris, A.: Feuer und Wasser. Frau, Gesellschaft und Spiritualität in Buddhismus und Christentum, Freiburg i. Br. 1994

Ders.: Liebe und Weisheit. Begegnung von Christentum und Buddhismus, Mainz 1989

Ders.: Theologie der Befreiung in Asien. Christentum im Kontext der Armut und der Religionen, Freiburg i. Br. 1986

Piggin, S.: Evangelical Christianity in Australia. Spirit, Word and World, Oxford 1996

Pinos, L.: Catholic Beginnings in North Bengal, Dhaka 1994⁴

Plano Carpini, Johannes von: Kunde von den Mongolen 1245–1247. Übersetzt, eingeleitet und erläutert von Felicitas Schmieder, Sigmaringen 1997

Pohl, M.: Singapur (Republik Singapur), in: W. Draguhn u. a. (Hg.): Politisches Lexikon Asien, Australien, Pazifik, S. 262–273

Ponchaud, F./Clavaud, J.: Art. „Cambodia", in: DAC, S. 110–113

Ders.: La Cathédrale de la riziére. 450 ans d'histoire de l'Église au Cambodge, Paris 1990

Porter, A.: Religion versus Empire? British Protestant missionaries and overseas expansion, 1700–1914, Manchester 2004

Prabhakar, M. E.: Christology in Dalit Perspective, in: V. Devasahayam (Hg.): Frontiers of Dalit Theology, S. 402–432

Puhl, St.: Welche Zukunft hat Hongkong nach dem 1. Juli 1997?, in: R. Malek (Hg.): Hongkong, S. 479–489

Quinlivan, F.: Art. „Bangladesh", in: DAC, S. 56–57

Rafael, V. L.: Contracting Colonialism. Translation and Christian Conversion in Tagalog Society under Early Spanish Rule, Durham-London 1993

Raj, S.: A Christian Folk-Religion in India. A Study of the Small Church Movement in Andhra Pradesh, with a Special Reference to the Bible Mission of Devadas, Frankfurt a. M.-Bern-New York 1986

Ranche, A.: Art. „Iglesia Filipina Independiente", in: DAC, S. 359–360

Raupp, W. (Hg.): Mission in Quellentexten. Von der Reformation bis zur Weltmissionskonferenz 1910, Erlangen-Bad Liebenzell 1990

Reichelt, K. L.: Der chinesische Buddhismus. Ein Bild vom religiösen Leben des Ostens, Basel-Stuttgart 1926

Reinhard, W.: Geschichte der europäischen Expansion. Bd. 1: Die alte Welt bis 1818, Stuttgart etc. 1983

Ders.: Geschichte der europäischen Expansion. Bd. 3: Die Alte Welt seit 1818, Stuttgart etc. 1988

Reinknecht, G.: Brunei (Sultanat Brunei Darussalam), in: W. Draguhn u. a. (Hg.): Politisches Lexikon Asien, Australien, Pazifik, München 1989², S. 42–50

Rennstich, K.: Die zwei Symbole des Kreuzes. Handel und Mission in China und Südostasien, Stuttgart 1988

Ders.: Handwerker-Theologen und Industrie-Brüder als Botschafter des Friedens. Entwicklungshilfe der Basler Mission im 19. Jahrhundert, Stuttgart 1985

Richter, J.: Das Werden der christlichen Kirche in China, Gütersloh 1928

Ders.: Geschichte der Berliner Missionsgesellschaft 1824–1924, Berlin 1924

Ricklefs, M. C.: A History of Modern Indonesia since c. 1200, Houndmills-Basingstoke/Hampshire 2001³

Rivinius, K. J.: Weltlicher Schutz und Mission. Das deutsche Protektorat über die katholische Mission von Süd-Shantung, Köln-Wien 1987

Rizvi, S. A. A.: The Wonder that was India. Bd. II: A survey of the history and culture of the Indian sub-continent from the coming of the Muslims to the British conquest 1200–1700, London 1987

Robinson, R.: Christians of India, New Delhi 2003

Rooney, J.: Art. „Mill Hill Missionaries", in: DAC, S. 548/549

Ders.: Khabar Gambira (The Good News). A History of the Catholic Church in East Malaysia and Brunei (1880–1976), London-Kota Kinabalu 1981

Ders.: Symphony on Sands. A History of the Catholic Church in Sind & Baluchistan, Rawalpindi 1988

Ders.: The Hesitant Dawn (Christianity in Pakistan 1579–1769), Rawalpindi 1984

Rosenkranz, G.: Die älteste Christenheit in China in den Quellenzeugnissen der Nestorianer-Texte der Tang-Dynastie, Berlin-Steglitz 1939

Ross, A. C.: A Vision Betrayed. The Jesuits in Japan and China 1542–1742, Maryknoll 1994

Roxborogh, J.: Towards Church History in Malaysia, in: M. D. David (Hg.): Asia and Christianity, Bombay 1985, S. 85–106

Rubinstein, M. A.: The Protestant Community on Modern Taiwan. Mission, Seminary and Church, Armouk-New York-London 1991

Sachau, E.: Zur Ausbreitung des Christentums in Asien. Abhandlungen der Preussischen Akademie der Wissenschaften, Philosophisch-historische Klasse, 1919, Nr. 1, Berlin 1919

Saeki, P. Y.: The Nestorian documents and relics, Tokyo 1951

Sanneh, L.: Translating the Message: The Missionary Impact on Culture, New York 1993

Sarkisyanz, M.: Die Religionen Kambodschas, Birmas, Thailands und Malayas, in: A. Höfer u. a.: Die Religionen Südostasiens (RM, Bd. 23), Stuttgart etc. 1975, S. 383–560

Scheunemann, R.: Mission und Evangelisation aus der Sicht indonesischer protestantischer Theologen, Bonn 1999

Schimmel, A.: Der Islam im Indischen Subkontinent, Darmstadt 1983

Ders.: Religiöse Entwicklungen im Spiegel der Literatur. Von den frühen Mystikern bis zur „Übergangszeit", in: Evangelisches Missionswerk in Deutschland: Pakistan

Schirmer, D. B./Shalom, St. R.: The Philippines Reader. A History of Colonialism, Dictatorship, and Resistance, Quezon City 1987

Schlesinger, A. Jr.: The Missionary Enterprise and Theories of Imperialism, in: J. K. Fairbank (Hg.): The Missionary Enterprise in China and America, Cambridge/Massachusetts 1974, S. 336–373

Schlyter, H.: Karl Gützlaff. Als Missionar in China, Lund-Copenhagen 1946

Schmidlin, J.: Katholische Missionsgeschichte, Steyl-Kaldenkirchen 1924

Schmidt, W.: Der lange Marsch zurück. Der Weg der Christenheit in Asien, München 1980

Schmidt-Glintzer, H.: China. Vielvölkerreich und Einheitsstaat. Von den Anfängen bis heute, München 1997

Schreiner, L.: Adat und Evangelium. Zur Bedeutung der altvölkischen Lebensordnungen für Kirche und Mission unter den Batak in Nordsumatra, Gütersloh 1972

Ders.: Art. „Indonesien II: Kirchenkundlich", in: TRE, Bd. 16, S. 134–142

Ders.: Art. „Indonesien", in: EKL³, Bd. 2, Sp. 653

Ders.: Art. „Kambodscha", in: TRE, Bd. 17, S. 536–539

Ders.: Art. „Laos", in: TRE, Bd. 10, S. 440–445

Schumacher, J. N.: Readings in Philippine Church History, Quezon 1979

Schumann, O.: Der Islam in Indonesien, in: W. Höpfner (Hg.): Der Islam in Indonesien, Wiesbaden-Brecklum 1978, S. 9–58

Ders.: Der schwierige Weg zueinander: Christen und Muslime in Malaysia, in: ZMiss 18 (1992), S. 76–89

Schurhammer, G.: Franz Xaver. Sein Leben und seine Zeit. Bd. I: Europa 1506–1541, Freiburg i. Br. 1955; Bd. II/1: Asien (1541–1552), Indien und Indonesien 1541–1547, Freiburg i. Br. 1963; Bd. II/2: Asien (1541–1549), Indien und Indonesien 1547–1549, Freiburg i. Br. 1971; Bd. II/3: Asien (1541–1552), Japan und China 1549–1552, Freiburg i. Br. 1973

Seitz, K.: China. Eine Weltmacht kehrt zurück, Berlin 2000

Sharpe, E. J.: ‚Patience with the Weak': Leipzig Lutherans and the Caste Question in Nineteenth-Century South India, in: G. A. Oddie (Hg.): Religious Traditions in South Asia. Interaction and Change, Richmond/Surrey 1998, S. 125–137

Shourie, A.: Missionaries in India. Continuities, Changes, Dilemmas, New Delhi 1997

Shrestha, N. R.: Nepal and Bangladesh. A Global Studies Handbook, Santa Barbara-Denver-Oxford 2002

Siebert, R.: 3 mal Philippinen. Das andere Asien, München-Zürich 1989

Silva, K. M. de: Religion and Nationalism in Nineteenth Century Sri Lanka. Christian Missionaries and Their Critics, in: Ethnic Studies Report XVI (1998), Nr. 1, S. 103–138

Ders.: Social Policy and Missionary Organizations in Ceylon 1840–1855, London 1965

Sin, J. L.: Menschwerdung der Kirche, Olten-Freiburg i. Br. 1988

Sitompul, A. A./Federschmidt, K. H. (Hg.): The Gospel and Life Order/Evangelium und Lebensordnung. Festschrift zum 75. Geburtstag von Pfr. Prof. Dr. Lothar Schreiner, MA., Pematang Siantar-Jakarta-Waltrop 2001

Sitoy, T. V. Jr.: A History of Christianity in the Philippines. The Initial Encounter, Bd. 1, Quezon City/Philippines 1985

Ders.: Comity and Unity. Ardent Aspirations of Six Decades of Protestantism in the Philippines (1901–1961), Quezon City 1989

Smith, C. T.: Chinese Christians. Élites, Middlemen and the Church in Hong Kong, Hong Kong-Oxford-New York 1985

Smith, M.: Burma, Insurgency and the Politics of Ethnicity, London-New Jersey 1991

Snaitang, O. L.: Christianity and Social Change in Northeast India, Shillong-Calcutta 1993

Somaratna, G. P. V.: Christianity in Sri Lanka, in: M. D. David (Hg.): Asia and Christianity, S. 140–153

Song, C.-S.: Die Tränen der Lady Meng. Ein Gleichnis für eine politische Theologie des Volkes, Basel 1982

Ders.: The Compassionate God. An Exercise in the Theology of Transposition, London 1982

Sookhdeo, P.: Enttäuschte Hoffnungen. Die Auswirkungen der Islamisierung auf die christliche Gemeinschaft in Pakistan, in: Evangelisches Missionswerk in Deutschland: Pakistan (Weltmission heute, Nr. 44), Hamburg 2002, S. 168–174

Spear, P.: The Nabobs. A Study of the Social Life of the English in Eighteenth Century India, London 1963

Spence, J. D./Chin A.: Das Jahrhundert Chinas, München 1996

Ders.: Chinas Weg in die Moderne, München 1995

Ders.: Claims and Counter-Claims: The Kangxi Emperor and the Europeans (1661–1722), in: D. E. Mungello: The Chinese Rites Controversy, S. 15–28

Ders.: Das Tor des Himmlischen Friedens. Die Chinesen und ihre Revolution 1895–1980, München 1985

Stahr, V. S.: Südostasien und der Islam. Kulturraum zwischen Kommerz und Koran, Darmstadt 1997

Stanley, B.: The Bible and the Flag. Protestant missions and British imperialism in the nineteenth and twentieth centuries, Leicester 1990

Ders.: The History of the Baptist Missionary Society 1792–1992, Edinburgh 1992

Steinberg, D. I.: Burma. The State of Myanmar, Georgetown/Washington D. C. 2001

Stuart-Fox, M.: A History of Laos, Cambridge 1997

Suggate, A. (mit YAMANO Shigeko): Japanese Christians and Society, Bern 1996

Swanson, H. R.: Prelude to Irony. The Princeton Theology and the Practice of American Presbyterian Mission in Northern Siam 1867–1880, Internet-Version: www.herbswanson. com/thesis_irony/prelude_to_irony_O.php (18.4.2004)

T'ien, J.-K.: Peaks of Faith. Protestant Mission in Revolutionary China, Leiden-New York-Köln 1993

Takenaka, M.: Cross and Circle, Hong Kong 1990

Tang, E./ Wiest, J. P. (Hg.): The Catholic Church in Modern China, Maryknoll 1993

Ders.: The Church into the 1990s, in: ders./J.-P. Wiest (Hg.): The Catholic Church in Modern China, S. 28–42

Taylor, B.: The Anglican Church in Borneo 1848–1962, Bognor Regis/Sussex 1983

Terazono, Y./Hamer, H. E. (Hg.): Brennpunkte in Kirche und Theologie Japans, Neukirchen-Vluyn 1988

Thanzauva, K.: Theology of Community. Tribal Theology in the Making, Aizawl 1997

The Travels of Marco Polo. Translated and with an Introduction by Ronald Latham, Harmondsworth/Middlesex 1959

Thekkedath, J.: History of Christianity in India. Bd. II: From the Middle of the Sixteenth to the End of the Seventeenth Century (1542–1700), Bangalore 1988

Thomas, G.: Christian Indians and Indian Nationalism 1885–1950. An Interpretation in Historical and Theological Perspectives, Frankfurt a. M.-Bern-Cirencester/U.K. 1979

Thomas, W.: Protestant Beginnings in Japan. The First Three Decades 1859–1889, Tokyo-Rutland 1959

Thompson, H. P.: Into All Lands. The History of the Society for the Propagation of the Gospel in Foreign Parts 1701–1950, London 1951

Thompson, R. C.: Religion in Australia. A History, Melbourne etc. 1994

Ting, K. H.: No Longer Strangers. Selected Writings of Bishop K. H. Ting, hg. von R. L. Whitehead, Maryknoll 1989

Tuck, P. J. N.: French Catholic Missionaries and the Politics of Imperialism in Vietnam, 1857–1914. A Documentary Survey, Liverpool 1987

Übelmesser, J.: Die Bilderbibel aus Nepal, in: Weltweit. Das Missionsmagazin der deutschen Jesuiten, Weihnachten 2002, S. 8–21

Verghese, P. (Hg.): Die Syrischen Kirchen in Indien, Stuttgart 1974

Vicedom, G. F.: Ein Volk findet Gott, Bad Salzuflen 1962

Wagner, H.: Erstgestalten einer einheimischen Theologie in Südindien, München 1963

Währisch-Oblau, C.: Die Gemeinden im Bereich des Chinesischen Christenrates. Skizze einer Bewegung auf dem Weg zur verfaßten Kirche, in: R. Malek (Hg.): „Fallbeispiel" China, S. 528–552

Walls, A.: The Multiple Conversions of Timothy Richard. A Paradigm of Missionary Experience, in: ders.: The Cross-Cultural Process in Christian History, Maryknoll-Edinburgh 2002, S. 236–258

Waln, N.: Sommer in der Mongolei, Berlin 1936

Warneck, G.: Abriß einer Geschichte der protestantischen Missionen von der Reformation bis auf die Gegenwart, Berlin 1913

Weber, H.-R.: Asia and the Ecumenical Movement 1895–1961, London 1966

Webster, J. C. B.: The Christian Community and Change in Nineteenth Century North India, Delhi etc. 1976

Ders.: The Dalit Christians. A History, New Delhi 1994

Webster, W.: Bangladesh, in: D. E. Hoke (Hg.): The Church in Asia, Chicago 1975, S. 67–83

Ders.: Pakistan, in: D. E. Hoke (Hg.): The Church in Asia, Chicago 1975, S. 475–499

Weggel, O.: Die Asiaten, München 1989

Ders.: Indochina. Vietnam, Kambodscha, Laos, München 1990[2]

Ders.: Taiwan/Hongkong, München 1992

Whitehead, R. L. (Hg.): No Longer Strangers. Selected Writings of Bishop K. H. Ting, Maryknoll 1989

Whyte, B.: Unfinished Encounter. China and Christianity, London 1988

Wickeri, P. L.: Die Kirche in China am Vorabend des 21. Jahrhunderts. Probleme und Fragen, in: R. Malek (Hg.): „Fallbeispiel" China, S. 505–528

Ders.: Seeking the Common Ground. Protestant Christianity, the Three Self-Movement, and China's United Front, Maryknoll 1988

Wilfred, F./Thomas, M. M.: Theologiegeschichte der Dritten Welt. Indien-München 1992

Ders.: On the Banks of Ganges. Doing Contextual Theology, Delhi 2002

Williams, C. P.: The Ideal of the Self-Governing Church. A Study in Victorian Missionary Strategy, Leiden etc. 1990

Wippermann, C.: Zwischen den Kulturen: Das Christentum in Südkorea, Münster-Hamburg-London 2000

Witz, C.: Religionspolitik in Britisch-Indien 1793–1813. Christliches Sendungsbewußtsein und Achtung Hinduistischer Tradition im Widerstreit, Stuttgart 1985

Wolff, O.: Christus unter den Hindus, Gütersloh 1965

Wu, Y. T.: The Present Tragedy of Christianity, in: Documents of the Three-Self-Movement, S. 355–368

Xavier, Francisco de: Die Briefe des Francisco de Xavier 1542–1442. Ausgewählt, übertragen und kommentiert von Elisabeth Gräfin Vitzthum, München 1959[3]

Xi, L.: The Conversion of Missionaries. Liberalism in American Protestant Missions in China, 1907–1932, University Park 1997

Yagi, S.: Buddhistischer Atheismus und christlicher Gott, in: U. Luz/ders. (Hg.): Gott in Japan, S. 160–191

Ders.: Die Front-Struktur als Brücke vom buddhistischen zum christlichen Denken, München 1988

Yap, K. H.: From Prapat to Colombo. History of the Christian Conference of Asia (1957–1995), Hong Kong 1995

Yeow, Ch.-L.: Art. „Singapur", in: EKL[3], Bd. 4, Sp. 248–250

Yim, H.-M.: Unity Lost – Unity to be Regained in Korean Presbyterianism. A History of Divisions in Korean Presbyterianism and the role of the Means of Grace, Frankfurt a. M. etc. 1995

Young, R. F./Somaratna, G. P. V.: Vain Debates. The Buddhist-Christian Controversies of Nineteenth-Century Ceylon, Vienna 1996

Ders./*Jebanesan, S.:* The Bible Trembled. The Hindu-Christian Controversies of Nineteenth-Century Ceylon, Vienna 1996

Zeichen der Zeit in Japan, in: EMM 22 (1878), S. 139–158, 202–216, 242–246

Homepages:

www.prca.org/singapore.html (1.3.2003)

www.bangladesh-christian.com/christianity.htm

www.duluthcofc.org/truth/nov0799.shtml

www.hkcc.org.hk/eng/winter%20forward.htm

www.hkcc.org.hk/eng/Before%20after.htm (26.11.2004)

www.prea.org/singapore.html

Einleitung
Probleme der Darstellung einer „Geschichte der Kirche in Asien"

In dem Apostolischen Schreiben „Ecclesia in Asia", das Papst Johannes Paul II. im Anschluss an die 1998 durchgeführte *Sonderversammlung der Bischofssynode für Asien* an die Kirchen in Asien schickte, schreibt der Papst:

Die Geschichte der Kirche in Asien ist so alt wie die Kirche selbst, denn in Asien hauchte Jesus seinen Jüngern den Heiligen Geist ein und sandte sie in alle Welt, um die Frohbotschaft zu verkünden und christliche Glaubensgemeinschaften zu gründen.[1]

Genau genommen wäre „Asien" so umfassend – von Kleinasien bis Japan reichend – zu verstehen.[2] Aus pragmatischen Gründen folgt das vorliegende Werk dem Vorbild von Oskar Weggel, der sich in seinem Buch „Die Asiaten" auf Süd-, Südost- und Ostasien beschränkt.[3] Die Kirchen in Vorderasien (bis zum Iran) und in Zentralasien werden in anderen Bänden der Reihe behandelt. In einem Fall allerdings wurde die beschriebene geographische Abgrenzung durchbrochen: Die Mongolei war in ihrer Geschichte so eng mit China verbunden, dass es empfehlenswert erschien, sie in die vorliegende Darstellung einzubeziehen.

Nicht alle Länder konnten mit gleicher Ausführlichkeit behandelt werden. In jeder der drei Regionen (Südasien, Südostasien und Ostasien) wurde die Kirchengeschichte einiger Länder umfassender dargestellt, die der übrigen Länder nur im Überblick. Bei der Auswahl der Länder für die ausführlichere Darstellung ließ ich mich einerseits von der Überlegung leiten, welche Länder in Europa besonderes Interesse gefunden haben (Indien, Indonesien, China, Japan), andererseits davon, in welchen Ländern das Christentum besonders weite Verbreitung gefunden hat (Korea, Philippinen). Diese Aufteilung ist natürlich unbefriedigend und in gewissem Sinn willkürlich. Der zur Verfügung stehende Raum legte jedoch ein derartiges Verfahren nahe. Die Geschichte der Kirche in Australien wurde lediglich in einem Anhang kurz behandelt. Nahegelegen hätte eine Berücksichtigung der Kirchengeschichte des oft als „Australasien"[4] bezeichneten Gebietes, das außer Australien, Papua Neuguinea und

---

1 Johannes Paul II.: Nachsynodales Apostolisches Schreiben von Johannes Paul II. ‚*Ecclesia in Asia*' an die Bischöfe, Priester, Diakone, Ordensleute und alle Gläubigen über Jesus Christus, den Erlöser, und seine Sendung der Liebe und des Dienstes in Asien: ‚... damit sie das Leben haben und es in Fülle haben' (Joh 10,10), http://www.vatican.va/holy_father/john.../hf_jp-ii_exh_06111999_ecclesia-in-asia_ge.htm (2.6.2001), S. 9–10.
2 H.-W. Gensichen: Art. „Asien", in: TRE, Bd. 4, S. 173–195. In S. H. Moffett: Christianity in Asia, soll offenbar die Geschichte der Kirche in dem gesamten asiatischen Raum behandelt werden.
3 O. Weggel: Die Asiaten, S. 19.
4 I. Breward: A History of the Churches in Australasia.

Neuseeland auch die vielen Inseln des südlichen Pazifik umfasst. Viele von diesen haben ihre eigene Missions- und Kirchengeschichte, deren Behandlung im vorliegenden Buch schon aus Raumgründen unmöglich war.

Der Darstellung der Geschichte der Kirche in einzelnen Ländern ist in Kapitel 1 die querschnitthafte Behandlung einiger „übergreifender Aspekte" vorangestellt. Dabei handelt es sich um Themen, die für mehrere Länder von Bedeutung sind. Durch die thematische Darstellung konnten einerseits Wiederholungen vermieden werden, andererseits vermittelt die länderübergreifende, thematische Zusammenschau einen Einblick in verschiedene Ausprägungen einer Thematik.

Das vorliegende Werk will Kirchengeschichte darstellen, nicht Missionsgeschichte. Letztere bleibt aber von Bedeutung, da aus der Aktivität der Missionsgesellschaften und Missionare die Kirchen Asiens hervorgegangen sind.[5] Die Mission ist „Eröffnungsphase der Geschichte einheimischer christlicher Bewegung".[6] Von daher ist es wichtig, sich Absicht und Tätigkeit von Missionsgesellschaften und Missionaren zu vergegenwärtigen. Zu Recht jedoch hat sich in den letzten Jahrzehnten das Interesse verstärkt der Frage zugewandt, wie Botschaft und Handeln der Missionare von den Empfängern aufgenommen wurden, wie diese den christlichen Glauben verstanden, ihn in ihrem Kontext interpretierten und in ihrer Kultur und Gesellschaft lebten. Es waren besonders asiatische Kirchengeschichtler, die diesen Wechsel der Perspektive forderten.[7] Das Anliegen, weniger die Aktivität der Missionare als die Reaktion und Antwort der Adressaten der missionarischen Predigt darzustellen, ist nicht neu. Schon Theodor Müller-Krüger setzte sich in seinem 1968 erschienenen Werk „Der Protestantismus in Indonesien" das Ziel, „die Geschichte der Antwort"[8] zu schreiben, nicht – oder jedenfalls nicht vorrangig – die Geschichte der missionarischen Verkündigung. Zugleich wären auch Verkündigung und Wirken der Missionare daraufhin zu untersuchen, inwiefern diese durch die Beziehung zu den Adressaten mitgestaltet wurden.[9] Dieses Programm ist jedoch nicht leicht zu verwirklichen. Das liegt nicht daran, dass es dafür kein Quellenmaterial gäbe, sondern daran, dass die vorhandenen Quellen nicht unter dieser Fragestellung ausgewertet wurden.[10] Deshalb wird auch die vorliegende Darstellung oft über Missionsgeschichte im eher traditionellen Sinn nicht hinauskommen, wenn auch das Ziel einer Kirchengeschichte der asiatischen Kirchen nicht aus dem Auge verloren werden soll.

---

5 Das gilt auch von den Thomas-Christen in Südindien, wenn es sich hier auch nicht um die von Europa und Amerika ausgehende Mission der Neuzeit handelt.

6 P. Jenkins: Missionsgeschichte. Ein Manifest, in: ZMiss IX (1983), S. 8–18, Zitat S. 10.

7 Dazu K. Koschorke: Auf dem Weg zu einer asiatischen Kirchengeschichte. Bericht über drei Konsultationen, in: ZMiss XII (1986), S. 6–15, bes. S. 9.

8 Th. Müller-Krüger: Der Protestantismus, S. 15.

9 Vgl. dazu die Bemerkungen von G. Faschingeder: Missionsgeschichte als Beziehungsgeschichte, in: Historische Anthropologie 10 (2002), S. 1–30; Faschingeder behandelt allerdings vor allem die Beziehung zur westlichen Geschichte und Kirchengeschichte.

10 Eine Ausnahme bildet z. B. J. Haire: Halmahera. Anschaulich und humorvoll stellt V. L. Rafael: Contracting Colonialism, S. 1–3, dar, wie sich die Aufnahme der Verkündigung der Missionare vollzog und wie die kulturellen Gegebenheiten der Empfänger das Verständnis mitbestimmten.

Der erste protestantische Missionar in Indien, Bartholomäus Ziegenbalg, schrieb in seinem religionskundlichen Werk „Malabarisches Heidentum" nicht ohne Stolz, es handle sich dabei um „kein Schmierewerck aus anderen Auctoribus"[11], sondern um Ergebnisse eigenen Forschens. Diesen Anspruch kann das vorliegende Buch nicht erheben. Es stützt sich vielmehr überwiegend auf die Forschungsergebnisse anderer und nur in wenigen Fällen auf eigene Untersuchungen. Das ist angesichts der umfassenden Thematik auch nicht anders möglich. Selbst die Sekundärliteratur konnte nur berücksichtigt werden, sofern sie in Deutsch, Englisch oder Französisch vorliegt. Wünschenswert wäre natürlich die Berücksichtigung der inzwischen vorliegenden Arbeiten in den verschiedenen asiatischen Landes-, Regional- und Lokalsprachen gewesen. Hier aber stößt ein einzelner Autor auf unüberwindliche Grenzen.

Die fremdsprachigen Zitate wurden von mir ins Deutsche übersetzt, was eine gewisse Interpretation der Texte bedeutet. In einigen wenigen Fällen wurde die fremdsprachige Wendung in Klammern beigefügt, um den Lesern ein eigenes Urteil zu ermöglichen.

Man könnte fragen, ob es angemessen sei, dass ein westlicher Autor die Geschichte der Kirchen in Asien verfasst. Wäre es nicht sachgemäßer, wenn Christen aus den jeweiligen Ländern und Gebieten ihre eigene Geschichte schrieben? Die vorliegende Darstellung ist sicher aus westlicher Perspektive verfasst. Davon ist schon die Auswahl der behandelten Ereignisse und Themen abhängig, wobei auch die persönliche Prägung des Autors eine Rolle spielt. Die Begrenztheit der eigenen Perspektive träfe allerdings auch auf asiatische Autoren zu. Insofern dürften einheimische Darstellungen und diese Untersuchung „von außen" in einem komplementären Verhältnis zueinander stehen.

Bei der Darstellung wurde versucht, zusammenfassende Ausführungen immer wieder durch illustrierende Einzelereignisse und Details zu veranschaulichen. Wäre Vollständigkeit der Daten und Ereignisse angestrebt worden, so hätte das die Lesbarkeit des Buches empfindlich beeinträchtigt. Dem sollte entgegengewirkt werden, indem das „Skelett" der Daten mit dem „Fleisch" konkreten Geschehens umgeben wurde. Meine Hoffnung ist, dass dadurch die Kirchengeschichte Asiens in ihrer Lebendigkeit sichtbar wird und auch westliche Leserinnen und Leser anspricht.

---

[11] B. Ziegenbalg: Malabarisches Heidentum, hg. von W. Caland, Amsterdam 1926, S. 15; zitiert bei A. Lehmann: Es begann in Tranquebar, S. 49.

Kapitel 1
Übergreifende Aspekte

Asien ist keine Einheit. In politischer, kultureller und religiöser Hinsicht ist die Entwicklung in den einzelnen Ländern sehr unterschiedlich verlaufen. Gelegentlich wird zwar die Lebenshaltung der Bewohner verschiedener Gebiete in ähnlicher Weise charakterisiert. Für Javanen, Filipinos, Japaner u. a. etwa wird die Harmonie als grundlegender Wert benannt.[1] Ein Autor sieht in der „Ganzheitlichkeit" eine Gemeinsamkeit „der Asiaten".[2] Aber das kann nicht über die großen Unterschiede hinwegtäuschen, die zwischen den einzelnen Völkern – oft auch zwischen verschiedenen Völkern und Ethnien in ein und demselben Staat – bestehen. Geschichte der Christenheit in Asien gibt es deshalb nur als Geschichte der Christenheit in den einzelnen Ländern Asiens.[3] Trotzdem begegnen in der Missions- und Kirchengeschichte auch übergreifende Aspekte. Sie haben unterschiedliche Ausprägungen erfahren, die aber doch die gemeinsame Problemstellung erkennen lassen. Eine Zusammenschau solcher übergreifenden Aspekte liegt deshalb nahe.

A MISSION UND KOLONIALISMUS

Es ist nicht zu bestreiten, dass die christliche Mission seit Beginn des 16. Jahrhunderts mit westlichem Kolonialismus und Imperialismus[4] in Verbindung stand.[5] Umstritten ist, wie dieses Verhältnis näher zu beschreiben ist.[6] Auf der einen Seite wird die Ver-

---

1   F. Magnis-Suseno: Neue Schwingen, S. 59–77; H. M. Kunz: Von Marcos zu Aquino, S. 140 f.; W. Davis: Japanese Religion and Society. Paradigms of Structure and Change, Albany 1992, S. 45.
2   O. Weggel: Die Asiaten, S. 19.
3   Vgl. dazu die Ausführungen in der Einleitung.
4   Imperialismus und Kolonialismus werden hier als ein zusammenhängender historischer Ereigniskomplex betrachtet. Zur Definition vgl. B. Stanley: The Bible and the Flag, S. 33–53.
5   Vgl. St. Neill: Colonialism; K. Hammer: Weltmission und Kolonialismus. Sendungsideen des 19. Jahrhunderts im Konflikt, München 1978; T. Christensen/W. R. Hutchison (Hg.): Missionary Ideologies in the Imperialist Era: 1880–1920, Aarhus 1982; M. D. David (Hg.): Western Colonialism in Asia and Christianity, Bombay-Delhi-Nagpur 1988; H. Gründer: Welteroberung und Christentum; ders.: Mission und Kolonialismus – Historische Beziehungen und strukturelle Zusammenhänge, in: Ders.: Christliche Heilsbotschaft und weltliche Macht. Studien zum Verhältnis von Mission und Kolonialismus. Gesammelte Aufsätze, hg. von F.-J. Post, Th. Küster und C. Sorgenfrey, Münster 2004, S. 7–19 (Erstveröffentlichung 1994); K. Koschorke/E. Kamphausen: Art. „Kolonialismus und Mission", in: RGG⁴, Bd. 4, Sp. 1494–1502; A. Porter: Religion versus Empire?
6   Zu verschiedenen Positionen vgl. J. Cox: Imperial Fault Lines, S. 1–19.

quickung von Mission und Imperialismus betont.[7] Auf der anderen Seite wird darauf hingewiesen, dass das Verständnis der Kolonialherrschaft im Sinne einer „Treuhandschaft"[8] (*trusteeship*), die „auf das Wohlergehen aller Einwohner ausgerichtet" war,[9] in England immer wieder eingefordert wurde, und dass das Verhältnis von Mission und Kolonialmacht sehr unterschiedlich war: Regierungen und Kolonialbeamte nahmen ganz verschiedene Positionen ein, die sich im Lauf der Zeit wieder änderten. Ebenso vertraten die Missionare unterschiedliche Standpunkte und übten manchmal auch Kritik.[10] Verallgemeinerungen sind deshalb schwierig. Dies muss im Blick behalten werden, wenn im Folgenden einige Gesichtspunkte zum Verhältnis von Mission und Kolonialismus in Asien benannt werden.

1. Die Mission als Nutznießerin der Kolonialherrschaft

Viele Missionare haben sich die Anwesenheit und das Auftreten der Kolonialmächte zunutze gemacht. Im Fall Portugals und Spaniens sahen sich die Regierungen selbst zur Mission und zur Aussendung von Missionaren verpflichtet. Auch die holländische Handelsgesellschaft (*Vereinigte Ostindische Compagnie*, VOC) war, da sie in den Kolonien die Aufgaben der Obrigkeit übernahm, nach der Confessio Belgica von 1561 dazu verpflichtet,

den heiligen Dienst am Wort zu beschirmen und alle Abgötterei und falschen Gottesdienst abzutun und zu verstören, das Reich des Antichrist zu stürzen, statt dessen Jesu Christi Reich zu befördern und Mühe daran zu wenden, dass das Wort vom Evangelium allerorten gepredigt wird …[11]

Die VOC kam ihrer religiösen Aufgabe nach, indem sie Geistliche in ihre Kolonien aussandte, die sich der Betreuung der Holländer widmen, aber auch „bei jeder sich bietenden Gelegenheit […] um das Heil der dort wohnenden Barbaren kümmern"[12] sollten. In den fast 200 Jahren ihrer Herrschaft in Indonesien schickte die VOC in dieses Gebiet ca. 900 Pfarrer und eine große Anzahl „Ziekentroosters" („Siechentröster", d. h. Seelsorger für Kranke und Sterbende, die aber auch andere Funktionen von Hilfsgeistlichen ausübten).[13] Die VOC hielt das kirchliche Leben in den Kolonien unter strenger Kontrolle und verlangte von den Geistlichen absolute Loyalität. Manche Missionare gingen zwar in Gebiete, die von keiner westlichen Macht kontrolliert wurden. Aber selbst da profitierten sie oft von ihren Verbindungen zu westlichen Handelsunternehmen. In Japan etwa war die Mission vom Wohlwollen der japanischen Fürsten abhängig. Aber dieses versuchten die Jesuiten dadurch zu erlangen, dass sie die portugiesischen Handelsschiffe in die entsprechenden Häfen leiteten. Gelang dies nicht, dann wendete sich auch die Haltung der Fürsten, eine Erfahrung,

---

7   So z. B. K. M. Panikkar: Asien und die Herrschaft des Westens, S. 337–409.
8   B. Stanley, a. a. O., S. 46 f.
9   So St. Neill: The Story of the Christian Church, S. 73.
10   Die Distanz der Missionen zur Imperialmacht betont A. Porter: Religion versus Empire?
11   Zitiert nach Th. Müller-Krüger: Der Protestantismus, S. 41.
12   Zitiert nach W. Raupp (Hg.): Mission in Quellentexten, S. 75.
13   Zahlen nach L. Schreiner, Art. „Indonesien II: Kirchenkundlich", S. 135. Etwas andere Zahlen bei Th. Müller-Krüger, a. a. O., S. 57.

die schon Franz Xaver mit Shimazu Takahisa, dem Fürsten von Kagoshima machen musste. Dass Feuerwaffen ein besonders begehrtes Handelsgut waren, nahmen die Missionare in Kauf. In China geschah die Mission der Jesuiten im 17. Jahrhundert ohne westliche Rückendeckung. Als aber im 19. Jahrhundert das Land durch die Opiumkriege „geöffnet" wurde, sahen die Missionare darin vor allem eine Gelegenheit für die Mission. Karl Friedrich August Gützlaff schrieb nach dem ersten Opiumkrieg (1838–1842): „Mein Herz bebt mir vor großer Freude, dass nun der Weg nach China offen steht."[14]

Missionare begrüßten das französische und später auch das deutsche Missionsprotektorat in China und forderten von der Kolonialmacht Schutz und Unterstützung.[15] Zurückhaltend mit der Inanspruchnahme kolonialen Schutzes waren die *China Inland Mission* (CIM) und ihre deutsche „Tochter", die *Liebenzeller Mission*. Letztere hielt in ihren Grundsätzen fest:

... Die Missionare sollen nicht schnell den Schutz der Behörden und besonders nicht das Eintreten der ausländischen Behörden in Anspruch nehmen und ihr Recht nicht durch Hilfe der Staatsgewalt suchen ....[16]

Ein letztes „Schlupfloch" ließ freilich auch diese Formulierung („nicht schnell") noch offen. Und tatsächlich hat gelegentlich auch die CIM Hilfe von der Kolonialmacht erhalten. Als z.B. Hudson Taylor im Jahr 1868 aus der Stadt Yanzhou vertrieben wurde, griffen die englischen Kolonialbehörden ein und bewirkten die Wiederzulassung der Mission in der Stadt.[17] Als besonders Anstoß erregend wurde in China und anderen asiatischen Ländern das Recht der „Extraterritorialität" empfunden, das Missionare und einheimische Christen der Rechtssprechung des asiatischen Staates entzog. Allerdings hatten auch manche Missionare hier Bedenken. So z.B. Pater Vincent Lebbe[18] vom Orden der Lazaristen und der Basler Missionar Friedrich Schmoll. Letzterer sah im „Prozessieren" – wie man die Inanspruchnahme der Extraterritorialität nannte – eine unstatthafte „Benutzung politischer Macht zur Ausbreitung des Evangeliums".[19] Aber auch unabhängig von den Maßnahmen der Kolonialmacht machten sich viele Missionare und einheimische Christen oft die Tatsache zunutze, dass sie hinter ihnen stand. So schrieb im Jahr 1871 Mgr. Jean Claude Miche, nachdem Kambodscha schon 1863 französisches Protektorat geworden war:

Es gibt keinen Kambodschaner, der heute nicht wüßte, daß man einem Christen nicht ungestraft ein Haar krümmen kann.[20]

---

[14] H. Schlyter: Karl Gützlaff, S. 133.
[15] Dazu K. J. Rivinius: Weltlicher Schutz und Mission.
[16] W. Raupp (Hg.), a. a. O., S. 306.
[17] K. S. Latourette: Christian Missions in China, S. 388. Nach J. H. Kane: J. Hudson Taylor, S. 200, war Taylor über den englischen Militäreinsatz tief unglücklich.
[18] J.-P. Wiest: The Legacy of Vincent Lebbe, in: IBMR 23 (1999), S. 33–37 (mit Literatur); B. Whyte: Unfinished Encounter, S. 160.
[19] F. Schmoll: Wetterleuchten. Als Missionar in China von 1902–1922, Ammeresbek bei Hamburg 1990, S. 56.
[20] Zitiert nach F. Ponchaud: La Cathédrale de la rizière, S. 80.

Da die Mission im Großen und Ganzen Nutznießerin der kolonialen Herrschaft war, konnte sie „schon aus Selbstinteresse"[21] die nationale Bewegung in Indien (und anderen Ländern) nicht unterstützen.[22] Die Missionare wollten auf die „gepanzerte Faust und Kanonenbootpolitik nicht verzichten [...]. Schließlich kam der weltliche Schutz dem Werk der Bekehrung und damit dem Heil der Seelen zugute."[23] Missionare und einheimische Christen zogen sich dadurch den Hass der nichtchristlichen Mehrheit zu, was der Basler China-Missionar Philip Winnes im Jahr 1860 ungeschönt ausdrückte: „Ich bin gehaßt und gefürchtet, unsere Christen sind gleichfalls gehaßt und angefeindet."[24] Nachdem die asiatischen Länder ihre Unabhängigkeit erlangt hatten, wurde es für viele Christen zum Problem, der „Religion der Imperialisten" anzugehören.

Nur nebenbei sei erwähnt, dass sich auch die Kolonialverwaltung die Anwesenheit der Missionare zunutze machte. Diese kannten die Sprache der Menschen und waren mit ihren Sitten vertraut – Kenntnisse, die vielen Kolonialbeamten, die oft nur kurzzeitig im Land waren, abgingen.

2. Forderung und Rechtfertigung des Eingreifens der Kolonialmacht

Die Mission hat nicht nur den Schutz und die Unterstützung der Kolonialmacht in Anspruch genommen, sondern auch selbst die Errichtung imperialistischer Herrschaft gefordert und in die Wege geleitet. Das traf besonders für die katholische Mission in Indochina zu. Alexandre de Rhodes wirkte zwar in Vietnam ohne jede koloniale Absicherung. In Frankreich aber umwarb er die entsprechenden Kreise mit dem Hinweis auf die großen Handelsmöglichkeiten in Vietnam.[25] Bischof Pigneau de Béhaine vermittelte 1787 einen Vertrag zwischen Ludwig XVI. und dem späteren Kaiser Gia Long und warb selbst Soldaten für dessen Heer an.[26] Im 19. Jahrhundert forderten katholische Missionare und Bischöfe der *Pariser Missionsgesellschaft* (MEP) mit Nachdruck die Übernahme kolonialer Herrschaft, in der sie „Gottes Wirken durch Frankreich" (*gesta Dei per Francos*) sahen und von dem sie das „Goldene Zeitalter"[27] der Kirche in Vietnam erwarteten. Bischof Pellerin stellte 1857 im Fall einer französischen Militäraktion die Unterstützung durch 600 000 vietnamesische Christen in Aussicht,[28] was sich später als unzutreffend erwies.[29]

---

21 So der Basler Missionar W. Bader: Das nationale Erwachen Indiens und die Mission, in: EMM 52 (1908), S. 449–458, 501–511; Zitat S. 456.

22 Unzutreffend ist freilich, dass „die Missionare – nicht einmal die aus Indien stammenden – sich nicht in der Unabhängigkeitsbewegung engagierten"; so A. Shourie: Missionaries, S. 200. Verwiesen sei z.B. auf K. T. Paul.

23 K. J. Rivinius, a. a. O., S. 259.

24 Zitiert bei W. Schlatter: Geschichte der Basler Mission 1815–1915, Bd. 2, Basel 1915, S. 309.

25 H. Gründer: Welteroberung und Christentum, S. 371.

26 Ebd., S. 274 f.

27 Ebd., S. 386.

28 P. J. N. Tuck: French Catholic Missionaries, S. 44.

29 Zu Mission und Imperialismus in Vietnam vgl. bes. F. Fessen: Die Rolle der katholischen Mission bei der französischen Kolonisation Indochinas, in: Mitteilungen des Instituts für Orientforschung, Institut für Orientforschung (Berlin Ost), 13 (1967), S. 207–241; P. J. N. Tuck, a. a. O., passim; H. Gründer, a. a. O., S. 368–386 (mit Literatur).

Verbreitet war in Missionskreisen die Ansicht, in imperialistischen Aktionen vollziehe sich das Handeln Gottes oder – wie man häufig sagte – der Vorsehung, möglicherweise verborgen unter Geschehnissen, die in keiner Weise moralisch zu rechtfertigen waren, wie etwa in den Opiumkriegen in China.[30] Die ebenfalls mit militärischer Gewalt erzwungene Öffnung Japans wurde im Evangelischen Missionsmagazin folgendermaßen kommentiert:

Auch der Blödsichtige muß erkennen, daß eine höhere Hand auch hier die Dinge geordnet hat; denn es bleibt dabei, was schon Salomo erkannt und (Pred. 3,11) ausgesprochen hat: „Er thut Alles fein zu seiner Zeit."[31]

Angesichts der Übernahme der Kolonialherrschaft auf den Philippinen durch die USA mahnte George F. Pentecost, der Vorsitzende des Missionskomitees der Presbyterianischen Kirche:

Wir können nicht taub und blind sein für die erregende Vorsehung Gottes, die gerade jetzt neue und unerwartete Felder für die Äußere Mission eröffnet.[32]

Zu verstehen sind derartige Äußerungen vor dem Hintergrund der frommigkeitlichen und theologischen Prägung der Mehrzahl der Missionare. Für sie waren die Menschen, die noch nicht von der Botschaft des Evangeliums erreicht worden waren, dem ewigen Verderben verfallen. Von daher wird verständlich, dass die Ermöglichung der Verkündigung und des missionarischen Wirkens für sie höchste Priorität genoss.[33] Wenn sie das Eingreifen der Kolonialmacht forderten, dann nicht aus Handelsinteresse, sondern vor allem, um die Mission zu ermöglichen. Mission und Vermittlung westlicher zivilisatorischer Werte wurden allerdings in enger Verbindung zueinander gesehen.

3. Kritik an der Kolonialmacht

Die Vorstellung vom providentiellen Charakter der Kolonialherrschaft konnte auch kritisch gegen die Kolonialmacht gewendet werden.[34] Dies geschah manchmal in missionarischem Eigeninteresse: Die westliche Macht habe ihren Auftrag verraten, da sie in den ihr anvertrauten asiatischen Ländern zu wenig für die Christianisierung tat. Mehr noch: Sie habe sogar den „Götzendienst" gefördert, indem sie z. B. die Verantwortung für den Kult am *Tempel des Zahns* (des Buddha) in Kandy (Sri Lanka)[35], für das Wagenfest des Jagannath in Puri (Indien) und für andere Tempel übernommen habe. Die christlichen Engländer betätigten sich als „Kirchendiener des Juggernaut und als Amme des Vishnu".[36] Dementsprechend sah man im Aufstand der Sepoys (indische Soldaten im britischen Heer) von 1857 die Strafe Gottes und den Ruf zu stärkerem evangelistischen Engagement in Indien.[37]

---

[30] H. Gründer, a. a. O., S. 389.
[31] Japan: Die neuesten Verträge, in: EMM 4 (1860), S. 281–328, Zitat S. 310.
[32] Zitiert nach T. V. Sitoy, Jr.: Comity and Unity, S. 3.
[33] Dazu B. Stanley, a. a. O., S. 65–67.
[34] J. Cox, a. a. O., S. 34–38.
[35] Dazu K. M. de Silva: Social Policy, S. 64–102.
[36] St. Neill: The Story of the Christian Church, S. 71.
[37] Dazu B. Stanley: Christian Responses to the Indian Mutiny of 1857, in: W. J. Sheils (Hg.): The Church and War, Oxford 1983, S. 277–289.

Die Kritik der Missionare an der Kolonialmacht konnte aber auch in eine andere Richtung gehen. Verbreitet ist die Klage über das anstößige Verhalten der Europäer. Franz Xaver fällte über die Portugiesen in Indien ein vernichtendes Urteil:

… alle verfolgen den Weg des „rapio, rapis!" […]. Ich bin geradezu starr, durch welche „modi, tempora et participia" alle hier neu Eintreffenden es verstehen, in Kürze dieses Zeitwort „rapio" abzuwandeln![38]

Ähnliche Klagen begegnen vielfach in der Missionsliteratur. Gelegentlich haben Missionare gegen die inhumane Behandlung der Einheimischen durch Europäer protestiert. Der Augustiner Martin de Rada und der Dominikaner Domingo de Salazar, der erste Bischof auf den Philippinen, stellten schonungslos das brutale Vorgehen der Konquistadoren gegen die Filipinos dar und berichteten darüber nach Spanien. In den 50er Jahren des 19. Jahrhunderts setzten sich protestantische Missionare in Bengalen für die Arbeiter in den Indigo-Plantagen ein, die ihrer Ansicht nach in unmenschlicher Weise ausgebeutet wurden.[39] Sie erwirkten eine Behandlung der Frage im englischen Unterhaus. Der anglikanische Missionar James Long (CMS) wurde schließlich wegen seines Einsatzes für die Indigo-Arbeiter in Kalkutta zur Zahlung von 1000 Rupien und zu einer Haftstrafe verurteilt. Long war der Ansicht, es sei „unsere Pflicht als Missionare, für diese armen Menschen, die sich nicht selber helfen können, zu tun, was wir können".[40] In einer den Indigo-Farmern nahe stehenden Zeitung wurde Long und den anderen Missionaren vorgeworfen, sie „predigten Aufruhr […], statt Christus".[41]

Eine grundsätzliche Ablehnung des Kolonialismus begegnet bei den Missionaren selten. Zu den wenigen Ausnahmen zählten Charles Freer Andrews, Verrier Elwin und Ralph Richard Keithan in Indien und Franz van Lith auf Java. Andrews, Elwin und Keithan gerieten unter erheblichen Druck von Seiten der Regierung und der Missionsleitung. Elwin verließ die Mission und wurde zu ihrem erbitterten Gegner.[42] Franz van Lith[43] (1863–1926) vertrat die Ansicht:

Die Zeit der Oberherrschaft der weißen Rasse ist aber vorbei […]. Holländer, Indo-Europäer und Javaner werden von nun an als Brüder zusammenleben, oder aber sie werden bald überhaupt nicht mehr zusammenleben.[44]

Auf jeden Fall müsse sich die katholische Kirche klar machen, auf welcher Seite sie stehe, nämlich nicht auf der „Seite der Geldschrapper und Unterdrücker"[45]. Im Falle eines Kampfes müssten die Missionare die Indonesier unterstützen.

---

38 Die Briefe des Francisco de Xavier, S. 75. Pfarrer Kaspar Wiltens, von 1614–1619 in Ambon tätig, nennt seine dortigen Landsleute den „Abschaum unseres Volkes" (Th. Müller-Krüger, a. a. O., S. 68, Anm. 37).
39 Dazu G. A. Oddie: Social Protest, S. 147–192; ders.: Missionaries, S. 101–142.
40 Zitiert nach G. A. Oddie: Missionaries, S. 111.
41 Ebd., S. 116.
42 C. F. Andrews verließ die *Cambridge Mission* aus anderen Gründen; vgl. D. O'Connor: Gospel, Raj and Swaraj. The Missionary Years of C. F. Andrews 1904–14, Frankfurt a. M. etc. 1990; zu Keithan vgl. G. Thomas: Christian Indians, S. 191 f.
43 M. Muskens, a. a. O., S. 131–138; A. Heuken: Art. „Van Lith, Franz G. I. M.".
44 Zitiert bei M. Muskens, a. a. O., S. 135.
45 Ebd., S. 136.

Eine Infragestellung des Kolonialismus ist implizit auch in den Überlegungen des Kongregationalisten Frank C. Laubach[46] enthalten. Laubach kam 1915 auf die Philippinen und zeigte von Anfang an Interesse an sozialen und politischen Problemen. Im Jahr 1926 stellte er eine Reihe kolonialkritischer Fragen zur Debatte:

1. [...] ob die Christen sympathisieren sollen mit der hartnäckigen Forderung der Menschen der gemäßigten Zonen, dass sie die Erzeugnisse erhalten, die die Bewohner der Tropen produzieren können; dass die tropischen Menschen, da sie leichtlebig, nicht ehrgeizig, [...] beinahe träge sind, aus dem Weg gehen und den energischen Menschen der gemäßigten Zonen erlauben müssen, ihre Länder auszubeuten [...]; oder ob Christen sympathisieren müssen mit der Haltung tropischer Menschen, dass das Land ihnen gehört, da sie zuerst auf ihm wohnten, und dass sie in keiner Weise dazu verpflichtet sind, es schneller zu entwickeln als sie möchten, dass sie es sich selber und ihren Kindern schuldig sind, Einwanderer fernzuhalten, mit denen sie nicht konkurrieren können [...]?
2. Soll das öffentliche Land Heimstatt für kleine philippinische Landbesitzer sein, oder soll es großen amerikanischen Gesellschaften übergeben werden? Die Filipinos bieten den amerikanischen Unternehmen Landpacht für 25 Jahre an, mit dem Vorrecht der Pachterneuerung für weitere 25 Jahre [...]. Das amerikanische Großkapital insistiert auf dauerndem Besitz und unbegrenztem Umfang ihrer Besitztümer [...]. Im Bezug auf diese Frage verlangt man von uns, dass wir still sind und laut von „christlicher Bruderschaft" tönen. Für Missionare in diesem Land erhebt sich die Frage, ob das Christentum Chloroform ist, das man auf eine Feder geträufelt hat, mit der die Missionare das Kinn der Filipinos kitzeln, während Amerika, big business, den Kongress dazu überredet, über die Philippinen denselben Fluch eines Großgrundbesitzertums zu bringen, der Irland tausend Jahre lang gelähmt hat.[47]

Laubachs Anfragen sind nicht nur wegen der in ihnen enthaltenen Kritik an der amerikanischen Kolonialpolitik bedeutsam, sondern besonders deshalb, weil er die Überlegenheit des westlichen Wertesystems hinterfragt. Damit ist auch der Erziehungs- und Zivilisierungsgedanke in Frage gestellt, der das imperialistische Sendungsbewusstsein beflügelt hatte, und diesem selbst der Boden entzogen. Laubach löste sich von der allgemeinen Sendungsideologie. Er begann, deren Zweifelhaftigkeit zu durchschauen und sich auf die Seite der Filipinos zu stellen. Ein so tiefgehendes und grundsätzliches Urteil über die Kolonialpolitik findet sich in missionarischen Äußerungen allerdings nur selten.

4. Vorbehalte der Kolonialmacht gegenüber der Mission

Die Ziele von Mission und Kolonialmacht berührten sich im Bereich von Bildung und Erziehung, im Übrigen aber lagen sie weit auseinander. Es ist deshalb nicht verwunderlich, dass Kolonialpolitiker und -verwaltungen der Mission oft kritisch bis ablehnend gegenüberstanden. Drastisch kam dies in einer Eingabe an das englische Parlament im Jahr 1793 zum Ausdruck:

... die Aussendung von Missionaren [...] ist das tollste, extravaganteste, kostspieligste, unverantwortlichste Projekt, das je von einem mondsüchtigen Schwärmer vorgeschlagen worden ist. Ein solcher Plan ist verderblich, unpolitisch, nutzlos, unheilbringend, gefährlich,

---

[46] P. G. Gowing: The Legacy of Frank Charles Laubach, in: IBMR 7 (1983), S. 58–62.
[47] Zitiert nach T. V. Sitoy, Jr., a. a. O., S. 48.

unfruchtbar, phantastisch. Er streitet wider alle Vernunft und gesunde Politik, er bringt den Frieden und die Sicherheit [...] in Gefahr.[48]

Ein Antrag, der die englische *East India Company* (EIC) verpflichtet hätte, selbst Missionare auszusenden, wurde 1793 abgelehnt. Als die Charta der EIC 1813 erneut zur Verhandlung anstand, wurde eine Klausel eingefügt, die es England zur Pflicht machte, „die Interessen und das Glück der einheimischen Bewohner der britischen Besitzungen in Indien zu fördern", weshalb Maßnahmen zur Verbreitung „nützlichen Wissens und zur religiösen und moralischen Besserung" ergriffen werden sollten. Personen, die zu diesem Zweck nach Indien zu gehen bereit seien, sollten „ausreichende Möglichkeiten" (*sufficient facilities*) erhalten, dort zu wirken.[49] Von Mission war im Text der „frommen Klausel" (*pious clause*) zwar nicht ausdrücklich die Rede, er ließ sich aber im Sinne einer Rechtfertigung der Mission interpretieren. Allerdings benötigten Missionare nach wie vor eine Lizenz der EIC.[50] Missionare freikirchlicher Missionsgesellschaften erhielten diese in der Regel nicht, wurden oft aber trotzdem geduldet und von missionsfreundlichen Kolonialbeamten auch unterstützt. Großzügigkeit und restriktives Vorgehen wechselte je nach den politischen Verhältnissen. Im Jahr 1833, bei der nächsten Erneuerung der Charta der EIC, wurde Indien auch für Missionare anderer Länder geöffnet. Als 1853 die anglikanische *Church Missionary Society* (CMS) eine Missionsstation in Peshawar eröffnen wollte, erklärte der dortige englische Regierungsvertreter Mackeson kategorisch:

Kein Missionar wird den Indus überschreiten, solange ich Regierungsbevollmächtigter in Peshawar bin: Wollt ihr, daß wir alle getötet werden?[51]

Missionare sahen die strafende Hand Gottes am Werk, als Mackeson kurze Zeit später von einem Afghanen ermordet wurde. Sein Nachfolger, Herbert Edwardes, war ein glühender Befürworter der Mission.[52] Auch die Handelsgesellschaften anderer Mächte nahmen eine reservierte und manchmal ablehnende Haltung den Missionaren gegenüber ein. Das erfuhr Bartholomäus Ziegenbalg bereits im Jahr 1706 von Seiten der Kolonialverwaltung im dänischen Tranquebar, obwohl er die Rückendeckung des dänischen Königs hatte.

5. Zusammenfassung

Überblickt man die verschiedenen Aspekte des Verhältnisses von Mission und Kolonialismus zueinander, so fällt zuerst auf, wie sehr die Mission sich die Anwesenheit der Kolonialmacht zunutze zu machen versuchte und so in die Problematik von Kolonialismus und Imperialismus verstrickt wurde. Auf der anderen Seite verfolgte sie aber doch ein völlig anderes Ziel und scheute auch den Konflikt mit der Kolonialmacht nicht. Durch die Vermittlung von Bildung und Selbstbewusstsein befähigte

---

48 Zitiert nach B. Wirth: Imperialistische Übersee- und Missionspolitik. Dargestellt am Beispiel Chinas, Münster 1968, S. 39, Anm. 7.
49 Zitate nach St. Neill: A History ... 1707–1858, S. 153.
50 A. Porter: Religion versus empire?, S. 74 f.
51 Zitiert bei J. Cox, a. a. O., S. 32.
52 Ebd.

sie die Menschen indirekt zur Kritik an der Kolonialmacht.[53] Freilich gehörten die Missionare auch dann noch zur sozialen Schicht der Imperialisten, der sie schon auf Grund ihrer Herkunft nicht entkommen konnten. Selbst wenn sie sich gegen die Kolonialmacht stellten, gewannen ihre Äußerungen und Aktionen ihre Wirkungskraft dadurch, dass sie irgendwie doch auch zur Kolonialmacht gehörten. Der Protest von James Long gegen die englischen Indigo-Farmer war deshalb so wirkungsvoll, weil es der Protest eines Europäers war. Auch wenn sie – wie z. B. Verrier Elwin – die indische Staatsbürgerschaft annahmen, haftete ihnen nolens volens etwas von der kolonialen Herkunft an, was man ihnen allerdings nicht zum Vorwurf machen kann. Bestehen bleibt die Frage nach dem „kulturellen Imperialismus" der Mission. Auf sie soll in einem späteren Abschnitt eingegangen werden.[54]

B DAS MISSIONSPATRONAT (*PADROADO/PATRONATO*) UND SEINE AUSWIRKUNGEN

Im 15. und 16. Jahrhundert bestätigten Päpste in mehreren Bullen[55] den Herrschaftsanspruch der Könige von Portugal und Spanien über die Länder Asiens, Afrikas und Lateinamerikas. Im Vertrag von Tordesillas (1494) einigten sich die iberischen Mächte auf eine ca. 2060 km westlich der Kapverdischen Inseln verlaufende Demarkationslinie, die ihre Herrschaftsgebiete trennen sollte.[56] Portugal fiel die östliche Erdhälfte, Spanien die westliche zu. So kam Brasilien zum portugiesischen, die Philippinen zum spanischen Einflussgebiet. In diesem Zusammenhang übernahmen die beiden europäischen Mächte auch die Pflicht, den christlichen Glauben in den neu entdeckten Ländern zu verbreiten, die Aussendung von Klerikern und Missionaren zu finanzieren und kirchliche Einrichtungen zu unterhalten. Dafür erhielten sie das Recht, Bischöfe und Kleriker für diese Länder zu präsentieren.

Diese Patronatsregelungen hatten unvorhergesehene Folgen. Der Niedergang der portugiesischen Macht führte dazu, dass sie aus Geld- und Personalmangel ihren Pflichten nicht voll nachkommen konnte. Bischofssitze und Pfarrstellen blieben vakant. Entsandte Priester erwiesen sich manchmal als unqualifiziert.[57] Der Aufbau eines einheimischen Klerus wurde behindert. Politische Instanzen und Missionare gerieten miteinander in Konflikt u. a. m. Um diesen Missständen abzuhelfen, wurde 1622 die päpstliche *Sacra Congregatio de Propaganda Fide* (meist kurz als „Propaganda" bezeichnet) ins Leben gerufen, die für die Koordination der Missionsarbeit verantwortlich sein sollte. Da sie keine Bischöfe ernennen konnte, was ein Eingriff in die Patronatsrechte der iberischen Mächte gewesen wäre, schuf sie in Anlehnung an

---

[53]   L. Sanneh: Translating the Message, S. 88–129; nach Sanneh ist Mission „das logische Gegenteil zu Kolonialismus" (S. 105); nach A. Porter, a. a. O., S. 316–330, hatte die Mission (vor allem auf Grund ihrer Erziehungsarbeit) „a vital liberating impact" (S. 318).

[54]   Vgl. Kap. 1 C.

[55]   Von besonderer Bedeutung waren die „Westindischen Edikte" von Papst Alexander VI. (1493).

[56]   Zum Ganzen vgl. H. Gründer: Welteroberung und Christentum, S. 86–98; T. R. de Souza/ S. Chumsriphan: Art. „Padroado", in: DAC, S. 623–627.

[57]   Vgl. die plastische Schilderung in G. Schurhammer: Franz Xaver, Bd. II/1, S. 156.

eine ältere Institution eine neue Kategorie kirchlicher Würdenträger: die „Apostolischen Vikare", die faktisch Status und Funktion von Bischöfen hatten. Dies führte in den Missionsländern zu Konflikten zwischen den unter dem *padroado* entsandten Klerikern und Bischöfen und den durch die Propaganda autorisierten „Apostolischen Vikaren". Erstere weigerten sich oft, die Amtsautorität der Letzteren anzuerkennen. Da ein Großteil der von der Propaganda autorisierten „Apostolischen Vikare" und Kleriker Franzosen waren und der 1660 gegründeten (und 1664 vom Papst bestätigten) *Société des Missions Étrangères de Paris* (MEP) angehörte, wurden die Spannungen zwischen Propaganda und Patronatsmacht durch nationale Feindschaft und Konkurrenz zwischen den Orden verschärft.

Auf die Arbeit in den asiatischen Ländern wirkten sich diese Konflikte belastend und verheerend aus. Schon der erste „Apostolische Vikar", Lambert de la Motte, der 1662 nach Ayutthaya kam, wurde von seinen portugiesischen Glaubensbrüdern nicht anerkannt, da ihm die Autorisierung im Sinne des *padroado* fehlte. De la Motte unterzog seinerseits Lebensweise und Wirken der Portugiesen einer scharfen Kritik und berichtete darüber nach Rom, was wohl auch nicht zur Verbesserung der Beziehung beitrug. Der MEP-Missionar Louis Chevreul wurde 1670 auf Betreiben der Jesuiten von Kambodscha nach Macao und dann nach Goa gebracht, neun Monate in Haft gehalten und der Häresie angeklagt. Nach seiner Freilassung war er psychisch gebrochen.[58] In den 40er Jahren des 19. Jahrhunderts führte die Frage der Anerkennung der *Padroado*-Bischöfe einerseits und der „Apostolischen Vikare" andererseits in Indien zum „Goanesischen Schisma"[59], einer doppelten Jurisdiktion, die sich vor allem im Bistum Bombay auswirkte.[60] Ähnliche Konflikte traten häufig auf.

In Indien wurden die aus dem *padroado* erwachsenden Spannungen erst 1886 mit der Errichtung einer Hierarchie beendet. Im Jahr 1974 verzichtete Portugal auf seine Patronatsrechte. Der spanische *patronato real* fand auf den Philippinen mit dem Machtwechsel von 1898 sein Ende.

C CHRISTLICHES LEBEN IM KULTURELLEN KONTEXT ASIENS

Das Christentum, das durch die moderne Missionsbewegung (ab Beginn des 16. Jahrhunderts) nach Asien gebracht wurde, war geprägt durch westliche kulturelle Bedingungen. Obwohl es in Indien, China und anderen asiatischen Ländern auch schon im ersten Jahrtausend Christen gab, wird das Christentum manchmal als eine „fremde Religion" in Asien bezeichnet, die durch aggressives Vorgehen den christlichen Konvertiten ihre kulturelle Basis geraubt und sie zu geistig heimatlosen und ihrer Tradition entfremdeten Menschen gemacht habe.[61] Dafür wurde der so genannte „kulturelle Imperialismus" der Missionare verantwortlich gemacht, der als besonders

---

58 J. Guennou: Missions Étrangères de Paris, S. 141–144. Zu entsprechenden Streitigkeiten im 17. Jahrhundert in Indien vgl. J. Thekkedath: History, Bd. II, S. 414–420.

59 Dabei handelte es sich freilich nicht um ein Schisma im eigentlichen Sinne, da sich natürlich auch die *Padroado*-Bischöfe und -Priester nicht von Rom lossagen wollten.

60 Dazu St. Neill: A History ... 1707–1858, S. 285–294.

61 Vgl. dazu die Ausführungen eines namhaften indischen Christen, der die Mission grundsätzlich bejahte: K. T. Paul: How Missions Denationalize Indians, in: IRM 8 (1919), S. 510–521.

heimtückisch angesehen wurde, denn: „Gold und Eisen machen unsere Körper zu Sklaven der Fremden; das Evangelium versklavt unsere Seelen."[62] Die Missionsschulen – so Swami Vivekananda – entfremdeten die Kinder von ihrer Kultur, indem sie ihnen die Überzeugung einimpften, ihre Väter und Großväter seien Dummköpfe gewesen und ihre heiligen Schriften enthielten Lügen.[63]

1. „Kultureller Imperialismus" der Missionare?

Auch westliche Autoren haben den „kulturellen Imperialismus" der Missionare angeprangert. Die Schriftstellerin Pearl S. Buck, die selbst als Lehrerin in chinesischen Missionsinstitutionen gearbeitet hat, bezeichnete die Mission als „eine feine Form des Imperialismus".[64] Der Ethnologe Christoph von Fürer-Haimendorf war der Ansicht, die Mission habe „Menschen, die [...] ein fröhliches, arbeitsames und freies Leben führten", zu „unzufriedenen, mit ihrem eigenen Volkstum zerfallenen und nach Fremdem strebenden Geschöpfen" gemacht.[65] Verrier Elwin[66] schließlich stellte die Missionare in eine Reihe mit Geldverleihern und Branntweinverkäufern.[67] Es ließen sich beliebig viele Beispiele für eine Sicht anführen, die in der Mission in Asien eine kulturzerstörende Kraft sieht. Wird sie den Gegebenheiten gerecht?

Es ist nicht zu bestreiten, dass die Missionare ihr Verständnis von einem anständigen christlichen Leben aus Europa oder Amerika mitbrachten und dass die meisten von ihnen von der Überlegenheit der westlichen Kultur und Zivilisation überzeugt waren. Christentum und westliche Bildung gehörten für sie zusammen. Westliche Vorstellungen von Hygiene und Sauberkeit, von Ordnung und Pünktlichkeit, von Fleiß und Korrektheit wurden weithin als allgemeingültig betrachtet, was manchmal zu pauschalen Urteilen über Charakter und Lebensweise der Menschen in asiatischen Ländern führte. In den Berichten für die westliche Leserschaft wurde das Abstoßende betont: Fußbinden in China, Witwenverbrennung und Kinderheirat in Indien, Behandlung von Wunden mit Kuhdung, Aussetzen von Sterbenden am Ufer des heiligen Ganges, Schmutz usw. Generalisierend meinte man negative Züge eines so genannten Volkscharakters feststellen zu können. Der Missionswissenschaftler Julius Richter z. B. identifizierte „Hang zur Lüge, Geldgier und eine gewisse Verschmitztheit" als „die allgemein-chinesischen Fehler".[68] Alexander Duff und sogar James Long,

---

[62] So chinesische Kritiker der Mission zu Beginn der 20er Jahre des 20. Jahrhunderts; zitiert bei B. Whyte, Unfinished Encounter, S. 153; vgl. im Bezug auf Afrika T. O. Beidelman: Colonial Evangelism: A Socio-Historical Study of an East African Mission at the Grassroots, Bloomington 1982; Jean and John Comaroff: Of Revelation and Revolution: Christianity, Colonialism, and Consciousness in South Africa, Chicago 1991.

[63] Zitiert bei A. Shourie: Missionaries, S. 6; in der Quelle (The Complete Works of Swami Vivekananda, Bd. III, Calcutta 1979, S. 301 f.) ist nicht speziell von Missionsschulen die Rede, obwohl solche gemeint sein dürften.

[64] Zitiert bei L. Xi: The Conversion, S. 114.

[65] Chr. von Fürer-Haimendorf: Die nackten Nagas. Dreizehn Monate unter Kopfjägern Indiens, Leipzig 1949³, S. 74 f.

[66] W. Emilsen: Violence and Atonement. The Missionary Experiences of Mohandas Gandhi, Samuel Stokes and Verrier Elwin in India before 1935, Frankfurt a. M. 1994, S. 255–353.

[67] V. Elwin: A Philosophy of NEFA, Shillong 1959, S. 46.

[68] J. Richter: Geschichte der Berliner Missionsgesellschaft, S. 509.

der sich nachhaltig für Dorfschulen mit Bengali als Unterrichtssprache einsetzte, wollten durch die Schulbildung bei den Schülern das Vertrauen in die traditionelle indische Kultur untergraben.[69] Missionarsfrauen und zunehmend auch Missionarinnen vermittelten asiatischen Frauen das im Europa und Amerika des 19. Jahrhunderts vorherrschende – vermeintlich christliche – Frauenideal.[70] Dass die Mädchen dabei nicht nur Hausarbeit, Kindererziehung und Stricken lernten, sondern allerhand andere Kenntnisse, die ihr Selbstbewusstsein stärkten, wird dabei oft übersehen.

Manchen Missionaren war das Problem durchaus bewusst, das in einer unreflektierten Verbindung von westlichen Lebensformen mit dem in Asien verkündeten christlichen Glauben lag. Im Jahr 1659 veröffentlichte die *Sacra Congregatio de Propaganda Fide* eine Anweisung für die katholischen Missionare, in der es heißt:

Versucht in keiner Weise, diese Völker zu überreden, ihre Sitten, Gewohnheiten und Verhaltensweise zu ändern, solange diese nicht offensichtlich im Widerspruch zu Religion und Moral stehen. Was könnte absurder sein, als Frankreich, Italien oder irgendein anderes europäisches Land zu den Chinesen zu bringen. Bringt ihnen nicht unsere Länder, sondern unseren Glauben, der die Sitten und Gewohnheiten keines Volkes zurückweist oder verletzt, solange sie nicht widernatürlich sind, sondern im Gegenteil wünscht, dass sie vollständig erhalten werden.[71]

Die Instruktion lässt einen weiten Interpretationsspielraum im Verständnis dessen, was „im Widerspruch zu Religion und Moral" steht, und vor allem geht sie mit Selbstverständlichkeit davon aus, dass die westlichen Missionare – nicht die asiatischen Christen – darüber entscheiden. Aber sie zeigt doch, dass man sich der Problematik bewusst war. Das gilt für viele Missionare der verschiedensten Richtungen. Nachdrücklich wies die LMS 1873 ihre Missionare an, den Christen anderer Kulturen nicht die englische Lebensweise aufzuzwingen:

Macht eure Konvertiten nicht zu Engländern. Bedenkt, dass die Menschen Fremde sind. Lasst sie dies weiter sein. Sorgt dafür, dass ihre fremde Individualität erhalten bleibt. Baut darauf auf, soweit es vernünftig und gut ist, und christianisiert sie, aber verändert sie nicht unnötig. Sucht aus den Menschen keine Engländer zu machen. Sucht einen reinen, verfeinerten und christlichen Charakter zu entwickeln und zu bilden, der ihrem Geburtsland entspricht (*native to the soil*).[72]

Die Initiative liegt einseitig bei den Missionaren: Sie sollen den Charakter der Menschen bilden und damit auch verändern. Die patriarchalische Haltung, die über die einheimischen Christen wie über Kinder verfügt, die zur Erziehung anvertraut sind, ist unübersehbar. Die Missionare sollen dabei aber nicht unüberlegt englische Lebensweise zur Norm machen und einheimische Sitten verändern. Weniger autoritär und patriarchalisch klingen die Sätze des baptistischen Missionars J. H. Lorrain, der 1903 zusammen mit F. W. Savidge die Mission im Süden von Mizoram (Nordostindien) begann. Er schrieb in seinem Bericht für das Jahr 1913:

---

[69] G. A. Oddie: Missionaries, Rebellion, S. 26 f.

[70] Freytag, M.: Frauenmission in China. Die Interkulturelle und Pädagogische Bedeutung der Missionarinnen untersucht anhand ihrer Berichte von 1900 bis 1930, Münster 1994; P.-L. Kwok: Chinese Women and Christianity 1850–1927, Atlanta 1992.

[71] Zitiert nach A. C. Ross: A Vision Betrayed, S. 185.

[72] Zitiert nach A. Porter: Religion versus empire?, S. 328; Hervorhebung im Original.

Wir sind nicht hier, um sie [die Mizos] zu östlichen Duplikaten westlicher Baptisten zu machen, sondern um sie zu Christus zu führen und sie so anzuleiten, dass sie sich ihrem eigenen nationalen Charakter entsprechend (*along their own national lines*) zu einer starken Lushai-Kirche Gottes entwickeln.[73]

Aus den angeführten Äußerungen spricht der patriarchalische Anspruch der Missionare, über die Lebensweise der einheimischen Christen zu urteilen, aber auch ein gewisser Respekt vor der Lebensform anderer und das Bewusstsein der Problematik des unbedachten Eingreifens. Viele Missionare nahmen das hohe Niveau der einheimischen asiatischen Kulturen wahr. Schon der erste protestantische Missionar in Indien, der Lutheraner Bartholomäus Ziegenbalg, fand in den Schriften der Tamilen „viel Gutes und Vernunftmäßiges". Er war beeindruckt von der Verständigkeit seines alten Sprachlehrers und zog daraus seine Konsequenzen:

Wie ich denn bezeugen muß, daß mir mein 70jähriger Schulmeister oft solche Fragen vorlegt, daraus ich genugsam verstehen kann, daß in ihrer Philosophie nicht alles so gar ungereimt sein mag, als man sich im Vaterland von dergleichen Heiden wohl einzubilden pflegt.[74]

Nicht wenige Missionare erlernten asiatische Sprachen, verfassten Grammatiken und Wörterbücher und erforschten asiatische Kulturen und Religionen.[75] Die klassische chinesische Literatur wurde von den Missionaren James Legge und Richard Wilhelm ins Englische bzw. Deutsche übersetzt. William Carey trug wesentlich zur Neubelebung des Bengali bei. Wilhelm Gundert übersetzte Texte des japanischen Zen-Buddhismus ins Deutsche. Manche Missionare wurden durch die persönliche Erfahrung zu einer völlig neuen Sicht anderer Kulturen geführt. Als der Missionsarzt Edward H. Hume von der *Yale Foreign Missionary Society* im Jahr 1905 nach Changsha, der Haupstadt von Hunan, kam, schrieb er nach Amerika: „Stellen Sie sich vor, Sie sind der einzige Arzt mit einer gründlichen Ausbildung in einer Stadt von 300 000 Einwohnern."[76] Dass es in Changsha Ärzte der traditionellen chinesischen Medizin gab, übersah Hume. Das änderte sich schlagartig, als er zusammen mit Dr. Wang zu einem Patienten gerufen wurde. Dr. Wang sah den Patienten lange schweigend an und fühlte sechs Pulse, drei an jedem Handgelenk. Dann stellte er die Diagnose, dass der Patient an einer Erkrankung der Nieren litte. Dr. Humes Laboruntersuchung bestätigte die Diagnose.[77] Weitere, noch erstaunlichere Erfahrungen mit der chinesischen Medizin machten aus Edward H. Hume einen Vermittler chinesischer Kultur nach Amerika.[78] Es wäre voreilig, wollte man aus derartigen Erfahrungen auf die Überflüssigkeit westlicher Medizin in Asien schließen. Dagegen spricht schon die Tatsache, dass sich auch hohe buddhistische und hinduistische Würdenträger im Westen behandeln lassen. Dr. Humes Beispiel zeigt jedoch, dass es Missionare gab, die sich für die beeindruckenden Aspekte asiatischer Kultur öffneten. Das war vor allem bei vielen liberalen Missionaren der ersten Jahrzehnte des 20. Jahrhunderts der Fall.

---

[73] Baptist Church of Mizoram (Hg.): Reports, S. 99. „Lushai " ist eine andere Bezeichnung für Mizo.

[74] Zitiert bei A. Lehmann: Es begann in Tranquebar, S. 20.

[75] J. Triebel (Hg.): Der Missionar als Forscher. Beiträge christlicher Missionare zur Erforschung fremder Kulturen und Religionen, Gütersloh 1988.

[76] L. Xi, a. a. O., S. 30.

[77] Ebd., S. 36 f.

[78] Ebd., S. 25–58.

Manche asiatischen Autoren haben zu einem sehr differenzierten Urteil über die kulturellen Auswirkungen der Mission gefunden. Christliche Theologen in Nordostindien z.B. übersahen nicht, dass die Mission dazu beitrug, dass sich die Kultur der Stämme in diesem Gebiet veränderte und manche Aspekte der traditionellen Kultur verschwanden, die später schmerzlich vermisst wurden.[79] Dafür war freilich die Mission nicht allein verantwortlich. Mindestens ebenso folgenschwer war die Einwirkung der britischen Kolonialverwaltung. Das Verbot der Kopfjagd z.B. beseitigte nicht einen etwas gefährlichen Zeitvertrieb, es nahm den Menschen eine gesellschaftlich anerkannte Möglichkeit sich auszuzeichnen, sich zu bewähren und sich als Mann zu erweisen.[80] Solche Eingriffe riefen Orientierungsprobleme hervor und O. L. Snaitang ist der Ansicht, dass das Christentum den Khasi-Jaintias half, angesichts der von der Kolonialverwaltung herbeigeführten Veränderungen ihre Identität zu bewahren:

… viele der Khasi-Jaintias […] nahmen das Christentum an als ein Mittel, sich in die neue Ordnung einzufügen, ohne ihre wesentliche Identität zu verlieren.[81]

Die Ansicht, der „kulturelle Imperialismus" der Missionen habe die einheimischen asiatischen Kulturen zerstört, geht von der Voraussetzung aus, dass die asiatischen Christen urteils- und hilflose Opfer waren, die den Missionaren die Entscheidung darüber überließen, was für sie kulturell wertvoll und wichtig war. Das aber entspricht nicht der Realität. Vielmehr kam es durch die asiatischen Christen nicht selten zu einer wirklichen Begegnung von Ost und West, bei der sehr wohl ausgewählt wurde und bei der eine Synthese entstand in christlicher Lebens- und Frömmigkeitspraxis, die Bewahrung des Überkommenen und Veränderung verband.

2. Christliches Leben und kultureller Kontext

Selbst wenn die Missionare es gewollt hätten – eine völlige Loslösung der asiatischen Christen von ihrer traditionellen Kultur war nicht möglich, wobei sich Kultur und Religion oft nicht scharf trennen lassen. Selbstverständlich behielten auch christliche Asiaten Verhaltensweisen bei, für die westliche Beobachter erst im Laufe der Zeit Verständnis gewannen: Wenn ein Chinese nicht die Antwort gab, die den Tatsachen entsprach, sondern von der er vermutete, dass der Gesprächspartner sie gerne hören würde, dann war das nicht Verlogenheit, sondern Höflichkeit und gehobene Gesprächskultur. Wenn ein Javane nicht „Nein" sagte, wenn er „Nein" meinte, dann kam darin nicht Unklarheit, sondern Sinn für Harmonie zum Ausdruck. Wenn ein Bengale nicht zur Arbeit erschien, weil sein älterer Bruder zu Besuch gekommen war, dann war das nicht Faulheit, sondern Erfüllung einer Pflicht und Hochschätzung familiärer Beziehungen. Die Menschen blieben auch als Christen Chinesen, Javanen oder Bengalen, obwohl sie durch westlich geführte Schulen gegangen waren und dort aufgenommen hatten, was ihnen nützlich zu sein schien.

---

[79] Z. B. A. W. Longchar: Interaction, S. 50 f.; ders.: Tribal Worldview, S. 123–145; M. Kipgen: Christianity and Mizo Culture, S. 270.

[80] C. B. Firth: An Introduction to Indian Church History, Madras 1976², Madras 1976, S. 278.

[81] O. L. Snaitang: Christianity, S. 63. So auch, trotz seiner stärker missionskritischen Sicht, A. W. Longchar, a. a. O., S. 47.

a) Gottesdienst

In vielfacher Weise setzte sich die einheimische Kultur bei der Gestaltung des Gottesdienstes durch. So hatten bei den Mizo (oder Lushai) die Missionare zunächst den Tanz und die Verwendung der Trommeln im christlichen Gottesdienst verboten, weil diese im traditionellen Kult eine Rolle gespielt hatten. Im Zug der Erweckungsbewegungen zu Beginn des 20. Jahrhunderts jedoch kehrte beides wie von selbst in den Gottesdienst zurück:

In jeder Kirche wurde vor der Kanzel reichlich freier Raum gelassen, wohin die Menschen kamen und tanzten, während das Singen weiterging. Männer und Frauen tanzten mit halb geschlossenen Augen, in getrennten Kreisen. Die Tanzenden bestimmten frei die Schritte und Handbewegungen und bewegten sich nach dem Rhythmus der Hymnen mit der Geschicklichkeit, über die jeder verfügte. Manchmal war der festgelegte Raum für die Tanzenden zu eng, und die Gemeinde musste aufstehen und die Sitze zur Seite räumen, oder die ganze Gemeinde konnte sich nicht mehr zurückhalten und tanzte zusammen.[82]

In diesem Vorgang verband sich Traditionelles mit Neuem: Öffentliches Singen und Tanzen war bei den Mizo früher nur nach hinreichendem Alkoholgenuss üblich gewesen. Lorrain und Savidge schreiben in ihrem Bericht über das Jahr 1904, dass die Dorfbewohner herbeikamen, wenn sie die Christen singen hörten, und fragten, wo denn der Bierkrug sei. Dass man sang, ohne Alkohol zu trinken, war für sie ungewöhnlich.[83] So vollzog sich die christliche Frömmigkeitspraxis einerseits in traditionellen Formen und fügte andererseits doch der Tradition ein neues Element hinzu. Die Erweckungsbewegungen wurden auf diese Weise „Instrumente der Indigenisierung"[84]. Die Einwirkungen der traditionellen Kultur begegnen in vielen Bereichen des gottesdienstlichen Lebens: in der Verwendung des Schattenspiels (*wayang*) in Java, im Kirchenbau, in der christlichen Kunst, in der Gestaltung von Festen etc.

b) Christlicher Glaube und traditionelle Lebensordnungen

Es waren zunächst die Missionare, die über Vereinbarkeit und Unvereinbarkeit bestimmter Aspekte der traditionellen Lebensweise mit dem christlichen Glauben entschieden. Sie zögerten auch nicht, Personen aus der Gemeinde auszuschließen, die an missbilligten Verhaltensweisen festhielten. Die Haltung der Missionare war dabei allerdings sehr unterschiedlich. Manche – wie etwa die lutherischen Missionare in Sumatra – befürworteten grundsätzlich die Beibehaltung der *Adat*, der traditionellen Lebensordnungen. Diese regelten das gesamte Leben, von der Geburt über das Zusammenleben in Familie und Dorf bis zu den Riten im Zusammenhang mit Sterben und Tod.[85] Eingriffe in die Lebensordnungen hatten manchmal unvorhergesehene Konsequenzen und führten zu Störungen.

Daniel McGilvary, der Begründer der Laos-Mission in Nordthailand, insistierte auf der Einhaltung der Sonntagsruhe. Dies kollidierte mit dem Recht des lokalen Für-

---

[82] Zitiert nach M. Kipgen: Christanity and Mizo Culture, S. 260.

[83] Baptist Church of Mizoram (Hg.): Reports, S. 12.

[84] M. Kipgen, a. a. O., S. 214, der sich dabei F. S. Downs: History … North East India, S. 99 anschließt.

[85] L. Schreiner: Adat und Evangelium.

sten, Untergebene jederzeit zur Arbeit heranzuziehen. Die von den Missionaren eingeführte Regel tangierte also die Autorität des Fürsten, weswegen dieser auch zu einem Gegner von Christentum und christlicher Mission wurde.[86] Durchweg lehnten die Missionare die Polygamie ab. Damit stellte sich die Frage, wie sich Christen verhalten sollten, die schon vor der Konversion mehrere Frauen gehabt hatten. Manche Missionare hielten auch dann am Prinzip der Einehe fest und verlangten die Entlassung weiterer Frauen. Anders lagen die Verhältnisse bei der Frage der Abschaffung oder Beibehaltung der Männerhäuser in Mizoram (Nordostindien). Dort befürworteten weder die Missionare noch die englischen Kolonialbeamten die Abschaffung der Institution der Männerhäuser, die eine bedeutende soziale Funktion hatten. Es waren vielmehr die Mizo-Christen selbst, die diesen Schritt taten.[87] In anderen Stämmen Nordostindiens waren die Missionare für die Abschaffung der Männerhäuser verantwortlich. In jedem Fall hinterließ deren Verschwinden eine Lücke vor allem in der Erziehung junger Menschen.[88]

In den letzten Jahrzehnten des 20. Jahrhunderts kam es in verschiedenen Gebieten Asiens zu einer Rückbesinnung auf eigene traditionelle Werte, die dem christlichen Glauben näher zu stehen schienen als westliche Lebensvorstellungen. In diesem Zusammenhang wurde z. B. an die Gemeinschaftsbezogenheit, die Einstellung zur nichtmenschlichen Umwelt, die Interdependenz alles Lebendigen, das umfassende Mitgefühl oder auch an verschiedene Verhaltensnormen der Stammesgesellschaften[89] erinnert.

c) Kastenfrage

Die Verbindung von christlichem Glauben und traditionellen Lebensordnungen führte manchmal zu hart umstrittenen und bis heute nicht gelösten Problemen. So stellte sich für die Christen in Indien die Frage, ob das Kastensystem in der Kirche noch eine Rolle spielen dürfe. Die ersten protestantischen Missionare in Indien, Ziegenbalg und Plütschau, insistierten in der Anfangszeit (bis 1727) auf uneingeschränkter Gemeinschaft im Gottesdienst und beim Abendmahl, was für viele Hindus abstoßend war. Als Ziegenbalg einem hinduistischen Korrespondenten brieflich die Frage stellte „warum die Malabaren sich weigern, zu der christlichen Religion zu treten", verwies dieser auf die für Hindus anstößige Gemeinschaft der Kasten:

> Es sind viele Geschlechte der Menschen, die vom Herrn erschaffen wurden. Weil wir denn sehen, daß die Christen solchen Unterschied der Geschlechte nicht observieren, sondern aus allen eines machen […] so gefället es uns nicht, zu solcher Religion zu treten.[90]

---

86 H. R. Swanson: Prelude to Irony, S. 124, 174.

87 M. Kipgen, a. a. O., S. 175–182.

88 F. Huber: Das Jugendschlafhaus und seine Nachwirkung bei den Christen in Nordostindien, in: A. A. Sitompul/K. H. Federschmidt (Hg.): Evangelium und Lebensordnung, S. 328–341.

89 Dazu z. B. M. Kipgen: Tlawmngaihna and Christianity, in: A. W. Longchar (Hg.): Encounter between Gospel and Tribal Culture, Jorhat 1999, S. 56–73; A. W. Longchar: The Traditional Tribal Worldview, passim.

90 J. E. Gründler/B. Ziegenbalg: Die Malabarische Korrespondenz. Tamilische Briefe an deutsche Missionare. Eine Auswahl. Eingeleitet und erläutert von K. Liebau, Sigmaringen 1998, S. 54 f.

Mit den „vielen Geschlechten" sind hier die Kasten gemeint. 1727 führten die lutherischen Missionare Walther, Bosse und Pressier eine andere Regelung ein,[91] derzufolge Kastenchristen und Kastenlose im Gottesdienst getrennt saßen („sitting together separately"[92]). Beim Abendmahl wurden entweder getrennte Kelche benutzt oder die Kastenchristen kommunizierten vor den Kastenlosen.

Die Kastenfrage sorgte in der Tranquebar-Gemeinde und in der lutherischen Kirche in Tamil Nadu auch in der Folgezeit für Spannungen.[93] Zunächst freilich führte die Kastentrennung zu einem verstärkten Übertritt von Kastenhindus zum Christentum.[94] Die Spannungen brachen in den 20er Jahren des 19. Jahrhunderts aus, als die lutherischen Gemeinden von englischen anglikanischen Missionen übernommen worden waren und deren Missionare (vor allem Rhenius und Haubroe) sich vehement für eine Beseitigung aller Kastenschranken in der christlichen Gemeinde einsetzten: Die getrennte Sitzordnung in der Kirche sollte aufgehoben werden, beim Empfang der Abendmahlselemente sollte kein Unterschied der Kasten mehr beachtet werden, ebenso in den Schulen. Unterstützung erhielt diese Position von Daniel Wilson, dem Bischof von Kalkutta. 1833 schrieb er an seine Missionare, die Unterscheidung der Kasten müsse in den anglikanischen Gemeinden „entschieden, unmittelbar und endgültig aufgehoben werden".[95] Die Kastenchristen widersetzten sich diesen Anordnungen. Viele traten aus den Gemeinden aus. Andere wurden von den Missionaren ausgeschlossen. Dieses Los traf im Jahr 1829 sogar den gefeierten christlichen Dichter Vedanayagam Pillai Shastriar (1774–1864).[96] Vedanayagam plädierte für mehr Geduld bei der Abschaffung der Kastengrenzen in der christlichen Gemeinde:

Die Kirche ist noch im Stadium, in dem sie Milch trinkt. Die Zeit, in der sie Reis ißt, wird kommen. Wenn Kultur und Wissen und das Verständnis der Liebe Christi sich entwickeln, werden diese Unterscheidungen von selbst schrittweise wegfallen. Durch Zwang wird es nicht geschehen.[97]

Auch Bischof Wilson modifizierte seine Sicht schließlich dahingehend, dass die Überwindung der Kastenunterschiede „behutsam und freundlich und schrittweise"[98] geschehen müsse. In dieselbe Richtung ging die Leipziger Mission, die in der zweiten Hälfte der 40er Jahre des 19. Jahrhunderts die Missionsstation Tranquebar übernahm.[99] Ihr Missionsdirektor, Karl Graul, unterschied zwischen Elementen rein bürgerlicher Ordnung und religiösen Elementen bei den Kastenregeln.[100] Gegen eine Beibehaltung

---

91 D. Jayaraj: Inkulturation, S. 135–223.
92 D. D. Hudson: Protestant Origins in India, S. 28.
93 Vgl. den vorzüglichen Überblick in H. Grafe: The History, S. 97–113; D. B. Forrester: Caste and Christianity.
94 D. Jayaraj, a. a. O., S. 230.
95 Zitiert nach H. Grafe: The History, S. 100.
96 Zu Vedanayagam Pillai vgl. D. D. Hudson, a. a. O., S. 110–172.
97 Zitiert nach ebd., S. 131.
98 Zitiert nach H. Grafe, a. a. O., S. 101.
99 Dazu N.-P. Moritzen: Werkzeug Gottes, S. 20–30; ausführlich zum Kastenstreit in der Leipziger Mission P. Fleisch: Hundert Jahre, S. 51–60; E. J. Sharpe: „Patience with the Weak".
100 N.-P. Moritzen, a. a. O., S. 22.

der ersteren sei nichts einzuwenden. Geduldet wurde, dass im Gottesdienst getrennte Sitzbereiche existierten und dass die Kastenchristen vor den Kastenlosen beim Abendmahl aus einem gemeinsamen Kelch tranken. Ein „Probeessen", wie es die amerikanischen Missionare der Madurai-Mission verlangten, wurde abgelehnt. Allerdings waren auch die Leipziger Missionare in dieser Frage zerstritten.

Im 20. Jahrhundert verlagerten sich die Kastenspannungen durch das Aufkommen der antibrahmanischen „Selbstrespekt-Bewegung" in Tamil Nadu[101], die Aktivität Mahatma Gandhis und das Wirken von Bhim Rao Ambedkar[102], der zum Führer der Kastenlosen wurde. Jetzt ergriffen die Kastenlosen die Initiative und forderten ihre Rechte in Kirche und Gesellschaft. Führende christliche Denker wie Chakkerai und Chenchiah[103] sahen in der Kirche die Möglichkeit einer Gemeinschaft, in der die Kastenschranken überwunden sind. Die Kaste hat jedoch auch in der zweiten Hälfte des 20. Jahrhunderts ihre Bedeutung behalten, was sich bei den Wahlen zu kirchlichen Leitungsgremien zeigte, wo die Kasten ihren Vertretern zum Sieg zu verhelfen suchten.

D CHRISTLICHES LEBEN IM RELIGIÖSEN KONTEXT ASIENS

1. Die Haltung westlicher Missionare zu asiatischen Religionen

Die Haltung westlicher Missionare zu den asiatischen Religionen war so unterschiedlich, dass sie sich schwer auf einen gemeinsamen Nenner bringen lässt. Bartholomäus Ziegenbalg, der von 1706 bis 1719 in Südindien tätig war, fand in den Lehren der Tamilen über Gott, Sünde, Heil und Zukunft Wahrheitsmomente, an die er meinte anknüpfen zu können.[104] Der Druck eines von Ziegenbalg übersetzten tamilischen Textes wurde in Deutschland mit der Begründung abgelehnt, in ihr komme „das Verderben der Menschen in Sünde und die Notwendigkeit der Rettung" nicht deutlich genug zum Ausdruck.[105] Dagegen fällte Franz Xaver, der 1542 nach Indien kam, über die Brahmanen und ihre religiösen Vorstellungen ein vernichtendes Urteil: „… alle ihre Götter sind Teufel".[106] Ähnlich sah 1875 der anonyme Autor eines Artikels im *Evangelischen Missions-Magazin* im Hinduismus „die großartigste Verkörperung heidnischer Afterreligion". Er sei „das vollkommenste, gelungenste Religionssystem […], das je vom Teufel, diesem Affen Gottes, zur Verblendung vieler Millionen wahrheitbedürftiger Menschenherzen ausgesponnen worden ist".[107] Es gab durchaus

---

[101] H.-J. Klimkeit: Anti-religiöse Bewegungen im modernen Südindien. Eine religionssoziologische Untersuchung zur Säkularisierungsfrage, Bonn 1971, S. 59–125.

[102] M. L. Shahare: Dr. Bhim Rao Ambedkar: His Life and Works, New Delhi 1988; S. R. Baksh: B. R. Ambedkar: Statesman and Constitutionalist, Delhi 1992; S. Jürgens: B. R. Ambedkar – Religionsphilosophie eines Unberührbaren, Frankfurt a. M. 1994.

[103] D. B. Forrester: Caste and Christianity, S. 181–184.

[104] D. Jayaraj: Inkulturation, S. 97.

[105] Ebd., S. 15 f.

[106] Zitiert nach St. Neill: A History … The Beginnings, S. 143.

[107] Die Heidenpredigt in Indien, S. 30 f.

Missionare, die sich von der Tiefe der asiatischen Religionen berühren ließen. Die meisten aber sahen die anderen Religionen als Wege ins Verderben, hinter denen oft das Wirken Satans gesehen wurde. Es galt, die Menschen zur Abkehr von ihrem falschen Glauben und zur Hinwendung zum Christentum zu bewegen. Viele Missionare scheuten nicht die Konfrontation. Sie predigten auf religiösen Festen gegen die „Götzenverehrung" und schreckten auch vor der Zerstörung von Statuen und Heiligtümern nicht zurück. Andere versuchten auf argumentativem Weg die anderen Religionen in Frage zu stellen. Auch medizinische und erzieherische Arbeit wurde in den Dienst des Kampfes gegen die einheimischen Religionen gestellt. Manche Missionare erwarben sich auf Grund ihrer Sprachkompetenz Verdienste bei der Übersetzung asiatischer religiöser Texte in westliche Sprachen. Aber auch dies – wie auch die Erforschung der Religionen, zu der viele Missionare in erheblichem Maß beitrugen – wurde manchmal als Zurüstung für die Auseinandersetzung mit den anderen Religionen gesehen.

Es verwundert nicht, dass diese Auseinandersetzung oft in einer wenig respektvollen Weise geschah. In einer Missionszeitschrift aus dem Jahr 1872 schilderte ein Japan-Reisender, wie er zusammen mit dem Missionar Ballagh (von der *Holländisch Reformierten Kirche in den USA*) einen buddhistischen Tempel besuchte. Er war von der Ernsthaftigkeit der Teilnehmer und der Feierlichkeit der Atmosphäre beeindruckt. Dann aber begann Missionar Ballagh am Eingang des Tempels zu predigen in einer Lautstärke, dass es auch im Tempelinneren zu hören war und immer mehr Tempelbesucher ihre Aufmerksamkeit dem „kühnen Fremdling" zuwendeten, „der es gewagt hatte, die gute Botschaft in Buddha's nächster Nähe zu verkündigen". Der Bericht schließt mit der Hoffnung, „daß von den Versammelten, die längere Zeit aufmerksam zuhörten, Einer oder der Andere ein Samenkörnlein fürs ewige Leben mit davongetragen hat".[108] Ein Artikel über „Die Heidenpredigt in Indien" aus dem Jahr 1875 riet zu „aggressivem Verfahren", durch das bei den Hörern auf jeden Fall eine emotionale Reaktion hervorgerufen wird, auch wenn es Zorn oder Entrüstung sei. Da von den Hindus gelte, dass sie „für die Wahrheit blind geworden seien, so ist klar, daß man ihnen die schmerzliche Operation des Starstechens nicht ersparen kann, wenn man wünscht, daß ihre Augen das Licht sehen sollen".[109]

Von den Konvertiten wurde eine entschiedene Abkehr von der alten Religion verlangt. Gegenstände, die mit dieser verbunden waren, sollten vernichtet werden, wovon in der Missionsliteratur häufig die Rede ist. So berichtete Franz Xaver aus einem südindischen Dorf:

Ich versammle alle Jungen des Dorfs und gehe zu dem Ort, wo sie die Götterbilder gemacht haben und sie verehren [...]. Die Jungen nahmen die Götterbilder und zerbrachen sie in kleine Stücke, und dann spuckten sie auf sie und trampelten auf ihnen herum und taten andere Dinge, die vielleicht besser nicht im einzelnen aufgezählt werden, um so ihre Verachtung für den zu zeigen, der die Unverschämtheit besessen hatte, Respekt von ihren Vätern zu fordern.[110]

---

[108] Japan sucht nach einer neuen Religion, in: EMM 16 (1872), S. 400–425, Zitate S. 402, 403.
[109] Die Heidenpredigt in Indien, S. 69.
[110] Zitiert nach St. Neill: A History ... The Beginnings, S. 146.

David Ellison, einer der beiden ersten protestantischen Missionare, die 1923 nach Kambodscha kamen, sagte von einem Konvertiten, er habe

die buddhistischen und auf den Geisterkult bezogenen Gegenstände aus dem Haus gebracht, sie aufs Feld getragen und verbrannt. Was sich nicht verbrennen ließ, warf er in den Fluss.[111]

Derartige Berichte begegnen in allen Epochen der Mission bis in die Gegenwart. Jede Beteiligung an den traditionellen Kulten und Festen wurde verboten. Auch zu den Dorffesten sollten keine finanziellen Beiträge geleistet werden, was zu Spannungen und zur Verfolgung von Christen führte. In manchen asiatischen Ländern stieß die Forderung einer Ausschließlichkeit religiöser Loyalität auf Unverständnis. So war es in Japan und Taiwan nicht unüblich, mehreren Religionen anzugehören und Götter oder Göttinnen verschiedener Religionen zu verehren.

2. Integration von Elementen asiatischer Religionen in die christliche Frömmigkeitspraxis

Trotz dieser ablehnenden Haltung gegenüber anderen Religionen kam es immer wieder zu Versuchen, einige Aspekte in den christlichen Glauben zu integrieren. Dies entsprach ganz dem Verfahren, das in der Kirchengeschichte – und auch in der Geschichte der alttestamentlichen Religion – praktiziert worden war. Die nichtchristlichen Elemente wurden dabei neu interpretiert, aber auch die christliche Religion wandelte sich und der Konflikt über die Frage, ob dadurch der christliche Glaube verfälscht werde, war unvermeidlich.

Die Verbindung von christlicher und nichtchristlicher Religiosität und die damit verbundene wechselseitige Interpretation geschah oft mit einer unreflektierten Selbstverständlichkeit, z. B. bei Christen in südindischen Dörfern.[112] Andere stellten die christliche Frömmigkeitspraxis bewusst in den Kontext der traditionellen asiatischen Religiosität. Einer der ersten Verkünder des Christentums auf Java, der frühere Kolonialbeamte Conraad Laurens Coolen, und vor allem der Evangelist Sadrach verbanden javanische Religiosität und christlichen Glauben. Auf den Philippinen kam es in der christlichen Volksreligion zu einer „Philippinisierung des Christentums".[113] In Korea hat die schamanistische Tradition die christliche Praxis beeinflusst.[114] In Laos versuchte die katholische Kirche, buddhistische Elemente in das eigene gottesdienstliche Leben einzubeziehen, z. B. das Begießen von Jesus- und Maria-Statuen.[115]

---

[111] D. Cormack: Killing Fields, S. 40.

[112] Dazu C. G. Diehl: Church and Shrine: Intermingling Patterns of Culture in the Life of Some Christian Groups in South India, Uppsala 1965; P. Y. Luke/J. B. Carman: Village Christians and Hindu Culture: Study of a Rural Church in Andhra Pradesh, South India, London 1968.

[113] P. G. Gowing: Islands under the Cross, S. 53–55.

[114] Zur Bedeutung des Schamanismus im modernen Korea (in der 2. Hälfte des 20. Jahrhunderts) vgl. J.-J. Lee: Volksreligion und Schamanismus in Korea, in: S. Keil u. a. (Hg.): Modernisierung und Religion in Südkorea, S. 101–122; G. Klinkhammer: Fortdauer und Erneuerung des Schamanismus im modernen Korea, in: S. Keil u. a. (Hg.): Modernisierung und Religion in Südkorea, S. 123–131.

[115] UCA-News vom 17.4.2003: „Laos UCAN Feature – Easter Celebration Combines Elements of Lao New Year".

Besonders offen zeigten sich indische Christen für Einflüsse aus dem Hinduismus. Sadhu Sundar Singh (1889–1929)[116], der wohl bekannteste indische Christ in der ersten Hälfte des 20. Jahrhunderts, übernahm die Lebensweise eines hinduistischen Wanderasketen. Er wollte „als Sadhu Christus nachfolgen, wo immer Er mich in Seinem Dienst auch hinführen sollte".[117] Auch die starke Erfahrungsbezogenheit seines Christentums und die geringe Bedeutung, die er der Institution Kirche zumaß, entsprachen der hinduistischen Frömmigkeit. Auf die Frage, welcher Kirche er angehöre, soll er geantwortet haben: „Zu keiner. Ich gehöre zu Christus. Das ist genug für mich."[118] Manche indischen Christen bezogen den Yoga in ihre christliche Frömmigkeitspraxis ein. So berichtet der südindische Bischof A. J. Appasamy, sein Vater habe sich in seinem Alter der spirituellen Leitung eines Hindu Yogi anvertraut, um auf diese Weise religiöse Erfahrung zu erlangen.[119] Dasselbe tat der Jurist und Laientheologe Pandipeddi Chenchiah.[120] Ein indischer Christ, so meinte Chenchiah, löse sich nicht völlig aus der hinduistischen Tradition, die ihn bisher geistig genährt habe:

> Wer sich heute bekehrt, betrachtet den Hinduismus als seine spirituelle Mutter, die ihn in der Vergangenheit im Geist spiritueller Werte erzogen hat […] Treue zu Christus bedeutet für ihn nicht, daß er die ehrfurchtsvolle Haltung seinem Hindu-Erbe gegenüber aufgibt.[121]

Chenchiah sah in der im Hinduismus beheimateten Ashram-Gemeinschaft die für indische Christen angemessene Gemeinschaftsform. Tatsächlich wurden in Indien mehrere christliche Ashrams gegründet,[122] die allerdings nicht an die Stelle der Kirchen traten. Bahnbrechend für eine Befruchtung christlicher Lebenspraxis durch den Hinduismus war Brahmabandhab Upadhyay[123] (1861–1907). Er wollte als „Hindu-Katholik" leben und war der Ansicht, die christliche Religion müsse „ein Hindu-Gewand anlegen, das sie für die Menschen Indiens annehmbar macht".[124] Die *Kirche von Südindien* schloss sich in einem Gebet der Taufliturgie eng an einen Text aus den

---

116 B. H. Streeter/A. J. Appasamy: The Sadhu, London 1921; F. Heiler: Apostel oder Betrüger? Dokumente zum Sadhu-Streit, München 1925; ders.: Die Wahrheit Sundar Singhs, München 1927; ders.: Sadhu Sundar Singh, München 1927; C. F. Andrews: Sadhu Sundar Singh: A Personal Memoir, London 1934; A. J. Appasamy: Sundar Singh; M. Biehl: Der Fall Sadhu Sundar Singh. Theologie zwischen den Kulturen, Frankfurt a. M. 1990; E. J. Sharpe: The Legacy of Sadhu Sunder Singh, in: IBMR 14 (1990), S. 161–167 (mit Literatur).

117 Sundar Singh: Mit und ohne Christus, in: Ders.: Gesammelte Schriften. Übersetzt und erläutert von Friso Melzer, Neuhausen-Stuttgart 1979[8], S. 245–317, bes. S. 303.

118 Zitiert nach R. Boyd: Indian Christian Theology, S. 105.

119 A. J. Appasamy: The Theology of Hindu Bhakti, Madras 1970, S. 126.

120 H. Wagner: Erstgestalten, S. 107–197; D. A. Thangasamy: The Theology of Chenchiah, Bangalore 1966; R. Boyd, a. a. O., S. 144–164; F. Wilfred/M. M. Thomas: Theologiegeschichte, S. 108–113.

121 Zitiert nach R. Boyd, a. a. O., S. 144. Ähnlich schrieb schon 1875 der bengalische Christ Kali Charan Banerjea: „Indem wir Christen wurden, haben wir nicht aufgehört, Hindus zu sein. Wir sind Hindu-Christen […].", zitiert nach K. Baago: Pioneers, S. 3.

122 F. Melzer: Christliche Aschrams in Südindien, Erlangen 1976.

123 J. Lipner: Brahmabandhab Upadhyay.

124 Zitiert nach R. Boyd, a. a. O., S. 64.

Upanishaden an: „Aus der Dunkelheit führe sie zum Licht, aus dem Tod führe sie ins ewige Leben."[125]

Schließlich bildete sich in Indien eine große Anzahl von christlichen Bewegungen, die von den Kirchen unabhängig waren, oft von charismatischen Persönlichkeiten[126] gegründet und geprägt. Sie verbanden in freier Weise christliche und hinduistische Vorstellungen sowie Lebens- und Frömmigkeitsformen.

3. Communicatio in sacris?

Vor allem in Indien wurde die Frage diskutiert, ob Christen und Anhänger anderer Religionen zu gemeinsamem Gottesdienst, Gebet und sprituellen Übungen zusammenkommen können. Die Frage wurde auch durch Personen aufgeworfen, die sich zu einer christlichen Gemeinde hielten, aber mit Rücksicht auf die sozialen Beziehungen nicht taufen lassen wollten. Sollte es auch Abendmahlsfeiern gemeinsam mit Nichtchristen geben? Eine solche „communicatio in sacris"[127], also eine Eucharistie-Gemeinschaft mit Nichtchristen, wurde auch von Gruppen erwogen, die durch gemeinsame Aktionen und Betätigungen miteinander verbunden waren. Trafen etwa Hindus und Christen zu Dialog und gemeinsamer Meditation zusammen, lasen gemeinsam christliche und hinduistische Texte und praktizierten spirituelle Übungen beider religiösen Traditionen, dann legte sich auch eine gemeinsame Eucharistie nahe, die freilich von den Teilnehmern sehr unterschiedlich interpretiert werden würde. Gegenüber dem gemeinsamen Gebet mit Hindus hatten viele kirchliche Würdenträger in Indien keine Bedenken.

4. Unterschiedliche Reaktionen

Die Öffnung für andere Religionen stieß bei manchen Anhängern dieser Religionen nicht auf Gegenliebe. So wendeten sich in Thailand buddhistische Mönche gegen entsprechende christliche Versuche, weil sie hinter ihnen eine andere Missionsmethode sahen. Der bekannte Bikkhu Buddhadasa hingegen bejahte und praktizierte die christlich-buddhistische Begegnung. Ähnliche Bedenken hatten Hindus gegenüber der christlichen Ashram-Bewegung[128] und dem christlich-hinduistischen Dialog.

---

[125] Zitiert nach J. R. Chandran: Einheimischer Ausdruck des christlichen Glaubens, in: H. Grafe (Hg.): Evangelische Kirche in Indien, S. 284–294. Vgl. Brihadaranyaka-Upanishad 1,3,28.

[126] W. Hoerschelmann: Christliche Gurus; S. Raj: A Christian Folk-Religion; K. Baago: The Movement around Subba Rao; M. Bergunder: Die südindische Pfingstbewegung; ders.: From Pentecostal Healing Evangelist to Kalki Avatar; ders.: Ministry of Compassion: D. G. S. Dhinakaran, Christian Healer – Prophet From Tamilnadu, in: R. E. Hedlund (Hg.): Christianity Is Indian. The Emergence of an Indigenous Community, Mylapore-Delhi 2004, S. 161–177.

[127] P. Puthanangady (Hg.): Sharing Worship. Communicatio in Sacris, Bangalore 1988; J. Neuner: „Communicatio in Sacris". Ein Seminar über das Selbstverständnis der Kirche im religiösen Pluralismus Indiens, in: ZMR 72 (1988), S. 240–248.

[128] Catholic Ashrams. Adopting and Adapting Hindu Dharma. Prefaced by S. R. Goel, New Delhi 1988.

E CHRISTLICHE THEOLOGIE IM ASIATISCHEN KONTEXT

Die westlichen Missionare brachten auch ihre Theologie mit nach Asien. Diese war in der Regel konservativ. Der Generalsekretär der Missionsorganisation der nordamerikanischen Presbyterianer, A. J. Brown, gab 1922 eine plastische Beschreibung von Theologie und Frömmigkeit der ersten Korea-Missionare seiner Kirche:

Der typische Missionar des ersten Vierteljahrhunderts nach der Öffnung des Landes war ein Mann des puritanischen Frömmigkeitstyps. Er hielt die Sonntagsruhe (*the Sabbath*), wie es unsere Neuengland-Väter vor hundert Jahren getan hatten. Tanzen, Rauchen und Kartenspiel betrachtete er als Sünde, die sich kein wirklicher Nachfolger Christi erlauben sollte. In Theologie und Bibelkritik war er entschieden konservativ und er vertrat als wesentliche Wahrheit die premillenarische Sicht von der Wiederkunft Christi. Höhere Kritik (*higher criticism*) und liberale Theologie galten als gefährliche Häresien.[129]

Um die Wende vom 19. zum 20. Jahrhundert kamen aber auch Missionare, die die liberale Theologie vertraten, z. B. die Missionare des 1884 gegründeten *Allgemeinen Evangelisch-Protestantischen Missionsvereins*.[130] Durch sie und durch asiatische Studenten, die in westlichen Ländern studierten, kamen die im Westen ausgetragenen theologischen Kontroversen nach Asien und wurden dort auch teilweise aufgegriffen. So kam es in Japan schon 1901/02 zu der Debatte zwischen Ebina Danjo und Uemura Masahisa.[131] Ebina wollte das Verständnis Jesu aus dem griechischen Denkrahmen, der sich in der altkirchlichen Christologie niedergeschlagen hatte, lösen. Er sah in Jesus den Menschen, der das Vater-Kind-Verhältnis zu Gott in vollkommener Weise realisiert hatte und deshalb allen anderen Menschen voraus war. Uemura hingegen hielt an der traditionellen Christologie fest. Westliche Theologie bestimmte weithin auch die theologische Ausbildung.[132] Zunehmend aber wurde die Forderung erhoben, asiatische Theologen müssten Theologie im asiatischen Kontext betreiben. Den asiatischen Kontext christlicher Theologie sah der katholische Ordensmann Aloysius Pieris S. J. aus Sri Lanka durch zwei Komponenten bestimmt: Armut und Religionen.[133] Damit sind sicher zwei wichtige Faktoren benannt, zu denen freilich weitere kommen. In der theologischen Arbeit des chinesischen Bischofs K. H. Ting etwa spielte die Auseinandersetzung mit der herrschenden Politik und Ideologie eine große Rolle.[134] Kazoh Kitamoris „Theologie des Schmerzes Gottes" verband die Theologie Luthers mit japanischer Kultur und Erfahrung. Choan-Seng Song aus Tai-

---

129 A. J. Brown: The Mastery of the Far East, New York 1919, S. 540; zitiert in H.-M. Yim: Unity, S. 15 f.

130 Zur Arbeit dieser Missionsgesellschaft (später in *Ostasien-Mission* umbenannt) in Japan vgl. H. E. Hamer: Die Missionsarbeit in Japan 1885–1946, in: F. Hahn (Hg.): Spuren … Hundert Jahre Ostasien-Mission, Stuttgart 1984, S. 79–105.

131 Dazu A. Dohi u. a. (Hg.): Theologiegeschichte, S. 50–58.

132 Zur theologischen Ausbildung in Asien insgesamt vgl. Ch. W. L. May/J. Roxborogh: Art. „Theological Education".

133 A. Pieris: Theologie der Befreiung in Asien.

134 F. Huber: Teilnahme und Kritik – Bischof K. H. Tings Theologie im Kontext der kommunistischen Revolution in China, in: J. Thiesbonenkamp/H. Cochois (Hg.): Umwege und Weggefährten. FS für Heinrich Balz zum 65. Geburtstag, Neuendettelsau 2003, S. 228–241.

wan hat sich theologisch mit der Frage der Gewalt und vielen anderen politischen und kulturellen Themen befasst.[135] Viele Theologen widmeten sich den Problemen der Umwelt.[136] Theologinnen wendeten sich feministischen Fragen zu.

1. Theologie im Kontext asiatischer Religionen

Vom 16. bis zum 19. Jahrhundert standen sowohl bei Missionaren als auch bei asiatischen Christen Versuche im Vordergrund, die Unzulänglichkeit der asiatischen Religionen und die Überlegenheit des Christentums zu erweisen. Dies kommt z. B. in den Schriften des indischen Christen Nehemiah Goreh (1825–1895) zum Ausdruck.[137] Die Erforschung anderer Religionen stand nicht selten im Dienst der Apologetik. Bartholomäus Ziegenbalg etwa widmete sein Buch „Das Malabarische Heidentum" dem dänischen König mit dem Wunsch, dieser möge daraus erkennen,

„in was für greulichen Irrthümern diese Heiden allhier wandeln, und wie nöthig es sei, daß ihnen das Evangelium von Jesu Christo zu ihrer Bekehrung verkündigt werde"[138]

Um die Wende zum 20. Jahrhundert gewann die Ansicht an Bedeutung, das Christentum solle die anderen Religionen nicht vernichten, sondern erfüllen. Diese Sicht vertrat Timothy Richard[139] mit Bezug auf buddhistische Texte, J. N. Farquhar entfaltete sie hinsichtlich des Hinduismus in seinem berühmten Buch „The Crown of Hinduism"[140]. Im 20. Jahrhundert fanden asiatische Theologen zu einer Haltung, die in der Begegnung des Christentums mit den asiatischen Religionen eine Möglichkeit wechselseitiger Bereicherung und Befruchtung sah,[141] ohne dass dadurch ein missionarisches Zeugnis des christlichen Glaubens ausgeschlossen sein sollte.

a) Theologie im Kontext des Buddhismus

Es waren besonders Theologen aus Indien[142], Sri Lanka[143] und Japan[144], die sich aus christlicher Perspektive mit dem Buddhismus befasst haben. Dabei kamen natürlich

---

135 K. H. Federschmidt: Theologie aus asiatischen Quellen.

136 Z. B. A. W. Longchar: The Traditional Tribal Worldview.

137 R. Boyd: Indian Christian Theology, S. 40–57.

138 Zitiert bei D. Jayaraj: Inkulturation in Tranquebar, S. 112.

139 Zu Timothy Richard vgl. A. Walls: The Multiple Conversions, S. 236–258.

140 J. N. Farquhar: The Crown of Hinduism, Oxford 1913; zu Farquhar vgl. E. J. Sharpe: Not to Destroy but to Fulfil. The Contribution of J. N. Farquhar to Protestant Missionary Thought in India before 1914, Uppsala 1965.

141 Von „gegenseitiger Befruchtung religiöser Traditionen" (*mutual fecundation of religious traditions*) von Hinduismus und Christentum sprach etwa R. Panikkar: The Unknown Christ in Hinduism, London 1981[2], S. 158.

142 R. Panikkar: The Silence of God. The Answer of the Buddha, Maryknoll 1989.

143 L. A. de Silva: Mit Buddha und Christus auf dem Weg, Freiburg-Basel-Wien 1998; A. Pieris: Liebe und Weisheit; M. von Brück/W. Lai: Buddhismus und Christentum, S. 78–107; T. Yasui: Christus und Buddha. Versuch einer christologischen Annäherung zum Thema des interreligiösen Dialogs anhand des Johannesevangeliums und den Schriften des Zen-Meisters Dogen, Diss. Mainz 1981.

144 S. Yagi: Front-Struktur; K. Takizawa: Das Heil im Heute. Texte einer japanischen Theologie, Göttingen 1987.

ganz verschiedene Strömungen des Buddhismus zur Geltung. Entsprechend unterschiedlich sind auch die theologischen Ausführungen. Als Beispiel seien die Überlegungen der japanischen Theologen Yagi Seiichi und Takizawa Katsumi skizziert. Sie haben vor allem die Begegnung des christlichen Glaubens mit dem Zen-Buddhismus und der Philosophie der Kyoto-Schule reflektiert. Yagi versuchte zu zeigen, dass Buddhismus und Christentum den Menschen zur selben Daseinshaltung und zum selben Lebensvollzug führen. Er beschrieb diese Lebensform als „Leben in der Front-Struktur"[145] oder als „Integration"[146]: Nichts in der Welt existiert isoliert für sich selbst. Jedes einzelne Seiende ist darauf angewiesen, dass es gemeinsame Fronten mit anderem Seienden hat. Auch jeder Mensch lebe von der Begegnung mit anderen Menschen, die ihn begrenzen, aber auch konstituieren. Immer vollziehe sich Front-Gabe und Front-Aneignung. Yagi spricht vom „Zirkel der Front-Struktur". Alles hänge – direkt oder indirekt – mit allem anderen zusammen, wie es in poetischer Bildhaftigkeit der Satz des Zen-Meisters Dogen (1200–1253) zum Ausdruck bringt:

Wenn der alte Pflaumenbaum blüht, bei der Blüte ereignet sich die ganze Welt.[147]

Dieselbe Sicht begegnet nach Yagi im Neuen Testament: „‚Christus' ist der Grund der Freiheit und der Liebe, also der Integration …"[148] Die Gemeinde ist ein Organismus, in dem jedes Glied mit dem anderen verbunden ist, in ihm also sowohl Begrenzung als auch Ermöglichung erfährt, wofür Yagi auf 1Kor 12 und Röm 12 weist.

Der trinitarische Gott ist das Feld, das die in ihm Seienden zur Integration bestimmt. Christus ist die eigene Bestimmung des Feldes zur Integration, und der Geist ist die Macht des Feldes, die diese Bestimmung verwirklicht.[149]

Zur Veranschaulichung dafür, was dies für den Lebensvollzug bedeutet, verwies Yagi mehrfach auf das Gleichnis vom Barmherzigen Samariter.[150] Da „Christus" die christliche Bezeichnung für eine Bestimmung sei, unter der jeder Mensch steht, die also etwa auch dem Buddhisten gilt und bewusst werden kann, so könne es natürlich keine Absolutheit des Christentums geben. Yagi schloss sich Takizawa Katsumi an, der zwischen einem „primären" und einem „sekundären" Kontakt Gottes mit der Welt unterschied.[151] Der primäre Kontakt ist die Nähe Gottes zu allen Menschen. Das nennt Takizawa das „Urfaktum Immanuel". Der sekundäre Kontakt bestehe im Erwachen des Menschen zum Urfaktum der Nähe Gottes und der Erkenntnis seiner Wahrheit. Jesus sei der Mensch, der die sekundäre Berührung vollkommen verwirklicht habe.

---

145 S. Yagi, a. a. O., passim.
146 S. Yagi: Buddhistischer Atheismus, S. 160–191.
147 S. Yagi: Front-Struktur, S. 28.
148 S. Yagi: Buddhistischer Atheismus, S. 176.
149 Ebd., S. 179.
150 Ebd., S. 167; ders.: Jesus und Zen. Was liegt der menschlichen Existenz zugrunde?, in: Y. Terazono/H. E. Hamer (Hg.): Brennpunkte, S. 186–194, bes. S. 187.
151 Vgl. dazu S. Yagi: Front-Struktur, S. 95–100.

b) Theologie im Kontext des Hinduismus

Naturgemäß waren es indische Theologen, die hinduistische Gedanken und Vorstellungen in ihre Theologie einbezogen. Wie beim Buddhismus so fanden auch beim Hinduismus verschiedene Strömungen Berücksichtigung.[152]

Aiyadurai Jesudasen Appasamy[153] (1891–1975), von 1950 bis 1958 Bischof in der *Kirche von Südindien*, entfaltete seine Theologie vor dem Hintergrund der Bhakti-Frömmigkeit, in deren Zentrum die Hingabe an einen persönlichen Gott oder eine persönliche Göttin steht. Im Anschluss an den Philosophen Ramanuja (ca. 1050–1134), der der Bhakti-Religiosität eine philosophische Basis gegeben hatte, verstand Appasamy das Verhältnis von Gott und Welt: Beide sind verbunden und doch unterschieden wie Seele und Leib. Weil Gott schon immer in der Welt wirksam war, ist es auch möglich, eine „Selbst-Offenbarung Gottes in den Religionen Indiens" zu finden.[154]

Andere indische Theologen wählten die Philosophie des „Advaita" (Nicht-Zweiheit) als philosophischen Kontext ihrer Theologie. Hauptvertreter des Advaita war der Philosoph Shankara[155], der im Anschluss an Texte aus den Upanishaden die Wirklichkeit als „eines ohne ein Zweites"[156] verstand. Auf die Advaita-Philosophie bezog sich z. B. Brahmabandhab Upadhyaya[157] (1861–1907). In den letzten Jahrzehnten des 20. Jahrhunderts hat vor allem K. P. Aleaz, Professor für Religionswissenschaft am *Bishop's College* in Kalkutta, seine Theologie entschieden in den Kontext der Philosophie Shankaras gestellt.[158] Das führte zu tiefgreifenden Unterschieden zur traditionellen westlichen Theologie.[159] Christus wird als Manifestation des Brahman verstanden, des Göttlichen in jedem Menschen. Jedem Menschen eignet so Göttlichkeit. Die Vorstellungen von Sündhaftigkeit und Versöhnung wurden überflüssig. Alles komme darauf an, dass der Mensch sein wahres Selbst erkenne und sich nicht mit irgendwelchen Dingen der Welt identifiziere. Ereigne sich diese Erleuchtung, dann sei die Befreiung von aller Gebundenheit erreicht.

---

152 Überblicke über Theologie in Indien bieten: R. Boyd, a. a. O.; A. Mookenthottam: Indian Theological Tendencies. Approaches and Problems for Further Research as Seen in the Works of Some Leading Indian Theologians, Bern-Frankfurt a. M.-Las Vegas 1978; F. Wilfred/M. M. Thomas: Theologiegeschichte.

153 H. Wagner: Erstgestalten, S. 31–106; R. Boyd, a. a. O., S. 110–143; F. Wilfred/M. M. Thomas, a. a. O., S. 124–129. Dort werden auch die wichtigsten Veröffentlichungen von Appasamy genannt.

154 A. J. Appasamy: A Bishop's Story, Madras 1969, S. 72.

155 Er wird heute meist in die Zeit um 700 n. Chr. datiert (früher um 800 n. Chr.). Knappe Zusammenfassung seiner Advaita-Philosophie bei A. Michaels: Der Hinduismus. Geschichte und Gegenwart, München 1998, S. 296 f.

156 So Chandogya-Upanishad VI,2,1 u. ö.

157 R. Boyd, a. a. O., S. 63–85; F. Wilfred/M. M. Thomas, a. a. O., S. 163–178; J. Lipner: Brahmabandhab Upadhyay.

158 Vgl. z. B. K. P. Aleaz: Church in the Indian Pluralistic Context; ders.: Jesus in Neo-Vedanta. A Meeting of Hinduism and Christianity, Delhi 1995; ders.: Christian Thought Through Advaita Vedanta, Delhi 1996; ders.: An Indian Jesus from Sankara's Thought, Calcutta 1997; ders.: An Understanding of Jesus.

159 Zum Folgenden K. P. Aleaz: Church in the Indian Pluralistic Context, S. 665–667.

Das Leben Jesu weist darauf hin, daß Befreiung das Ende der Gebundenheit ist, nicht irgendetwas Zusätzliches. Es ist gleichzeitig mit der Entstehung völliger Erleuchtung. Es ist eine unmittelbare, direkte Wirkung, die Wirkung der Erkenntnis, die eine Sache der Erfahrung ist.[160]

Auf eine Vollendung jenseits des irdischen Lebens muss man dann nicht mehr warten, da es „für den Kenner des Brahman keinen Weg nach dem Tod gibt, da die Verwirklichung des Selbst in diesem Leben und in diesem Körper stattfinden kann".[161]
Theologen, die ihre Theologie im Kontext des Hinduismus betrieben, sahen sich auch vor die Frage gestellt, wie Begegnung und Dialog der Religionen gestaltet werden können. Mit dieser Frage haben sich indische Christen – wie die Autoren des Buches „Rethinking Christianity in India" – schon in der Zeit vor dem Zweiten Weltkrieg befasst.[162] Paul David Devanandan[163] (1901–1962) war nach dem Krieg einer der ersten indischen Theologen, die sich dem interreligiösen Dialog zuwandten.[164] Seither ist eine Flut von Veröffentlichungen zu diesem Thema erschienen. Wesentliche Anstöße gingen von den Katholiken Raimondo Panikkar[165] und Francis D'Sa[166] aus. Auf protestantischer Seite ist vor allem Stanley J. Samartha[167] zu nennen.

c) Theologie im Kontext von Konfuzianismus und Daoismus

Schon die Nestorianer im China des 6. bis 8. Jahrhunderts haben versucht, das Evangelium in den Kontext chinesischer Religiosität zu stellen. Das lassen z. B. die Aussagen der Nestorianertafel über die Schöpfung erkennen:

Merke auf! Der Unwandelbare in vollkommener Ruhe, der vor dem Ersten und ohne Anfang ist; der Unzugängliche in Reinheit des Geistes, der hinter dem Letzten ist und wundervoll lebt; er, der die geheime Quelle des Lebens hält, der Schöpfer, der in seiner Ur-Erhabenheit seine geheimnisvolle Natur allen Heiligen mitteilt – ist das nicht die geheimnisvolle Person unserer Dreieinigkeit, der wahre Herr ohne Anfang: Gott?
Er setzte das Kreuz, um die vier Richtungen zu bestimmen; er setzte den Ur-Atem in Bewegung und ließ die zwei Grundkräfte entstehen. Dunkelheit und Leere wurden verwandelt und Himmel und Erde geschieden. Er schuf und vollendete alle Dinge; er bildete und gestaltete den ersten Menschen. Er gab ihm besondere Güte und ein gerechtes Temperament, er übertrug ihm die Herrschaft über das Meer der Geschöpfe. Die erhabene ursprüngliche Natur war demütig und nicht aufgeblasen, das schlichte und große Herz war im Anfang frei von Lust.[168]

---

[160] K. P. Aleaz: An Understanding of Jesus, S. 181.

[161] Ebd.

[162] Darauf weist E. J. Sharpe: Faith Meets Faith. Some Christian Attitudes to Hinduism in the Nineteenth and Twentieth Centuries, London 1977, S. 120 f., 133.

[163] R. Boyd, a. a. O., S. 186–205; F. Wilfred/M. M. Thomas, a. a. O., S. 132–137; J. Wietzke: Theologie im modernen Indien – Paul David Devanandan, Frankfurt a. M. 1975.

[164] Vgl. den nach Devanandans Tod erschienenen Sammelband P. D. Devanandan: Preparation for Dialogue. A Collection of Essays on Hinduism and Christianity in India, hg. von N. Devanandan und M. M. Thomas, Bangalore 1964.

[165] F. Wilfred/M. M. Thomas, a. a. O., S. 226–233.

[166] F. X. D'Sa: Konfession und Dialog, in: NZM 43 (1987), S. 108–124; ders.: Gott der Dreieine und der All-Ganze. Vorwort zur Begegnung zwischen Christentum und Hinduismus, Düsseldorf 1987.

[167] J. Kurian: Art. „Samartha, Stanley Jedidiah", in: DAC, S. 729.

[168] Übersetzung von G. Rosenkranz: Die älteste Christenheit in China, S. 49.

Der Text ist für Menschen verfasst, denen gegenüber von „unserer Dreieinigkeit" gesprochen werden kann. Es handelt sich also um Christen, vermutlich um chinesische Christen. Sie sollen durch eine Suggestivfrage zu der Einsicht gebracht werden, dass der Urgrund allen Seins, von dem ihre eigene Tradition sprach, mit dem dreieinigen Gott der christlichen Tradition identisch ist. Dieser war folglich den Chinesen schon in vorchristlicher Zeit bekannt, wenn auch unter anderen Bezeichnungen. Man könnte etwa an die Aussagen über das Dao denken, die sich im Daodejing finden. Das Dao wird als der in sich ruhende Urgrund beschrieben, aus dem die Welt entspringt:

> Es gibt ein Ding, das ist unterschiedslos vollendet.
> Bevor der Himmel und die Erde waren, ist es schon da,
> so still, so einsam.
> Allein steht es und ändert sich nicht ...[169]

Ohne jede Polemik und Abwertung wird eine Gleichsetzung vorgenommen: Die bisherige Vorstellung der chinesischen Christen entspricht der christlichen Lehre. Damit ist zugleich ein Prozess wechselseitiger Interpretation eingeleitet, in dem sich die beiden Vorstellungen gegenseitig durchdringen und neu interpretieren. Aus der chinesischen Tradition wird der Gedanke von Yin und Yang („die zwei Grundkräfte") aufgegriffen. Der Mensch, dem die Herrschaft über die anderen Lebewesen übertragen ist, trägt Züge des chinesischen „Edlen" und „Heiligen". Von ihm sagt das „Buch der Wandlungen" (I Ging), dass er „in seiner hohen Stellung nicht stolz und in niedriger Stellung nicht enttäuscht" sei.[170] Es ist deutlich: Hier geschieht nicht einfach eine Gleichsetzung, sondern eine gegenseitige Deutung.

Die Theologie der Nestorianer in China wurde gelegentlich hart kritisiert. Sie sei „überschwemmt von konfuzianischen, taoistischen und buddhistischen Ideen, gewissermaßen ein degeneriertes [...] Christentum".[171] Neuere Autoren[172] beurteilen die Theologie der chinesischen Nestorianer sehr viel positiver.

Im 20. Jahrhundert gehörte zu den Bahnbrechern einer kontextuellen chinesischen Theologie T. C. Chao (1888–1979).[173] Chao machte – wie vor ihm die Nestorianer – die konfuzianische Tradition für die Interpretation des christlichen Glaubens fruchtbar. In Christus fand Chao die Verwirklichung des „Edlen", der seine eigene Persönlichkeit vervollkommnet und dadurch auch die Gesellschaft hebt und verbessert. Auch zum Verständnis des Kreuzestodes Jesu zog Chao ein chinesisches Modell heran. Jesus opferte sich, um die Menschen innerlich anzurühren und wach zu rütteln:

---

[169] Laotse: Tao te King. Das Buch vom Sinn und Leben. Übersetzt und mit einem Kommentar von Richard Wilhelm, Köln 1978, S. 75.

[170] I Ging. Das Buch der Wandlungen. Aus dem Chinesischen übertragen und herausgegeben von Richard Wilhelm, Düsseldorf-Köln 1981 (1. Aufl. 1923), S. 351.

[171] So angeblich der Missionar und Sinologe James Legge, zitiert bei S. H. Moffett: Christianity in Asia, S. 305, und vielen anderen Autoren. Allerdings bemerkt Moffett (S. 320, Anm. 65), er habe dieses Zitat in keinem der Werke von Legge finden können.

[172] Z. B. S. H. Moffett, a. a. O., S. 305–312; R. R. Covell: Confucius, the Buddha and Christ, S. 31–35.

[173] Nach B. Whyte: Unfinished Encounter, S. 205, war T. C. Chao „Chinas größter moderner Theologe". Zu T. C. Chao vgl. W. Glüer: Christliche Theologie in China; ders.: T. C. Chao 1888–1979; R. R. Covell, a. a. O., S. 187–192. Zur chinesischen Theologie vgl. E. Tang: Art. „Chinese Theologies", in: DThWTh, S. 38 f.

Mit seinem eigenen Tode andere zum Bewusstsein zu führen, ist eine dem Osten besondere, gewaltige Überzeugung.[174]

Chaos Theologie wie auch seine Biographie machten viele Wandlungen durch. Gegen Ende seines Lebens wandte er sich vom christlichen Glauben ab.

d) Theologie im Kontext der Tribal[175]-Traditionen

In den letzten Jahrzehnten des 20. Jahrhunderts haben Christen in den Staaten Nordostindiens und in Chota-Nagpur angefangen, ihre Stammestraditionen für ihre Theologie fruchtbar zu machen.[176] Als Beispiel sei Wati Longchar, der zum Stamm der Ao-Naga gehört, genannt. Was früher – nicht selten mit abwertendem Unterton – als Animismus bezeichnet wurde, erscheint aus der Sicht von Wati Longchar als Verbundenheit der Natur mit dem Göttlichen, als „wechselseitige Bezogenheit (interrelatedness) aller existierenden Dinge und Wesen"[177]. Die traditionellen Stammesreligionen verstanden die Wirklichkeit als Einheit und Ganzheit, in der göttliche Wesen, Mensch und Natur untrennbar miteinander verbunden waren.[178] Diese Weltsicht führte zu einem behutsamen Umgang mit der Natur und zu selbstloser Übernahme von Verantwortung für die Gemeinschaft. Es mag sein, dass Wati Longchar ein stark idealisiertes Bild des traditionellen Denkens und Lebens der Stämme Nordostindiens entwarf. Dies liegt wohl daran, dass hier ein erster Schritt zu einem neuen Verständnis der Stammestraditionen getan wurde. Dabei sah auch Wati Longchar deutlich: Zu der früheren Weltsicht führt kein Weg zurück. Es kommt darauf an, einige Elemente dieser Weltsicht wiederzugewinnen, die zu Unrecht abgelegt worden waren.[179]

e) Theologie im Kontext anderer religiöser und kultureller Traditionen Asiens

Der taiwanesische Theologe Choan-Seng Song[180] (geb. 1929) bezog sich in seiner Theologie, die er in einer Vielzahl von Artikeln und Büchern entfaltete,[181] neben der Bibel auf die Zeugnisse vieler Kulturen und Religionen: konfuzianische Philosophie

---

[174] Zitiert bei W. Glüer: Christliche Theologie in China, S. 252 f.

[175] Zur Problematik der Bezeichnung „Tribal" vgl. K. Thanzauva: Theology of Community, S. 1–9; L. Pachuau: Ethnic Identity, S. 34–43.

[176] A. W. Longchar: The Traditional Tribal Worldview; K. Thanzauva: Theology of Community; ders.: Transforming Theology. A Theological Basis for Social Transformation, Bangalore 2002; N. Minz: Rise up, my people, and claim the promise: the Gospel among the tribes of India, Delhi 1997. Seit 1997 wird vom Eastern Theological College, Jorhat, die Zeitschrift „Journal of Tribal Studies" herausgegeben.

[177] A. W. Longchar: The Traditional Tribal Worldview, S. 30.

[178] Ebd., S. 15.

[179] Ebd., S. 142.

[180] Zu Biographie und Theologie von C.-S. Song vgl. vor allem K. H. Federschmidt: Theologie aus asiatischen Quellen.

[181] C.-S. Song: Third-Eye Theology. Theology in Formation in Asian Settings, Maryknoll 1979; ders.: The Compassionate God; ders.: Tell Us Our Names. Story Theology from an Asian Perspective, Maryknoll 1984; ders.: Theology from the Womb of Asia, Maryknoll 1986; ders.: Jesus, the Crucified People, New York 1990; ders.; Jesus and the Reign of God, Minneapolis 1993; ders.: Jesus in the Power of the Spirit, Minneapolis 1994.

und hinduistische Religiosität, Volksgeschichten aus China und Gedichte aus Vietnam, politische Ereignisse sowie Rückblicke in die Geschichte und anderes mehr. Dies entsprach einem theologischen Anliegen Songs. Er sah in der Vorstellung einer jüdisch-christlichen Heilsgeschichte eine Engführung, die es zu überwinden galt. Gott, so betont Song, war und ist in der Geschichte aller Völker am Werk. Davon spreche schon das Alte Testament. Wenn etwa Deuterojesaja vom persischen König Kyros sagt, dass Jahwe ihn liebt (Jes 48,14), dann „reißt der Prophet das geistige und spirituelle Hindernis ein, das Israel von den Völkern trennt".[182] Song entdeckte diese Öffnung der Heilsgeschichte für die Völker noch in anderen Texten des Alten Testaments, z. B. in der Schöpfungsgeschichte. Die gegenteilige Position vertraten nach Song z. B. die „deuteronomischen Theologen". Sie

verkehrten Gottes universalen Bund mit der Schöpfung in einen partikularistischen Bund – einen Bund, der Israel mit Gott verbindet und alle anderen Nationen und Völker ausschließt.[183]

Aus dieser Theologie erwuchs die Feindschaft Israels gegen die Völker und Götter Kanaans, was zu blutigen Kämpfen führte: „Diese Art Theologie war gefährlich".[184] Sie wurde in der Kirchengeschichte weiter gepflegt, auch bei Theologen, die die Trennung zwischen Heilsgeschichte und Weltgeschichte aufheben wollten.[185] Das Ergebnis war eine Theologie mit nur einem Zentrum, der jüdisch-christlichen Heilsgeschichte, in die die anderen Völker und Religionen allenfalls durch die Mission einbezogen werden konnten. Dem setzt Choan-Seng Song sein Programm gegenüber:

Die Christen müssen sich immer noch an den Gedanken gewöhnen, dass Gott mit den Völkern der Welt über viele Zentren verbunden ist [...]. Ihre monozentrische Theologie muss eine multizentrische Theologie werden.[186]

Diesem theologischen Ansatz entspricht Choan-Seng Songs Methode, mit der er christliche und nichtchristliche[187] Zeugnisse miteinander in Beziehung bringt. Dabei werden nicht nur christliche Gedanken in nichtchristlichen Quellen entdeckt, sondern in der Begegnung der Traditionen entstehen neue, überraschende Einsichten. Das entspricht nach Song der Offenbarung Gottes, denn: „Offenbarung und Überraschung – diese beiden gehören zusammen".[188]
Songs Weise, Theologie zu treiben, lässt sich an einem kleinen Büchlein veranschaulichen, in dem er eine chinesische Volksgeschichte theologisch interpretiert: „Die Tränen der Lady Meng."[189] Lady Meng, deren Gemahl von dem Kaiser Shihuangdi von Qin in die große Mauer eingemauert worden war, bringt durch ihre Tränen die

---

[182] C.-S. Song: The Compassionate God, S. 63.
[183] Ebd., S. 47 f.
[184] Ebd., S. 48.
[185] Song setzt sich besonders mit Wolfhart Pannenberg auseinander; vgl. ebd., S. 60–62.
[186] Ebd., S. 64.
[187] Song empfindet die Bezeichnung „nichtchristlich" als diskriminierend (ebd., S. 63 f.). Es dürfte aber schwer sein, für das Gemeinte ein besseres Wort zu finden.
[188] Ebd., S. 61.
[189] Ders.: Die Tränen der Lady Meng; vgl. dazu K. H. Federschmidt: Theologie aus asiatischen Quellen, S. 225–234, 239–245.

Mauer zum Einsturz und konfrontiert den Kaiser anklagend mit der Wahrheit. Von diesem getötet, zerstückelt und in den Fluss geworfen, „verwandelten sich alle die kleinen Stücke in lauter kleine silberne Fische, in denen die Seele der treuen Meng Chiang für immer fortlebt".[190]

In der Geschichte siegt das Schwache. Die Tränen können die Steine erweichen. Die machtlose Wahrheit, einmal ausgesprochen, ist unbesiegbar. Man kann sie töten, zerstückeln, zermalmen und ins Meer werfen – sie ist durch nichts mehr aus der Welt zu schaffen. Im Gegenteil: Sie vermehrt sich unter den Schlägen derer, die sie zerschlagen wollen. Diese Wahrheit findet Song auch im Neuen Testament, etwa in Joh 12,24[191] und in Kreuz und Auferstehung Jesu. Die nichtchristliche Volkssage wird zur Botschaft der Auferstehung. Die Geschichte der Lady Meng illustriert nach Song auch eine „politische Theologie des Volkes". Diese muss Machthaber und Unterdrücker mit der Wahrheit konfrontieren, wie Lady Meng, wie die Propheten des Alten Testaments (Song weist besonders auf Jeremia) und wie Jesus. Das kann in dem Bewusstsein geschehen, dass die Wahrheit, wie schwach sie auch sein mag, sich durchsetzen wird.

Von asiatischen Theologen wurde der islamische Kontext verhältnismäßig wenig reflektiert. In diesem Horizont steht etwa die „Theologie der guten Nachbarschaft" des malaysischen Theologen Sadayandi Batumalai, der seine Theologie im Gespräch mit dem muslimischen Theologen Chandra Muzaffar entfaltet hat.[192] Christliche Versuche einer Öffnung zum Islam wurden allerdings von manchen muslimischen Gruppen zurückgewiesen.

2. Theologie im Kontext von Gesellschaft und Politik in Asien

Theologische Reflexion der politischen und gesellschaftlichen Situation begegnete schon bei Choan-Seng Song. Sie ließe sich an vielen weiteren Beispielen veranschaulichen: An der theologischen Auseinandersetzung mit Staats-Shinto und neuem Nationalismus in Japan[193], an der „Theologie des Kampfes" auf den Philippinen[194], an der Forderung gesellschaftlichen Engagements in Malaysia[195] u. a. Einige Ansätze politik- und gesellschaftsbezogener Theologie fanden besondere Beachtung.

a) Politische Situation und christliches Zeugnis bei M. M. Thomas

In Indien gab es schon seit Beginn der nationalen Bewegung eine Teilnahme von Christen am politischen Geschehen und eine theologische Reflexion dieser Teilnah-

---

[190] C.-S. Song: Die Tränen der Lady Meng, S. 22.

[191] „Wenn das Weizenkorn nicht in die Erde fällt und erstirbt, so bleibt's allein; wenn es aber erstirbt, so bringt es viel Frucht."

[192] A. Hoekema: Kirche und Theologie in Malaysia, S. 270–272; zu Ansätzen einer malaysischen Theologie vgl. A. S. Walters: Art. „Malaysian Theology", in: DThWTh, S. 134–136.

[193] M. Miyata: Mündigkeit und Solidarität.

[194] M. R. Battung (Hg.): Theologie des Kampfes; in diesem Band vgl. bes. L. Hechanova: Das Christus-Bild der Befreiungstheologie. Eine philippinische Erfahrung, in: M. R. Battung (Hg.), a. a. O., S. 33–46; zur Theologie in den Philippinen vgl. die Bibliographie in B. P. Beltran: Philippinische Theologie, S. 155–170; für spätere Arbeiten vgl. N. D. Bunda: Philippine Baptist Churches, S. 362, Anm. 1.

[195] A. Hoekema: Kirche und Theologie in Malaysia, S. 267–269.

me. So konnte etwa K. T. Paul sowohl die britische Kolonialherrschaft als auch die nationale Bewegung in Indien von seinen theologischen Überzeugungen her verstehen und Mission und Engagement in der Unabhängigkeitsbewegung miteinander in Verbindung bringen.[196] In der zweiten Hälfte des 20. Jahrhunderts war es das 1957 gegründete *Christian Institute for the Study of Religion and Society* (CISRS) in Bangalore, das aus christlicher Perspektive zu politischen Fragen Stellung nahm. Sein Direktor war zuerst Paul David Devanandan, dem 1963 bis 1976 M. M. Thomas folgte.

Madathiparampil Mammen Thomas[197] (1916–1996), der von 1968 bis 1975 Vorsitzender des Zentralausschusses des ÖRK war,[198] gehörte zur Mar Thoma Kirche, dem protestantischen Zweig der Thomas-Christen. Er setzte die politische Situation und das christliche Zeugnis in Korrelation zueinander. Gottes Handeln und geschichtliche Ereignisse dürften weder undialektisch miteinander identifiziert noch auseinander gerissen werden:

Sicher sollen wir keine neue Offenbarung Gottes in irgendeinem historischen Ereignis außer dem Christus-Ereignis suchen, aber der Glaube in die göttliche Offenbarung Jesu Christi kann ein Schlüssel sein zu Verständnis und Unterscheidung von Gottes Schöpfung, Gericht und Erlösung in der säkularen Geschichte.[199]

M. M. Thomas war sich der Gefahr bewusst, dass man auch hier irren kann und für Gottes Willen hält, was sich später ganz anders darstellt. Aber politische Abstinenz sei nicht die christliche Antwort auf diese Gefahr. Die Aufgabe der Kirche in Indien sei es, Zeugin des Kreuzes Jesu zu sein, das nicht nur Zeichen der Versöhnung mit Gott, sondern auch Zeichen der Versöhnung der Menschen untereinander sei. Die Kirche müsse mitwirken bei der Schaffung

einer säkularen, nationalen Gemeinschaft inmitten von Indiens religiösem und ideologischem Pluralismus, indem sie eine Gemeinschaft in Christus darstellt, die Klasse, Kaste, ethnische und religiöse kommunale Teilungen transzendiert.[200]

Indem politische Situation und christliche Botschaft miteinander in Beziehung gesetzt werden, wird das christliche Zeugnis konkret.

b) Dalit-Theologie in Indien

„Dalit" (unterdrückt, zerbrochen etc.) ist die Selbstbezeichnung der Bevölkerungsschicht in Indien, die früher als Kastenlose, Unberührbare, Paria u. a. bezeichnet wurde. Mahatma Gandhi wählte für diese Bevölkerungsschicht die Bezeichnung

---

196 F. Wilfred/M. M. Thomas, a. a. O., S. 87–93.
197 R. Boyd, a. a. O., S. 311–330; U. Dehn: Indische Christen in der Gesellschaftlichen Verantwortung, Frankfurt a. M.-Bern-New York 1985, S. 108–133; T. M. Philip: The Encounter between Theology and Ideology: An Exploration into the Communicative Theology of M. M. Thomas, Madras 1986.
198 Dazu M. M. Thomas: My Ecumenical Journey 1947–1975, Trivandrum 1990.
199 M. M. Thomas: The Christian Response to the Asian Revolution, London 1966, S. 22.
200 M. M. Thomas: The Future of the Church in India, in: NCCR 110 (1990), S. 137–148, bes. S. 141.

„Harijan" (Kinder Haris, d. h. Gottes), die freilich von den Betroffenen nicht übernommen wurde.[201] Erst ab den 80er Jahren des 20. Jahrhunderts begannen die Dalit, ihre Situation theologisch zu bedenken.[202]

Der besondere Kontext der Dalit ist die Unterdrückung. Dabei leiden die christlichen Dalit unter einer doppelten Diskriminierung. Sie haben einerseits teil an den mit dem Kastensystem gegebenen Demütigungen und Benachteiligungen. Andererseits werden ihnen die Vergünstigungen vorenthalten, die den hinduistischen, muslimischen und buddhistischen Dalit als eine Art Wiedergutmachung für das in vergangenen Jahrhunderten erlittene Unrecht gewährt werden. Aber auch die indischen Kirchen haben die Diskriminierung der Dalit fortgesetzt, indem sie Elemente des Kastensystems in der Kirche beibehalten haben.

Die erste Entdeckung der Dalit-Theologen war, „dass Jesus [...] selbst ein Dalit war".[203] Gott selbst sei ein dienender Gott:

> Dienen ist der sva-dharma [die seinem Wesen entsprechende Tätigkeit, F. H.] unseres Gottes und da wir indischen Dalit Gottes Volk sind, war Dienen unser Los und unser Privileg.[204]

Aber damit ist zugleich die Situation der Dalit verändert. Die Tatsache, dass Jesus selbst ein Dalit war, gibt den Dalit eine neue Würde:

> „Die Dalit haben eine Würde erhalten", erklärten sie, und diese Würde wurde von Jesus Christus gegeben.[205]

Die Identifikation mit Jesus gibt auch Teil am Kampf und Sieg Jesu gegen die widergöttlichen Mächte. Dalit-Theologie „interpretiert Christi Sieg als seine Macht, das Kastensystem zu transformieren."[206] Man kann die Dalit-Theologie als eine indische Ausprägung der Befreiungstheologie verstehen. Ein ähnlicher theologischer Ansatz findet sich in Japan in Gestalt der „Theologie der Dornenkrone" von Kurubayashi Teruo, in der die Erfahrung der Buraku theologisch reflektiert wird.[207]

---

[201] Zu den verschiedenen Bezeichnungen vgl. J. Massey: Art. „Dalit Movement", in: DAC, S. 220–222. Zur Geschichte der Dalit-Christen vgl. J. C. B. Webster: The Dalit Christians.

[202] A. P. Nirmal (Hg.): Towards a Common Dalit Theology, Chennai 1989; M. E. Prabhakar (Hg.): Towards a Dalit Theology, Delhi 1989; V. Devasahayam: Frontiers of Dalit Theology; S. Clarke: Dalits and Christianity: Subaltern Religion and Liberation Theology in India, Delhi 1989; J. C. B. Webster: Religion and Dalit Liberation: An Examination of Perspectives, Delhi 1999; D. Rasquinha: A Brief Historical Analysis of the Emergence of Dalit Christian Theology, in: Vidyajyoti 66 (2002), S. 353–370; Evangelisches Missionswerk in Deutschland (Hg.): Gerechtigkeit für die Unberührbaren. Beiträge zur indischen Dalit-Theologie, Weltmission heute, Nr. 15, Hamburg 1997².

[203] M. E. Prabhakar: Christology, S. 414.

[204] Ebd., S. 416.

[205] Ebd., S. 418.

[206] V. Devasahayam: Doing Dalit Theology: Basic Assumptions, in: Ders. (Hg.): Frontiers of Dalit Theology, Madras 1997, S. 270–282.

[207] K. Teruo: Recovering Jesus for Outcastes in Japan, in: R. S. Sugirtharajah (Hg.): Frontiers in Asian Christian Theology. Emerging Trends, Maryknoll 1994, S. 11–26.

c) „Gott ist ganz, ganz unten" – die Minjung-Theologie in Korea[208]

Was „Minjung" ist, erläutert der bekannteste Minjung-Theologe, der Neutestamentler Ahn Byung-Mu, folgendermaßen:

„Minjung" ist ein sinokoreanisches Wort und bedeutet „Volk". Im koreanischen Kontext wird das Wort häufig im verächtlichen Sinne gebraucht. Minjung sind die unbedeutenden Volksmassen, die einfachen, armen Menschen am Rande der Gesellschaft, die von Herrschenden entrechtet, unterdrückt und verachtet werden.[209]

Die Minjung-Theologie wurde nicht nur von Theologen inspiriert, sondern auch von Dichtern. Der bekannteste war Kim Chi-Ha. In seiner Ballade „Chang Il Tam" beschrieb er die große Einsicht der Minjung-Theologen: Gott sei ganz unten bei den Elenden und Heruntergekommenen. Als Chang Il Tam miterlebt, wie eine von der Geschlechtskrankheit schon fast zerstörte Frau ein Kind zur Welt bringt, ruft er aus:

„Aus so einem kaputten Körper kommt neues Leben heraus! Es ist Gott, der da herauskommt!" […] Er kniet nieder und sagt: „O Mutter! Gerade in deinem dreckigen Schoß ist Gott. Gott ist ganz, ganz unten."[210]

Die wichtigste neutestamentliche Schrift war für den Minjung-Theologen Ahn Byung-Mu das Markusevangelium.[211] In ihm spielt der *ochlos*, das einfache Volk, in der Verbindung mit Jesus eine große Rolle. Schon das erste so genannte Summarium des Markusevangeliums (Mk 1,14–15) enthält den „Grundstein für die Minjung-Theologie"[212]: Jesus „kam nach Galiläa" (V. 14), in das „Galiläa der Heiden" (Mt 4,15). Galiläa war nicht nur religiös verachtet, sondern auch sozial und politisch ausgebeutet und unterdrückt, es stellte „einen geographisch-symbolischen Ort für politische, kulturelle und vor allem wirtschaftliche Unterdrückung und Ausbeutung" dar.[213] Wenn also Jesus nach Galiläa ging, dann begab er sich zum einfachen und unterdrückten Volk, dem Minjung.[214] Mit diesem habe er sich identifiziert, am deutlichsten wohl in Mt 25,31–45, dem Gleichnis vom Weltgericht. Ein anderer Text, auf den Ahn in diesem Zusammenhang immer wieder verwies, war Mk 3,32–35[215], die Szene, in der Jesu Mutter und Brüder kommen und ihn sehen wollen. Jesus aber

sah rings um sich auf die, die um ihn im Kreise saßen, und sprach: Siehe, das ist meine Mutter und meine Brüder! (V. 34)

---

[208] Aus der umfangreichen Literatur zur Minjung-Theologie seien genannt: A. Hoffmann-Richter: Ahn Byung-Mu als Minjung-Theologe; W. Kröger: Die Befreiung des Minjung: Das Profil einer protestantischen Befreiungstheologie für Asien in ökumenischer Perspektive, München 1992; V. Küster: Theologie im Kontext. Zugleich ein Versuch über die Minjung-Theologie, Studia Instituti Missiologici Societatis Verbi Divini, Nr. 62, Nettetal 1995.

[209] B.-M. Ahn: Draußen vor dem Tor, S. 10.

[210] N.-D. Suh: Zwei Traditionen fließen ineinander, in: J. Moltmann (Hg.): Minjung, S. 172–213, bes. S. 208.

[211] V. Küster: Jesus und das Volk im Markusevangelium. Ein Beitrag zum interkulturellen Gespräch in der Exegese, Neukirchen-Vluyn 1996.

[212] B.-M. Ahn: Das Subjekt der Geschichte, S. 161.

[213] Ebd., S. 155.

[214] Ebd., S. 143.

[215] B.-M. Ahn: Draußen vor dem Tor, S. 28–31.

Um Jesus saß nach V. 32 der *ochlos*, das einfache Volk. In ihm sieht Jesus seine Verwandten, mit denen er sich identifiziert. Nach Ahn kritisiert Jesus den *ochlos* im Markusevangelium nie[216], Jesus sei parteiisch, und zwar auf Seiten der Unterdrückten, für deren Rechte er sich einsetzte.[217] Jesus habe zwar den *ochlos* nicht organisiert und zur Revolution geführt, aber er sei bei ihm gewesen, als „Widerstandsbegleiter". Aus diesem Verständnis Jesu ergibt sich auch eine ganz bestimmte Sicht von der Aufgabe der Kirche. Wie Jesus, so muss auch sie sich mit dem einfachen Volk identifizieren[218], muss – wie Ahn in Anlehnung an Hebr 13,13 sagte – hinausgehen vor das Lager, wo Jesus leidet und gelitten hat, „draußen vor dem Tor". Ganz entsprechend heißt es in einem 1973 veröffentlichten „Manifest koreanischer Christen":

Unser Herr Jesus, der Messias, wohnte und lebte mit den Armen, Unterdrückten und Verachteten in Judäa. [...] Wir sind heute entschlossen, den Spuren unseres Herrn zu folgen. Wir wollen mit den Unterdrückten und Armen leben, der politischen Unterdrückung widerstehen und so an der Veränderung der Geschichte teilnehmen. Denn wir glauben, dass dies der einzige Weg ist, in Korea, unserem Vaterland zuliebe, das messianische Reich zu verkündigen. Dies tun wir im Gebet und im vollen Vertrauen auf die Gnade unseres Herrn.[219]

Natürlich wusste Ahn, dass dies nicht in erster Linie in der Studierstube geschieht, sondern in den Minjung-Gemeinden, in denen sich die Pastoren mit den einfachen Menschen identifizierten. Im Minjung wollten sie nicht mehr nur die Objekte der Geschichte, sondern – wie es im Titel eines Aufsatzes von Ahn heißt – das „Subjekt der Geschichte" sehen.

d) Bischof K. H. Tings Theologie im Kontext der kommunistischen Revolution in China

Versuche, aus der Perspektive der chinesischen Tradition den christlichen Glauben neu zu verstehen, wurden in der VRC mehrfach gemacht.[220] Ging es manchmal nur darum, „in der nicht-biblischen Welt die Bibel [zu] entdecken"[221], so gelang es andererseits auch, durch die Begegnung der Traditionen in der Bibel und im christlichen Glauben neue Aspekte wahrzunehmen.

Von besonderer Bedeutung ist die Theologie von Bischof K. H. Ting, da sich darin das Denken des Mannes spiegelt, der in der zweiten Hälfte des 20. Jahrhunderts in besonderer Weise das Leben der protestantischen Kirchen in China geprägt hat.[222] Bischof Ting bejahte den kommunistischen Staat und erkannte seine Leistungen an. Zugleich

---

[216] B.-M. Ahn: Jesus und das Minjung, S. 114.

[217] Ebd., S. 124, S. 131 f.

[218] B.-M. Ahn: Draußen vor dem Tor, S. 34.

[219] Zitiert bei: Ch.-Y. Choo: Koreanisches Minjung und protestantische Kirchengeschichte, in: J. Moltmann (Hg.): Minjung, S. 62–77, Zitat S. 75.

[220] Z. B. P.-C. Lai: Christliche Öko-Theologie im Dialog mit dem Konfuzianismus, in: M. Gänßbauer (Hg): Christsein in China. Chinesische Stimmen aus Kirche und Forschung, Hamburg 2000, S. 54–81.

[221] So die Überschrift des ersten Kapitels in P.-L. Kwok: Interpretation als Dialog. Eine biblische Hermeneutik aus Asien, Luzern 1996, S. 33.

[222] Ph. Wickeri: Art. „Ting, K. H.", in: DAC, S. 848 f.

aber wandte er sich gegen eine „absolute Identifikation" mit dem Staat.[223] Dieser könne den spirituellen Hunger der Menschen nicht befriedigen, denn der Mensch lebe nicht vom Brot allein.[224] In einem Aufsatz aus dem Jahr 1949 rechnete Bischof Ting damit, dass die Kirche eines Tages bereit sein müsse,

die vielen müden Revolutionäre mit offenen Armen aufzunehmen, wenn die nachrevolutionäre Verzweiflung (*the post-revolutionary dispair*) einsetzt. In seinem Leid wird der verlorene Sohn schließlich sagen: „Ich will mich aufmachen und zu meinem Vater gehen" (Lk 15,14). Dann kann die Kirche ihm Hoffnung geben und eine Aufgabe, der er sich widmen kann.[225]

Vor Studierenden des Theologischen Seminars in Nanjing setzte sich Ting im Jahr 1957 auch theoretisch mit der marxistischen These auseinander, Religion sei „Opium für das Volk", und er versuchte, die Annahme der Existenz Gottes plausibel zu machen.[226] An die Wurzel marxistischen Denkens ging seine Infragestellung der These, die gesellschaftlichen Verhältnisse seien für das Wohl des Menschen allein verantwortlich. Auch die Revolutionäre stoßen nach Tings Ansicht an Grenzen, die sich nicht durch gesellschaftliche Programme überwinden lassen, weil sie im Wesen des Menschen selbst ihren Grund haben.

In den 80er Jahren des 20. Jahrhunderts nahm Bischof Ting den in der ökumenischen Diskussion verbreiteten Gedanken vom „kosmischen Christus" auf und gab ihm eine besondere Ausprägung: Wir müssten Gott verstehen als „den Liebenden im Herzen der Wirklichkeit"[227], der nicht nur im Raum des Christentums, sondern in der gesamten Wirklichkeit wirksam sei. Sein theologischer Ansatz ermöglichte Bischof Ting eine Teilnahme am Leben seines Volkes, die „zugleich teilnehmend und kritisch" war, wie er es in einem Aufsatz aus dem Jahr 1984 selbst gefordert hatte.[228]

3. Weitere theologische Ansätze in Asien

Die Vielfalt theologischen Denkens wird durch die bisher gegebenen Beispiele nur sehr unzureichend veranschaulicht. Nicht berücksichtigt wurden z. B. die Arbeiten zur Bibelauslegung, zu liturgischen und praktisch-theologischen Fragen und zur Kirchengeschichte.[229] Im Folgenden sollen zwei weitere theologische Ansätze vorgestellt werden.

a) Kazoh Kitamoris „Theologie des Schmerzes Gottes"

Die „Theologie des Schmerzes Gottes" von Kazoh Kitamori ist vermutlich das bekannteste christlich-theologische Buch, das in Japan erschienen ist.[230] Die japanische

---

223 K.-H. Ting: No Longer Strangers, S. 38 f.
224 Ebd., S. 69.
225 Ebd., S. 68.
226 Ebd., S. 42–49.
227 Ebd., S. 35.
228 Ebd.
229 Vgl. dazu die Zeitschrift „Theologie im Kontext".
230 Deutsche Übersetzung von K. Kitamori: Theologie des Schmerzes Gottes; vgl. dazu C. Michalson: Japanische Theologie der Gegenwart, Gütersloh 1962, S. 60–82; K. Ogawa: Die Aufgabe der neueren evangelischen Theologie in Japan, Basel 1965, S. 24–109; B. Oguro-

Erstauflage stammt aus dem Jahr 1946. Das Buch entstand folglich während des Krieges. Das muss man im Blick haben, wenn man bei Kitamori liest:

... die Gegenwart [...] ist in einer überlegenen Weise eine „Zeit des Todes" bzw. „des Schmerzes".[231]

Der Schmerz Gottes ist für Kitamori „das Herz des Evangeliums"[232]. Er findet ihn schon im Alten Testament, wenn Gott in Jer 31,20 sagt: „Mein Herz schmerzt mich." Und er begegnet vielfach im Neuen Testament, z. B. in Hebr 2,10: „Denn es ziemte dem, um deswillen alle Dinge sind und durch den alle Dinge sind [...], dass er den Herzog ihrer Seligkeit durch Leiden vollkommen machte." Kitamori sagt dazu:

Das kleine Wörtlein *eprepen* (es ziemte) klang mir wie das Erzittern des ganzen Universums in den Ohren. Dieses Wörtlein hilft uns in das Geheimnis Gottes einzudringen.[233]

Der Schmerz Gottes ist nicht sein Mitleid mit den Menschen. Gottes Schmerz hat vielmehr darin seinen Grund, dass Gott die liebt, die nicht geliebt werden sollten, dass er die Objekte seines Zorns liebt.[234] Immer wieder bezieht sich Kitamori auf Luther[235], vor allem aber war es eine japanische Vorstellung, die ihn für die Entdeckung des Schmerzes Gottes sensibel machte:

Die für die japanische Tragödie grundlegende *tsurasa* verwirklicht sich da, wo einer sich selbst Leiden zufügt oder sich den Tod gibt, oder auch, wo einer sein geliebtes Kind leiden und sterben läßt, um einen dritten aus Liebe am Leben zu erhalten.[236]

Die Vorstellung von *tsurasa* befähigt nach Kitamori den japanischen Geist auch zur Erkenntnis des Schmerzes Gottes.[237] Kitamoris „Theologie des Schmerzes Gottes" hat weit über Japan hinaus Berühmtheit erlangt, in Europa vor allem im Zusammenhang der Vorstellung vom Leiden Gottes.

b) Die „Theologie asiatischer Frauen" von Chung Hyun-Kyung

Die Theologie von Frau Chung Hyun-Kyung ist gewiss nicht repräsentativ für Theologie in Korea, aber sie hat ein weltweites Echo ausgelöst. Chung versuchte, den koreanischen Kontext – so wie sie ihn sieht – in der Theologie fruchtbar zu machen.[238] Chung wurde durch ihren Vortrag auf der Vollversammlung des Öku-

---

Opitz: Analyse und Auseinandersetzung mit der Theologie des Schmerzes Gottes von Kazoh Kitamori, Frankfurt a. M.-Bern-Cirencester/UK 1980; K. Koyama: Waterbuffalo Theology, London 1974, S. 115–125; A. Dohi u. a. (Hg.): Theologiegeschichte, S. 132–135.

[231] K. Kitamori: Theologie des Schmerzes Gottes, S. 136 f.

[232] Ebd., S. 15.

[233] Ebd., S. 42.

[234] Ebd., S. 17.

[235] Kitamoris Auseinandersetzung mit Karl Barth (ebd., S. 10–13) wird diesem vermutlich nicht gerecht.

[236] Ebd., S. 135.

[237] Ebd., S. 136.

[238] Vgl. Ch. Hellmann: Schamanismus, Christentum und die Suche nach einer Theologie des Lebens, in: S. Keil u.a. (Hg.): Modernisierung und Religion in Südkorea, S. 237–247.

menischen Rates in Canberra (1991) bekannt.[239] Umfassender ist ihr Ansatz dargestellt in dem Buch „Schamanin im Bauch – Christin im Kopf. Frauen Asiens im Aufbruch"[240].

Chungs „Theologie asiatischer Frauen" entfernt sich weit von der Tradition. Sie hat ihre Basis und Norm nicht in Jesus Christus oder in der Bibel, erst recht nicht in der kirchlichen Tradition, sondern in der Erfahrung der asiatischen Frauen. Die Leidenserfahrung asiatischer Frauen – schon die Geburt eines Mädchens ist eine Enttäuschung[241] – und ihr Wunsch nach Erhaltung von Leben führen Chung dazu, „Lebenszentriertheit" zur theologischen Grundnorm zu machen. Theologisch relevant ist, was lebenszentriert ist. Theologie und christliche Spiritualität müssen sich „vom Christo-Zentrismus zu einer Lebenszentrierung hinbewegen".[242] Von diesem Ansatz her kann Frau Chung mit der Bibel sehr frei umgehen, „befreiende Botschaften" aufnehmen und „die unterdrückerischen Botschaften" ablehnen,[243] denn die Bibel ist gar nicht der Text. Die asiatischen Frauen sollen begreifen: „‚Wir sind der Text', und die Bibel und die Tradition der christlichen Kirche sind der Kontext unserer Theologie."[244] Von diesem Ansatz her gewinnt Chung eine Offenheit gegenüber den anderen Religionen. Sie plädiert für einen „Synkretismus, der um Überleben und Befreiung zentriert ist".[245]

F DIE ÜBERSETZUNG DER CHRISTLICHEN BOTSCHAFT

Übersetzbarkeit war von Anfang an ein Charakteristikum der christlichen Botschaft.[246] Selbst die Worte Jesu wurden nur in Übersetzung tradiert. Um die christliche Botschaft übersetzen zu können, verwendeten die Missionare einen großen Teil ihrer Kraft auf das Erlernen von Sprachen. William Carey riet den Missionaren, die er nach Myanmar entsandte: „Das Erlernen der birmanischen Sprache ist und bleibt euer wichtigstes Augenmerk, und soll den größten und schönsten Theil eurer Zeit in Anspruch nehmen."[247] Das Risiko des Übersetzens bestand darin, dass mit der anderen Sprache auch eine andere Vorstellungswelt verbunden war, wodurch aus der Übersetzung zugleich eine Interpretation wurde. Übersetzung fand schließlich auch dadurch statt, dass christliche Themen in der Kunst dargestellt wurden.

---

[239] H. K. Chung: „Komm, Heiliger Geist – erneuere die ganze Schöpfung".
[240] H. K. Chung: Schamanin im Bauch. Der englische Titel lautet „Struggle to be the Sun again" (London 1990).
[241] H. K. Chung: Schamanin, S. 83–86.
[242] Ebd., S. 205.
[243] Ebd., S. 196.
[244] Ebd., S. 200.
[245] Ebd., S. 204.
[246] Vgl. dazu Lamin Sanneh: Translating the Message. The Missionary Impact on culture, Maryknoll 1989.
[247] Geschichte der Mission im birmanischen Reiche, S. 195.

1. Die Übersetzung in Sprache und Vorstellungswelt

Die Probleme des Übersetzens der christlichen Botschaft in eine andere Sprache stellten sich schon bei der Übersetzung des Wortes „Gott". Franz Xaver übersetzte in Japan „Gott" zunächst mit dem aus dem japanischen Buddhismus genommenen Wort *dainichi* („große Sonne"). Als ihm jedoch bewusst wurde, dass *dainichi* den *Buddha-Mahavairocana*, den „Großen Erleuchter" der Tendai- und Shingon-Schulen[248], bezeichnete, nicht aber einen persönlichen Schöpfergott, entschloss er sich, für das Wort „Gott" das lateinische *deus* (in notdürftig japanisierter Form *deusu*) zu verwenden, was die buddhistischen Kritiker des Christentums in *dai uso* „große Lüge" verdrehten.[249] Wenn man Franz Xaver – wie es oft geschieht – wegen dieses Schrittes kritisiert[250], so wird man doch anerkennen müssen, dass es ihm um eine klare Unterscheidung ging. Matteo Ricci hatte als Übersetzung von „Gott" ins Chinesische zunächst *Tienzhu* („Herr des Himmels") verwendet, sich aber dann davon überzeugen lassen, dass auch *Tien* („Himmel") allein und *Shangdi* („Herr in der Höhe") in theistischem Sinn verstanden werden können. Im Ritenstreit insistierten die Gegner der Vertreter der Akkommodationsmethode – darunter auch einige Jesuiten – auf der Verwendung von *Tienzhu*. Bei den Mizo in Nordostindien bestand die Wahl zwischen dem Namen eines Hochgottes (*Pathian*) und dem eines überirdischen Wesens, das die Geschicke der Menschen während ihres Lebens bestimmte. Die ersten Missionare führten den Namen *Jehova* ein. Später entschied man sich für *Pathian*.[251] Bei der Übersetzung in jede Sprache wurde durch die Wahl eines bestimmten Namens oder einer Bezeichnung für „Gott" sowohl eine Anknüpfung als auch eine Deutung vollzogen.

Das Problem, vor das die Übersetzung des Wortes „Gott" stellte, trat im Grunde genommen bei der Übersetzung jeder theologischen Vorstellung auf, z. B. bei der Verkündigung des Werkes Jesu oder des letzten Erlösungsziels. J. Herbert Lorrain, einer der ersten Missionare unter den Mizo in Nordostindien, berichtet, dass er zuerst Jesus als den verkündet habe, der von der Sünde befreit. Dann aber entdeckte er:

> … die Leute hatten kein Verständnis von Sünde und empfanden nicht die Notwendigkeit eines solchen Retters.[252]

Aus der Sicht der Mizo hatten Unglück und Krankheiten nichts mit Gott zu tun[253], sondern mit Geistern, die unter Umständen besänftigt werden mussten, wofür der Rat eines Spezialisten einzuholen war. Um sich verständlich zu machen, predigten die Missionare Jesus deshalb als den Vernichter des Teufels und der missgünstigen Geister.

William J. Wilkins, der von 1867 bis 1884 als Missionar in Kalkutta und Umgebung wirkte, erzählt, dass einige Hindus ihn baten, ihnen den zentralen Inhalt des christlichen Glaubens zu erläutern. Wilkins berichtet:

---

248 Dazu kurz R. K. Heinemann: ‚Tariki-Hongan und Jiriki': Erlösung durch Glauben und Selbstbefreiung durch Einsicht im Buddhismus Japans. In: H. Bechert/R. Gombrich (Hg.): Der Buddhismus. Geschichte und Gegenwart, München 1984, S. 252–292, bes. S. 269.

249 G. Elison: Deus Destroyed, S. 36.

250 Vgl. z. B. A. C. Ross: A Vision Betrayed, S. 29.

251 M. Kipgen: Christianity and Mizo Culture, S. 111–118.

252 Baptist Church of Mizoram (Hg.): Reports, S. 93 f.

253 M. Kipgen, a. a. O., S. 106–128.

Nachdem ich von Jesus und seinem Werk gesprochen hatte und ihnen versichert hatte, dass Seine Jünger von ihm rein gemacht worden seien und den Himmel erlangt hätten, sagten sie nach kurzer Überlegung: Wenn das alles sei, was ich zu bieten hätte, dann hätte das Christentum für sie keine Anziehungskraft. Sie erstrebten *mukti* (Erlösung), Vereinigung mit der Gottheit, nicht bloße Aufnahme in den Himmel ...[254]

Im Kontext der hinduistischen Heilsvorstellung erschien die christliche Verheißung als etwas Minderwertiges. Im Prozess des Übersetzens wurde hier der tiefgreifende Unterschied zwischen den Religionen erkennbar, der es unmöglich machte, die Inhalte der einen Religion mit der vermeintlich entsprechenden Terminologie der anderen Religion auszudrücken. Gelegentlich vollzogen den Übersetzungsvorgang in eine andere Vorstellungswelt und die damit verbundene Interpretation des christlichen Glaubens nicht die Missionare, sondern die einheimischen Christen selbst.

2. Die Übersetzung in die christliche Kunst

Ein Übersetzungsvorgang anderer Art vollzog sich im Zuge der Entstehung einer asiatischen christlichen Kunst.[255] Asiatische Christen schlossen sich zunächst westlichen Vorbildern an bzw. übernahmen die von den Missionaren eingeführten künstlerischen Darstellungen. Ähnlich verhielt es sich in der Architektur. Schon im 19. Jahrhundert jedoch und verstärkt im 20. Jahrhundert kam es zur Ausbildung von Formen genuin asiatischer christlicher Kunst. Christliche Themen wurden bei der künstlerischen Darstellung in den einheimischen kulturell-religiösen Kontext gestellt und mit sozialen Problemen verbunden. So gestaltete der Inder Jyoti Sahi den Kreuzweg Jesu unter Verwendung yogischer Vorstellungen.[256] Der Balinese Nyoman Darsane machte den in Bali kultivierten Tanz z. B. bei der bildlichen Darstellung der Schöpfung oder der Verkündigung der Geburt Jesu fruchtbar.[257] In der Kunst des Javanan Ketut Lasia prägt die javanische Harmonievorstellung die bildlichen Darstellungen biblischer Szenen. In der Kunst der Minjung-Gemeinden in Korea wurden die sozialen Probleme mit der Kreuzigung Jesu verbunden. Biblische Themen, vor allem die Gestalt Jesu, haben auch nichtchristliche Künstler angeregt.[258]

---

[254] W. J. Wilkins: Modern Hinduism, Kalkutta etc. 1975³ (Nachdruck der Ausgabe von 1887), S. 304.

[255] A. Lehmann: Die Kunst der Jungen Kirchen, Berlin 1955; ders.: Afroasiatische Kunst, Berlin 1966; M. Takenaka: Christian Art in Asia, Tokyo 1975; ders./R. O'Grady: The Bible through Asian Eyes, Auckland 1991.

[256] J. Sahi: Christliche Kunst aus Indien. Der Kreuzweg des Yogi Jesu, Stuttgart 1992.

[257] Th. Sundermeier/V. Küster (Hg.): Das Schöne Evangelium. Christliche Kunst im balinesischen Kontext, Nettetal 1991, S. 83; K. Raschzok: Die Welt ist heut an Bildern reich. 24 Weihnachtliche Bilder aus aller Welt, Erlangen 1997, S. 8.

[258] G. Löwner (Hg.): Ven. Hatigammana Uttarananda. Durch Hoffnung Leben. Ausstellungskatalog, Herne o. J.; dies.: Buddha-Mönch und Christus-Jünger, in: Steyler Missionschronik (1996/97), S. 114–120; V. Küster: Ein Dialog in Bildern. Reformbuddhismus und Christentum im Werk von H. Uttarananda, in: D. Becker/A. Feldtkeller (Hg.): Mit dem Fremden leben. Perspektiven einer Theologie der Konvivenz. Theo Sundermeier zum 65. Geburtstag, Bd. 2, Erlangen 2000, S. 17–32.

G SELBSTÄNDIGKEIT DER KIRCHEN UND DIE ENTSTEHUNG UNABHÄNGIGER KIRCHEN UND BEWEGUNGEN

1. Das Ziel der „Drei Selbst" und die Probleme bei seiner Verwirklichung

Als Fernziel der Mission wurde häufig die Gründung selbständiger Kirchen benannt. In der Mitte des 19. Jahrhunderts entwickelten Henry Venn[259] (1841–1872 Sekretär der CMS) und Rufus Anderson (1832–1866 Auslandssekretär des ABCFM) die „Drei-Selbst-Vorstellung": Die von der Mission gegründeten Kirchen sollten zu Selbstverwaltung, zur (finanziellen) Selbsterhaltung und zur (missionarischen) Selbstausbreitung geführt werden. Venns Ziel waren „einheimische Kirchen mit einheimischen Pastoren und einheimischen Bischöfen".[260] Die Missionare sollten in den neu gegründeten Kirchen in zunehmendem Maße entbehrlich werden, wofür Venn die Formulierung von der „Euthanasie der Mission" prägte. In der katholischen Kirche wurde zwar nicht von den „Drei Selbst" gesprochen, die Bildung eines einheimischen Klerus war aber auch dort das Ziel, das in Verlautbarungen der *Propaganda* und in mehreren Enzykliken eingeschärft wurde.[261]

Die Verwirklichung dieses Programms stieß aber auf verschiedene Hindernisse, deren größtes die Haltung der Missionare selbst war, von denen viele auf ihrer Führungsrolle bestanden. Zur Begründung verwiesen sie auf die „Unreife" der einheimischen Christen oder auf ihre charakterlichen Schwächen, die oft generalisierend als nationale oder ethnische Mängel gesehen wurden, manchmal auch mit einem rassistischen Unterton. Diese Haltung begegnet schon bei katholischen Missionaren in Japan und auf den Philippinen im 16. und 17. Jahrhundert. Francisco Cabral, von 1570 bis 1581 der Ordensobere der Jesuiten in Japan, befürchtete den Ruin des Ordens und des Christentums in Japan, falls Japaner in größerer Zahl in den Orden aufgenommen würden.[262] Auf den Philippinen waren sich die Ordensleute sehr wohl der Tatsache bewusst, dass Filipinos für die Mission unter ihren Landsleuten besser geeignet waren als westliche Missionare. Trotzdem nahmen sie Filipinos allenfalls als Laienbrüder in die Orden auf[263] und standen der Heranbildung philippinischer Weltpriester sehr kritisch gegenüber. Der Augustiner Gaspar de San Agustín sah im Jahr 1725 sogar den Untergang der Kirche auf den Philippinen voraus,

wenn Gott um unserer und ihrer Sünden willen die Absicht haben sollte, die blühenden christlichen Gemeinden dieser Inseln zu strafen, indem er sie in die Hände von Einheimischen gibt, die zum Priesteramt ordiniert sind ...[264]

Zur Begründung zählte San Agustín eine ganze Liste negativer Charakterzüge der Filipinos auf – Stolz, Habgier, Faulheit, Eitelkeit –, die alle noch durch die Ordination

---

[259] C. P. Williams: Self-Governing Church, S. 1–51; Williams weist darauf hin, dass ähnliche Gedanken auch schon früher vertreten wurden und zeigt die weitere Entwicklung auf.

[260] Ebd., S. 17.

[261] H. de la Costa: The Development of the Native Clergy, S. 65–68 (mit Verweis auf die Enzykliken „Maximum illud" von Papst Benedikt XV., „Rerum ecclesiae" von Papst Pius XI. und andere lehramtliche Äußerungen).

[262] G. Elison: Deus Destroyed, S. 16.

[263] Diesen zollten sie manchmal höchstes Lob; vgl. J. N. Schumacher: Readings, S. 164 f.

[264] H. de la Costa: The Development of the Native Clergy, S. 87.

zum Priester verschlimmert würden. Solche Urteile blieben nicht unwidersprochen.[265] Die Entstehung eines einheimischen Klerus wurde durch derartige Warnungen zwar verzögert, nicht aber verhindert. Um 1750 gab es wenigstens vier Priesterseminare auf den Philippinen.[266]

Auch protestantische Missionare standen den Selbständigkeitsbestrebungen asiatischer Christen ablehnend oder zumindest zurückhaltend gegenüber. Im Jahr 1865 setzten sich die baptistischen Missionare in Bengalen vehement gegen die Aufforderung der Heimatleitung der BMS zur Wehr, indischen Predigern und Evangelisten ein selbständigeres Wirken zu ermöglichen. Das ihrer Ansicht nach angemessene Verhältnis zwischen ihnen und den indischen Predigern beschrieben die Missionare so: „Wir bestimmen und sie gehorchen in christlichem Geist." Die indischen Prediger seien zu selbständiger pastoraler und evangelistischer Tätigkeit „im allgemeinen nicht geeignet".[267] Als in den 70er Jahren des 19. Jahrhunderts W. T. Satthianadhan zum Vorsitzenden des *Native Church Councils* von Madras ernannt wurde, geschah dies gegen den Einspruch der Missionare.[268] Dem Plan, die Ernennung von Satthianadhan zum Bischof von Tinnevelly in die Wege zu leiten, setzten der Bischof von Madras und die Vertretung der Missionare von Madras vehementen Widerstand entgegen. Satthianadhan bat schließlich selbst darum, von dem Plan Abstand zu nehmen.[269] Als gegen Ende der 70er Jahre ähnliche Pläne mit Bezug auf den Pastor Viravagu Vedhanayagam gefasst wurden, brachte die Vertretung der Missionare dagegen eine ganze Liste von Einwänden vor.[270] Auf der Missionskonferenz in Bombay (1892) formulierte Kali Charan Chatterjee[271], ein hochgebildeter Bengale, Ehrendoktor der Universität Edinburgh, der als Pastor und Missionar in Hoshiarpur wirkte, die Forderung nach mehr selbständiger Verantwortung und die Unzufriedenheit angesichts ihrer Verwirklichung mit aller Deutlichkeit:

Meine volle Überzeugung ist, dass diejenigen, die von ihrer Bildung und ihrem Charakter her in der Lage sind, dieselben Aufgaben und Verantwortlichkeiten wie die ausländischen Missionare zu übernehmen, auch dieselbe Position haben sollten. Gleiche Verantwortlichkeiten implizieren gleiche Macht. Wenn man ihnen diese Macht nicht gibt, macht man einen bösartigen Unterschied der Rasse und Farbe. [...] Die gegenwärtige Politik der Missionsgesellschaften gegenüber einheimischen Pastoren [...] ist eine Politik der Ungerechtigkeit, des Verdachts und des Misstrauens und kann nicht die Billigung und den Segen des Meisters haben.[272]

In Japan waren zu Beginn des 20. Jahrhunderts schon über 100 Gemeinden finanziell völlig unabhängig. Aber die Forderung nach eigener Verantwortung empfanden manche Missionare als ein Zeichen von Undankbarkeit. „Der japanische Nationalstolz" habe dazu geführt, dass „von Dankbarkeit und Rücksicht" gegenüber den Missionaren nur noch wenig zu spüren sei.

---

265 Ebd., S. 82–84, 89; J. N. Schumacher, a. a. O., S. 199.
266 H. de la Costa, a. a. O., S. 87.
267 Beide Zitate nach B. Stanley: The History, S. 150.
268 C. P. Williams: Self-Governing Church, S. 60.
269 Ebd., S. 65 f.
270 Ebd., S. 67 f.
271 J. C. B. Webster: The Christian Community, S. 52 f.
272 Zitiert nach ebd., S. 217.

Man gab den ausländischen Missionaren sehr deutlich zu verstehen, daß sie nun überflüssig seien, daß ihre Predigt eindruckslos geworden sei und daß man sich ihre Herrschsucht und Gängelei nicht länger wolle gefallen lassen.[273]

Missionsinspektor Rudolf Wegner (RMG) erklärte im Jahr 1912, dass „jetzt allgemeine Übereinstimmung" hinsichtlich des anzustrebenden Ziels einer selbständigen Batak-Kirche vorliege. Dann aber stellte er mit unverkennbar rassistischem Unterton fest, die Batak seien ein malaiisches Volk – nicht ein indogermanisches – und deshalb mit erheblichen Mängeln behaftet:

Wie alle malaiischen Völker aber stehen auch die Batak in bezug auf freie Selbstbestimmung, Willensfestigkeit, Tatkraft und Ausdauer um einige Stufen unter jenen [den indogermanischen, F. H.] Völkern.[274]

Deshalb komme für die einheimischen ordinierten Pastoren – die so genannten Panditas – nur eine dem Missionar untergeordnete Position in Frage. Angesichts der Forderung der Batak-Christen nach mehr Selbständigkeit schrieb 1918 ein anonymer Missionar („einer, der das Batakvolk liebt"), die Entwicklung bei den Batak erinnere ihn an Koh 10,16: „Wehe dir, Land, dessen König ein Kind ist".[275] Johannes Warneck rief 1921, als eine Revision der Kirchenverfassung in Angriff genommen wurde, resigniert aus: „Ja, wenn unsere Christenheit [gemeint sind die Batak-Christen, F. H.] reifer wäre!", um dann bedauernd festzustellen, dass man trotzdem die Revision mit deutlicher Verstärkung der Verantwortung der Batak vornehmen müsse, denn „wir können den Strom nicht dämmen, können das Rad der Geschichte nicht zurückdrehen".[276]

Die Verbindung einer leicht resignierten Bereitschaft zur Abgabe von Verantwortung und dem Wunsch, die letzte Entscheidungsgewalt doch nicht aus der Hand zu geben, begegnet in Äußerungen von Missionaren und Missionsleuten vielfach. So berichtete Julius Richter, dass auf der *Nationalen Christlichen Konferenz* in Shanghai (1922) „die Wünsche und Erwartungen der chinesischen Christen [...] weit in der Richtung auf eine von der heimatlichen Missionsgesellschaft losgelöste, autonome selbständige chinesische Nationalkirche" gingen. Und er kommentierte:

Es erforderte viel Weisheit und sorgfältige Überlegung, wie weit man diesem stürmischen Vorwärtsdrängen nachgeben dürfe ...[277]

Besonders reserviert standen viele Missionare der Forderung gegenüber, die Mission der einheimischen Kirchenleitung unterzuordnen oder einheimische Pastoren und Missionare in die Missionsgremien aufzunehmen. In den Kirchen, die von der

---

273 A. Schädelin: Zur missionskirchlichen Lage in Japan, in: EMM 53 (1909), S. 21–27; Zitat S. 25.

274 R. Wegner: Eine werdende Volkskirche, in: EMM 56 (1912), S. 49–66; Zitat S. 49, 52.

275 J. R. Hutauruk: Die Batakkirche, S. 155. Ein Batak verweist in seiner Antwort auf 1 Tim 4,12: „Niemand soll dich wegen deiner Jugend verachten." Außerdem habe die holländische Königin Wilhelmine im Alter von 18 Jahren den Thron bestiegen. Vgl. ebd., S. 160.

276 Zitiert bei P. Beyerhaus: Die Selbständigkeit der jungen Kirchen als missionarisches Problem, Wuppertal-Barmen 1956, S. 181 f.; vgl. auch S. 173 f.; zu Wandlungen in der Sicht Warnecks vgl. S. 183–186.

277 J. Richter: Geschichte der Berliner Missionsgesellschaft, S. 609.

Presbyterianischen Kirche in den USA in Nordindien (im Punjab und den United Provinces) gegründet worden waren, kam es zu einem Nebeneinander von Kirchenleitung und Missionsorganisation, wobei die Macht bei den Missionaren verblieb.[278] Presbyterianischen Grundsätzen hätte eigentlich die Eingliederung der Mission in die Kirche und damit die Unterstellung unter das Presbyterium entsprochen. Aber die Heimatleitung der Mission stimmte dem Nebeneinander zu. Zum Streit kam es in den United Provinces, als Gopi Nath Nandy, der 1844 als erster Inder durch amerikanische presbyterianische Missionare ordiniert worden war, die Forderung einer Mitgliedschaft auch in der Missionarsorganisation erhob, da er völlig selbständig dieselbe Tätigkeit wie die Missionare ausführte.[279] Der Antrag wurde mit der Begründung abgelehnt, Nandy sei charakterlich noch zu schwach:

Der einheimische Geist hat noch nicht ein solches Maß an Stärke, Unabhängigkeit und Integrität erlangt, dass es geraten wäre, ihm die Macht anzuvertrauen, die Gopi fordert.[280]

Es gab natürlich auch Missionare, die eine andere Haltung einnahmen. Der amerikanische Missionar John Nevius (1829–1893), der in der zweiten Hälfte des 19. Jahrhunderts in Nordchina tätig war, wollte die Drei-Selbst-Idee weitgehend verwirklichen. Er plädierte dafür, in den Kirchen keine Einrichtungen (Schulen, Krankenhäuser etc.) aufzubauen, die die Kirchen finanziell und personell nicht selbst tragen könnten. Die christlichen Gemeinden sollten ihre Führer aus ihren eigenen Reihen wählen. In China fand Nevius bei seinen Kollegen wenig Anklang. Umso wirkungsvoller wurde seine Missionsmethode in Korea. Ähnlich aufgeschlossen für den Wunsch der chinesischen Christen nach Selbständigkeit war der englische Presbyterianer John Campbell Gibson, der von 1874 bis 1919 in Ost-Guangdong arbeitete. Als 1881 ein Leitungsgremium (*presbytery*) der presbyterianischen Kirche in Ost-Guangdong gebildet wurde, gehörten ihm sechs westliche und sieben chinesische Älteste an. In der Gründungsurkunde des Presbyteriums wurde festgehalten:

Die einheimische Kirche sollte sich selbst verwaltend, sich selbst erhaltend und sich selbst ausbreitend sein. Wenn deshalb in Zukunft die Kirche stärker wird und mehr Mitglieder umfasst, müssen alle Angelegenheiten den einheimischen Amtsträgern in ihre eigene Verantwortung übertragen werden ...[281]

Die Selbständigkeit der chinesischen Kirche wird für die Zukunft als eine Notwendigkeit ins Auge gefasst. Sie wird allerdings unter eine Bedingung gestellt, die so vage formuliert ist, dass sich schwer eindeutig sagen lassen wird, wann sie erfüllt ist. Faktisch waren die Missionare natürlich auch in der presbyterianischen Kirche in Ost-Guangdong noch bestimmend, auch wenn sie im Presbyterium zahlenmäßig leicht unterlegen waren. Trotzdem war John Campbell Gibson ein entschiedener Vertreter der Selbständigkeit der chinesischen Kirche. Bei der Missionskonferenz von 1907 in Shanghai, bei der der Ankunft des ersten protestantischen Missionars vor 100 Jahren gedacht wurde, versuchte Gibson die uneingeschränkte Freiheit der chinesischen

---

278 J. C. B. Webster, a. a. O., S. 208–226.
279 Ebd., S. 210–212.
280 Ebd., S. 210.
281 Zitiert nach G. A. Hood: Mission Accomplished?, S. 139.

Kirche von ausländischer Kontrolle in eine Resolution einzubringen. Die Versammlung, von deren 1170 Teilnehmern weniger als zehn Chinesen waren,[282] fügte jedoch die Bedingung ein:

… insofern diese Kirchen durch die Reife des christlichen Charakters und der Erfahrung fähig sind, sie [die Freiheit] zu gebrauchen.[283]

Als selbstverständliche Voraussetzung ist dabei mitgedacht, dass es die Missionare sind, die darüber entscheiden, ob diese – sehr vage formulierte – Bedingung erfüllt ist. Mit dieser Resolution kam nach Ansicht des Missionswissenschaftlers Gustav Warneck die Missionskonferenz „dem Selbständigkeitsstreben der chinesischen Christenheit in gesunder Weise entgegen".[284]

In anderen Kirchen geschah die Übernahme der kirchenleitenden Positionen durch einheimische Christen ohne Spannungen zwischen Missionaren und Christen, z. B. bei den Kirchen der amerikanischen Baptisten in Nordostindien[285], eine Zurückhaltung der Missionare bei der Übergabe der Verantwortung an einheimische Christen ist aber auch hier erkennbar[286].

Ein Beispiel dafür, wie die Selbständigkeit einer Kirche nach anfänglichem Zögern der Missionare dann doch mit deren Zustimmung zustande kam, bietet die *Protestantische Kirche von Halmahera* (*Gerja Protestan Halmahera*, GPH).[287] Als die Japaner 1942 Halmahera besetzten, wurden alle Holländer interniert, darunter auch die Missionare der Utrechter Missionsgesellschaft. In dieser Situation ergriff ein Laie, der Kirchenälteste S. B. Tolo, im Gebiet von Djailolo die Initiative. Er bewegte mehrere Stammesführer dazu, die GPH zu gründen, die von der japanischen Verwaltung genehmigt wurde. Die Kirche wurde von einigen Stammesführern, also von Laien, geleitet. Sie setzten einen Lehrer-Prediger als Pastor ein. Die nach 1945 nach Halmahera zurückkehrenden holländischen Missionare standen der in ihrer Abwesenheit entstandenen selbständigen Kirche zunächst kritisch gegenüber, fügten sich dann aber in die Situation und teilten den Christen von Halmahera folgendes mit:

Wir sind nach Halmahera zurückgekommen, um mit euch, unseren christlichen Brüdern in Halmahera, eine Kirche zu bilden, die unabhängig ist […]. Wir denken, dass für uns Missionare und für euch Lehrer-Prediger jetzt die Zeit gekommen ist, daran zu denken, miteinander die Kirche des Herrn in Halmahera aufzubauen, die ihr selbst während der japanischen Besatzung gegründet habt.[288]

Die Stellungnahme der Missionare zeigt, dass diese „teilweise akzeptieren und teilweise ablehnen"[289], was in ihrer Abwesenheit in der Kirche von Halmahera geschehen

---

282 Nach B. Whyte: Unfinished Encounter, S. 155.

283 Zitiert nach G. A. Hood, a. a. O., S. 149.

284 G. Warneck: Abriß einer Geschichte der protestantischen Missionen von der Reformation bis auf die Gegenwart, Berlin 1913, S. 479.

285 F. S. Downs: An Historical Account of the Council of Baptist Churches in North-East India 1836–1986, in: Ders.: Essays on Christianity in North-East India, hg. von M. S. Sangma und D. R. Syiemlieh, New Delhi 1994, S. 52–64, S. 59.

286 Dazu L. Pachuau: Ethnic Identity, S. 96.

287 Zum Folgenden vgl. J. Haire: Halmahera, S. 14–88.

288 Ebd., S. 42.

289 Ebd.

war. Sie erkennen einerseits an, dass die Kirche schon gegründet wurde, und erklären andererseits, dass sie sie nun erst gründen wollten. Dieselbe Haltung kommt auch in der wiederholten Ordination des schon ordinierten Lehrer-Predigers Hamijs durch die Missionare zum Ausdruck. Die Kirchenführer von Halmahera ließen das geschehen und interpretierten es als eine nachträgliche Bestätigung dessen, was sie selbst schon getan hatten. Als auf Grund antiholländischer Unruhen alle Missionare zwischen 1950 und 1952 Halmahera verlassen mussten, beeinträchtigte das die Lebensfähigkeit der Kirche nicht.

2. Unabhängige Kirchen und Bewegungen

Mussten sich die Christen in den durch westliche Mission entstandenen Kirchen ihre Selbständigkeit in der Regel in einem langen Prozess erkämpfen, so entstanden von der Mitte des 19. Jahrhunderts an Kirchen, Gemeinden und christliche Bewegungen, die von vornherein unabhängig von den „Missionskirchen"[290] waren. Diese Gründungen waren in ihrer Art sehr vielfältig.

a) Vielfalt der unabhängigen Kirchen und Bewegungen

Schon die Gründe, die zur Entstehung unabhängiger Kirchen und Bewegungen führten, waren unterschiedlich. (1) In manchen Fällen spielte die Ablehnung missionarischer Bevormundung, die manchmal verbunden war mit einer herablassenden oder kränkenden Haltung, eine Rolle. „Die Missionare kommen, um uns zu bevormunden und um über uns zu herrschen", klagte Uchimura Kanzo, der Gründer der *Nicht-Kirchen-Bewegung (Mukyokai)* im Jahr 1916.[291] (2) Anderen waren Denken und Leben der Missionskirchen zu fremdartig, zu „westlich". Sie stellten die christliche Botschaft in den Kontext der asiatischen Religionen und Philosophien[292] und nahmen Elemente aus der einheimischen Religiosität auf, betonten die persönliche Erfahrung und die Auswirkung der Religion im irdischen Leben in Gestalt von Segen, Wohlergehen, Heilung und Erfolg. In Korea und China wirkten sich dabei möglicherweise Vorstellungen des Schamanismus aus. In Indien verstanden sich manche charismatisch begabten Persönlichkeiten als „christliche Gurus"[293], wobei sie an die Institution des Guru im Hinduismus anknüpften. (3) Aber auch Einflüsse aus dem Westen wurden aufgenommen. Ein starker Impuls zur Gründung unabhängiger Bewegungen ging von der Pfingstbewegung aus.[294] (4) Häufig waren es Visionen und Berufungserlebnisse, die zur Gründung einer eigenen Gemeinschaft führten. So bei „Vater Devadas, dem Gott die Bibel-Mission offenbart hat".[295]

---

290 D. h. Kirchen, die von westlichen Missionen gegründet und eine Zeit lang von Missionaren geleitet wurden.

291 Zitiert in M. R. Mullins: Christianity, S. 38.

292 Kawai Shinsui, der Gründer der *Christ Heart Church* in Japan, vermutete, dass neue Einsichten zutage treten würden, wenn man Jesus mit Buddha, Konfuzius oder Dogen zusammentreffen ließe; vgl. ebd., S. 82.

293 W. Hoerschelmann: Christliche Gurus.

294 M. Bergunder: Die südindische Pfingstbewegung.

295 S. Raj: A Christian Folk-Religion in India.

Aus diesen Wurzeln entstand eine kaum zu überblickende Vielfalt an Bewegungen. Deren Gründer blieben manchmal Mitglieder in einer Mainstream-Kirche, wie z. B. Uchimura Kanzo in Japan oder D. G. S. Dhinakaran in Südindien. Andere entfernten sich weit vom traditionellen Christentum, wie Moon Sun Myung (der Gründer der *Vereinigungskirche* in Korea) oder Paulaseer Lawrie[296] in Indien. Allein in Indien kam es zwischen 1858 und 1975 zur Gründung von mehr als 150 unabhängigen Kirchen und Bewegungen.[297] Gemeinschaften von Christen, die von den traditionellen Kirchen unabhängig waren, entstanden auch in Japan[298], China[299], Korea[300], auf den Philippinen[301] und in anderen Ländern. In diesen Zusammenhang gehören auch die in einigen Ländern – z. B. in Indien[302] – entstandenen unabhängigen einheimischen Missionsgesellschaften. Einige Beispiele sollen einen Eindruck von der Vielfalt der unabhängigen christlichen Gemeinschaften vermitteln.

b) Uchimura Kanzo und Mukyokai

Uchimura Kanzo[303] (1861–1930) wollte die Kirchen nicht bekämpfen, aber er bestritt ihre Notwendigkeit:

> Durch die Kirche kann man Christus erreichen, ohne Kirche auch. Aber die Kirche und die Pfarrer, die die Gnade Gottes monopolisieren, soll es nicht geben.[304]

Ähnliches gilt nach der Ansicht von Uchimura von den Sakramenten. Nur der Glaube, der in einem persönlichen Verhältnis zu Gott bestehe, sei notwendig. In diesem Sinne sagt ein Schüler Uchimuras, Tsukamoto Toraji:

> Ohne die Kirche zu besuchen, ohne Kirchenmitgliedschaft zu haben, ohne die Taufe zu empfangen, ohne am Abendmahl teilzunehmen, nur durch den Glauben an Christus ist man schon Christ.[305]

Uchimura hielt in den letzten 30 Jahren seines Lebens vor allem Versammlungen ab, in denen er die Bibel auslegte. Seine Auslegungen veröffentlichte er in einer Zeitschrift. Durch die Besucher seiner Versammlungen, die ihn als ihren *Sensei* (Lehrer) betrachteten[306], entstand *die Mukyokai* (wörtl. „Nicht-Kirche") – eine Kirche ohne

---

[296] M. Bergunder: From Pentecostal Healing Evangelist to Kalki Avatar.

[297] So S. Raj, a. a. O., S. 2.

[298] M. R. Mullins, a. a. O.

[299] D. H. Bays: The Growth of Independent Christianity in China, 1900–1937, in: Ders. (Hg.): Christianity in China, S. 307–316; A. Hunter/K.-K. Chan: Protestantism, S. 119–123.

[300] J. H. Grayson: Korea, S. 234–254; N. H. Jang: Shamanism in Korean Christianity. Evaluating the Influence of Shamanism on Perceptions of Spiritual Power in Korean Christianity, Diss. (Fuller Theological Seminary) Pasadena 1996.

[301] T. V. Sitoy, Jr.: Art. „Zamora, Nicolas", in: DAC, S. 930; J. Mann: Art. „Iglesia ni Cristo (INC)", in: DAC, S. 360; A. Ranche: Art. „Iglesia Filipina Independiente".

[302] F. J. Balasundaran: Art. „Indian Missionary Society", in: DAC, S. 369 f.; S. B. Harper: In the Shadow of the Mahatma, S. 67–90.

[303] H. Kimura-Andres: Mukyokai; M. R. Mullins, a. a. O., S. 54–67; S. Norihisa: Art. „Uchimura Kanzo", in: DAC, S. 858 f.

[304] Zitiert bei H. Kimura-Andres, a. a. O., S. 125.

[305] Ebd., S. 174.

[306] Ebd., S. 232–235.

die traditionelle kirchliche Organisation. Noch zu Lebzeiten Uchimuras lösten sich einzelne Persönlichkeiten von seiner Versammlung und gründeten ihre eigene. Dies geschah nicht ohne menschliche Reibungen, war aber ganz im Sinne des Kirchenverständnisses der *Mukyokai*. Diesem entsprach es auch, dass Uchimuras eigene Versammlung mit seinem Tod aufhörte. Durch diesen Prozess des Sich-Aufteilens und des Sterbens des Alten vollzieht sich nach Uchimuras Ansicht der Aufbau der wahren Kirche.[307]

Die Durchführung sozialer Programme hielt er nicht für seine Aufgabe. Das Christentum – so meinte er – bessere die Seele; die Besserung der Gesellschaft sei nur eine Folge.[308] Erst ein späterer Leiter der *Mukyokai*, Yanaihara Tadao, hat auch die Wahrnehmung gesellschaftlicher Verantwortung als Aufgabe empfunden.[309] Wenn gegen die Bindung an eine Organisation bei Uchimura die Bindung an die Person Jesu gesetzt wurde, so entsprach dies der Tradition der Samurai. In der Begegnung mit dem Evangelium blieben diese Wurzeln nicht unverändert und gingen doch in die Begegnung ein.

c) Kali Charan Banerjea und der Calcutta Christo Samaj

Als im Jahr 1892 auf der Missionskonferenz in Bombay der bengalische Christ Kali Charan Banerjea[310] (1847–1907) seine Überlegungen zu einer christlichen Kirche und Theologie in Indien vortrug, schrieb der Basler Missionar Johann Frohnmeyer einen bissigen Bericht, der mit dem Satz schloss:

Das erinnert doch gar zu sehr an den 16-jährigen Flegel, dem die väterliche Aufsicht lästig geworden und der es nicht erwarten kann, bis er auf eigenen Füßen steht.[311]

Kali Charan Banerjea[312] war Jurist und Rechtsanwalt in Kalkutta, ein theologischer Laie, aber ein hochgebildeter Mann, der selbständig über seinen Glauben nachdachte. Er war einer der wenigen Christen, die sich aktiv an der nationalen Bewegung beteiligten. Er wollte das Christentum in Indien von manchem Ballast der westlichen Kirchengeschichte und westlicher Strukturen befreien.

Die denominationellen Spaltungen schienen Banerjea für Inder bedeutungslos zu sein. Er wollte das Apostolikum als Glaubensbekenntnis beibehalten. Darin kam – wie er sagte – das „substantivische" Christentum zum Ausdruck. Das „adjektivische" Christentum dagegen, also die übrigen Lehrdifferenzierungen und Bekenntnisentwicklungen, betrachtete er als für indische Christen entbehrlich. Auf diese Weise wollte Banerjea offenbar zwischen Zentralem und Peripherem unterscheiden. Auch in den Lebensformen der christlichen Gemeinde wollte er sich von westlichen Formen lösen. Die Gemeinde sollte – jedenfalls zunächst – von Laien geführt werden. Alle

---

[307] Ebd., S. 252.

[308] Ebd., S. 145.

[309] Ebd., S. 259–265.

[310] K. Baago: Pioneers, S. 3–7; G. Thomas: Christian Indians, S. 75–78.

[311] J. Frohnmeyer: Erinnerungen aus Bombay, in: EMM 37 (1893), S. 388 f. Dagegen äußerte sich Frohnmeyer in seinem Nachruf auf K. C. Banerjea außerordentlich lobend; vgl. EMM 51 (1907), S. 378.

[312] K. Baago, a. a. O.; G. Thomas, a. a. O.

kirchlichen Handlungen, von der Gottesdienstleitung bis zur Spendung der Sakramente, könnten von Laien ausgeführt werden. Revolutionär war, dass nach Banerjeas Ansicht Frauen dieselbe Verantwortung wie Männer übernehmen könnten. Die kultische Gleichrangigkeit der Gemeindeglieder war nicht indisches Erbe, sondern eher Auswirkung des Evangeliums im indischen Kontext. Bei den Kirchenliedern wollte Banerjea bengalische Melodien und Liedformen verwenden. Im Jahr 1887 gründete Banerjea den *Calcutta Christo Samaj (Christliche Vereinigung von Kalkutta)*. Sie war eine unabhängige Kirche, die sich aber nicht als Gegenspielerin zu den Missionskirchen verstand. Banerjea suchte weiterhin den Kontakt zu den Missionaren und warb – allerdings mit geringem Erfolg – um ihr Verständnis für seine theologischen Überlegungen und deren Übertragung in gemeindliche Praxis. Der *Calcutta Christo Samaj* existierte allerdings nur wenige Jahre.

d) Subba Rao und seine Bewegung

Subba Rao[313] (1912–1981) war Agnostiker, als er mit 30 Jahren eine Christusvision erlebte, die ihn zu einem Christusgläubigen und Heiler machte. Er war angeblich zuerst selbst verwundert, als bei der Anrufung des Namens Jesu durch ihn Heilungen geschahen. Seine Christusfrömmigkeit veranlasste Subba Rao nicht, sich einer christlichen Gemeinde anzuschließen und sich taufen zu lassen. Über Kirche, Priester und Taufe äußerte er sich überaus verächtlich.[314] Gebet und das Lesen der Bibel hielt er für unnötig. Entscheidend war für ihn zu leben, wie Jesus gelebt hatte. Das kommt in einigen der Lieder zum Ausdruck, die er gedichtet hat:

> Ich werde dich nicht langweilen,
> indem ich immer wieder lese,
> was du gesagt und getan hast.
> Ich werde leben, wie du gelebt hast.[315]

Im möglicherweise unbewussten Anschluss an hinduistisches Denken ging Subba Rao noch einen Schritt weiter: Wer lebt wie Jesus, der wird Jesus.

> Durch Religion und Taufe wurdest du ein Christ.
> Weißt du nicht, dass du Christus werden musst,
> indem du lebst wie Jesus?[316]

Im Zentrum der Ethik Subba Raos standen Entsagung und Askese. Auch nach Subba Raos Tod bestanden Gruppen weiter, die sich auf ihn bezogen. Es kam aber nicht zu einer Vergöttlichung des Lehrers. Die Ausrichtung auf die Gestalt Jesu war weiterhin im Mittelpunkt.

---

[313] K. Baago: The Movement around Subba Rao; R. Boyd: Indian Christian Theology, S. 273–279.
[314] R. Boyd: Indian Christian Theology, S. 274.
[315] Zitiert nach ebd., S. 275.
[316] Zitiert nach ebd.

e) Cho Yonggi und die Yoido Full Gospel Church

Die *Full Gospel Church* wurde im Jahr 1958 von Cho Yonggi gegründet. 1970 hatte sie 8252 Mitglieder, im Jahr 2000 wurde die Zahl ihrer Mitglieder auf 750 000 beziffert, was ihr – als der größten Gemeinde der Welt – einen Platz im „Guiness Buch der Rekorde" sicherte.[317] In der Theologie von Cho Yonggi spiegelt sich die Erfolgsgeschichte seiner Gemeinde, aber auch die Wachstumsideologie, die die Geschichte Südkoreas nach dem Zweiten Weltkrieg geprägt hat.

Cho Yonggis Theologie kommt in seinen Predigten zum Ausdruck. „Successful Living", der englische Titel einer Predigtsammlung[318], benennt zugleich einen zentralen Gedanken seiner Theologie: Die richtige Glaubensentscheidung und der richtige Glaubensvollzug führen zu Erfolg, Gesundheit und Wohlstand. Eine Predigt über das Thema „Fünf Schritte zu einem erfolgreichen Leben" beginnt mit folgenden programmatischen Sätzen:

> Es ist Gottes Wille für dich, dass du ein erfolgreiches Leben führst. Unser Gott ist Erfolg und bei Ihm gibt es kein Versagen. Demgemäß ist es keineswegs der Wille Gottes, dass Seine Kinder in ihrem Leben versagen und verzagen.[319]

In einer anderen Predigt legte Cho Yonggi die Geschichte vom Fischzug des Petrus (Lk 5,1–11) aus. Sie zeigt für ihn die Verbindung von persönlicher Hingabe, Dienst und Opferbereitschaft auf Seiten Petri mit dem überwältigenden „beruflichen Erfolg", den Jesus ihm beschert. So bringt Gott auch heute Erfolg im Berufsleben, denn: „Er will, dass du erfolgreich seist, weil Er ‚Erfolg' ist."[320] Zur Illustration für das „Glaubensgesetz", dass Frömmigkeit und Erfolg im Leben zusammengehören, verwies Cho Yonggi immer wieder auf seine eigene Lebensgeschichte und auf erfahrene Gebetserhörungen, denen er das Wachstum seiner Gemeinde, die Beschaffung erforderlicher Geldmittel und wunderbare Heilungen verdanke.[321] Der Ansatz zur Bewältigung gesellschaftlicher Probleme war bei Cho Yonggi ganz individualistisch. Alles hänge an der Wandlung des einzelnen Menschen. Ändere sich der Einzelne, dann ändere sich auch die Gesellschaft.[322] Trotzdem wurden auch die materiellen Probleme der Mitglieder ernst genommen. So richtete die *Full Gospel Church* das größte „Altendorf" in Asien ein.

Ein Grund für das Wachstum der *Yoido Full Gospel Church* und anderer protestantischer Megagemeinden[323] könnte in der allgemeinen kirchlichen Struktur gelegen haben: Die Gemeinden waren selbständige Organisationen, die in Konkurrenz zueinander standen und durch ihr Angebot versuchten, Menschen anzuziehen. In diesen Kontext gehörten wohl auch die teilweise überhöhten Angaben bezüglich der Mitgliederzahlen. Sie wiesen die Gemeinde als erfolgreich aus und zogen die an, die auch erfolgreich sein wollten. Das waren oft diejenigen, denen im Leben gerade der

---

[317] Zweifel an der Mitgliederzahl von 750 000 äußert C. Wippermann: Zwischen den Kulturen, S. 159.

[318] Sie erschien auf Deutsch unter dem Titel „Glaube in Aktion".

[319] Ebd., S. 23.

[320] Ebd., S. 70.

[321] Ebd., S. 176.

[322] Ebd., S. 53.

[323] Dazu C. Wippermann, a. a. O., S. 158–165.

Erfolg versagt geblieben war. Sie erfuhren in der Gemeinde – trotz ihrer Größe – eine persönliche Zuwendung. Und wenn für die meisten auch nicht die Zeit des großen Erfolgs anbrach, so wurden doch auch ihre materiellen Probleme ernst genommen. In diesem Zusammenhang könnte ein weiterer Gesichtspunkt das zahlenmäßige Wachsen der protestantischen Gemeinden beeinflusst haben: Die Praxis der Mega-Gemeinden wies Parallelen zum Schamanismus auf.[324] Wie im Schamanismus stand auch in den Großgemeinden innerweltliches Gelingen im Zentrum, „Segen", der durch rituelle Akte besonders qualifizierter Personen vermittelt wird. Jedoch im Gegensatz zur punktuellen Inanspruchnahme schamanistischer Hilfe fanden Menschen in den Großgemeinden eine neue Beheimatung, gleichsam eine „neue Familie".

H ÖKUMENISCHE BEMÜHUNGEN

1. Erste Ansätze zur Überwindung denominationeller Spaltungen

Schon im 19. und zu Beginn des 20. Jahrhunderts erwachte bei asiatischen Christen der Wunsch, die denominationellen Spaltungen zu überwinden.[325] Sie wurden als Erbe westlicher Kirchengeschichte verstanden, mit dem sich die Christen in Asien nicht identifizieren wollten. 1872 gründeten japanische Christen, die durch presbyterianische und kongregationalistische Missionare zum Christentum gefunden hatten, die *Kirche Christi in Japan*, deren Name auf ihren überdenominationellen Charakter weisen sollte. Die Schwäche des hier eingeschlagenen Weges bestand in dem Versuch, ohne eingehende Diskussion hinter die westlichen Spaltungen zurückzugehen. In der Form der kirchlichen Organisation schloss man sich dann doch mit unreflektierter Selbstverständlichkeit an westliche Vorbilder an, ohne sich dessen bewusst zu sein, damit innerhalb der westlichen Spaltungsgeschichte eine bestimmte Position bezogen zu haben. Schon im Jahr 1873 zerbrach die *Kirche Christi in Japan*. Mit der Ankunft weiterer Missionare[326], die anderen Denominationen angehörten, wurde die Vielfalt der Kirchen weiter vermehrt. Immerhin schlossen sich 1877 wenigstens verschiedene presbyterianische Kirchen zusammen. Die Missionare unterstützten das. Einer von ihnen schrieb mit enttäuschtem Unterton:

Wenn wir die Japaner nun einmal zu Presbyterianern machen müssen und nicht einfach zu Christen, so wollen wir sie in Zukunft doch wenigstens nicht zu schottischen Presbyterianern oder zu holländisch-reformierten machen.[327]

Die Hoffnung auf eine Überwindung der denominationellen Spaltungen blieb in Asien lebendig. Sie seien eine „Tragödie", so der Japaner Kozaki Hiromichi 1906,[328] „eine Sünde und ein Stein des Anstoßes", so der indische Bischof Azariah 1927 auf der

---

[324] So z.B. J. H. Grayson: Korea, S. 205.
[325] Vgl. zum ganzen Kapitel K. H. Yap u. a.: Art. „Ecumenical Movement", in: DAC, S. 258–265. Ausführlichere Informationen bei H.-R. Weber: Asia and the Ecumenical Movement.
[326] Eine Liste der bis 1896 in Japan tätigen Missionsgesellschaften gibt Ogawa: Art. „Japan", in: TRE, Bd. 16, S. 529. M. R. Mullins: Christianity, S. 14 f., nennt 176 Missionsgesellschaften, die zwischen 1859 und 1992 in Japan tätig waren.
[327] Zeichen der Zeit in Japan, S. 208.
[328] R. H. Drummond: Christianity in Japan, S. 244.

Weltkonferenz für *Glauben und Kirchenverfassung* in Lausanne.[329] Die südindischen Pastoren, die 1919 das so genannte „Tranquebar-Manifest" verfassten, sprachen von „unseligen Spaltungen […], die wir nicht verursacht haben und die wir nicht fortzusetzen wünschen".[330] Der chinesische Christ Cheng Jingyi[331] (1881–1939) drückte auf der Weltmissionskonferenz von Edinburgh (1910) die Hoffnung aus, es werde in China „in naher Zukunft eine Vereinte Christliche Kirche ohne irgendwelche denominationellen Unterschiede" geben.[332] Ähnliche Erwartungen wurden auf der *Nationalen Christlichen Konferenz* in Shanghai (1922) geäußert.[333] Die Überwindung der denominationellen Spaltungen stellte sich jedoch als außerordentlich schwierig heraus. Besonders die unterschiedlichen kirchlichen Ordnungsstrukturen standen einer Vereinigung im Weg. Erst nach langwierigen Prozessen kam es zur Bildung von Kirchenbündnissen und in einigen Fällen zur Gründung von Unionskirchen.

Die Missionare unterstützten einerseits die ökumenischen Bemühungen, da sie die zerstörerische Wirkung des Gegeneinanders der Missionen und Kirchen erkannten. Manche trafen so genannte *Comity*-Abmachungen, in denen sie sich verpflichteten, nicht in einem Gebiet tätig zu werden, in dem bereits eine andere Mission arbeitete. Dieselbe Absicht stand hinter der Gründung der *Evangelical Union of the Philippine Islands*[334], die im Jahr 1901 amerikanische Missionen auf den Philippinen ins Leben riefen. Allerdings schlossen sich dieser Organisation nicht alle Missionen an.[335] Einige, die sich angeschlossen hatten, hielten sich nicht an die Abmachungen.[336] Ähnlich war es in anderen Ländern. Bischof Charles Henry Brent von der *Protestant Episcopal Church* ging die *Evangelical Union* nicht weit genug. Er vermisste eine Einbeziehung der katholischen Kirche und lehnte protestantische Mission unter katholischen Christen ab.

2. Kirchenbündnisse, Kirchenunionen und neue Spaltungen

a) Kirchenbündnisse

Zu einer anderen Form ökumenischer Verständigung und Zusammenarbeit kam es durch die Gründung Nationaler Christen- oder Kirchenräte. Einen entscheidenden Anstoß dazu gaben die Weltmissionskonferenz in Edinburgh (1910), die sich an diese anschließende Asienreise von John Mott und die Konferenzen christlicher Studentenorganisationen in asiatischen Ländern. Nationale Christen- bzw. Kirchenräte entstanden z. B. in Ceylon (1912), China (1922), Japan (1922), Korea (1924), auf den

---

329 Zitiert nach H.-R. Weber: Asia and the Ecumenical Movement, S. 214.

330 Zitiert in H. Grafe (Hg.): Evangelische Kirche, S. 130 f.

331 H.-R. Weber, a. a. O., S. 260 f.

332 Zitiert nach P. L. Wickeri: Seeking the Common Ground, S. 216.

333 Einschlägige Auszüge aus verschiedenen Reden bei J. Richter: Das Werden der christlichen Kirche, S. 306 f.

334 Text der Verfassung der *Evangelical Union* bei T. V. Sitoy, Jr.: Comity and Unity, S. 20 f., Anm. 32.

335 Ebd., S. 16 f.

336 Das zeigt besonders K. J. Clymer: Protestant Missionaries, S. 32–61. „Die allgemeine Sicht, die die Missionserfahrung auf den Philippinen als ein Modell wirksamer Gebietsabsprachen (*comity arrangements*) und harmonischer Beziehungen unter den verschiedenen Missionen heraushebt, muss modifiziert werden." (S. 61)

Philippinen (1929) und in Thailand (1930). In Indien ging aus dem 1914 gebildeten *National Missionary Council* im Jahr 1923 der *National Christian Council of India, Burma and Ceylon* hervor. Die Unterscheidung zwischen Christen- und Kirchenrat war dabei nicht unwichtig. Konnten in den Christenräten auch Missionsorganisationen und andere Institutionen Mitglied sein – was das Gewicht der einheimischen Kirchen beeinträchtigte –, so war die Mitgliedschaft in den Kirchenräten auf Kirchen beschränkt. Vor diesem Hintergrund ist z. B. die 1938 vollzogene Umwandlung des *National Christian Council of the Philippine Islands* in die *Philippine Federation of Evangelical Churches* zu verstehen, aus der schließlich 1963 der *National Council of Churches in the Philippines* (NCCP)[337] hervorging. Die Kirchenräte konnten nur entstehen, weil sie keine Kirchen sein wollten, sondern den einzelnen Kirchen ihre Selbständigkeit ließen. Ihr Ziel war eine „unity without union".[338] Das Ziel einer weitergehenden Überwindung der denominationellen Grenzen wurde jedoch nicht aufgegeben, obwohl sich eine Realisierung als schwierig und langwierig herausstellte. In manchen asiatischen Ländern kam es sehr viel später zur Bildung von Kirchenräten, z. B. in Indonesien (1950).[339] Seit den 70er Jahren des 20. Jahrhunderts entstanden zunehmend auch entsprechende Zusammenschlüsse evangelikaler und pfingstlicher Kirchen.

b) Kirchenunionen

Durch die Aktivität einiger philippinischer Christen, denen der Einigungsprozess zu langsam ging, wurde 1924 in Manila die *United Church of Manila* geschaffen, zu der sich United Brethren, Presbyterianer und Baptisten einer Gemeinde vereinigten. Umfassender war die *United Evangelical Church in the Philippine Islands*, die 1929 Presbyterianer, Kongregationalisten, United Brethren und die *United Church of Manila* verband. 1927 wurde die *Church of Christ in China* gegründet, in der vor allem Presbyterianer und Kongregationalisten[340] zusammenkamen und deren erster Moderator Cheng Jingyi wurde. 1934 bildeten die aus der presbyterianischen und der baptistischen Mission entstandenen Gemeinden die *Kirche Christi in Siam* (später: Thailand, *Church of Christ in Thailand*, CCT). Die Leitung der CCT, für die anfangs Missionare verantwortlich waren, ging zunehmend an thailändische Christen über. In manchen Ländern kam es unter staatlichem Zwang zu Kirchenunionen. Das nationalistische Japan (vor 1945) und die kommunistischen Regierungen in China und Laos waren an einer Kontrolle der Kirche interessiert. Die Vielzahl kirchlicher Organisationen erschwerte das erheblich. So entstand 1941 die *Vereinigte Kirche Christi in*

---

[337] T. V. Sitoy, Jr., a. a. O., S. 124–131.

[338] Ebd., S. 138.

[339] Im Jahr 1984 wurde der *Indonesische Kirchenrat* (DGI) umbenannt in *Gemeinschaft der Kirchen in Indonesien* (*Persekutuan Gereja-gereja di Indonesia*, PGI). Zur Gründung von DGI/PGI vgl. R. Scheunemann: Mission und Evangelisation, S. 46–62; zu Aufbau und Tätigkeit des DGI vgl. F. L. Cooley: The Growing Seed. The Christian Church in Indonesia, Jakarta 1981, S. 231–261.

[340] Die Lutherischen Kirchen, z. B. die Berliner Missionskirche, traten dieser Unionskirche nicht bei. Sie sah in ihr „mehr Organisationstrieb und kirchenpolitische Gesichtspunkte am Werk als Verständnis für die Lebensbedingungen einer gesunden Kirche" (zitiert in H. Lehmann: Zur Zeit und zur Unzeit. Geschichte der Berliner Mission 1918–1972, Bd. 1, Berlin 1989, S. 79).

Japan (Nihon Kirisuto Kyodan, meist einfach „Kyodan" genannt) zwar unter staatlichem Druck, trotzdem war sie zugleich „der krönende Abschluß einer langen Entwicklung"[341]. Auch auf den Philippinen (1943) und in Korea (1945) bewirkten die japanischen Kolonialverwaltungen eine Vereinigung der protestantischen Kirchen, die im Fall von Korea an die japanische Kirche angeschlossen wurde (*Kirche Koreas der japanischen Vereinigten Kirche*). In Korea und auf den Philippinen lösten sich diese Unionskirchen nach dem Ende der japanischen Kolonialherrschaft wieder auf. In Japan traten nach 1945 viele Kirchen wieder aus der *Kyodan* aus; diese selbst blieb jedoch bestehen. Auf staatliches Diktat ging auch der Zusammenschluss (1982) der aus der Mission der Schweizer Brüder und der CMA hervorgegangenen Kirchen zur *Lao Evangelical Church* zurück.

Von besonderer Bedeutung war die Bildung der großen Unionskirchen in Indien und auf den Philippinen. Die *Kirche von Südindien* (*Church of Southindia*, CSI, 1947) und der *Kirche von Nordindien* (*Church of Northindia*, CNI, 1970) hatten eine lange Vorgeschichte.[342] Die Schwierigkeit lag vor allem in der Vereinigung von bischöflichen und nichtbischöflichen Kirchen. Die Anglikaner bestanden auf der Beibehaltung des historischen Bischofsamtes und setzten sich schließlich gegen die anderen Kirchen durch. Letzten Endes wurden die anderen Kirchen einer anglikanischen Kirchenstruktur inkorporiert. Aber die bischöfliche Struktur entsprach wohl auch den Vorstellungen vieler Inder.[343] So gehörte zu den entschiedensten Befürwortern der Beibehaltung des Bischofsamtes der erste indische anglikanische Bischof, V. S. Azariah.[344] Bei der Gründung der CNI erwies sich die Frage der Taufe als besonders schwierig, da in Nordindien – anders als in der CSI – auch baptistische Kirchen beteiligt waren.[345] Die Wahl zwischen Kinder- und Erwachsenentaufe wurde freigestellt. Falls ein als Kind getauftes Gemeindeglied als Erwachsener nochmals getauft werden wollte, sollte das Problem dem Bischof „zur pastoralen Beratung und Anweisung" vorgelegt werden.[346] Diese Bestimmung ließ die Entscheidung offen. Allgemeiner Grundsatz scheint jedoch der einer Nichtwiederholbarkeit der Taufe zu sein.

Nach der Ansicht von T. Valentino Sitoy Jr. kann man in der Geschichte der protestantischen Christenheit auf den Philippinen „eine andauernde Bemühung um engere Einheit unter den verschiedenen Kirchen" erkennen.[347] Ein besonderer Erfolg dieser Bemühung war die 1948 gegründete *United Church of Christ in the Philippines*

---

[341] So W. Axling: Bruder Japan. Wandlung und Bestimmung eines Volkes zwischen Ost und West, Kassel 1959, S. 143. Axling war von 1901 an über 50 Jahre lang in Japan als Missionar tätig. Er weist besonders auf die ökumenischen Bemühungen japanischer Laien (z. B. Hampei Nagao). Zur Haltung der anglikanischen Kirche vgl. A. H. Ion: The Cross and the Rising Sun, S. 218, 235–243.

[342] B. Sundkler: Church of South India: The Movement towards Union, 1900–1947, London 1954; D. K. Sahu: The Church of North India, Frankfurt a. M. 1994; P. B. Santram: Art. „Church of North India", in: DAC, S. 173–175.

[343] B. Stanley: The History, S. 414. Was Stanley für die Baptisten sagt, dürfte auch für die meisten anderen Denominationen gelten.

[344] S. B. Harper: In the Shadow of the Mahatma, S. 235–241.

[345] Vgl. dazu die instruktive Darstellung von B. Stanley, a. a. O., S. 412–424.

[346] Ebd., S. 418.

[347] T. V. Sitoy, Jr., a. a. O., S. 1.

(UCCP)[348], in der sich drei Kirchen zusammenschlossen, von denen zwei selbst schon Unionskirchen waren:

- die *United Evangelical Church*, zu der sich 1929 die Presbyterianer, Kongregationalisten, United Brethren und die *United Church of Manila* vereint hatten;
- die *Evangelical Church in the Philippines*, die 1943 unter japanischem Zwang entstanden war, die sich aber nach Kriegsende weithin wieder aufgelöst hatte;
- die *Philippine Methodist Church*, die sich 1933 von der *Methodist Episcopal Church*[349] getrennt hatte.

Die UCCP hat in ihrer Struktur Elemente der verschiedenen Strömungen des Protestantismus erhalten, die in ihr zusammengeflossen sind: von Presbyterianismus und Kongregationalismus das starke Gewicht auf der Selbständigkeit der Gemeinde, vom Methodismus das Bischofsamt, von den *Disciples* die Betonung christlicher Einheit. Zahlenmäßig ist die UCCP – vor allem im Vergleich mit der katholischen Kirche auf den Philippinen – eine kleine Kirche geblieben.[350]

Neben diesen kam es auch zur Gründung kleinerer Unionskirchen, wie z. B. im Jahr 1988 der *Indonesischen Christlichen Kirche* (*Gereja Kristen Indonesia*), in der sich die drei ursprünglich chinesischen Kirchen von West-, Zentral- und Ostjava nach einem über 40 Jahre dauernden Einigungsprozess verbanden.[351]

c) Neue Spaltungen

Paradoxerweise führten die Kirchenunionen in der zweiten Hälfte des 20. Jahrhunderts in verschiedenen asiatischen Kirchen teilweise zu neuen Spaltungen, da sich manchmal Teile der alten Kirchen den neuen Unionskirchen nicht anschlossen. In Indien traten innerhalb der Unionskirchen alte Spaltungen manchmal mit erneuter Schärfe hervor, so dass „eine neue Art von Denominationalismus"[352] entstand, bei dem es weniger um Fragen der Lehre als um Machtpositionen und den Zugang zu den Ressourcen ging, über die die Kirche verfügte. Dabei spielte die Zugehörigkeit zu einer Kaste bzw. Jati[353] eine besondere Rolle.[354] In manchen Stammesgebieten, in de-

---

[348] Ebd., S. 115–117; R. L. Deats: Nationalism and Christianity, S. 91–118.

[349] Zur Bildung der *Philippine Methodist Church* war es 1933 gekommen, weil ein Teil der Mitglieder der philippinischen Konferenz (dem Leitungsgremium der Kirche) unter der Führung von Rev. Cipriano Navarro nicht mit der Abhängigkeit von der Generalkonferenz in Amerika einverstanden war; vgl. R. L. Deats: Nationalism and Christianity, S. 142–145.

[350] Die Angaben weichen allerdings stark voneinander ab. Die Selbstdarstellung der UCCP in einer Broschüre des NCCP gibt für 1998 die Zahl von 269 204 Mitgliedern an (National Council of Churches in the Philippines: Church Profiles, Book II, Quezon City 1998, S. 34); nach WCE², Bd. 1, S. 600, lag die Mitgliederzahl der UCCP im Jahr 1995 bei 950 000.

[351] Ch. Hartono: The Union of Three Indonesian Churches, in: Exchange 28 (1999), S. 24–40; WCE², Bd. 1, S. 377, berücksichtigt diese Union noch nicht.

[352] L. Caplan: Religion and Power, S. 24; zum ganzen Abschnitt vgl. S. 23–31.

[353] Die das Alltagsleben prägenden Gruppierungen waren nicht die vier Kasten (Brahmanen, Kshattriya, Vaishya und Shudra), von denen es in manchen Gebieten Indiens ohnehin nur die Brahmanen und Shudra gab, sondern die vielen Jati (manchmal mit „Unterkaste" übersetzt).

[354] L. Caplan, a. a. O., S. 117–147; T. Mohanadoss: Das Kastenwesen und die Kirche in Indien, in: ZMR 80 (1996), S. 255–264; H. Grafe: The History, S. 97–113. Das Weiterwirken des

nen das Kastensystem unbekannt war, entstanden entsprechende Probleme zwischen den Angehörigen der einzelnen Stämme. Aus diesen Gründen kam es nicht nur zu Auseinandersetzungen innerhalb der Kirchen, sondern auch zu Kirchenspaltungen wie z.B. bei der lutherischen Tamil-Kirche (*Tamil Evangelical Lutheran Church*) und der – ebenfalls lutherischen – Gossner-Kirche in Chotanagpur (*Gossner Evangelical Lutheran Church*)[355]. In anderer Weise kam es zu Abspaltungen und zur Gründung neuer Kirchen durch die charismatische Bewegung und die Pfingstbewegung.[356]

In Indonesien spaltete sich 1963 die *Christlich Protestantische Simalungun Kirche* (*Gereja Kristen Protestan Simalungun*, GKPS) von der *Toba-Batak Kirche* (HKBP) ab. 1992 kam es in der HKBP zu einer Spaltung[357], die bis 1998 bestand. In Japan[358] hatte schon im Jahr 1900 Uchimura Kanzo unter dem Namen *Mukyokai* eine von den Kirchen unabhängige christliche Bewegung ins Leben gerufen. Andere japanische Kirchen entfernten sich viel weiter als *Mukyokai* von den westlichen Kirchen (z.B. *Der Weg*[359] und die *Kirche des Geistes Christi*[360]). In diesen und anderen unabhängigen Kirchen zeigte sich die große Bereitschaft zu Neugründungen, die auch in der Vielzahl neuer Religionen in Japan zum Ausdruck kam. In den 80er Jahren des 20. Jahrhunderts waren beim japanischen Kultusministerium nicht weniger als 210 000 Religionen registriert.[361] Die *Presbyterianische Kirche in Korea* spaltete sich in der Zeit nach dem Zweiten Weltkrieg in über 100 Kirchen. Die Bemühungen um Versöhnung waren bis zum Ende des 20. Jahrhunderts nicht erfolgreich.

3. East Asia Christian Conference (EACC) und Christian Conference of Asia (CCA)

Erfahrungen in der Mission, der christlichen Jugend- und Studentenbewegung[362] und im ÖRK ließen die Schaffung einer Institution wünschenswert erscheinen, die den asiatischen Kirchen die Möglichkeit von Kontakt und Austausch bieten konnte. Deshalb wurde in Prapat (Indonesien) 1957 die Gründung der *East Asia Christian Conference* (EACC) beschlossen.[363] Die Gründungsversammlung der EACC fand

---

Kastengedankens bei Christen in Kerala veranschaulicht eindrücklich der Roman von Arundhaty Roy: Der Gott der kleinen Dinge, München 1997.

[355] K. Roeber: Kirchenstreit in Chotanagpur. Gossner-Kirche und Nordwest-Gossner-Kirche auf der Suche nach neuer Gemeinschaft, in: D. Becker (Hg.): Ohne Streit kein Frieden?, S. 11–59.

[356] M. Bergunder: Die südindische Pfingstbewegung.

[357] Zu den Hintergründen D. Becker: Ein Streit ohne Ende?, in: Ders. (Hg.): Ohne Streit kein Frieden?, S. 61–99.

[358] Zu neuen Kirchen in Japan vgl. M. R. Mullins: Christianity, passim.

[359] Ebd., S. 69–81.

[360] Ebd., S. 97–104.

[361] Nach K. Ogawa: Art. „Japan", in: TRE, Bd. XVI, S. 536.

[362] CVJM (gegründet 1865); CVJF (gegründet 1894); WSCF (*Christlicher Studentenweltbund/ World Student Christian Federation* gegründet 1895); zum WSCF vgl. Ph. Potter: Art. „Studentenweltbund", in: EKL³, Sp. 525–528; H.-R. Weber: Asia and the Ecumenical Movement, S. 56–68.

[363] Die Vorgeschichte von EACC/CCA wird dargestellt von H.-R. Weber, a. a. O. Zur Geschichte von EACC/CCA vgl. K. H. Yap: From Prapat to Colombo; zur theologischen

1959 in Kuala Lumpur (Malaysia) statt. Die EACC war keine Kirche. Sie konnte also keine Beschlüsse fassen, die für die einzelnen Kirchen bindend gewesen wären. Ihre Autorität lag in der Überzeugungskraft ihrer Argumente und Konzeptionen. Aber auf diesem Wege übte sie einen starken Einfluss auf einzelne Kirchen aus. Persönlichkeiten wie die Inder Paul David Devanandan und Madathiparampil Mammen Thomas sowie der Japaner Masao Takenaka sorgten dafür, dass die EACC starken Anteil an der politischen und gesellschaftlichen Entwicklung in den asiatischen Ländern der ersten Jahrzehnte nach dem Zweiten Weltkrieg nahm. Theologie, politische Realität und programmatische Ausrichtung wurden eng miteinander verbunden.

In der ersten Phase, die etwa von der ersten (Prapat 1957) bis zur fünften Vollversammlung (Singapur 1973) reichte, war „Christus, der Herr der Geschichte" die bestimmende theologische Vorstellung der EACC. Die revolutionären Umbrüche in Asien wollten die Vertreter der EACC deshalb nicht nur auf das Wirken politischer Kräfte zurückführen, sondern auf das Wirken Christi selbst. War aber Christus selbst im politischen und gesellschaftlichen Geschehen am Werk, dann konnten die Christen nicht abseits stehen, sondern mussten sich politisch engagieren. Aus dieser Perspektive ergab sich als entscheidendes Stichwort für die Aufgabe der Christen in Asien „Teilnahme am Aufbau der Nation" (*participation in nation-building*). Die politischen Ziele wurden ganz im westlichen Sinn konkretisiert: Demokratie, wirtschaftlicher Wohlstand, Modernisierung etc.[364]

Auf der fünften Vollversammlung änderte die EACC ihren Namen in *Christian Conference of Asia* (CCA). Darin wurde das von Anfang an bestehende Selbstverständnis der EACC, das Gesprächsforum aller asiatischen Kirchen zu sein, zum Ausdruck gebracht. Die Teilnahme an den gesellschaftlichen und politischen Aufgaben der asiatischen Staaten blieb auch in den folgenden Jahrzehnten ein Anliegen der CCA. Konkret wurde das gesellschaftliche Engagement in der Tätigkeit der *Stadt- und Industriemission* (*Urban Industrial Mission*) bzw. der *Stadt- und Dorfmission* (*Urban Rural Mission*).[365] In den 70er Jahren des 20. Jahrhunderts vollzog sich eine theologische Neuorientierung, auf die Tahi Bonar Simatupang auf der Vollversammlung von Penang (1977) Bezug nahm. Er sprach vom „Ende einer Epoche" und dem „Anfang einer neuen Ära".[366] Der „Fortschrittsoptimismus" der ersten Jahrzehnte nach dem Zweiten Weltkrieg war einer Ernüchterung und Enttäuschung gewichen: Der wirtschaftliche Aufschwung war nur einer schmalen Elite zugute gekommen, der Nationalismus hatte die Ideologie der „nationalen Sicherheit" hervorgebracht, mit der Menschenrechtsverletzungen gerechtfertigt wurden, die Kirche in Asien war „eine zertrennte Kirche in einer zerbrochenen Welt".[367] Die neue theologische Orientie-

---

Entwicklung der EACC/CCA vgl. K. H. Federschmidt: Theologie, S. 20–62, dem die vorliegende Darstellung im Wesentlichen folgt.

[364] K. H. Federschmidt, a. a. O., S. 19.

[365] Dazu K. H. Yap, a. a. O., S. 161–164; M. Takenaka: Cross and Circle, S. 115–239; H. Lewin (Hg.): A Community of Clowns. Testimonies of People in Urban Rural Mission, Genf 1987.

[366] Zitiert nach K. H. Federschmidt, a. a. O., S. 46.

[367] So im Abschlussbericht einer Arbeitsgruppe auf der vierten Vollversammlung der EACC (Bangkok 1968); vgl. ebd., S. 41.

rung der CCA spiegelt sich im Motto der sechsten Vollversammlung in Penang: „Jesus Christus im Leiden und Hoffen Asiens". Die Gegenwart Christi sei im Leiden der Menschen zu suchen: „Christus war nicht siegreich, der Christus, den wir sahen, war der leidende Gottesknecht ..."[368]

4. Ökumenische Zusammenarbeit in der theologischen Ausbildung[369]

Im selben Jahr (1957), in dem die Gründung der EACC beschlossen wurde, bildeten theologische Ausbildungsstätten in Südostasien die *Association for Theological Education in South East Asia* (ATESEA), die eine gemeinsame Ausrichtung und eine Vertiefung des Theologiestudiums ermöglichen sollte. ATESEA führte ein Programm des Graduiertenstudiums durch (*South East Asia Graduate School of Theology,* SEAGST) und gab die Zeitschrift *Asia Journal of Theology* heraus. Ökumenische Zusammenarbeit in der theologischen Ausbildung gab es in mehreren asiatischen Ländern, wie z. B den *Senate of Serampore College* in Indien und das *Christian Study Center* in Rawalpindi (Pakistan).

---

[368] Zitiert nach Federschmidt (vgl. Anm. 366), S. 49.
[369] Zur Vielzahl der theologischen Ausbildungsstätten in Asien vgl. Ch. W. L. May/ J. Roxborogh: Art. „Theological Education".

Kapitel 2
Christentum und Kirche in Südasien

A INDIEN

Die Christenheit Indiens[1] ist – jedenfalls einer gewichtigen Tradition zufolge – fast ebenso alt wie die Christenheit überhaupt. Weder die Portugiesen noch die protestantische Mission des 18. Jahrhunderts brachten das Christentum erstmals nach Indien. Dies geschah vielmehr in den ersten christlichen Jahrhunderten, als im Gebiet des heutigen Staates Kerala die Kirche der so genannten Thomas-Christen[2] entstand.

1. Die Kirche der Thomas-Christen vom 1. bis zur Mitte des 17. Jahrhunderts

a) Die Entstehung der Kirche der Thomas-Christen

Nach der Tradition der Thomas-Christen kam der Apostel Thomas im Jahr 52 n. Chr. nach Indien. Im Gebiet des heutigen Kerala gründete er sieben christliche Gemeinden. Dann missionierte er auch in anderen Gebieten Indiens und starb schließlich als Märtyrer in der Nähe von Madras (heute Chennai). Der früheste, stark legendarisch ausgestaltete schriftliche Beleg für die Reise des Thomas nach Indien findet sich in den im 3. Jahrhundert entstandenen *Acta Thomae*.[3] Thomas sei mit dem Schiff nach Indien gereist, um für den König Gundaphor einen Palast zu bauen. Die Wahrscheinlichkeit, dass hinter dem Bericht der *Acta Thomae* ein historischer Kern steht, ist gewachsen, nachdem man im Jahr 1834 in Nordwestindien Münzen mit dem Namen des Königs Gundaphor gefunden hatte. Sie führen allerdings nicht nach Kerala, in das traditionelle Wohngebiet der Thomas-Christen, sondern in weiter nördlich gelegene Gebiete. Grundsätzlich bestand im 1. Jahrhundert n. Chr. durchaus die Möglichkeit einer Seereise nach Indien, da die Ausnutzung der Monsunwinde für eine Fahrt über das freie Meer schon entdeckt war und ein reger Handelsverkehr zwischen der

---

[1]   Zum ganzen Kapitel vgl. H. Grafe (Hg.): Evangelische Kirche in Indien.
[2]   A. M. Mundadan: History, Bd. 1; St. Neill: A History ... The Beginnings, S. 26–86; S. H. Moffett: Christianity in Asia, S. 24–44, 265–271; P. Verghese: Ursprünge, in: Ders. (Hg.): Die Syrischen Kirchen, S. 15–20; C. P. Mathew/M. M. Thomas: The Indian Churches of Saint Thomas, S. 5–25.
[3]   Deutsche Übersetzung von G. Bornkamm in: E. Hennecke/W. Schneemelcher: Neutestamentliche Apokryphen in deutscher Übersetzung, 4. Aufl., hg. von W. Schneemelcher, Bd. 2: Apostolisches, Apokryphen und Verwandtes, Tübingen 1971, S. 297–372; kurze Zusammenfassung bei S. H. Moffett, a. a. O., S. 26–29. Die Geschichte von der Reise des Thomas ist dargestellt am Portal der Kirche Notre-Dame in Semur-en-Auxois.

Mittelmeerwelt und Indien bestand.[4] Für die Existenz einer indischen Christenheit in den ersten christlichen Jahrhunderten gibt es mehrere Belege.[5] Anfang des 6. Jahrhunderts berichtet der alexandrinische Kaufmann Cosmas Indicopleustes in seiner „Christlichen Topographie":

Sogar auf der Insel Taprobane [worunter normalerweise Ceylon verstanden wird, F. H.] in Innerindien, wo auch das indische Meer ist, gibt es eine Kirche von Christen, Kleriker und Gläubige. [...] Dasselbe gilt für einen Ort namens Male, wo der Pfeffer wächst, und für einen Ort namens Kaliana, und es gibt dort einen von Persien ernannten Bischof ...[6]

Man muss annehmen, dass Cosmas hier mit „Indien" das gesamte Gebiet östlich von Persien meint. Nur dann liegt Sri Lanka (Ceylon) in Innerindien. „Male" dürfte auf die Malabar-Küste (in Kerala) verweisen. Aus dem frühen 9. Jahrhundert stammen Kupferplatten, auf denen bestimmte Rechte der Kirche von Quilon festgehalten sind,[7] und zwei Steinkreuze, von denen eines eine schwer zu deutende Inschrift enthält.[8] Es gab also christliche Gemeinden in Indien, deren Gründung auf den Apostel Thomas zurückgehen könnte. Viele Einzelfragen bleiben aber ungeklärt. Dazu gehört besonders die Frage der kirchenrechtlichen Zugehörigkeit der indischen Christenheit.[9] Entscheidend scheint für die Thomas-Christen die Verbindung zur persischen Hierarchie gewesen zu sein. In dogmatischen Fragen waren sie hingegen großzügiger. Die Kirche der Thomas-Christen fügte sich in die indische gesellschaftliche Struktur ein und bildete eine Kaste, über der nur die Brahmanen standen. In wirtschaftlicher und politischer Hinsicht erlangten sie hohes Ansehen. Sie waren „in kultureller Hinsicht Hindus, in religiöser Christen und in kultischer Orientalen"[10], widerstanden aber einem völligen Aufgehen im Hinduismus durch die Verbindung zur Kirche in Persien, durch den Gebrauch des Syrischen als Gottesdienstsprache und durch die gottesdienstlichen Formen und Inhalte.

b) Die Begegnung der Thomas-Christen mit der römisch-katholischen Kirche[11]

Nachdem Vasco da Gama 1498 in Calicut (an der Westküste Südindiens) gelandet war und Afonso de Albuquerque 1510 Goa eingenommen hatte, kamen mit den portugiesischen Eroberern und Händlern auch Priester und Ordensleute, zuerst Franziska-

---

4 W. Reinhard: Geschichte, Bd. 1, S. 17; vgl. auch S. H. Moffett, a. a. O., S. 40, Anm. 4.
5 S. H. Moffett, a. a. O., S. 36–39; H. Grafe: Art. „Indien", in: TRE, Bd. 16, S. 102–115, bes. S. 102; W. G. Young: Handbook of Source Materials for Students of Church History, Delhi 1999, S. 27 f. (Nr. 27).
6 Zitiert nach S. H. Moffett, a. a. O., S. 268.
7 C. P. Mathew/M. M. Thomas: The Indian Churches of Saint Thomas, S. 20 f.
8 Zu verschiedenen, stark voneinander abweichenden Übersetzungen vgl. A. M. Mundadan, a. a. O., Bd. 1, S. 77; zu dem „miraculous cross" vgl. S. 422–424.
9 Dazu P. Verghese: Die dunklen Jahrhunderte, in: Ders. (Hg.): Die Syrischen Kirchen, S. 21–32.
10 X. Koodapuzha: Die Ankunft der Portugiesen und die Katholischen Syrer, in: P. Verghese (Hg.), a. a. O., S. 33.
11 Zum ganzen Abschnitt vgl. vor allem St. Neill: A History ... The Beginnings, S. 191–219, 310–332; A. M. Mundadan, a. a. O., Bd. 1, S. 283–347; J. Thekkedath: History, Bd. 2, S. 24–109.

ner, später auch Dominikaner, Karmeliter, Augustiner, Theatiner und Jesuiten. Die erste Reaktion der Thomas-Christen auf die Ankunft der Portugiesen war ungeteilte Begeisterung. Die Verbindung zu den abendländischen Glaubensbrüdern und ihrem mächtigen König schien ihre Position im Verhältnis zu den hinduistischen Herrschern zu stärken. Bald jedoch wurde deutlich, dass die Begegnung von einem schwerwiegenden Missverständnis belastet war. Die römisch-katholischen Kleriker gingen nicht davon aus, dass hier zwei gleichermaßen legitime Ausformungen des christlichen Glaubens und Lebens einander begegneten. Für sie war das östliche Christentum mit beträchtlichen Mängeln behaftet. Diese galt es zu korrigieren und die Thomas-Christen der Autorität des Papstes zu unterstellen. Die entsprechenden Versuche erreichten ihren Höhepunkt in der Synode von Diamper (1599). Alexis de Menezes, der 1595 als 35-Jähriger zum Erzbischof von Goa und Primas des Ostens ernannt worden war, nötigte die versammelten Vertreter der Thomas-Christen, ein Bekenntnis abzulegen, in dem sie sich vom Katholikos-Patriarchen in Persien lossagten,

den ich verurteile, verwerfe und verfluche, da er ein nestorianischer Häretiker und Schismatiker ist und außerhalb der heiligen Römischen Kirche und aus diesem Grund außerhalb des Heils steht.[12]

Dann wurde den Versammelten eine große Anzahl von Entschlüssen vorgelesen. Ob sie vollständig in die Landessprache Malayalam übersetzt wurden, ist zumindest fraglich. Nach einer brieflichen Aussage des späteren Bischofs Francis Ros aus dem Jahr 1603 fügte Erzbischof de Menezes mehrere Kanons hinzu, die nicht verlesen worden waren.[13] Ohne Diskussion unterschrieben am Ende alle Vertreter der Thomas-Christen die Beschlüsse der Synode und hatten sich damit der Autorität des Papstes unterstellt, ohne Klarheit darüber zu haben, was dies bedeutete. Die Liturgie war von lehrmäßigen „Irrtümern" gereinigt worden, hatte aber im Großen und Ganzen ihren alten Charakter behalten. De Menezes sank auf die Knie und intonierte das *Te Deum laudamus.*

Die Spannungen blieben allerdings bestehen. Die Thomas-Christen hatten die Hoffnung auf einen Bischof der östlichen Tradition nicht aufgegeben. Im Jahr 1652 wurde tatsächlich bekannt, dass ein solcher, Ahatallah[14], in Mylapore (bei Madras) eingetroffen sei. Die Thomas-Christen machten sich zum Empfang des Bischofs bereit, aber die Portugiesen verhinderten seine Landung in Cochin. Es verbreitete sich das Gerücht, Ahatallah sei von den Portugiesen ermordet worden. Dieses unzutreffende Gerücht gab den letzten Ausschlag zum Aufstand. Am 3. Januar 1653 versammelte sich eine große Anzahl von Thomas-Christen in Mattancherry, der Tradition zufolge vor dem *Koonen Cross* („gekrümmten Kreuz"), vor der Kirche[15] und schworen, dem Erzbischof Garcia und den Jesuiten den Gehorsam aufzukündigen. Stattdessen wurde der Erzdiakon unter Handauflegung von zwölf Priestern zum Bischof geweiht. In der Folgezeit kehrten etwa zwei Drittel der Thomas-Christen zur römisch-katholischen Kirche zurück (so genannte Romo-Syrer). Damit war es zur Gründung der

---

12 Zitiert nach St. Neill, a. a. O., S. 213.
13 Vgl. ebd., S. 219.
14 Ebd., S. 216–219.
15 Zur Unklarheit der genauen Ortsangabe vgl. J. Thekkedath: History, Bd. 2, S. 93.

Syrisch-Orthodoxen Kirche Indiens gekommen und somit zur ersten Spaltung der Thomas-Christen, der später eine Reihe weiterer Spaltungen folgen sollte.[16]

2. Katholische Mission und Kirche vom 16. bis zum Beginn des 20. Jahrhunderts

Die Ausbreitung der katholischen Kirche in Indien vollzog sich im Zusammenhang mit den portugiesischen Kolonialunternehmungen. Sie nahm deshalb von Goa ihren Ausgang. Durch die Tätigkeit von Ordensmissionaren kam es zu Gründungen katholischer Gemeinden und Diözesen in ganz Indien.

a) Die Etablierung der katholischen Kirche in Goa

Die Portugiesen, die bei der schrittweisen Inbesitznahme Goas mit großer Grausamkeit vorgingen,[17] waren bei ihren Indien-Expeditionen getrieben von einer Verbindung aus Handelsinteressen und Missionseifer.[18] Teilnehmer der ersten Expedition Vasco da Gamas antworteten angeblich auf die Frage nach dem Grund ihres Kommens nach Indien: „Wir suchen Christen und Gewürze."[19] Bei der Suche nach Christen dürfte vor allem an den legendären Priesterkönig Johannes[20] gedacht sein, dessen Reich man irgendwo im Osten vermutete und mit dem man sich gegen die Muslime zu verbünden gedachte, um deren Handelsmonopol im Gewürzhandel zu durchbrechen.

1534 wurde Goa Bischofssitz, 1577 Erzdiözese. Ab 1562 wurde die Kirche und spätere Kathedrale Sta. Katharina errichtet. Das „goldene Goa" entwickelte sich zu einer Stadt der Kirchen und Paläste, deren Schönheit die Reisenden rühmten.[21] Im St.-Pauls-College (offizieller Name: „Seminar des Heiligen Glaubens"), das 1541 gegründet und ab 1542 von Jesuiten geleitet wurde, empfingen junge Leute eine Ausbildung zu Katecheten und Klerikern. Es war die erste Ausbildungsstätte dieser Art in Südasien. Mehrere Hospitäler boten den von der langen Seereise Erschöpften Pflege und Erholung.[22]

In der Anfangszeit der portugiesischen Herrschaft konnten Hindus und Muslime offenbar ungehindert ihre Religion ausüben.[23] Später wurde der öffentliche Vollzug nichtchristlicher kultischer Akte in dem „christlichen" Gebiet untersagt. Die Portugiesen übten einen erheblichen Bekehrungsdruck auf Hindus und Muslime aus. Bischof Duarte Nunes vertrat die Ansicht:

Es wäre ein Dienst für Gott, diese [d. h. die hinduistischen, F. H.] Tempel zu zerstören, gerade auf der Insel Goa, und sie durch Kirchen mit Heiligen zu ersetzen. Jeder, der auf dieser Insel

---

16 P. Verghese (Hg.), a. a. O.; Paulos Gregorios: Art. „Syrisch-orthodoxe Kirchen in Indien", in: EKL³, Bd. 4, Sp. 620–622.

17 Dazu W. Reinhard: Geschichte, Bd. 1, S. 53–57.

18 H. Gründer: Welteroberung und Christentum, S. 40 f.

19 Berichtet nach W. Reinhard, a. a. O., S. 50.

20 H. Gründer, a. a. O., S. 42–50.

21 Vgl. z. B. St. Neill, a. a. O., S. 96.

22 Vgl. die anschauliche Schilderung in F. A. Plattner: Pfeffer und Seelen. Die Entdeckung des See- und Landweges nach Asien, Zürich-Köln 1955, S. 46–48.

23 Das zeigt der Bericht von Tomé Pires, zitiert bei St. Neill, a. a. O., S. 130.

leben will, sollte Christ werden, und in diesem Fall mag er seinen Landbesitz und seine Häuser behalten, so wie er sie derzeit besitzt; wenn er aber unwillig ist, dann soll er die Insel verlassen ...[24]

Miguel Vas, von 1532 bis 1547 Generalvikar in Goa, und Diogo de Borba, Prediger an der Kathedrale Sta. Katharina, setzten dieses Programm in die Tat um. Ein portugiesischer Beamter in Goa, Francisco Paes, fand für dieses Vorgehen die Bezeichnung „barmherzige Härte" (*rigour of mercy*).[25] Als Franz Xaver am 6. Mai 1542 nach Goa kam, stellte er fest, dass die Stadt „fast ganz von Christen bewohnt" sei.[26] Und sein Ordensbruder Nicolas Lancilotto fand 1645 in Goa keine nichtchristlichen Tempel mehr vor.

Die Gewaltmaßnahmen waren freilich nicht der einzige Grund zur Konversion zum Christentum. Anziehend wirkten auch die mit Pracht und Sinnenfreude gestalteten Gottesdienste und Einrichtungen der Nächstenliebe wie die Bruderschaft der *Misericordia*. Schließlich gab es eine Anzahl indischer Frauen, die bei der Heirat mit Portugiesen zum Christentum konvertierten.[27]

b) Franz Xaver und die Paraver-Christen

Franz Xaver[28] (1506–1552) kam 1542 als Gesandter des Königs von Portugal und als päpstlicher Legat für die katholische Christenheit des Ostens (d. h. vom Kap der Guten Hoffnung über Indien bis China und Japan) nach Indien. In Goa erfuhr er von der Fischerkaste der Paraver[29], die am südlichsten Teil der Koromandel-Küste – zwischen Rameshwaram und Kap Comorin – wohnte und ca. acht Jahre zuvor in einer Massenbewegung zum Christentum übergetreten war, vermutlich um die Portugiesen als Helfer gegen muslimische oder hinduistische Nachbarn zu gewinnen.[30] Als Franz Xaver die Paraver besuchte, stellte er fest, dass sie vom Christentum keine Ahnung hatten. Sie beteuerten lediglich, dass sie Christen seien. Franz Xaver blieb etwa ein Jahr bei den Paravern. Er taufte die bislang ungetauften Kinder, kümmerte sich um die Kranken und widmete sich vor allem der christlichen Unterweisung und der Organisation der Gemeinden. Seine Unterrichtsmethode bestand im Wesentlichen im Auswendiglernen grundlegender christlicher Texte wie des Vaterunsers, des apostolischen Glaubensbekenntnisses, der Zehn Gebote und einiger Gebete. Die Paraver etablierten sich als eine Art „christlicher Kaste" und überdauerten die Jahrhunderte bis heute.[31]

---

24 Zitiert nach ebd., S. 115.
25 A. M. Mundadan, a. a. O., Bd. 1, S. 462 f. St. Neill, a. a. O., S. 131, zählt dieses Vorgehen zu den „vielen Wegen, wie man Menschen helfen kann, Christen zu werden", und bezeichnet es als „tolerant" (S. 129)!
26 Die Briefe des Francisco de Xavier, S. 39.
27 Zu den christlichen Gemeinden im Goa im Ganzen vgl. A. M. Mundadan, a. a. O., S. 429–475.
28 F. Schurhammer: Franz Xaver; St. Neill: a. a. O., S. 134–165; Ch. K. Whelan u. a.: Art. „Xavier, Francis", in: DAC, S. 909 f.
29 G. Schurhammer: Die Bekehrung der Paraver (1535–1537), in: Ders.: Gesammelte Studien, Bd. 2: Orientalia, Rom 1963, S. 252–263; H. Gründer, a. a. O., S. 279–285.
30 A. M. Mundadan, a. a. O., S. 391–401.
31 S. B. Kaufmann: A Christian Caste in Hindu Society: Religious Leadership and Social

c) Christliche Missionare am Hof der Mogul-Kaiser

Für kurze Zeit hegten die Jesuiten in Indien die Hoffnung, sie könnten die höchste Autorität des Reiches, den Kaiser selbst, und über diesen weite Bevölkerungsschichten für das Christentum gewinnen. Persönliche religiöse Suche wie auch politische Erwägungen veranlassten Kaisers Akbar[32] (1556–1604) vermutlich, in seiner ab 1569 erbauten Residenz in Fatepur Sikri eine Halle (*Ibadat Khana*, wörtl. „Halle der Gottesverehrung") errichten zu lassen, in der zuerst verschiedene Vertreter des Islam, später aber Vertreter verschiedener Religionen miteinander diskutierten. Dreimal (1580 bis 1582, 1591 und 1594) begaben sich jesuitische Delegationen auf Einladung des Kaisers an den Hof Akbars. Der Kaiser selbst zeigte sich den Patres gegenüber sehr gewogen. Ihnen wurde jedoch bald klar, dass mit einer Konversion des Kaisers zum Christentum nicht zu rechnen war. Seine Vorstellungen entwickelten sich in eine andere Richtung. Im Jahr 1581 proklamierte er einen neuen Kult (*Din-i-Ilahi*), in dessen Zentrum die Verehrung des Kaisers selbst stand.[33] Als die dritte Gruppe von Jesuiten 1594 unter Leitung von P. Jerome Xavier nach Lahore kam, wohin die Residenz inzwischen verlegt worden war, wurde ihnen der Bau einer Kirche und die Gründung einer christlichen Gemeinde gestattet. An eine Bekehrung Akbars dachten die Jesuiten offenbar nicht mehr.

Der Gedanke, der Kaiser könne zur Annahme des Christentums bewogen werden, wurde nicht ganz aufgegeben. Das zeigen die überaus aggressiven franziskanischen Missionsversuche unter Akbars Nachfolger Jahangir in den Jahren 1623 und 1624.[34] P. Manuel Tobias griff „das schändliche Gesetz Mohammeds", „des falschen Propheten", an und forderte zur Annahme des christlichen Glaubens auf.[35] Der Kaiser hörte sich die Ausführungen ruhig an, eine Wirkung hatten diese Missionsversuche nicht.

d) Roberto Nobili, die Madurai-Mission und der Malabarische Ritenstreit

Im Jahr 1566 beklagte der Jesuit Melchior Nunes, dass für manche Missionare alles verwerflich sei, was von den Sitten der iberischen Halbinsel abweiche.[36] Roberto Nobili (1577–1656)[37] erkannte, dass diese Haltung den Zugang zu breiten Schichten der indischen Bevölkerung, besonders zu den höheren Gesellschaftsschichten, ver-

---

Conflict among the Paravas of Southern Tamilnadu, in: Modern Asian Studies 15 (1981), S. 203–234.

32 E. Maclagan: The Jesuits and the Great Mogul, London 1932; S. A. A. Rizvi: The Wonder that was India, Bd. 2, S. 105–114; A. Camps: Jerome Xavier S. J. and the Muslims of the Mogul Empire, NZM Suppl. VI, Schönbeck-Beckenried 1957; J. Rooney: The Hesitant Dawn, S. 20–55; A. Hottinger: Akbar der Große (1542–1760). Herrscher über Indien durch Versöhnung der Religionen, Zürich 1998, S. 111–164.

33 Zur Frage der Näherbestimmung der Religion Akbars vgl. A. Camps: An Unpublished Letter of Father Christoval de Vega SJ, in: Ders.: Studies in Asian Mission History 1956–1998, Leiden-Boston-Köln 2000, S. 47–59, bes. S. 53–59; S. A. A. Rizvi: The Wonder that was India, Bd. 2, S. 109–111.

34 Dazu A. Camps: Franciscan Missions, S. 60–74.

35 Ebd., S. 63.

36 Berichtet bei J. Thekkedath, a. a. O., S. 485.

37 Zur Namensform (statt „de Nobili") vgl. St. Neill, a. a. O., S. 484, Anm. 4.

stellte. Er zog aus seiner Einsicht die Konsequenz und entwickelte eine völlig neue missionarische Praxis. Nobili[38] kam 1606 nach Madurai (im südlichen Tamil Nadu). Um Zugang zu der Schicht der Brahmanen zu finden, übernahm er mit Zustimmung seines Ordensvorgesetzten in Indien deren Lebensgewohnheiten. Er kleidete sich in eine ockerfarbene Robe, wie sie die Hindu-Samnyasi (Wandermönche) trugen, und zog in ein einfaches Haus im Viertel der Brahmanen. Ein brahmanischer Koch bereitete ihm vegetarische Mahlzeiten. Nobili verzichtete auf alle Annehmlichkeiten. Vor allem studierte er Tamil, später auch Telugu und Sanskrit, und ein Brahmane nahm das gefährliche Risiko auf sich, Nobili das Geheimwissen des Veda zu lehren, wobei freilich unklar bleibt, was er tatsächlich mitgeteilt hat. Nobili erwies sich als äußerst begabter Schüler. Seine erstaunliche Beherrschung des Tamil und des Sanskrit sowie seine Kenntnis brahmanischer Lehren öffnete ihm die Tür zu den höheren Kasten. Er wurde zum Gesprächspartner von Brahmanen und schließlich zu ihrem Lehrer.

Bis zum Jahr 1611 sammelte sich um Nobili eine Gemeinde von über 100 Konvertiten. Sie hielten sich von der ebenfalls in Madurai ansässigen Gemeinde der Paraver-Christen fern und hatten ihre eigene Kirche. Nobili wollte zwischen religiösen Vollzügen und sozialen Gewohnheiten unterscheiden. Zu den Ersteren gehörte z. B. die Verehrung von Götterbildern, was den Christen nicht mehr gestattet war. Zu Letzteren zählten etwa das Tragen der heiligen Schnur der „Zweimal-Geborenen", das Tragen eines Haarbüschels am sonst kahl geschorenen Schädel, der Halsschmuck der Frau als Zeichen ihrer Verheiratung, das Bestreichen der Stirn mit einer Paste und die Einhaltung der Kastengesetze. Teilweise gab Nobili den Vollzügen eine christliche Neuinterpretation (z. B. wurde die heilige Schnur zum Zeichen des Glaubens an den dreieinigen Gott und an den göttliche und menschliche Natur einenden Christus). Auf diese Weise erreichte er, dass die Christen nicht aus ihren herkömmlichen Lebensgemeinschaften herausgerissen, sondern der christliche Glaube in die Gemeinschaft der Kastenhindus hineingetragen wurde.

Natürlich machte sich Nobili auch Feinde. Hindus sahen in ihm eine Gefahr für ihre Religion. Ebenso erbittert jedoch wurde er von Christen bekämpft. Sie beschuldigten ihn der Einführung von Hindu-Sitten in das Christentum. Am Ende ging Nobili glänzend gerechtfertigt aus dem über ein Jahrzehnt dauernden Streit hervor. 1623 bestätigte Papst Gregor XV. in der Apostolischen Konstitution *Romanae sedis antistes* die Legitimität der in Nobilis Gemeinde gepflegten Sitten. Die Missionsmethode Nobilis fand auch in anderen Gebieten Südindiens Anwendung, so in der Mitte des 17. Jahrhunderts in Mysore durch P. Leonard Cinnami.[39]

Der Streit um die Missionsmethode Nobilis war freilich noch nicht zu Ende und erfuhr in der ersten Hälfte des 18. Jahrhunderts eine überraschende Wendung. Der päpstliche Legat Maillard de Tournon wandte sich entschieden gegen die Position der Jesuiten. Er verbot sogar Riten, die gar nicht praktiziert worden waren, wie die Ver-

---

[38] V. Cronin: A Pearl to India. The Life of Robert de Nobili, London 1959; B. Bachmann: Roberto Nobili. Ein missionsgeschichtlicher Beitrag zum christlichen Dialog mit dem Hinduismus, Rom 1972; St. Neill, a. a. O., S. 279–309, 552–554 (Literatur); F. Wilfred/ M. M. Thomas: Theologiegeschichte, S. 154–162.

[39] J. Thekkedath: History, Bd. 2, S. 293 f.

wendung eines Rosenkranzes mit 108 Perlen.[40] Im Übrigen forderte er strengste Anlehnung an die im Westen üblichen liturgischen Formen. Die Verwendung der Hals-
kette als Ehezeichen wurde verworfen, sogar die Verwendung von Speichel und die
Insufflatio bei der Taufe wurden gefordert. Der Streit zog sich über vier Jahrzehnte
hin. Die Jesuiten verwiesen auf die verheerenden Folgen, die eine volle Verwirklichung der Forderungen de Tournons haben würde. Sie befolgten die Anweisungen
teilweise, ohne die anstößigsten Anordnungen einzuführen, beriefen sich auf münd-
liche Unterstützung ihrer Position durch Papst Clemens XI.[41] und verteidigten ihre
Mission in Schriften. Schließlich jedoch entschied Papst Benedikt XIV. – der 1742
auch schon in China die Missionsmethode der Jesuiten verworfen hatte – in der Bulle
Omnium Sollicitudinum (1744) im Wesentlichen gegen sie. Der Unterscheidung von
Missionaren, die sich den Kastenlosen widmen sollten, und solchen, die nur unter den
Kastenhindus wirken sollten, stimmte der Papst zu, wie er auch einige erleichternde
Übergangsregelungen verfügte. Seine Anordnung verbindet nach Ansicht des Jesui-
ten Hambye „Strenge und sogar Härte mit Nachsicht und Verständnis".[42] Der
Anglikaner Stephen Neill sieht in ihnen „den letzten Nagel im Sarg der Hoffnungen
der Jesuiten auf bessere Tage".[43] Im Jahr 1940 erfuhr die Position Nobilis eine späte
päpstliche Rechtfertigung.[44]

e) Die Ausbreitung der katholischen Kirche in Indien vom 16. bis zum Beginn des 20. Jahrhunderts

Von Goa ausgehend, brachten verschiedene Orden den christlichen Glauben im
16. und der ersten Hälfte des 17. Jahrhunderts in große Teile Indiens.[45] Die Franziskaner, der erste in Indien tätige Orden, dehnten ihr Wirken nach Norden (Bassein)
und Süden (Cochin) aus. Aber sie hatten auch Stationen an der südlichen Koromandel-
Küste (Nagapattinam, Mylapore). Die nachhaltigsten Impulse gingen von den Jesuiten aus, die auch zahlenmäßig der stärkste Orden waren. Auch sie hatten ihre Zentrale
in Goa. Ihr Wirkungsgebiet aber erstreckte sich nahezu über ganz Indien. In Bengalen wirkten – neben Jesuiten und Kapuzinern – vor allem Augustiner. Ihr Zentrum
war Hughli, etwa 50 km nördlich des heutigen Kalkutta (das aber erst 1690 gegründet
wurde). Im nahe gelegenen Ort Bandel errichteten sie eine Kirche, die zu einem
Wallfahrtszentrum wurde. Besonders zu Weihnachten besuchten und besuchen auch
Hindus die „Bandel-Church".
Nachdem die zeitweilige Auflösung des Jesuitenordens (1773–1814) der katholischen Kirche in Indien irreparablen Schaden zugefügt hatte, kam es im 19. Jahrhundert zu einem neuen Aufbruch. Zu den Jesuiten kam eine Vielzahl weiterer
Orden (Karmeliter, Salesianer u. a.). Beeinträchtigt wurde die Entwicklung vor al-

---

[40] E. R. Hambye: History, Bd. 3, S. 216.
[41] Ebd., S. 219.
[42] Ebd., S. 233.
[43] St. Neill: A History … 1707–1858, S. 78.
[44] J. Beckmann: Art. „Ritenstreit", in: LTHK², Bd. 8, Sp. 1322–1324.
[45] Umfassende Überblicke bieten J. Thekkedath, a. a. O.; E. R. Hambye, a. a. O.; knappere
Übersichten finden sich in St. Neill: A History … The Beginnings, S. 333–363; ders.:
A History … 1707–1858, S. 71–103, 121–132.

lem durch Streitigkeiten, die aus den *Padroado*-Regelungen[46] entstanden, und durch die fehlende Ausbildung eines einheimischen, indischen Klerus. Matheus de Castro, der 1637 zum „Apostolischen Vikar" ernannt worden war[47], blieb für lange Zeit der einzige Inder, dem ein solches Amt anvertraut wurde. Aber auch die Zahl der indischen Priester war klein.[48] Das änderte sich erst Ende des 19. Jahrhunderts. 1914 gehörten von den ca. 3,5 Millionen Christen in Indien ungefähr zwei Drittel der katholischen Kirche an.[49]

3. Protestantische Mission und Kirche vom 18. bis zum Beginn des 20. Jahrhunderts

a) Politischer und religiöser Hintergrund

Als die ersten protestantischen Missionare nach Indien kamen, war die britische *East India Company* (EIC) auf dem Weg, sich gegen Frankreich durchzusetzen und zur bestimmenden Macht in Indien zu werden. Obwohl sie eine Handelsgesellschaft war, der der *India Act* von 1784 zufolge Eroberungen und Expansion untersagt waren, vollzog die EIC in der zweiten Hälfte des 18. Jahrhunderts dennoch einen Übergang „vom Handel zur Herrschaft".[50] Sie kam zu einem jähen Ende, als nach dem Aufstand der Sepoy[51], der indischen Soldaten im englischen Heer (1857), die englische Regierung selbst die Regierungsverantwortung in Indien übernahm. Königin Viktoria nahm 1877 den Titel einer „Kaiserin von Indien" an.

Am Ende des 19. Jahrhunderts bahnte sich in Indien in doppelter Weise ein Umschwung an. Einerseits erstarkte der Hinduismus – trotz wachsender Zahl der Missionare[52]. Andererseits formierte sich eine nationale Bewegung. Viele Missionare hatten erwartet, der Hinduismus werde unter dem Einfluss von westlicher Bildung und christlicher Verkündigung zusammenbrechen. Die jungen Bengalen, die sich in der ersten Hälfte des 19. Jahrhunderts unter der Bezeichnung *Young Bengal* zusammenschlossen, schienen ihnen Recht zu geben. Sie machten sich öffentlich über hinduistische Sitten lustig.[53] Manche Missionare hatten um die Wende des 19. zum 20. Jahrhundert den Eindruck, dass „die Zeit des Sieges nahe"[54] sei:

---

46 Vgl. Kap. 1 B.
47 Zu Matheus de Castro und seiner Feindschaft mit den Jesuiten von Goa vgl. St. Neill: The Story of the Christian Church, S. 47.
48 Ebd., S. 122.
49 Zahlen nach ebd., S. 126.
50 W. Reinhard: Geschichte, Bd. 1, S. 214–233.
51 Ch. Hibbert: The Great Mutiny. India 1857, Harmondsworth/Middlesex 1978; St. Neill: A History ... 1707–1858, S. 413–431, eine Darstellung, die die hohe Verantwortlichkeit der Kolonialmacht im Dienst an Indien und die englische staatsmännische und militärische Souveränität glorifiziert; H. Kulke/D. Rothermund: Geschichte Indiens. Von der Induskultur bis heute, München 1998², S. 315–319.
52 Zahlen in J. Richter: Indische Missionsgeschichte, Gütersloh 1924², S. 247.
53 G. Thomas: Christian Indians, S. 32–35.
54 N. Goodall: A History of the London Missionary Society 1895–1945, London-New York-Toronto 1954, S. 16.

Es ist keine Frage: der Hinduismus, dieser alte Bau, zusammengesetzt aus Aberglauben und Zeremonien, befestigt durch das Kastensystem, geht in die Brüche durch die lebendige umwandelnde Macht des Evangeliums von Christo.[55]

Aber als diese Zeilen geschrieben wurden (im Jahr 1906), mehrten sich schon die Stimmen der Enttäuschung. Die Reaktion der Inder auf die Verkündigung des Evangeliums war nicht die erwartete. Der Hinduismus hatte die Auseinandersetzung mit dem Christentum aufgenommen, sich ihm intellektuell durchaus gewachsen gezeigt und ging sogar zum Gegenangriff über. 1947 konnte Sarvepalli Radhakrishnan schreiben, die „mystische Religion Indiens" habe „die Wahrscheinlichkeit für sich, die Religion der neuen Welt zu werden".[56] Der „schnelle Sieg", den manche Missionare schon in greifbarer Nähe gesehen hatten, erwies sich als Illusion.

Der Umschwung auf dem Gebiet der Politik konkretisierte sich in der Gründung des *Indian National Congress* (INC, gegründet 1885), der bald die Forderung nach Mitbestimmung und Selbstregierung erhob. Die Missionare standen der nationalen Bewegung – sieht man von der Anfangsphase ab – überwiegend ablehnend gegenüber.[57] Auch unter den indischen Christen waren die Befürworter der nationalen Bewegung – allen voran Brahmabandhav Upadhyaya[58] und K. T. Paul – die Ausnahme. Als Indien am 15. August 1947 unabhängig wurde, ergab sich für die Christen eine völlig neue Situation. Sie hatten nicht mehr die Genugtuung, der Religion der Herrschenden anzugehören und standen vor der Frage, wie sie an der Gestaltung des neuen Indien teilnehmen könnten.

b) Bartholomäus Ziegenbalg und die lutherische Mission

Man hat das 19. Jahrhundert als das „große Jahrhundert" der protestantischen Mission bezeichnet. Die protestantische Mission in Indien begann jedoch schon zu Beginn des 18. Jahrhunderts. Bartholomäus Ziegenbalg (1682–1719) und Heinrich Plütschau (1677–1746)[59] kamen im Jahr 1706 als erste protestantische Missionare nach Indien. Ihre Aussendung durch die Dänisch-Hallesche Mission[60] war wesentlich von dem dänischen König Friedrich IV. angeregt worden. Entsprechend begannen die Missionare ihre Arbeit in der dänischen Kolonie Tranquebar, die 1620 vom König von Tanjore gepachtet und durch ein unmittelbar am Meer gelegenes Fort (Dansborg)

---

55 J. Frohnmeyer: Indiens Erwachen, in: EMM 50 (1906), S. 49–64, 103–116; Zitat S. 112.

56 Zitiert in O. Wolff: Radhakrishnan, Göttingen 1962, S. 5.

57 Zur Haltung britischer Missionare vgl. G. Thomas, a. a. O., S. 123–133; E. S. Alexander: The Attitudes of British Protestant Missionaries Towards Nationalism in India. With Special Reference to Madras Presidency 1919–1927, Delhi 1994; zu den deutschen Missionaren vgl. F. Huber: Die Haltung deutscher protestantischer Missionen zur nationalen Bewegung in Indien in der Zeit von 1885–1914, in: ThZ 44 (1988), S. 251–274.

58 J. Lipner: Brahmabandhab Upadhyay.

59 Ziegenbalg starb in Tranquebar, Plütschau kehrte 1711 nach Deutschland zurück. Kurzinformationen zu den ersten Tranquebar-Missionaren bei D. Jayaraj: Inkulturation, S. 6–8.

60 Zur Dänisch-Halleschen Mission in Indien ist noch immer grundlegend A. Lehmann: Es begann in Tranquebar; unter den neueren Arbeiten vgl. besonders D. Jayaraj, a. a. O. (dort auch ausführliche Literatur), und D. D. Hudson: Protestant Origins.

befestigt worden war. Leider unterließ es der König, die geplante Entsendung der Missionare mit den Direktoren der dänischen Handelsgesellschaft zu besprechen.[61] Das belastete von Anfang an das Verhältnis der Missionare zur Kolonialverwaltung.[62] Tiefpunkt war die über vier Monate andauernde Inhaftierung Ziegenbalgs.[63] Das Verhältnis verbesserte sich unter dessen Nachfolger Johann Ernst Gründler.

Der Missionar Johan Georg Bövingh[64] erhob gegenüber Ziegenbalg und Plütschau den Vorwurf, die Konvertiten seien nur um materieller Vorteile willen Christen geworden, sie seien „blut-arme nackende Leut, welche so lange sie Brodt haben, Christo nachfolgen"[65]. Aber die beiden Missionare wollten nicht schnell taufen.[66] In ihrer „Apologia" schrieben Ziegenbalg und Gründler, sie würden keineswegs die Bewerber unbesehen taufen,

sondern sie wohl 1, 2, 3 und 4 Jahre unter der Zahl der Catechumenorum stehen lassen, bis wir an ihnen verspüren, daß sie ihre falsche Absichten abgeleget haben, und durch die heilsame Lehre Jesu Christi zur wahren Buße und Glauben gekommen sind.[67]

Die Konvertiten kamen vor allem aus der Schicht der Kastenlosen und aus der Shudra-Kaste der Velalars. Auch ehemalige Katholiken wurden in die Gemeinde aufgenommen. Anfangs berücksichtigten sie im gottesdienstlichen Leben die Verschiedenheit der Kasten offenbar nicht. Von 1727 an setzte sich eine gewisse Trennung der Kasten im Gottesdienst durch („sitting together separately"[68]).

Das Eindringen in die tamilische Sprache und der dadurch mögliche Kontakt zu den Tamilen veränderte Ziegenbalgs Sicht von Kultur und Religion der Tamilen. Von der Lebensführung der „Malabaren" war er beeindruckt: „… sie führen ein sehr stilles, ehrliches und tugendhaftes Leben …"[69] Sein Urteil über die Religion der Tamilen blieb aber abschätzig. Einmal ging er sogar so weit, einige Tonfiguren in einem Tempel zu zerbrechen. Die Hindus nahmen das aber gelassen hin, da es sich – wie sie sagten – eigentlich nur um ganz untergeordnete Wächter handle.[70] Die Beschäftigung mit der Bhakti-Religiosität[71] brachte Ziegenbalg jedoch zu einem differenzierteren theo-

---

61   D. D. Hudson, a. a. O., S. 1.
62   Dazu A. Nørgaard: Mission und Obrigkeit.
63   Ebd., S. 41–48.
64   J. G. Bövingh kam 1709 zusammen mit Johann Ernst Gründler nach Traquebar. Gründler argwöhnte, dass Bövingh „die Gnade der Wiedergeburt noch fehle" (A. Lehmann, a. a. O., S. 124). Zwischen Ziegenbalg und Gründler auf der einen Seite und Bövingh und Plütschau auf der anderen kam es zu einem erbitterten Streit.
65   Zitiert nach D. Jayaraj, a. a. O., S. 207.
66   D. D. Hudson: Protestant Origins, S. 25.
67   B. Ziegenbalg/J. E. Gründler: Der Königlich Dänischen Missionariorum unter den Ost-Indischen Heiden abgenötigte Apologia Epistolis Bovingianis Opposita darinnen die ihnen mit Unrecht aufgebürdete und von dem Bekehrungswerk übel ausgesprengte Beschuldigungen angeführt und beantwortet, hingegen aber die wahren Umstände der entstandenen Streitigkeiten und Beschaffenheit des ganzen Werkes kürzlich dargestellt werde, hg. von N.-P. Moritzen/P. Müller, Erlangen 1998, S. 31.
68   D. D. Hudson, a. a. O., S. 28.
69   Zitiert ebd., S. 17.
70   Ebd., S. 17–20.
71   Dazu D. Jayaraj, a. a. O., S. 92–154.

logischen Verständnis der tamilischen Religion. Er sah in ihr ein Zeugnis der allgemeinen Gotteserkenntnis:

Es erkennen diese Heiden aus dem Licht der Natur, dass ein Gott sei, welche Wahrheit ihnen nicht erst von den Christen beigebracht zu werden braucht.[72]

Gott habe in seiner Weisheit schon lange vor Ankunft der Missionare an den Tamilen gewirkt.[73] In den wenigen Jahren seines Wirkens in Tranquebar (von 1706 bis zu seinem Tod im Jahr 1719) verfasste Ziegenbalg eine erstaunliche Zahl sprachwissenschaftlicher und religionskundlicher Werke.[74]
Die deutschen Missionare waren in ihrem Wirken zunächst auf Tranquebar beschränkt. Das änderte sich, als sich ein Glied der Königsfamilie in Tanjore für den christlichen Glauben interessierte und tamilische Christen dort eine Gemeinde gründeten. 1733 wurde der erste tamilische Pastor ordiniert, ein Velalar, der den Namen Aaron annahm und in Tanjore und weiteren Orten tätig war.[75] In Tanjore und Tiruchirapally wirkte fast 50 Jahre lang (1750–1798) der Missionar Christian Friedrich Schwartz.[76] Er gewann das Vertrauen des Königs, der ihm seinen Sohn zur Erziehung anvertraute. Ein weiterer Pflegesohn war der berühmte Dichter Vedanayagam Pillai. Sogar politische Aufgaben nahm Schwartz wahr. Er predigte das Evangelium ohne Aggressivität und Herablassung, er „hatte einen positiven Geist, viel mehr beschäftigt mit dem Evangelium, das er zu predigen hatte, als mit der Bosheit der Heiden".[77] 1776 trat er in den Dienst der englischen SPCK. Indirekt wirkte Schwartz auch an der Gründung der von einer christlichen Brahmanin geleiteten Gemeinde in Palayankottai an der Südspitze Indiens mit.[78] Die Tranquebar-Mission breitete sich auch nach Norden aus. Dort begannen einige Missionare mit Unterstützung der anglikanischen Mission ihre Arbeit in Madras.
Da in der ersten Hälfte des 19. Jahrhunderts die Unterstützung aus Europa ausblieb, musste die Tranquebar-Mission schließlich die Gemeinden (außer Tranquebar) an die anglikanische Mission übergeben. In den 40er Jahren des 19. Jahrhunderts übernahm die Dresdener Mission, die 1848 zur Leipziger Mission wurde, die Missionsstation Tranquebar. In den folgenden Jahren kehrten einige der an die SPG übergebenen Gemeinden zur lutherischen Mission zurück, wohl vor allem, weil diese in der Frage der Beachtung von Kastenordnungen in der christlichen Gemeinde großzügiger war.[79] Nachdem die westlichen Missionare im Ersten Weltkrieg Indien verlassen hatten, entstand 1919 die selbständige *Tamilische Evangelisch-Lutherische Kirche* (TELC).[80]

---

72 Zitiert ebd., S. 97.
73 D. D. Hudson, a. a. O., S. 11. Zur Bhakti-Religiosität vgl. R. Otto: Die Gnadenreligion Indiens und das Christentum, Gotha 1930.
74 Dazu im Ganzen D. Jayaraj, a. a. O.
75 Zu Aaron vgl. D. D. Hudson, a. a. O., S. 30–34.
76 St. Neill: A History ... 1707–1858, S. 45–58; P. Spear: The Nabobs, S. 122–125.
77 So das Urteil von P. Spear, ebd., S. 124.
78 D. D. Hudson, a. a. O., S. 102–107.
79 E. J. Sharpe: ‚Patience with the Weak'.
80 Dazu W. Jesudoss: Die Tamilische Evangelisch-Lutherische Kirche – TELC, in: H. Grafe (Hg.): Evangelische Kirche in Indien, S. 183–193.

c) William Carey und die baptistische Mission von Serampore

William Carey (1761–1834)[81], Schuhmacher[82] und baptistischer Prediger, gilt als der Begründer der modernen protestantischen Mission[83]. Seine Schrift „Untersuchung über die Verpflichtung der Christen, Mittel zur Bekehrung der Heiden zu suchen"[84] (1792) führte im selben Jahr zur Gründung der *Baptist Missionary Society* (BMS). Ein Jahr später ging Carey nach Indien. Fünf Jahre lang verdiente er seinen Lebensunterhalt als Verwalter einer Indigo-Plantage in der Nähe von Malda (Nordbengalen). Dass seine Frau den Anstrengungen nicht gewachsen war und geistig zerbrach, hielt ihn nicht davon ab, seine Pläne durchzuführen. 1799 ließ sich Carey zusammen mit den neu angekommenen Joshua Marshman und William Ward in der dänischen Kolonie Serampore (ca. 25 km nördlich von Kalkutta) nieder. Damit begann das Werk, das das „Serampore-Trio" berühmt machte. Carey hatte vielfältige Interessen. Er begründete die *Horticultural Society* in Kalkutta und publizierte die erste Zeitung in Bengali. Seine Verdienste um die Wiederbelebung der bengalischen Sprache sind unbestritten, wie auch sein Beitrag zur Kultur Bengalens allgemein anerkannt ist. Trotzdem verstand er sich in erster Linie als Missionar.

Das „Serampore-Trio" organisierte sich als eine Familie mit gemeinsamer Kasse, bestimmten Lebensregeln und einem turnusweise wechselnden „Hausvater". Sie erwarteten, dass im Laufe der Zeit indische Christen dieser Gemeinde als gleichberechtigte Mitglieder beitreten würden. Vom Zentrum Serampore aus sollten ähnliche Gemeinschaften auch in anderen Orten gegründet werden. Auch hier folgte Carey seinem Motto, das er in einer Predigt des Jahres 1792 entfaltet hatte: „Erwarte Großes von Gott, wage Großes für Gott" (*Expect great things from God, attempt great things for God*).[85] Die Vermittlung der christlichen Botschaft an Hindus und Muslime – das wurde den Serampore-Missionaren bald klar – musste durch Inder selbst geschehen. In wesentlichen Teilen folgten Carey, Marshman und Ward mit ihrer Missionsmethode dem Vorbild der Herrnhuter Brüdergemeine und deren Missionsverständnis.[86] Bei der Durchführung dieses Missionsprogramms kam es freilich zu erheblichen Spannungen, sowohl mit jüngeren Missionaren als auch mit der BMS, was schließlich von 1827 bis 1837 sogar zur Trennung der Serampore-Mission von der BMS führte. Bis zum Beginn der 20er Jahre des 19. Jahrhunderts wurden in Serampore 1407 Personen getauft, darunter auch einige Brahmanen und andere Kastenhindus.[87] Die erste Taufe

---

[81] Die beste neuere Darstellung findet sich in B. Stanley: The History, S. 1–67; vgl. außerdem E. D. Potts: British Baptist Missionaries in India 1793–1837. The History of Serampore and its Missions, Cambridge 1967; St. Neill: A History … 1707–1858, S. 186–205; D. A. Schattschneider: William Carey, Modern Missions and the Moravian Influence, in: IBMR 22 (1998), H. 1, S. 8–12 (weitere Literatur).

[82] Angeblich bezeichnete er sich selber als „cobbler" (Flickschuster); vgl. St. Neill, a. a. O., S. 187.

[83] Zu einer Korrektur dieses Urteils vgl. A. F. Walls: The Eighteenth-Century Protestant Missionary Awakening in its European Context, in: B. Stanley (Hg.): Christian Missions and the Enlightenment, Richmond/UK 2001, S. 22–44, bes. S. 32 f.

[84] Vollständiger Titel bei St. Neill, a. a. O., S. 188.

[85] Zu einer möglicherweise kürzeren ursprünglichen Fassung vgl. B. Stanley, a. a. O., S. 14.

[86] Zu einer Differenz vgl. ebd., S. 42.

[87] Ebd., S. 56 f.

fand am 28. Dezember 1800 statt. Der Zimmermann Krishna Pal, ein religiös suchender Mensch,[88] wurde zusammen mit Careys Sohn Felix im Ganges getauft. Eine Missionsgemeinschaft, wie sie Carey ursprünglich vorschwebte, entstand jedoch nicht. Besonderes Gewicht legte Carey der Übersetzung der Bibel in indische Sprachen bei. Zusammen mit einheimischen Helfern übersetzte er die gesamte Bibel in sechs Sprachen (Bengali, Oriya, Hindi, Marathi, Sanskrit und Assamese) und Teile in weitere 29 Sprachen.[89] Wenn die etwas übereilt angefertigten Übersetzungen auch unübersehbare Mängel aufwiesen, so stellten sie doch eine Basis dar, auf der spätere Bearbeiter aufbauen konnten.

Zur Ausbildung einheimischer Mitarbeiter begründete Carey im Jahr 1818 das *Serampore College*. Es sollte sich nicht auf die Vermittlung theologischen Wissens beschränken, sondern auch eine breite Bildung in naturwissenschaftlichen Fächern sowie indischen Sprachen vermitteln und nicht nur Christen, sondern auch Hindus und Muslimen offen stehen. Der dänische König verlieh dem College in einer Charta aus dem Jahr 1827 das Recht, akademische Grade zu verleihen. In den über 180 Jahren seines Bestehens war das College immer wieder von Schließung bedroht, gelangte aber im 20. Jahrhundert zu gesamtindischer Bedeutung, da theologische Ausbildungsstätten in ganz Indien dem *Serampore College* affiliiert wurden, um ebenfalls Grade verleihen zu können. Serampore war und ist der einzige Ort in Indien, an dem eine theologische Abteilung im Rahmen eines allgemeinen Colleges besteht.[90]

d) Alexander Duff und die schottische Schulmission

Als der schottische Presbyterianer Alexander Duff[91] (1806–1878) im Jahr 1830 nach Kalkutta kam, stattete er dem alten William Carey in Serampore einen Besuch ab. Beide wollten Bildung vermitteln und beide verstanden sich als Missionare. Aber die Verknüpfung von Mission und Bildung war bei beiden völlig unterschiedlich. Carey ging es darum, indische Christen so zu bilden, dass sie den christlichen Glauben ihren Volksgenossen vermitteln konnten. Infolgedessen spielten indische Sprachen und Literatur eine große Rolle im Lehrplan. Duff wollte westliche Bildung vermitteln, um so den Hinduismus zu unterminieren:

… wir werden mit dem Segen Gottes unsere Zeit und Kraft darauf verwenden, eine Mine zu bereiten und eine Lunte zu legen, die eines Tages explodieren und das Ganze von der untersten Tiefe her zerreißen wird.[92]

Für Duff war der Hinduismus die Wurzel der Probleme Indiens. Von diesem Ansatz her ist verständlich, dass er an indischen Bildungsgütern nicht interessiert war.[93] Er

---

88 G. A. Oddie: India: Missionaries, S. 239.
89 B. Stanley, a. a. O., S. 48 f.
90 Zur weiteren Geschichte des Serampore Colleges vgl. B. Stanley, a. a. O., S. 156–162, 294–300, 425 f.
91 M. A. Laird: Missionaries and Education in Bengal 1793–1837, Oxford 1972, S. 202–262; St. Neill, a. a. O., S. 307–313, 558 (Literatur); G. Thomas, a. a. O., S. 39–45.
92 Zitiert nach St. Neill, a. a. O., S. 309.
93 Noch negativer war das Urteil mancher Kolonialbeamter über die indische Kultur, was besonders drastisch in der oft zitierten Bemerkung von Thomas Babington Macaulay aus dem Jahr 1838 zum Ausdruck kommt: „Ein einziges Brett einer guten europäischen Bib-

wollte westliche Bildung in englischer Sprache verbreiten. Allerdings stellten damals auch Inder selbst die Forderung nach westlicher Bildung und englischsprachigem Unterricht.[94]

Noch im Jahr seiner Ankunft in Kalkutta (1830) gründete Alexander Duff dort eine Schule, die später unter dem Namen *Scottish Church College* bekannt wurde. Er betonte von Anfang an den christlichen Charakter der Schule. Die erste Klasse wurde mit dem Vaterunser eröffnet. Als Duff jedem Schüler ein Neues Testament gab, regte sich Protest. Aber der große Hindu-Reformer Raja Ram Mohan Roy, der „Vater des modernen Indien", der die Schule in den ersten Tagen besuchte, kam Duff zu Hilfe, indem er die Schüler aufforderte, das Neue Testament zu studieren, um sich selbst ein Urteil bilden zu können.[95] Die von Duff erwartete Wirkung – die Erschütterung des Hinduismus – trat nicht ein. Für Unruhe sorgte allerdings die Konversion der Brahmanen Krishna Mohun Banerjea[96] (1813–1885), der später in der anglikanischen Kirche ordiniert wurde, und Lal Behari Day[97] (1824–1894). Später richtete Duff auch eine Schule für Mädchen ein.

Die Schularbeit war immer ein Bestandteil der Mission gewesen. Von den 30er Jahren des 19. Jahrhunderts an aber trat die gehobene westliche Bildung in den Vordergrund.[98] 1835 eröffnete John Wilson von der *Scottish Missionary Society* ein College in Bombay (heute Mumbay), das später nach ihm benannt wurde. Stephen Hislop von der *Free Church of Scotland* gründete 1846 das – später so genannte – *Hislop-College*. Bewusst nahm er auch Kinder von Kastenlosen in seine Institution auf. Aus der von John Anderson von der *Church of Scotland* begonnenen Schule in Madras ging 1877 das *Madras Christian College* hervor, das unter William Miller (1838–1923), der es von 1862 bis 1907 leitete, herausragende Bedeutung gewann. Auch Miller war Missionar der *Free Church of Scotland*, aber seine Ansicht des Hinduismus unterschied sich wesentlich von der Duffs. Er meinte, im Hinduismus Wahrheiten sehen zu können, die im Christentum zur Erfüllung kämen.

Ein wichtiger Einschnitt in der Schularbeit der Missionen war der 1854 durch die englische Regierung angeordnete Aufbau eines rein säkularen, vom Staat finanzierten und kontrollierten Schulwesens. An der Spitze sollten die drei Universitäten von Bombay, Kalkutta und Madras stehen, die Prüfungen abnehmen und akademische Grade vergeben konnten. Die Missionsschulen konnten sich in dieses System eingliedern lassen und dafür finanzielle Zuwendungen vom Staat erhalten (so genannte „grants-in-aid"). Die schottischen Institutionen lehnten zunächst ab. Andere – wie

---

liothek ist soviel wert wie die ganze einheimische Literatur Indiens und Arabiens." Zitiert nach G. Thomas, a. a. O., S. 42.

[94] Darauf weist z. B. R. E. Frykenberg: The Halle Legacy in Modern India: Information and the Spread of Education, Enlightenment and Evangelization, in: M. Bergunder (Hg.): Missionsberichte aus Indien im 18. Jahrhundert. Ihre Bedeutung für die europäische Geistesgeschichte und ihr wissenschaftlicher Quellenwert für die Indienkunde, Halle 1999, S. 6–29, bes. S. 15 f.

[95] St. Neill, a. a. O., S. 309.

[96] K. Baago: Pioneers, S. 12–17, 89–103; T. V. Philip: Krishna Mohan Banerjea. Christian Apologist, Bangalore-Madras 1982; F. Wilfred/M. M. Thomas, a. a. O., S. 44–50.

[97] Ebd., S. 51–55.

[98] Dazu St. Neill, a. a. O., S. 313–330.

z. B. die Basler Missionare in Südindien – wurden von ihrer Heimatleitung zur Annahme des staatlichen Angebots gedrängt. Die Erfahrungen waren aber nicht sehr positiv.

e) Die Industrie- und Handelsunternehmungen der Basler Mission

Als der dritte Inspektor (d. h. Direktor) der 1815 gegründeten *Basler Mission*, Joseph Josenhans, 1851 bis 1852 eine Visitationsreise nach Indien unternahm, gab ihm das *Komitee* (das Leitungsgremium der *Basler Mission*) unter anderem folgenden Auftrag:

> Über die Frage, was von Seiten der Mission für die leibliche Versorgung der Heidenchristen und für Hebung des häuslichen und gewerblichen Lebens in den neuen Christengemeindlein geschehen solle, allseitig zu beraten.[99]

Dieser Auftrag deutet einige der Faktoren an, die beim Entstehen der Industrie- und Handelsunternehmungen der *Basler Mission*[100] zusammenwirkten, die sich im Lauf von 60 Jahren zu einem Großunternehmen entwickelten. 1913 beschäftigten sie in Indien 3636 Personen und erwirtschafteten mit ihren Einrichtungen in Afrika und Indien fast 1,3 Millionen Franken.[101] Handwerker-Brüder, die ebenfalls als Missionare galten, wurden nach Indien gesandt und bauten eine Druckerei und eine Schreinerei auf. Besonders erfolgreich waren die Weberei und die Ziegelei. Der Webermeister Johannes Haller entwickelte die Khaki-Farbe. Die damit hellbraun gefärbten Stoffe wurden für Polizei- und Armeeuniformen verwendet. Noch erfolgreicher war die Ziegelei.[102] „Basel-Mission-Tiles" wurden nicht nur in ganz Indien gekauft und verwendet, sondern auch in anderen asiatischen Ländern bis nach Neuguinea und Afrika. 1882 beschäftigte die Ziegelei in Jeppoo 262 Arbeiter.

Angesichts dieses Erfolges könnte es verwundern, dass der Nachfolger von Joseph Josenhans im Amt des Inspektors, Otto Schott, bei seiner Reise nach Indien im Jahr 1881 zu dem Urteil kam, dass „unser kolossaler Güterbesitz in Indien das Bleigewicht ist, das die Missionsarbeit lähmt …".[103] Die Intention der Unternehmungen, nämlich den Gemeinden Selbständigkeit und Unabhängigkeit zu geben, war in ihr Gegenteil verkehrt worden. Die Menschen waren nun von der Mission und ihren Fachleuten abhängig. Und Schott fragte, ob man „die Beschäftigung von Tagelöhnern Mission heißen" könne.[104] Trotzdem ging die Ausweitung der Betriebe weiter und erreichte im zweiten Jahrzehnt des 20. Jahrhunderts ihren Höhepunkt. Inzwischen war die Mission nur noch marginal an der 1859 gegründeten *Missionshandelsgesellschaft* beteiligt, indem sie einen Teil der Aktien hielt. Im Ersten Weltkrieg wurden die Industriebetriebe englischer Kontrolle unterstellt und 1920 schließlich von der Kolonialregierung übernommen. Die Trennung von Mission und Handelsunternehmungen vollzog man 1928. Die *Missionshandelsgesellschaft* wurde zur *Basler Handelsgesellschaft*.

---

[99] Zitiert in K. Rennstich: Handwerker-Theologen, S. 91.
[100] Vgl. dazu G. A. Wanner: Die Basler Handels-Gesellschaft A. G. 1859–1959, Basel 1959; W. J. Danker: Profit for the Lord. Economic Activities in Moravian Missions and the Basel Mission Trading Company, Grand Rapids/Michigan 1971; K. Rennstich: Handwerker-Theologen, S. 88–187.
[101] H. Gründer: Welteroberung und Christentum, S. 333.
[102] K. Rennstich: Handwerker-Theologen, S. 145–153.
[103] Zitiert ebd., S. 176 f.
[104] Zitiert ebd., S. 180.

f) Die Ausbreitung des Christentums in Nordostindien

Nordostindien[105] umfasst sieben indische Bundesstaaten im Osten von Bangladesh (Assam, Arunachal Pradesh, Meghalaya, Nagaland, Manipur, Tripura und Mizoram), die nach 1947 aus der Verwaltungseinheit Assam entstanden und der Einfügung in den indischen Staat teilweise starken Widerstand entgegensetzten.[106] Zu einem großen Teil handelt es sich um gebirgiges Gebiet mit tief eingeschnittenen Tälern und steilen Hängen. Die englische Kolonialverwaltung versuchte zwar, die ständigen Kämpfe zwischen den politisch selbständigen Dörfern zu unterbinden, den Überfällen der Bergstämme auf die Bewohner der Ebenen ein Ende zu setzen und Sitten wie die Kopfjagd abzuschaffen, war im Übrigen aber bemüht, in das Leben der Stämme möglichst wenig einzugreifen. Der Zugang zu den gebirgigen Gebieten war nur mit einem *Inner Line Permit* gestattet. In einigen Staaten Nordostindiens wurde das Christentum zur zahlenmäßig stärksten Religion. Somit hat diese Region eine besondere kirchengeschichtliche Bedeutung.[107]

Zur Bildung beständiger christlicher Gemeinden kam es in Nordostindien erst im 19. und 20. Jahrhundert[108] durch Missionare der *American Baptist Missionary Union*[109], der *Welsh Presbyterian Mission*[110] und der *Arthington Aborigines Mission*[111]. Zwei der Arthington-Missionare, F. W. Savidge und J. H. Lorrain, schlossen sich später der englischen *Baptist Missionary Society* an und begannen 1903 eine Mission in Lunglei, im Süden Mizorams.[112] Die Missionare in Nordostindien wurden von den Kolonialbehörden sehr unterstützt.[113] Die Zahl der Konvertiten blieb allerdings anfangs sehr klein. Menschen, die sich dem Christentum zuwandten, hatten mit Verfolgung und

---

[105] F. S. Downs: History ... North East India, S. 1–11; ders.: The Mighty Works of God. A Brief History of the Council of Baptist Churches in North East India: The Mission Period 1836–1959, Gauhati 1971; ders.: Art. „India, Churches of North East", in: DAC, S. 363–365.

[106] Dazu L. Pachuau: Ethnic Identity, passim. Pachuau kommt zu dem Ergebnis, dass das Christentum einen wesentlichen Anteil am Entstehen des ethno-nationalen Bewusstseins gehabt habe. Er findet jedoch keine Hinweise darauf, dass die Missionare die Unabhängigkeitsbewegungen angeregt oder unterstützt hätten, was häufig behauptet wurde.

[107] Einen vorzüglichen Überblick über das Christentum in Nordostindien gibt H.-J. Günther: Die christliche Botschaft im Nordosten Indiens, in: ZMiss 6 (1980), S. 221–234; eine ausführlichere Darstellung bietet F. S. Downs: History ... North East India; vgl. auch ders.: Art. „India, Churches of North East", in: DAC, S. 363–365.

[108] Zu früheren – aber folgenlosen – Ansätzen einer Missionierung vgl. F. S. Downs, History ... North East India, S. 64–68.

[109] Ab 1836 in Assam, später in den Garo-Bergen des heutigen Staates Meghalaya und unter den Ao-Nagas.

[110] Ursprünglicher Name *Welsh Calvinist Methodist Foreign Mission*. Ab 1841 in Cherrapunji in den Khasi-Jaintia-Bergen, im östlichen Teil des heutigen Staates Meghalaya.

[111] Eine von dem Millionär Robert Arthington aus eigenen Mitteln finanzierte Mission. Zu ihrer Gründung vgl. C. L. Hminga: Life and Witness, S. 43 f. Sie begann 1894 mit der Mission in Manipur und in Mizoram.

[112] Zum Beginn der Mission in Mizoram vgl. ebd., S. 47–63; B. Stanley, a. a. O., S. 269–276.

[113] Vgl. dazu F. S. Downs: History ... North East India, S. 29–63; L. Dena: Christian Missions and Colonialism. A Survey of Missionary Movements in North East India with particular Reference to Manipur and Lushai Hills 1894–1947, Shillong 1988.

Diskriminierung zu rechnen. Manche einheimischen Christen nahmen erhebliche Nachteile und Anfeindungen in Kauf. Als 1876 U. Borsing, ein Mitglied der herrschenden Familie in Cherrapunji, Christ wurde, verzichtete er auf die ihm zustehende Position des Stammesführers und auf sein Erbe.[114]

Die entscheidenden Impulse zur starken Verbreitung des Christentums in einigen Staaten Nordostindiens gingen nicht von den Missionaren, sondern von einheimischen Christen aus. Einer von ihnen, Omed, wurde 1867 als erster Pastor in Nordostindien ordiniert. Manche Missionare förderten das selbständige Wirken ihrer Gemeinden. So schrieben die Pionier-Missionare in Mizoram, Savidge und Lorrain in ihrem Report für das Jahr 1903:

Von Anfang an wird es unser Ziel sein, die Lushai-Kirche[115] finanziell selbständig und missionarisch (*self supporting and self propagative*) zu machen.[116]

Dementsprechend begannen die Kirchen in Mizoram bald selbst mit der Missionsarbeit, der sie bis zum Ende des 20. Jahrhunderts eine Priorität einräumten.[117] In mehreren Wellen von Erweckungsbewegungen in den Jahren 1906, 1913/14, 1919 bis 1924 und 1930 bis 1937 nahm die Zahl der Christen in Mizoram sprunghaft zu.[118] Sie waren mit Ausbrüchen einer stark emotionalen Frömmigkeit verbunden. Die Menschen beklagten im öffentlichen Gottesdienst unter Tränen ihre Sünden und wurden von Freude über Vergebung ergriffen. Die Missionare waren in der Regel um eine gewisse Nüchternheit bemüht.[119] Die Erweckungsbewegungen führten zu einer neuen Verbindung christlicher Frömmigkeit mit einheimischer Kultur.

g) Der Weg der indischen Kirchen zur Selbständigkeit

Vom Beginn des 20. Jahrhunderts an vollzog sich die Übernahme der vollen Verantwortung durch indische Kirchenführer. Manchmal waren die politischen Verhältnisse der Anlass. So bei der *Evangelisch-lutherischen Goßner-Kirche* in Chota Nagpur und Assam (*Goßner Evangelical Lutheran Church,* GELC), die 1919 als erste indische Kirche selbständig wurde. Die deutschen Missionare hatten das Gebiet auf Grund des Krieges verlassen müssen. Im selben Jahr (1919) wurde die unabhängige *Tamil Evangelical Lutheran Church* (TELC) gegründet. Das bei dieser Gelegenheit ausgearbeitete *Tranquebar-Manifest*[120] war zugleich ein entscheidender Anstoß zur Bemühung um kirchliche Einheit. 1930 wurde die unabhängige anglikanische *Church of India, Birma and Ceylon* gegründet. Sie war eine eigene Kirchenprovinz innerhalb der anglikanischen Gemeinschaft.[121]

---

114 O. L. Snaitang: Christianity, S. 73 f.
115 Lushai ist eine andere Bezeichnung für Mizo.
116 Baptist Church of Mizoram (Hg.): Reports, S. 8.
117 Die presbyterianische Kirche verwendete 21 % ihres Haushaltes auf Missionsarbeit, die baptistische Kirche 47,7 %! F. Hrangkhuma: Art. „Mizo", in: DAC, S. 557 f.
118 F. S. Downs, a. a. O., S. 94–101; M. Kipgen: Christianity and Mizo Culture, S. 214–312.
119 Baptist Church of Mizoram (Hg.), a. a. O., S. 38.
120 Auszugsweise zitiert in H. Grafe (Hg.): Evangelische Kirche, S. 130 f.
121 Vgl. oben Kap. 1 G.

4. Die christliche Kirche im unabhängigen Indien[122]

Das Ende der britischen Kolonialherrschaft versetzte die indischen Christen in eine neue Lage: Sie gehörten nun nicht mehr zur Religion der herrschenden Schicht, sondern stellten eine kleine Minderheit dar, deren Religion zudem von vielen verdächtigt wurde, eine „fremde" Religion zu sein. Aber die Christen nahmen die mit der neuen Situation gegebene Herausforderung an: Theologisches Denken[123], die Praxis der Frömmigkeit[124] und teilweise auch theologische Ausbildung wurden bewusst in den indischen kulturellen, religiösen und gesellschaftlichen Kontext gestellt. Kirchen engagierten sich bei der Bewältigung gesellschaftlicher Probleme, einzelne Christen nahmen politische Verantwortung wahr. Die Bemühungen um die Überwindung kirchlicher Spaltungen[125] führten u. a. zur Gründung der *Kirche von Südindien* und der *Kirche von Nordindien*.

a) Der politische Status der Christen im unabhängigen Indien

Die Kirchen wurden zu Kirchen im indischen Kontext. Das brachte natürlich auch Probleme mit sich. Man befürchtete, die hinduistische Mehrheit im unabhängigen Indien werde den Staat seines säkularen Charakters berauben und ihn schrittweise in einen Hindu-Staat umwandeln. Das führte zu der Überlegung, für die Christen eine ihrer Bevölkerungszahl prozentual entsprechende Zahl reservierter Parlamentssitze zu fordern.[126] Die christlichen Vertreter in der verfassungsgebenden Versammlung – unter ihnen K. T. Paul, S. K. Datta, J. D'Souza und H. C. Mookherjee – verzichteten jedoch auf reservierte Parlamentssitze. Das trug ihnen hohes Lob ein. Indira Gandhi erinnerte noch im Jahr 1973 daran:

> Wer kann die bewegende Rede vergessen, die Dr. H. C. Mookherjee in der verfassungsgebenden Versammlung hielt, als er den Vorschlag zurückwies, die Christen bräuchten Quoten und reservierte Sitze? Die größte Sicherheitsgarantie für eine Minderheit ist das Vertrauen der Mehrheit.[127]

Diese Entscheidung war allerdings nicht im Sinne der christlichen Dalit. Sie waren misstrauischer. Die indische Politik gegen Ende des 20. Jahrhunderts schien dieses Misstrauen zu rechtfertigen.

b) Einheit und Spaltungen in den Kirchen

Jeweils nach langen, sich über Jahrzehnte erstreckenden Verhandlungen kam es in Indien zur Gründung der *Kirche von Südindien* (1947) und der *Kirche von Nordindien* (1970). Sie dokumentieren eindrücklich den Willen zur Überwindung der denominationellen Spaltungen. Zugleich jedoch entstanden neue Kirchentrennungen,

---

[122] Die Darstellung konzentriert sich auf die protestantischen Kirchen; zur katholischen Kirche vgl. G. Evers: Die Länder Asiens, S. 338–392.

[123] Vgl. oben Kap. 1 E.

[124] Vgl. oben Kap. 1 C, D.

[125] Vgl. oben Kap. 1 H.

[126] Dieses Recht haben z. B. die Anglo-Inder in Indien.

[127] Zitiert nach G. Thomas: Christian Indians, S. 217.

denen weniger Fragen der Lehre als kirchenpolitische Gesichtspunkte zugrunde lagen.[128]

c) Die christliche Kirche angesichts eines erstarkenden Hindu-Nationalismus

Die indische Verfassung legt in Artikel 3 fest, dass Indien ein säkularer Staat sei, in dem keine Religion im Rang der Staatsreligion stehe:

Alle Bürger, unabhängig von Religion, Rasse, Kaste, Geschlecht und Geburtsort, sollen Gleichheit vor dem Gesetz genießen und es soll ihnen in keiner Weise eine Benachteiligung erwachsen.[129]

Im Vertrauen auf den säkularen Charakter des neuen Staates hatten die christlichen Mitglieder in der verfassungsgebenden Versammlung reservierte Parlamentssitze für die Christen abgelehnt. Und sie erreichten, dass Artikel 25 der Verfassung jedem das Recht gibt, seine oder ihre Religion „zu bekennen, zu praktizieren und zu propagieren", vorausgesetzt, dies geschehe im Rahmen der öffentlichen Moral und Ordnung. Umstritten war vor allem das Recht des Propagierens der Religion. Schon 1954 gab es einen ersten Versuch, das Recht zur Konversion einzuschränken. Er wurde jedoch auf Antrag von Jawaharlal Nehru abgewiesen. Ähnliche erfolglose Versuche gab es in den Jahren 1960 und 1979. In einzelnen Bundesstaaten (Orissa, Madhya Pradesh) wurden jedoch entsprechende Gesetze eingeführt.

Die Situation änderte sich gegen Ende der 80er Jahre des 20. Jahrhunderts. Hindu-nationalistische Kräfte erstarkten in dieser Zeit geradezu explosionsartig. Bei den Wahlen von 1989 vermehrte die hindu-nationalistische *Indische Volkspartei (Bharatiya Janata Party*, BJP) die Zahl ihrer Parlamentssitze von zwei auf 86, bei den vorgezogenen Wahlen von 1991 auf 119 Sitze. Bis 2004 führte die BJP eine Koalitionsregierung. Die BJP und ihr nahe stehende Organisationen, die alle aus der *Nationalen Freiwilligen-Organisation (Rashtriya Svayamsevak Sangh*, RSS)[130] hervorgegangen sind, antworteten auf eine offenbar bei vielen Hindus vorhandene Empfindung der Bedrohung. Vorrangiges Angriffsziel der hindu-nationalen Kräfte wurde der Islam. Höhepunkte der gegen den Islam gerichteten Aktivitäten waren die Zerstörung der – allerdings nicht mehr zu gottesdienstlichen Zwecken benutzten – Moschee in Ayodhya[131] am 6. Dezember 1992 und das Massaker an hunderten von Muslimen (verbunden mit der Vernichtung ihres Besitzes) in Gujarat im Februar 2002.[132]

Gegen das Christentum richteten sich zunächst die Gesetze „zum Schutz der Religionsfreiheit", die ab 1967 in verschiedenen Staaten in Kraft traten. Sie verboten nicht grundsätzlich die Konversion, sondern Konversion auf Grund unlauterer Mittel wie

---

128 Vgl. oben Kap. 1 2b.)

129 Zitiert nach R. C. Majumdar et al.: An Advanced History, S. 992.

130 H.-J. Klimkeit: Der politische Hinduismus. Indische Denker zwischen religiöser Reform und politischem Erwachen, Wiesbaden 1981, S. 257–272; K. Anderson/Sh. D. Damle: The Brotherhood in Saffron. The Rashtriya Swayamsevak Sangh and Hindu Revivalism, Boulder/Colorado 1987.

131 F. Huber: Religion und Politik in Indien, in: ZMiss XVII (1991), S. 74–86, bes. S. 77–81; A. Becke: Fundamentalismus in Indien? Säkularismus und Kommunalismus am Beispiel von Ayodhya, in: ZMR 78 (1994), S. 3–24; Ch. Weiß (Hg.): Religion – Macht – Gewalt. Religiöser „Fundamentalismus" und Hindu-Moslem-Konflikte in Südasien, Frankfurt a. M. 1996.

132 Dazu K. P. Aleaz: Hindu-Muslim and Hindu-Christian Relations.

Gewalt, Verlockung und Betrug. Diese Begriffe sind verschieden interpretierbar. Liegt Verlockung vor, wenn jemand zum Christentum konvertiert in der Erwartung, dort eine höhere Respektierung seiner Menschenwürde zu finden? Das im Jahr 2002 im Staat Tamil Nadu in Kraft getretene „Gesetz zum Verbot des erzwungenen Religionswechsels" (*Prohibition of Forcible Conversion of Religion Act*) sieht bei Verletzung dieses Gesetzes eine Gefängnisstrafe von bis zu drei Jahren und eine Strafzahlung bis 50 000 Rupien (ca. 1000 Euro) vor, was im Fall von Frauen, Minderjährigen, früheren Kastenlosen und Stammesangehörigen noch erhöht werden kann. Die Christen wurden verdächtigt, vor allem Stammesangehörige und Dalit mit unlauteren Mitteln zur Konversion zum Christentum zu verlocken.

Es wäre übertrieben, wollte man von einer allgemeinen Christenverfolgung in Indien sprechen. Es kann aber nicht übersehen werden, dass es seit den letzten Jahren des 20. Jahrhunderts in zunehmender Zahl zu Angriffen auf Christen, Zerstörung von Kirchen und Behinderungen gekommen ist.[133] Die Kirchen reagierten darauf einerseits mit Selbstkritik, andererseits mit der Einforderung der von der Verfassung garantierten Rechte. Und sie verbanden damit den Appell an die große indische Tradition der Gewaltlosigkeit und Toleranz als einer Basis für ein friedliches Zusammenleben.

B AFGHANISTAN

Schon bevor im 7. Jahrhundert der Islam im heutigen Afghanistan[134] Fuß fasste, begegneten sich in diesem Gebiet kulturelle und politische Einflüsse von Ost und West. Zeugnis dafür sind die buddhistischen Kunstwerke der Gandhara-Epoche[135] und von Bamiyan (ca. 200 km westlich von Kabul). In der Gandhara-Kunst befruchteten sich im 1. bis 4. Jahrhundert n. Chr. indischer und griechischer (oder römischer?) Stil, im Bamiyan-Tal verbanden sich (im 5. bis 6. Jahrhundert) iranische und indische Kunst.[136] Im 7. Jahrhundert – dem Jahrhundert seiner Entstehung – erreichte der Islam Afghanistan und setzte sich gegen Zoroastrismus, Buddhismus und Hinduismus durch. Von da an blieb der Islam in Afghanistan die beherrschende Religion, wobei sich Religion, Kultur und Politik eng verbanden.[137] Die politische Geschichte Afghanistans seit der Gründung des Staates durch Ahmad Shah Abdali (1747) war bestimmt durch das spannungsvolle Miteinander und oft auch Gegeneinander verschiedener ethnischer Gruppen (Pashtunen, Tadschiken, Usbeken etc.) einerseits und die imperialen Ansprüche Russlands und Englands, die im Einmarsch der Sowjetunion (1979) einen letzten Ausdruck fanden.[138]

---

[133] Dazu ebd., S. 445–449.

[134] Zur Geschichte Afghanistans vgl. M. Ewans: Afghanistan. A Short History of Its People and Politics, New York 2002.

[135] Gandhara liegt zum Teil im Nordwesten Indiens, im Norden Pakistans und im Osten Afghanistans.

[136] M. Hallade/H. Hinz: Indien. Gandhara. Begegnung zwischen Orient und Okzident, Hersching 1968². Ein Bild des Bamiyan-Tals findet sich auf S. 72 f., eine Abbildung der 53 m hohen Buddhastatue auf S. 164.

[137] D. Khalid: Afghanistan, passim.

[138] Wichtige Daten aus der politischen Geschichte Afghanistans: drei britisch-afghanische

Angesichts der fast rein muslimischen Bevölkerung Afghanistans im Jahr 2000 könnte man vergessen, dass es schon in vorislamischer Zeit christliche Gemeinden und Diözesen auf dem Gebiet des heutigen Afghanistan gab. Von Balkh, der Hauptstadt Baktriens (heute im Norden Afghanistans), aus zogen im 7. Jahrhundert Missionare der „nestorianischen" *Apostolischen Kirche des Ostens* bis nach China und in die Mongolei.[139] Vom 5. bis zum 11. Jahrhundert war Herat Bischofssitz.[140] Zum Jurisdiktionsbereich des Katholikos Timotheus I. (779–823)[141] gehörten auch die Diözesen von Herat und Balkh. Zwar ist wenig darüber bekannt, wie im vorislamischen Afghanistan der christliche Glaube verstanden und praktiziert wurde. Unbestreitbar aber ist, dass er in Afghanistan Fuß fassen konnte. Das Ende des Christentums in Afghanistan kam mit Tamerlan (1360–1405), der ein – allerdings kurzlebiges – islamisches Großreich errichtete.

Die christlichen Gemeinden, die im 17. Jahrhundert in Afghanistan entstanden, waren armenische „Auslandsgemeinden".[142] Die Armenier hatten in der ganzen Welt ein weit verzweigtes Netz von Niederlassungen errichtet, die, obwohl auch durch Verfolgungen in der Heimat hervorgerufen, die Handelsbeziehungen erleichterten. In der Zeit der Mogulherrschaft in Kabul (bis zum Tod Aurangzebs im Jahr 1707) war die Position der Armenier besonders günstig. Sie genossen völlige Bewegungsfreiheit, unterlagen keinen Kleidervorschriften und waren von den Steuern, die den „Schutzbefohlenen" (*dhimmi*) unter islamischer Herrschaft üblicherweise auferlegt wurden, befreit. In der zweiten Hälfte des 19. Jahrhunderts ging die Zahl der Armenier in Afghanistan zurück. Die letzten wurden durch den „Eisernen Emir" Abd ar-Rahman (1890–1901) vertrieben.

Der Sieg Englands im zweiten Afghanistan-Krieg (1878–1880) brachte eine gewisse Öffnung des Landes mit sich. Die Mission versuchte, sich diese Öffnung zunutze zu machen. 1879 eröffneten die *Mill Hill Missionare*[143] auf den Wunsch Roms hin die Afghanistan-Mission und gründeten mehrere Stationen (Kandahar, Landi Kotal am Kyber-Pass).[144] Als sich aber nach Beendigung der Kriegshandlungen die Engländer auf das Gebiet des heutigen Pakistan zurückzogen, führte der Amir Abd ar-Rahman eine strikte Islamisierung durch. Die Altgläubigen in Kafiristan wurden zur Annahme des Islam gezwungen,[145] die Christen in Kabul des Landes verwiesen.

Kriege (1838–1840, 1878–1880, 1919), Festlegung der so genannten Durand-Linie, Selbständigkeit Afghanistans (1919), Reformversuche von König Amanullah (1919–1933), Abschaffung des Königtums (1973), sowjetische Besatzung (1979–1991), Herrschaft der Taliban (1996–2001).

139 H. W. Haussig: Die Geschichte Zentralasiens und der Seidenstraße in Vorislamischer Zeit, Darmstadt 1992², S. 220.

140 J. C. England: The Hidden History, S. 43.

141 S. H. Moffett: Christianity in Asia, S. 349–357.

142 P. Heine/B. Kraus: Art. „Afghanistan", in: RGG⁴, Bd. 1, Sp. 135–137.

143 Offizieller Name dieser 1866 gegründeten Missionsgesellschaft ist *St. Joseph's Society for Foreign Missions*; vgl. J. Rooney: Art. „Mill Hill Missionaries".

144 Vgl. zum Folgenden J. Rooney: On Heels of Battles. A History of the Catholic Church in Pakistan 1780–1886, Rawalpindi 1986, S. 96–101; A. Camps: Mill Hill Missionaries, S. 213–258. Die von Camps veröffentlichten Briefe geben einen Eindruck der Probleme, mit denen die Mill Hill Missionare zu kämpfen hatten.

145 Nach der Islamisierung durch Amir Abd ar-Rahman (1880–1901) wurde Kafiristan in

Schon vor der katholischen Afghanistan-Mission hatte die CMS mit einer entsprechenden Missionsunternehmung begonnen.[146] Allerdings waren die CMS-Missionare vor allem auf der pakistanischen Seite der Grenze zu Afghanistan tätig. Von dort aus nahmen sie Kontakt mit Afghanen auf und reisten gelegentlich auch für kurze Zeit nach Afghanistan ein. Zum Kontakt mit Afghanen kam es vor allem durch die medizinische Tätigkeit des Arztes Theodore Leighton Pennell von 1892 bis 1912.[147] Den Vertretern der Missionen, die auf der Weltmissionskonferenz in Edinburgh (1910) die Möglichkeiten in den einzelnen Ländern der Erde überdachten, galt Afghanistan als das Land, „bei dem es für Missionare am schwierigsten ist, es zu betreten".[148] Zugleich jedoch blickten sie hoffnungsvoll in die Zukunft. Die Reformpolitik, die König Amanullah in den 20er Jahren des 20. Jahrhunderts betrieb, schien diese Erwartungen zu rechtfertigen. Afghanen wurden zum Studium ins Ausland geschickt und kamen dabei auch mit dem Christentum in Kontakt. Zwei Jahrzehnte später schienen sich diese Aussichten noch verbessert zu haben.[149] Aber die Erwartungen stellten sich als irrig heraus. In Afghanistan wurden nur Auslandsgemeinden zugelassen. Ein italienischer Priester im Diplomatenstatus konnte sich um die katholischen Gemeinden kümmern und in der Botschaftskapelle Gottesdienst halten.[150] Protestantische Gottesdienste fanden in Privathäusern statt oder in den Räumlichkeiten von Hilfsorganisationen. Einmal – im Jahr 1971 – erhielt eine christliche Gemeinschaft, die interdenominationelle *Community Christian Church*, die Erlaubnis, eine Kirche (ohne Turm) zu errichten,[151] die jedoch nach dem Sturz der Monarchie (1973) auf Anordnung der Regierung wieder eingerissen wurde. So war Afghanistan auch am Beginn des 3. Jahrtausends noch ein Staat, der seinen Bürgern keine Religionsfreiheit gewährte. Ob dies auch mit einer unter Mitwirkung der UNO gebildeten Regierung so bleiben kann, ist abzuwarten.

Am Ende des 20. Jahrhunderts waren ca. 99 % der Bevölkerung Afghanistans Muslime. Von diesen waren ca. 85 % Sunniten der hanafitischen Rechtsschule, ca. 15 % Schiiten, vor allem der Zwölfer-Schia zugehörig, aber auch Ismailiten.

Nuristan („Land des Lichts") umbenannt. Vgl. A. Gh. Ghaussy: Afghanistan, in: W. Ende/ U. Steinbach (Hg.): Der Islam in der Gegenwart, S. 264–278, bes. S. 267.

[146] K. S. Latourette: Expansion, Bd. 6, S. 135–137.

[147] Wie die Arbeit der CMS-Missionare aus der Perspektive eines Kritikers der Mission aussieht, kann man der Bemerkung von D. Khalid, a. a. O., S. 241, entnehmen: „Ein wichtiges Motiv für das gewaltsame Vorgehen Abd ar-Rahhman Khans waren allerdings die intensiven Bemühungen britischer Missionare, die Bewohner Nuristans durch Geschenke gewissermaßen für das Christentum zu kaufen." Für Zwangskonversion zum Islam scheint der Autor mehr Verständnis zu haben.

[148] World Missionary Conference, 1910: Report of Commission I: Carrying the Gospel to All the Non-Christian World, Edinburgh etc. 1910, S. 201.

[149] EMM 89 (1945), S. 32: „Ein verschlossenes Land öffnet sich. Die Amerikanische Presbyterianermission hat eine Aufforderung erhalten, Lehrer nach Afghanistan zu senden. Ein starkes Verlangen nach Bildung ist im Lande aufgebrochen, und es ist anzunehmen, daß auch andere Europäer in Kürze Arbeitsmöglichkeiten in diesem bisher streng von der Außenwelt abgeschlossenen Lande finden werden."

[150] A. Panigati: Als Priester in Afghanistan, in: KM 111 (1992), S. 159–162.

[151] Ein Bild dieser Kirche findet sich in WCE², Bd. 1, S. 50.

C PAKISTAN

1. Historischer und religiöser Hintergrund

Vor der Einbeziehung in das britisch-indische Kolonialreich waren die einzelnen Provinzen des heutigen Pakistan meist abhängig von den Nachbarmächten: Persien im Westen, Afghanistan im Norden und Indien im Osten.[152] Der Islam kam zu Beginn des 8. Jahrhunderts über Persien nach Belutschistan und Sind. Im Jahr 711 – in dem Jahr, in dem ein islamisches Heer die Meerenge von Gibraltar überschritt – erreichte der muslimische Feldherr Muhammad ibn al-Qasim den unteren Indus. Eine zweite muslimische Eroberungswelle nahm nach der Wende zum 2. Jahrtausend von Ghazna (in Afghanistan) ihren Ausgang. Zu Beginn des 17. Jahrhunderts gründeten die Portugiesen Handelsniederlassungen in Thatta und Lahri Bandar, im Mündungsgebiet des Indus.[153] Im ersten Afghanistan-Krieg[154] (1839–1842) wurde die strategische Bedeutung der Gebiete des heutigen Pakistan für Britisch-Indien deutlich. Durch ihre Kontrolle sollte Russland der Zugang nach Südasien versperrt werden. Sie wurden deshalb annektiert: 1843 Sind[155], 1849 der Punjab, 1876 Belutschistan. Man errichtete Militärstützpunkte und nahm das Projekt der Sind-Punjab-Delhi-Eisenbahn in Angriff.

Als am 15. August 1947 die englische Kolonialherrschaft in Indien zu Ende ging, wurde Britisch-Indien geteilt. Kriterium war die Religionszugehörigkeit der Bevölkerungsmehrheit. Aus den westlichen Provinzen und Ostbengalen wurde Pakistan[156] gebildet, dessen beide Teile – West- und Ostpakistan – durch Nordindien voneinander getrennt waren.[157] Nach der Machtübernahme durch General Ayyub Khan 1958 wechselten mehrmals demokratisch gewählte und Militärregierungen einander ab.

Von den ca. 130 Millionen Einwohnern Pakistans Ende des 20. Jahrhunderts waren ca. 95 % Muslime (davon 15–20 % Schiiten). Die ca. 500 000 Anhänger der Ahmadiyya-Bewegung werden seit 1974 nicht mehr als Muslime anerkannt. Hindus und andere Religionen machen ca. 1,5 % aus.[158] Mit dem Entstehen des islamisch geprägten Pakistan veränderte sich natürlich auch die Lage der Kirche in diesem Land.

Vor der Gründung des Staates Pakistan lassen sich die katholische und protestantische Missions- und Kirchengeschichte Pakistans nicht scharf von der Indiens trennen. So erstreckte sich z. B. die 1877 gebildete anglikanische Diözese von Lahore (im heutigen Pakistan) bis Delhi, das erst 1947 Bischofssitz wurde.

---

[152] Zur Geschichte Pakistans im 20. Jahrhundert vgl. L. Ziring: Pakistan in the Twentieth Century. A Political History, Oxford 1997.
[153] J. Rooney: Symphony, S. 9–14.
[154] R. C. Majumdar et al.: An Advanced History, S. 741–753.
[155] Sir Charles Napier bezeichnete die Eroberung selbst als ein „Schurkenstück" (*piece of rascality*) ohne jede Rechtsgrundlage; ebd., S. 756.
[156] Zur Geschichte von Pakistan vgl. L. Ziring, a. a. O.
[157] 1971 trennte sich Ostpakistan mit militärischer Hilfe Indiens von Westpakistan und nahm den Namen Bangladesh („Bengalen-Land") an.
[158] Zahlen nach I. Berner: Art. „Pakistan", S. 628.

2. Katholische Mission und Kirche bis 1947

Ob es in den ersten 15 Jahrhunderten in den Gebieten des heutigen Pakistan christliche Gemeinden gab, ist ungewiss. Die wenigen Hinweise, die dies nahe legen könnten,[159] führen über Vermutungen nicht hinaus. Lässt z. B. die Aussage von Muhammad ibn al-Qasim, er werde die Tempel der Hindus behandeln „wie die Kirchen der Christen", darauf schließen, dass es zu Beginn des 8. Jahrhunderts im Sind Christen gab? Die pakistanischen Christen selbst legen allerdings in der Auseinandersetzung mit der muslimischen Mehrheit großen Wert auf die Feststellung, dass christliche Gemeinden schon in den ersten Jahrhunderten n. Chr. auf dem Gebiet des heutigen Pakistan existiert haben.[160]

Mit Sicherheit entstanden im Zusammenhang mit den portugiesischen Kolonialunternehmungen um die Wende vom 16. zum 17. Jahrhundert katholische Gemeinden. Der Mogulkaiser Akbar (1556–1605) gestattete den Jesuiten den Bau einer Kirche in Lahore (im Norden Pakistans) und gab seinen Untertanen die Erlaubnis, die christliche Religion anzunehmen.[161] Ähnlich aufgeschlossen für das Christentum war sein Sohn und Nachfolger Jahangir (1605–1627). Die späteren Mogulkaiser[162] jedoch behinderten und verfolgten das Christentum. Ebenfalls zu Beginn des 17. Jahrhunderts entstanden im Süden christliche Gemeinden in den portugiesischen Handelsniederlassungen von Thatta und Lahri Bandar, die von Beginn der 1630er Jahre an ebenfalls unter Behinderungen zu leiden hatten.

Als in den 1840er Jahren britische Militärstützpunkte in Karatschi, Hyderabad[163] und Quetta entstanden, kam mit den Armeeangehörigen und Eisenbahnbediensteten hauswirtschaftliches Personal, das zu einem guten Teil aus Christen bestand.[164] Dies hatte äußerliche Gründe: Weder Muslime, die Schweinefleisch und Alkohol ablehnten, noch Hindus, die kein Rindfleisch verarbeiten wollten, eigneten sich für die Küchenarbeit in den Häusern der Engländer und Anglo-Inder. So kamen Christen aus Südindien und zu ihrer Betreuung Karmeliter und Jesuiten. Mit finanzieller Unterstützung der Eisenbahngesellschaft, die den Bau der Sind-Punjab-Delhi-Bahn betrieb, wurde eine Anzahl weiterer Kirchen und Missionsstationen eröffnet, verbunden mit Schulen und Einrichtungen medizinischer Hilfe. In diesem Zusammenhang wanderten vor allem Punjabi nach Sind ein.

---

[159] J. Rooney: Shadows in the Dark. A History of Christianity in Pakistan up to the 10th century, Rawalpindi 1984, S. 29–52; ders.: Symphony, S. 7–9; ders.: Into Deserts. A History of the Catholic Diocese of Lahore, 1886–1986, Rawalpindi 1986; I. Berner: Art. „Pakistan", S. 628.

[160] P. Sookhdeo: Enttäuschte Hoffnungen, S. 169.

[161] K. S. Latourette: Expansion, Bd. 3, S. 258. Zu den verschiedenen jesuitischen Gesandtschaften an den Hof Akbars vgl. ausführlicher J. Rooney: The Hesitant Dawn, S. 18–55.

[162] Shah Jahan, der Erbauer des Taj Mahal (1628–1658) und Aurangzeb (1658–1707). Nach dem Tod Aurangzebs zerfiel das Mogulreich, obwohl es offiziell erst mit der Regierungsübernahme durch die englische Krone (1858) sein Ende fand.

[163] Nicht zu verwechseln mit dem Hyderabad in Andhra Pradesh.

[164] Zum Folgenden vgl. vor allem J. Rooney: Symphony, S. 17–39.

3. Protestantische Mission und Kirche bis 1947

Als Daniel Wilson, Bischof von Kalkutta, im Jahr 1836 den Sutlej-Fluss entlangfuhr, der die Grenze zwischen dem Bereich der *Britischen Ostindischen Handelsgesellschaft* und dem Sikh-Reich im Punjab bildete, ergriff er symbolisch von Letzterem Besitz. Er streckte seine Hand in Richtung auf das Sikh-Gebiet aus und erklärte: „Ich ergreife Besitz von diesem Land im Namen meines Herrn und Meister Jesus Christus."[165] Dreizehn Jahre später (1849) dehnte die *East India Company* ihren Machtbereich über den Punjab bis an die Grenze von Afghanistan aus. Wenn auch die Haltung der einzelnen Kolonialbeamten zur Mission unterschiedlich war, so waren es doch die kolonialen Eroberungen, die die Gebiete des späteren Pakistan für die Mission öffneten. An den Militärstützpunkten entstanden Kirchen, die von Militärgeistlichen betreut wurden.[166] Mehrere Kirchen und Gesellschaften sandten Missionare. Der Presbyterianer Charles William Foreman kam 1849 nach Lahore und eröffnete dort ein College, das später nach ihm benannt wurde. Robert Clark (*Church Missionary Society*) legte eine ganze Kette von Stationen an, bis nach Peshawar und Quetta. 1877 wurde Lahore zum anglikanischen Bischofssitz erhoben. Schulen, Colleges, Krankenstationen und Druckereien wurden eingerichtet. Auch diese Einrichtungen standen im Dienst der Verkündigung. Sie „predigen das Evangelium in einer Weise, wie es die Zunge niemals kann".[167] Indem die Missionare der CMS sich an dem berühmten Drei-Selbst-Programm[168] ihres Sekretärs Henry Venn orientierten, bemühten sie sich, möglichst bald einheimische Christen zu ordinieren. Die asiatische Kirche sollte keine Kopie der Kirchen des Westens sein.[169] Die Erwartungen der indischen Mitarbeiter und Mitarbeiterinnen nach Gleichstellung wurden allerdings nicht erfüllt.[170] Trotz dieser Bemühungen blieb die Zahl derer, die Christen wurden, klein.[171]

In den 70er Jahren des 19. Jahrhunderts setzte vor allem unter den Chuhra eine Hinwendung zum Christentum ein, die nicht unmittelbar von den Missionaren ausging, sondern von dem illiteraten Händler Ditt[172], der ohne eingehende christliche Unterweisung getauft worden war.[173] Bei der Ausführung seiner beruflichen Tätigkeit verbreitete er die christliche Botschaft. Die Chuhra bildeten die niedrigste Gesellschaftsschicht.[174] Neben landwirtschaftlicher Tätigkeit führten sie vor allem Reinigungsarbeiten aus. Manche Missionare begegneten den Chuhra-Christen mit offenem Miss-

---

165 Zitiert in J. Cox: Imperial Fault Lines, S. 23.

166 D. Snoxell: The Building of the Station Churches in the Punjab: Their Service to the Raj and their Contribution to Mission Work, in: Al-Mushir XVIII (1967), S. 20–26.

167 So der baptistische Missionar F. W. Hale; zitiert bei J. Cox, a. a. O., S. 76.

168 (Finanzielle) Selbsterhaltung, Selbstverwaltung, (missionarische) Selbstausbreitung.

169 J. Cox, a. a. O., S. 38–43.

170 Dazu ebd., S. 80–82, 99–105 u. ö.

171 Zahlen ebd., S. 117.

172 I. B. Stoner: Art. „Ditt", in: DAC, S. 245.

173 Zum Folgenden vgl. F. und M. Stock: People Movements in the Punjab, with Special Reference to the United Presbyterian Church, South Pasadena/California 1975; J. C. B. Webster: The Dalit Christians, S. 46–52; J. Cox, a. a. O., S. 116–152.

174 Dazu J. C. B. Webster, a. a. O., S. 8–15. Die Bezeichnung „Chuhra" wird heute als diskriminierend empfunden und deshalb im Allgemeinen vermieden. Die früheren Kastenlosen bezeichnen sich meist als „Dalit".

trauen. Der anglikanische Missionar Rowland Bateman (CMS) entfernte aus leitenden Funktionen alle, die er für ungeeignet hielt, weil sie z. B. das Glaubensbekenntnis nicht auswendig wussten.[175] Viele Chuhra-Gemeinden pflegten einen unkonventionellen Stil christlicher Frömmigkeit. Gottesdienstbesuch und Kenntnis christlicher Lehre spielten eine geringere Rolle. Sie bevorzugten lockere Zusammenkünfte, in denen Lieder und Psalmen gesungen wurden.[176] Das gesungene Wort sprach sie mehr an als das gesprochene. Unter den Motiven, die Chuhra und andere Gruppen am unteren Ende der Gesellschaft zum Christentum führten, dürfte vor allem die mit diesem gegebene Anerkennung menschlicher Würde wichtig gewesen sein. Während sich im gesamten Punjab bis zum Jahr 1871 nur 1870 Personen hatten taufen lassen, war im Jahr 1890 ihre Zahl auf 20 729 angewachsen. Die Chuhra-Bewegung (und andere, kleinere Massenbewegungen zum Christentum, z. B. unter den Chamar und Meg) hielt in Schüben bis ca. 1930 an.[177]

Die von der Missionskonferenz in Edinburgh (1910) angeregten ökumenischen Bemühungen führten 1922 – im damals noch ungeteilten Britisch-Indien – zur Gründung des *Nationalen Christenrates* (jetzt *National Council of Churches in Pakistan*), dem sich freilich nicht alle protestantischen Kirchen anschlossen (Heilsarmee, Adventisten, Brethren u. a.[178]).

4. Das Christentum im unabhängigen Pakistan

Die Geschichte der christlichen Kirchen im unabhängigen Pakistan (ab 1947) wurde vor allem durch die Minderheitensituation in einem überwiegend islamischen Staat bestimmt. Protestantische und katholische Christen standen damit weitgehend vor denselben Fragen, zu denen noch soziale Probleme kamen.[179]

a) Die Christen angesichts der zunehmenden Islamisierung

Die Christen hatten anfangs gehofft, in Pakistan eine gute Lebensmöglichkeit zu finden. Sie wurden darin bestärkt durch die viel zitierte Äußerung von Muhammed Ali Jinna, dem „Vater der Nation":

Ihr könnt jeder beliebigen Religion oder Kaste oder Glaubensüberzeugung angehören – das hat nichts mit den Angelegenheiten des Staates zu tun. Wir gehen von dem Grundsatz aus, dass wir alle gleichberechtigte Bürger des einen Staates Pakistan sind.[180]

Die „Islamische Republik Pakistan" garantierte in der Verfassung Toleranz gegenüber religiösen Minderheiten. Es gab allerdings Kräfte, die den islamischen Charakter des Staates stärker betont sehen wollten. Der bekannteste und wirkungsvollste Vertreter dieser Richtung war Abu l-Ala al-Maududi (1903–1979), der 1941 die *Islami-*

---

175 J. Cox, a. a. O., S. 145.

176 Zu Recht verteidigt J. Cox, a. a. O., S. 146–152, diese Frömmigkeitspraxis.

177 Henry Whitehead: The Mass Movement Towards Christianity in the Panjab, in: IRM 2 (1913), S. 442–453. Grundsätzliches zum Verständnis von Massenbekehrungen bei G. A. Oddie: India: Missionaries, S. 228 f.

178 W. Webster: Pakistan, S. 477.

179 G. Evers: Die Länder Asiens, S. 393–412.

180 Zitiert nach P. Sookhdeo: Enttäuschte Hoffnungen, S. 168.

sche Gemeinschaft (gama'at-i islami) gründete. Maududi zog aus dem Koranvers „Die Entscheidung steht allein Gott zu" (Sure 12,40) die Konsequenz, dass auch im Staatsleben Gott der eigentliche und einzige Souverän sei. Eine islamische Demokratie müsse sich deshalb von einer westlichen unterscheiden.[181] Maududi fand bei den Regierenden in Pakistan lange Zeit kein Gehör. Allerdings wurde schon 1949 ein Dokument veröffentlicht, das vorsichtig die Tür für eine Islamisierung des Staates öffnete. In der „Resolution über die Staatsziele" heißt es:

Die Muslime sollen in die Lage versetzt werden, ihr Leben im individuellen und im kollektiven Bereich in Übereinstimmung mit den Lehren und Erfordernissen des Islam zu gestalten ...[182]

Im Jahr 1977, zwei Jahre vor dem Tod Maududis, kam durch einen Militärputsch der General Zia ul-Haq an die Macht, der sich teilweise an dessen Vorstellungen orientierte. Im Jahr 1991 wurde die Einführung der Scharia als Grundlage des staatlichen Lebens von der Nationalversammlung gebilligt. Die staatsbürgerliche Position von Nichtmuslimen wurde durch die Scharia eingeschränkt.

Die zunehmend islamische Ausrichtung des pakistanischen Staates wirkte sich auch auf das kirchliche Leben aus. 1973 wurden die meisten Schulen verstaatlicht, Unterricht in Islamkunde für alle Schüler verpflichtend, während christlicher Religionsunterricht verboten war. Die Loyalität der Christen zum pakistanischen Staat war jedoch anerkannt. Als 1977 der Freitag – statt des Sonntags – als Ruhetag eingeführt wurde, erhielten die Christen das Recht, am Sonntag erst um elf Uhr zur Arbeit zu gehen, um am Gottesdienst teilnehmen zu können.[183] Das Blasphemiegesetz (1992), das für Beleidigung des Koran oder des Propheten die Todesstrafe vorsieht, ist für die Christen problematisch. Die Todesstrafe wurde bisher in vier Fällen verhängt, aber nicht vollstreckt.[184] Einen Höhepunkt erreichte der Protest gegen das Blasphemiegesetz, als sich Bischof John Joseph von Faisalabad am 6. Mai 1998 vor einem Gerichtsgebäude erschoss, nachdem ein Christ wegen Blasphemie zum Tode verurteilt worden war. Als die durch die Ereignisse des 11. September 2001 ausgelösten amerikanischen Angriffe auf Afghanistan einsetzten, kam es in Pakistan vermehrt zu antichristlichen Ausschreitungen. Kirchliche Einrichtungen wurden überfallen und eine Anzahl Christen ermordet. In einer Situation vermehrter interreligiöser Spannungen gewinnt die Arbeit des 1967 gegründeten *Christian Study Center* in Rawalpindi und ähnlicher Einrichtungen[185] besondere Bedeutung.[186] Es ist inzwischen zu einer ökumenischen Einrichtung geworden, die durch die Vermittlung von Kenntnissen dem Zusammenleben verschiedener Religionen dienen will.

---

[181] S. A. A. Maududi: Islamische Lebensweise. Schriftenreihe des Islamischen Zentrums München, Nr. 17, München 1989, S. 62 f.

[182] Zitiert nach P. Sookhdeo, a. a. O., S. 169.

[183] J. Colgen: Pakistan (Länderbericht), in: KM 98 (1979), S. 29–33, bes. S. 30.

[184] H. Meißner/K. Schäfer: Christen Asiens zwischen Gewalterfahrung und Sendungsauftrag, in: epd-Dokumentationen 47/200 (6.11.2000), S. 1–20, bes. S. 6–8.

[185] G. Evers, a. a. O., S. 402–404.

[186] D. Moghal: Die Herausforderung der Nächstenliebe. Christlich-muslimische Beziehungen in Pakistan, in: Evangelisches Missionswerk in Deutschland (Hg.): Pakistan, S. 182–189.

b) Innerkirchliche Entwicklungen

Die Mehrheit der katholischen (ca. 1 Million) und protestantischen (ca. 800 000) Christen,[187] die Ende des 20. Jahrhunderts in Pakistan lebten, waren Punjabi. Ein Problem für die katholische Kirche in Pakistan ist der immer noch sehr hohe Anteil von Ausländern in der Priesterschaft und in den Orden. Zu Bischöfen bzw. Erzbischöfen wurden jedoch im unabhängigen Pakistan zunehmend Pakistani oder jedenfalls Asiaten ernannt. Erzbischof von Karatschi wurde 1958 der gebürtige Inder Joseph Maria Anthony Cordeiro und nach dessen Tod (1994) der Pakistani Simeon Anthony Pereira. Zum ersten Erzbischof von Lahore wurde 1994 der Pakistani Armando Trindade ernannt. Von besonderer Bedeutung für das kirchliche Leben sind die in den Gemeinden tätigen einheimischen Katecheten.

In der protestantischen Kirche des unabhängigen Pakistan führten die Minderheitensituation und das zunehmende Erstarken des ökumenischen Gedankens zu Kirchenunionen. 1970 schlossen sich Anglikaner, Methodisten, Lutheraner und der *Sialkot Church Council* (schottische Presbyterianer) zur *Church of Pakistan* zusammen. Erst 1993 vereinigten sich der aus der Mission der *American Presbyterian Church* hervorgegangene *Lahore Church Council* und die *United Presbyterian Church* zur *Presbyterian Church of Pakistan*. Diese Kirchen sind auch Mitglieder in der *Christian Conference of Asia*. Daneben gibt es in Pakistan eine große Anzahl kleiner, unabhängiger Kirchen, unter ihnen auch pfingstliche Kirchen.[188]

D BANGLADESH

1. Historischer und religiöser Hintergrund

Bangladesh („Bengalen-Land"), das frühere Ostbengalen, gehörte unter der Mogulherrschaft (1526–1858) und der englischen Kolonialherrschaft (1858–1947) zum ungeteilten Bengalen.[189] Bei der Teilung des britisch-indischen Kolonialreiches (1947) wurde Ostbengalen wegen seiner mehrheitlich muslimischen Bevölkerung von Indien losgelöst und – als Ostpakistan – ein Teil von Pakistan. Als 1970 der Bengale Sheikh Mujib ur-Rahman trotz eines überwältigenden Wahlsieges am Regierungsantritt gehindert wurde, löste sich Ostbengalen nach einem kurzen Bürgerkrieg – von Indien unterstützt – von Pakistan und wurde zum unabhängigen Staat Bangladesh. Sheikh Mujib, der 1975 ermordet wurde, hatte einen säkularen Staat schaffen wollen, gegründet auf den Prinzipien von Nationalismus, Demokratie, Sozialismus und Säkularismus. Die Entwicklung ging jedoch in eine andere Richtung. In der Verfassung von 1977 trat das „absolute Vertrauen in Allah" an die Stelle des Säkularismus.[190] 1988

---

187 Zahlen nach G. Evers: Art. „Pakistan", in: LThK³, Bd. 7, S. 1274–1275, bes. S. 1275. Höhere Zahlen in WCE², Bd. 1, S. 570, und I. Berner: Art. „Pakistan", S. 628 (ca. 4 Millionen Christen).

188 W. Webster, a. a. O., S. 477; WCE², Bd. 1, S. 574.

189 Zur Geschichte von Bangladesh vgl. N. R. Shrestha: Nepal and Bangladesh, S. 198–210.

190 „Sozialismus" wurde durch „wirtschaftliche und gesellschaftliche Gerechtigkeit" ersetzt.

wurde der Islam, dem ca. 86 % der Bevölkerung angehören,[191] Staatsreligion. Allerdings steht im ostbengalischen Islam der islamistischen Strömung ein stark vom Sufismus bestimmter Volksislam gegenüber, der für eine synkretistische Verbindung mit Elementen hinduistischer Religiosität offen und dem jeder Gesetzesrigorismus fremd ist.[192] Bangladesh hat mit gesellschaftlichen Schwierigkeiten und Naturkatastrophen zu kämpfen (Bevölkerungsdichte, Flutkatastrophen, Analphabetismus, Armut).

2. Katholische Mission und Kirche

Im Zuge der portugiesischen Kolonialunternehmungen kamen vom Ende des 16. Jahrhunderts an auch Angehörige der Jesuiten, Augustiner, Dominikaner und Franziskaner nach Bengalen.[193] In mehreren Städten entstanden christliche Gemeinden, die zum großen Teil aus Portugiesen, deren Nachkommen und ihren Sklaven bestanden. Unter den zum Christentum konvertierten Hindus war auch der bengalische Fürstensohn Don Antonio de Rozario. Manche aus dem Islam konvertierten Christen lebten äußerlich als Muslime weiter und führten christliche Unterweisung, Taufen, Beichten etc. in der Nacht durch. Ein Christ konnte sich im öffentlichen Leben sogar als Khadi betätigen. Die Zahl der Christen ging an manchen Orten in die Tausende. So waren 1720 in Chittagong ca. 14 000 Christen, die meisten von ihnen zur ärmeren Bevölkerungsschicht gehörig. Ihr Lebenswandel war – wenn man dem französischen Reisenden François Bernier glauben darf – wenig anziehend: Sie bekämpften, vergifteten und mordeten einander.[194] Trotzdem überstanden viele katholische Gemeinden die folgenden Jahrhunderte und bewahrten ihren Glauben auch angesichts wachsenden Widerstandes.[195]

Als vom letzten Jahrzehnt des 18. Jahrhunderts an protestantische – vor allem baptistische – Mission in Ostbengalen begann, führte dies nicht selten zu einem gegenseitigen Abwerben von Christen und einem – manchmal auch mehrmaligen – Konfessionswechsel. Zu einer Hinwendung zum Christentum kam es vor allem unter Stammesangehörigen. Von den über 40 000 katholischen Christen, die es in den 80er Jahren des 20. Jahrhunderts in der Diözese Dinajpur gab, waren 19 000 Santal, 4000 Mahali, 3000 Oraon, 2000 Mal-Pahari und 1000 Munda.[196] Insgesamt gab es am Ende des 20. Jahrhunderts in den sechs Diözesen ca. 235 000 katholische Christen.[197]

---

191 Ca. 12 % Hindus, ca. 0,6 % Buddhisten, ca. 0,5 % Christen; Zahlen nach F. Quinlivan: Art. „Bangladesh".
192 Zum Islam in Bangladesh vgl. M. D. Ahmad: Bangladesh, in: W. Ende/U. Steinbach (Hg.): Der Islam in der Gegenwart (4. Aufl.), S. 359–366.
193 Zum Folgenden vgl. den Überblick in J. Thekkedath: History, Bd. 2, S. 458–478.
194 F. Bernier: Travels in the Mogul Empire, S. 174 f.; zitiert in J. Thekkedath, a. a. O., S. 476.
195 Vgl. den Überblick in E. R. Hambye: History, Bd. 3, S. 468–473.
196 Zahlen nach L. Pinos: Catholic Beginnings, S. 68.
197 Nach G. Evers: Die Länder Asiens, S. 438.

3. Protestantische Mission und Kirche

Der erste protestantische Missionar auf dem Gebiet des späteren Bangladesh war William Carey[198], der nach seiner Ankunft in Indien (1793) seinen Lebensunterhalt zuerst als Verwalter einer Indigo-Plantage im Gebiet von Dinajpur verdiente. Er machte den katholischen Unternehmer Ignatius Fernandez durch erneute Taufe zum Baptisten. Dieser scharte in Dinajpur eine kleine Gemeinde um sich. Von Serampore aus gründeten William Carey und seine Mitarbeiter Gemeinden in Jessore, Dinajpur, Dhaka und Chittagong.[199] Die Zahl der Konvertiten war jedoch so klein, dass William Robinson 1847 aus Dhaka schrieb, er fürchte, „umsonst zu arbeiten".[200] Trotzdem entstand aus dieser Missionsarbeit die *Baptist Union of Bangladesh* (heute *Bangladesh Baptist Sangha*). Im Laufe des 19. und 20. Jahrhunderts sandten weitere Missionsgesellschaften Missionare.[201] Besondere Resonanz fand die Arbeit der australischen Baptisten unter dem Stamm der Garo (begonnen 1882), aus der die *Garo Baptist Convention* hervorging. In den letzten Jahrzehnten des 20. Jahrhunderts nahm die Flut der in Bangladesh missionierenden Gruppen besorgniserregende Ausmaße an. Die Zahl der protestantischen Denominationen wuchs auf über 30 an. Dazu kamen zahllose unabhängige Gemeinden. Missioniert wurde nicht nur unter Nichtchristen, sondern auch unter Christen. Auch die schwierige soziale Lage in Bangladesh konnte zu vordergründigen missionarischen „Erfolgen" missbraucht werden.

In den letzten beiden Jahrzehnten des 20. Jahrhunderts wandte sich eine – angeblich sehr große – Zahl von Muslimen dem christlichen Glauben zu, ohne die Gemeinschaft und die religiöse Praxis der Muslime zu verlassen.[202] Diese *Messianischen Muslime*, die sich – wenn sie ganze Gemeinden umfassten – zu *Messianischen Moscheen* verbanden, wollten durch die Geheimhaltung ihrer christlichen Überzeugung der Verfolgung entgehen, nicht aber eine Synthese von Islam und Christentum entwickeln.

Der Zersplitterung des Protestantismus standen ökumenische Bemühungen gegenüber. Im Jahr 1954 wurde der *Bangladesh National Council of Churches*[203] gegründet, dem allerdings am Ende des 20. Jahrhunderts nur sechs Denominationen als Vollmitglieder angehörten. Sechs weitere Kirchen sind assoziierte Mitglieder. Die Mehrheit der christlichen Gemeinden ist unabhängig.[204]

---

[198] L. Pinos, a. a. O., S. 34–37.
[199] B. Stanley: History, S. 56.
[200] Zitiert nach ebd., S. 140.
[201] W. Webster: Bangladesh, S. 79 f.
[202] WCE², Bd. 1, S. 100, nennt die runde Zahl von 100 000 „Messianischen Muslimen".
[203] So der heutige Name, ursprünglich *East Pakistan Christian Council*.
[204] Nach WCE², S. 98, gehören zu den unabhängigen Gemeinden 536 000 Christen, während nur 160 400 Christen einer Kirche affiliiert sind.

4. Die Kirche angesichts der Herausforderungen der Gegenwart

Die winzige christliche Minderheit[205] engagierte sich stark bei der Bewältigung der gesellschaftlichen Probleme Bangladeshs.[206] Sie unterhielt Schulen, Krankenhäuser und soziale Einrichtungen und leistete Hilfe bei den Naturkatastrophen, die Bangladesh immer wieder treffen. Der Großteil des Landes liegt nur wenige Meter über dem Meeresspiegel. Zyklone und Flutwellen überfluten oft große Teile des Landes. Bangladesh ist sehr dicht besiedelt: Auf nicht ganz 150 000 km² leben ca. 130 Millionen Menschen.

In dieser Situation kommt dem friedlichen Zusammenleben der Religionen zentrale Bedeutung zu.[207] Das Verhältnis von Christen und Muslimen war jedoch gegen Ende des 20. Jahrhunderts belastet durch einen erstarkenden Islamismus auf der einen Seite und eine aggressive Missionstätigkeit christlicher – besonders protestantischer – Gruppen auf der anderen Seite. Dagegen legten katholische Missionare das ganze Gewicht ihres Handelns und Zeugnisses auf die Präsenz im Leben der Gemeinschaft.[208] Eine solche Haltung ließ sich gut im Zusammenleben mit Muslimen praktizieren, die in dem vom Sufismus geprägten Volksislam beheimatet waren.

E BHUTAN

Die Zahl der Christen in Bhutan war am Ende des 20. Jahrhunderts sehr klein.[209] Die Katholiken gehörten zur Diözese von Darjeeling (Nordindien)[210], die Protestanten, soweit sie kirchlich gebunden waren, zur *Kirche von Nordindien*. Christen fanden sich vor allem unter der nepalesischen Bevölkerungsschicht.

1. Politischer und religiöser Hintergrund

Die unabhängigen Clans und Klöster[211] Bhutans wurden zu Beginn des 17. Jahrhunderts von Shabdung Ngawang Namgyal (1616–1652) geeint. Seit 1907 herrscht die

---

205 Detaillierte Angaben bei WCE², Bd. 1, S. 98, 100; die Zahlenangaben differieren freilich stark. Auf S. 98 ist die Zahl der Christen in Bangladesh Ende des 20. Jahrhunderts mit 933 776 (0,7 % der Gesamtbevölkerung) angegeben. Davon sind 300 000 „crypto christians". F. Quinlivan: Art. „Bangladesh", in: DAC, S. 57, spricht von ca. 500 000 Christen.

206 Für die katholische Kirche vgl. G. Evers, a. a. O., S. 415–417.

207 Ebd., S. 417–419.

208 Vgl. z. B. E. Corba: Muslime, Hindus und Christen im Dialog. Von der Initiative eines Missionars in einem bengalischen Dorf, in: KM 108 (1989), S. 122–126.

209 Nach B. Luchesi: Art. „Bhutan", in: EKL³, Bd. 1, Sp. 445 f., gab es 1986 in Bhutan ca. 900 Christen. In der englischen Ausgabe desselben Lexikons (The Encyclopedia of Christianity, Bd. 1, S. 234 f.) spricht dieselbe Autorin von 10 000 Christen. WCE², Bd. 1, S. 117, gibt für das Jahr 2000 die Zahl von 9649 Christen an, von denen allerdings 7700 so genannte Krypto-Christen sind. In P. K. Sorensen: Art. „Bhutan", in: RGG⁴, Bd. 1, Sp. 1405–1406, werden die Christen gar nicht erwähnt.

210 Wohl aus diesem Grund findet sich in G. Evers: Die Länder Asiens, kein Kapitel über Bhutan.

211 Zur Geschichte Bhutans vgl. den Überblick bei G. Bonn: Bhutan, S. 27–39; zu den verschiedenen ethnischen Gruppen auch C. L. Perry: Nepali, S. 1–16.

Wangchuck-Dynastie. Deren dritter Herrscher, Jigme Dorji Wangchuck (1952–1972), leitete im Zusammenhang mit politischen und gesellschaftlichen Reformen eine gewisse Öffnung des Landes ein, die sein Nachfolger Jigme Singye Wangchuck fortsetzte. Staatsreligion ist der Buddhismus (der Richtung des tibetischen Drukpa Kagyüpa), neben dem nur der Hinduismus öffentlich praktiziert werden darf. Religionsfreiheit besteht nicht. Auch andere Menschenrechte sind eingeschränkt, da traditionelles Leben und bestehende Herrschaftsstrukturen nicht gefährdet werden sollen.

2. Katholische Mission und Kirche

Nachdem sich im Jahr 1626 die beiden portugiesischen Jesuiten Cacella und Cabral auf dem Weg nach Tibet sieben Monate in Bhutan aufgehalten hatten,[212] dauerte es über 300 Jahre, bis wieder katholische Missionare kamen. Sie waren als Helfer beim Aufbau eines modernen Staates willkommen, durften aber keine Mission im traditionellen Sinne betreiben. Der kanadische Jesuit William Mackey[213] (1915–1995) ließ sich auf diese Bedingung ein. Er baute – zusammen mit weiteren Ordensleuten – mehrere Schulen auf, erhielt die Oberaufsicht über das gesamte Schulwesen und wurde 1985 mit der bhutanesischen Staatsbürgerschaft geehrt. Mackey wollte „mit dem Leben ein Zeugnis für Christus ablegen".[214] Taufen von Schülern und Schülerinnen vollzog er nicht. Dagegen wurden die Salesianer 1982 aufgefordert, das Land zu verlassen, da sie Schüler auf deren Wunsch hin getauft hatten. Der Ansicht des indischen Provinzials der Salesianer, niemandem dürfe „die Freiheit verweigert werden, seiner eigenen religiösen Überzeugung zu folgen"[215], konnte sich die bhutanesische Regierung nicht anschließen. Seit Ende des 20. Jahrhunderts wird Priestern die Einreise nach Bhutan verweigert und auf diese Weise das kirchliche Leben behindert. Ein Angehöriger des Königshauses, der in Indien dem Jesuitenorden beitrat, darf an seinem Geburtstag Thimpu besuchen und eine Messe lesen.[216]

3. Protestantische Mission und Kirche

Der erste protestantische Missionar war William Robinson von der baptistischen Mission in Serampore (Indien). Nach dem Tod seiner Frau schrieb er:

Meine Hände hängen herunter und meine Knie schlottern aneinander. […] Ich bin ohne jedes Licht, außer dem, das der Glaube gibt; und mein Glauben ist so schwach, dass er – wie ein glimmender Docht – gerade die völlige Dunkelheit verhindern kann... Es scheint, dass sich alles gegen mich richtet …"[217]

---

212 H. Wilhelmy: Bhutan. Land der Klosterburgen, München 1990, S. 13–15.

213 H. Solverson: The Jesuit and the Dragon. The life of Father William Mackey in the Himalayan Kingdom of Bhutan, Montreal-Toronto-Paris 1995 [eine im Anekdotenhaft-Persönlichen bleibende Biographie].

214 UCA-News vom 17.3.1993: UCAN Interview – I will witness through Service, says Bhutan Missionar.

215 Zitiert nach Bhutan: Salesianer ausgewiesen, in: KM 101 (1982), S. 113.

216 UCA-News vom 6.1.2004: Bhutan: Priests Barred, No Public Church Services Allowed, Bishop Says.

217 Zitiert nach C. L. Perry: Nepal, S. 136 f.

Trotzdem ging Robinson noch zweimal nach Bhutan. Dann wurde das Unternehmen aufgegeben.[218]

Ende des 19. Jahrhunderts begannen mehrere Missionen von indischem Gebiet aus mit der Mission in Bhutan.[219] Zur Entstehung von Gemeinden in Bhutan führte vor allem das Zusammenwirken von vier Faktoren: das Studium von Bhutanesen in christlichen Einrichtungen in Indien, die medizinische Arbeit christlicher Missionen, die Einwanderung christlicher Nepali in den südwestlichen Teil Bhutans und das Wirken des „mobile pastor" P. S. Tingbo. Von den Kindern bhutanesischer Familien, die Missionsschulen in Indien, vor allem im früher bhutanesischen Kalimpong, besuchten, konvertierten zwar nur wenige zum Christentum, aber viele waren von der Haltung und dem Einsatz der Unterrichtenden beeindruckt und gewannen eine aufgeschlossene Einstellung zur christlichen Religion. Von besonderer Bedeutung war das Wirken der Ärzte J. A. Graham und Albert Craig, die 1921 bzw. 1963 nach Bhutan eingeladen wurden. Erfolge missionsärztlichen Handelns wurden manchmal als ein Beweis für die Kraft des christlichen Gottes missverstanden. Eine erfolgreiche Staroperation „warf viele Fragen auf über diesen Gott, der die Blinden sehend machen konnte".[220]

Unter den Nepali, die ab Ende des 19. Jahrhunderts in den Südwesten Bhutans einwanderten, wendeten sich viele dem Christentum zu. Der Grund dafür lag wohl vor allem in der Migrantensituation, die eine Lösung aus traditionellen Strukturen erleichterte. Christen konnten sich im neuen Siedlungsgebiet verhältnismäßig ungehindert zusammenschließen und erfuhren Hilfe von den ihnen ethnisch verwandten Christen in den nahe gelegenen indischen Orten Kalimpong und Darjeeling. P. S. Tingbo erhielt schließlich eine offizielle Erlaubnis zu pastoralem Wirken in Bhutan. Er begann 1970 mit seiner Arbeit als „mobile pastor". Der Erfolg seines Wirkens[221] rief jedoch den Widerstand des Staates hervor. 1975 verhaftete man P. S. Tingbo kurzzeitig wegen Störung der Harmonie und Verwirrung der Dorfbevölkerung. Er verließ danach Bhutan. Seit Ende des 20. Jahrhunderts werden Nepali in Bhutan als Problem empfunden und des Landes verwiesen. Dies wird von den einen als Folge subversiver Tätigkeit der Nepali[222] erklärt, während andere darin einen Versuch sehen, die Nepali in Bhutan niederzuhalten.[223] Mehr als 100 000 Bhutanesen nepalesischer Herkunft und eingewanderte Nepali verließen das Land und wurden in Lagern an der Grenze festgehalten.

Die Zugehörigkeit der Majorität der Christen zu einer bestimmten Bevölkerungsschicht – zu den Bhutanesen nepalesischer Herkunft oder zu den eingewanderten Nepali ohne bhutanesische Staatsbürgerschaft – birgt die Gefahr, dass sich die Kirche

---

[218] Ebd., S. 135–137.

[219] Ausführlicher Überblick ebd., S. 135–168; vgl. auch ders.: The Church in Bhutan, in: Dharma Deepika 3 (1999), S. 7–22.

[220] C. L. Perry: Nepali, S. 151.

[221] Ebd., S. 150–156.

[222] So G. Bonn: Bhutan, S. 28, und die in Indo-Asia 1994/II, S. 26–31, zusammengestellten Korrespondentenberichte.

[223] So C. L. Perry, a. a. O., S. 135; ders.: Art. „Bhutan", in: DAC, S. 75 f.; India Today vom 31.12.1991, S. 70 f.

in der kommunalistischen Auseinandersetzung zwischen den Bhutanesen tibeto-mongolischer Herkunft und den Nepali einseitig mit Letzteren solidarisiert und damit den Zugang zu den anderen Bhutanesen verliert. Eine Frage ist auch, ob die sehr aggressive Mission westlicher und indischer Missionsgruppen in dieser Situation zeitgemäß ist.

F NEPAL

1. Politischer und religiöser Hintergrund

Bis 1769 bezeichnete „Nepal"[224] nur das Katmandu-Tal. In diesem Jahr dehnte der Gurka-Fürst Prithvi Narayan Shah seine Herrschaft über Katmandu und mehr als 40 weitere Kleinstaaten aus und begründete die Shah-Dynastie, aus der seitdem die Könige Nepals kamen. Nominell standen sie auch in der Zeit der Rana-Herrschaft (1846–1951) an der Spitze des Staates. Seit 1951 sicherten die Könige ihre Macht durch häufigen Austausch der Regierungen. Daran änderte auch die Einführung einer Mehrparteiendemokratie (1990) nichts. Am 1. Juni 2001 ermordete Kronprinz Dipendra fast die gesamte königliche Familie und nahm sich anschließend selbst das Leben. Die Instabilität der Lage in Nepal wurde durch eine seit den letzten Jahren des 20. Jahrhunderts ständig an Einfluss gewinnende maoistische Untergrundbewegung erhöht. Von 1769 bis 1951 war das Christentum verboten. Es gab aber Christen unter den Nepali in Indien. Seit 1961 gewährt die Verfassung die Freiheit, die ererbte Religion zu praktizieren, untersagt aber den Religionswechsel ebenso wie die Mission, sofern diese andere zum Religionswechsel veranlasst. Auch nach der Verfassung von 1990 ist der Hinduismus Staatsreligion. Nepal ist nach Artikel 4(1) ein „Hindu Königtum mit konstitutioneller Monarchie". Der König gilt als eine Verkörperung des Gottes Vishnu. Nach dem Zensus von 1991 waren 88 % der Nepali Hindus, 7 % Buddhisten und 3 % Muslime. Die Zahl der Christen lag bei ca. 30 000, stieg aber am Ende der 90er Jahre des 20. Jahrhunderts laut manchen Autoren stark an.[225]

2. Nepalesische christliche Gemeinden bis 1951

Nachdem christliche Missionare – wie z. B. der Jesuit Heinrich Grueber – im 17. Jahrhundert auf der Durchreise nach Nepal gekommen waren[226], ließen sich 1715 Kapuziner dauerhaft in Nepal nieder und begründeten eine kleine christliche Gemeinde. Die Christen litten anfangs unter Verfolgungen. In den 30er Jahren des 18. Jahrhunderts erhofften sich die Raja von Katmandu und Bhadgaon von der Anwesenheit der Missionare Vorteile. So erhielten die Kapuziner großzügige Wirkungsfreiheit. In einem Erlass des Fürsten von Bhadgaon heißt es:

Wir, Jaya Ranajita Malla, König von Bhadgaon, gewähren mit diesem Dokument allen europäischen Patres die Freiheit, zu predigen, zu lehren und unsere Untertanen für ihre Religion zu gewinnen. Gleicherweise erlauben wir unseren Untertanen, das Gesetz der europäischen

---

[224] Zur Geschichte Nepals vgl. N. R. Shrestha: Nepal and Bangladesh, S. 3–177.

[225] WCE², Bd. 1, S. 527, spricht von 576 061 Christen für das Jahr 2000, von denen freilich fast die Hälfte (250 000) „Krypto-Christen" sind.

[226] Dazu C. L. Perry: A Biographical History, S. 1–4.

Patres anzunehmen, ohne von uns oder den in unserem Königtum Herrschenden Belästigung fürchten zu müssen. Die Patres haben von uns auch keine Unannehmlichkeiten zu erwarten oder eine Behinderung bei ihrem Dienst. All dies muss jedoch ohne Gewaltanwendung und aus freiem Willen geschehen.[227]

Aber diese Freiheit dauerte nicht lange. Als 1769 Prithvi Narayan Shah die Missionare der Verbindung mit den Engländern verdächtigte, flohen die Patres zusammen mit 57 nepalesischen Christen nach Indien, wo sie sich in Bettiah (im Staat Bihar) niederließen. Damit endete der erste Versuch, in Nepal eine christliche Gemeinde zu gründen. Für fast 200 Jahre war Nepal für Christen ein verbotenes Land.

In dieser Zeit kamen Nepali auf der indischen Seite der nepalesisch-indischen Grenze mit dem Christentum in Kontakt[228], vor allem in Darjeeling, wo sie als Teegartenarbeiter beschäftigt waren, die Schulen der *Eastern Himalayan Mission* besuchten oder zu ärztlicher Behandlung über die Grenze kamen. Gelegentlich konnten Missionare auch Nepal betreten, etwa wenn dies zur medizinischen Behandlung Höhergestellter erwünscht war. Die christliche Gemeinde in Darjeeling hatte 1945 ca. 14 000 Mitglieder.[229] Eine neue Situation ergab sich mit dem Ende der Rana-Herrschaft 1951. Nepal wurde wieder geöffnet und viele Christen kehrten aus ihrem Exil in Indien nach Nepal zurück.

3. Die Christenheit in Nepal seit 1951

a) Nepalesische Gemeinden

Die meisten protestantischen Gemeinden, die sich nach 1951 in Nepal bildeten, blieben selbständige Einheiten, ohne Anknüpfung an eine im Westen entstandene Denomination und ohne Aufbau einer übergreifenden Kirchenstruktur.[230] Ein einendes Band stellte die 1960 gegründete *Nepal Christian Fellowship*[231] (NCF) dar. Sie veranstaltete Zusammenkünfte der Christen, die dem Gespräch, der gegenseitigen Bestärkung und der Schulung dienten. Die NCF (später *National Churches Fellowship of Nepal*) wurde 1988 Mitglied der *Evangelical Alliance of Asia* und der *World Evangelical Alliance*. Zu einer Störung der eigenständigen Entwicklung der nepalesischen Gemeinden kam es durch westliche Missionsorganisationen, die unter nepalesischen Christen warben.[232] Das Vorgehen dieser „Missionare unter Christen" illustriert der Brief an ein Mitglied der *Duluth Church of Christ*[233] aus dem Jahr 2003:

Letzte Woche besuchten Sanjay […] und ich eine Gemeinde. […] die Leiter wurden vor einigen Jahren in einer Denomination getauft, die NCF (Nepal Christian Fellowship) heißt. Im

---

227 Ebd., S. 6.

228 Ebd., S. 25–132.

229 Zahlen nach ebd., S. 29.

230 Eine Ausnahme war die Gemeinde in Nepalganj (in der Nähe der indischen Grenze). Sie schloss sich der *Assembly of God Kirche* in Nordindien an; vgl. ebd., S. 78–82.

231 S. Pandey: Art. „Nepal Christian Fellowship", in: DAC, S. 594 f.

232 D. Friederici: Die zerbrochene Einheit, in: EMS – Goßner Mission (Hg.): Nepal, Hamburg-Berlin 1982, S. 20 f.

233 Die *Churches of Christ* sind der traditionalistischste Zweig der *Disciples of Christ*; vgl. E. S. Gaustad: Art. „Christian Church (*Disciples of Christ*)", in: EKL³, Bd. 1, Sp. 681–683.

Moment sind sie unentschieden, ob sie wiedergetauft werden sollen. Aber wir lehrten und predigten ihnen und verbrachten drei Tage und Nächte bei ihnen. Acht Personen [...] wurden bei diesem Besuch getauft.[234]

Seit den letzten beiden Jahrzehnten des 20. Jahrhunderts verzeichneten vor allem pfingstliche Gruppen und Kirchen ein starkes Wachstum.[235] Konversion zum Christentum war zwar verboten. Sie war aber – ebenso wie die Veranlassung zur Konversion – ein „Anzeige-Delikt"[236], d. h. der Staat schritt nur ein, wenn eine entsprechende Anzeige erstattet wurde.

Die Ausrichtung des praktizierten Glaubens der protestantischen Christen war – von den Missionaren geprägt – evangelistisch und gegenüber dem Hinduismus konfrontativ. Erst Ende des 20. Jahrhunderts wurde eine deutlichere Einbindung der Christen in die traditionelle nepalesische Kultur und eine stärkere Anteilnahme an Leben und Problemen der Volksgemeinschaft laut gefordert. Ein Publikationsorgan derer, die sich mit diesen Fragen beschäftigten, wurde die 2002 gegründete Zeitschrift „Voice of Bhakti. Text and Context in Dialogue". Zwei buddhistische Künstler gestalteten eine 1995 geweihte katholische Kirche in Katmandu mit Bildern biblischer Szenen aus.[237]

b) Mission in Nepal

Nach 1951 wurden westliche Organisationen – darunter auch Missionsgesellschaften – eingeladen, bei Aufbau und Entwicklung Nepals zu helfen. Sie mussten sich allerdings verpflichten, sich auf soziale Hilfe zu beschränken und nicht zu evangelisieren.

Katholische Ordensleute (Jesuiten, Maria Ward Schwestern u. a.) bauten Schulen, weiterführende Bildungseinrichtungen und Krankenhäuser auf. Pater Thomas Gafney SJ (am 14.12.1997 ermordet) leitete ein Heim für Jugendliche in schwierigen Lebenslagen. Auf aggressive Mission wurde verzichtet. Trotzdem entstand um die sozialen Einrichtungen eine kleine katholische Gemeinde, zu der zu Beginn des 21. Jahrhunderts ca. 6000 Gläubige gehörten. Die Priester waren überwiegend Ausländer.[238] 1996 wurde die *Apostolische Präfektur Nepal* errichtet.

Die größte protestantische Missionsorganisation in Nepal war die *United Mission to Nepal* (UMN).[239] Sie entstand, als die Ärzte Bethel Fleming und Carl Fredericks, die eine ornithologische Expedition nach Nepal begleiteten, 1953 vom König eingeladen wurden, in Nepal ein Krankenhaus zu eröffnen. Zu diesem Zweck schufen 1954 acht Missionsgesellschaften, deren Zahl bis zum Ende des 20. Jahrhunderts auf 39 anwuchs, die UMN (aus Deutschland: *Dienste in Übersee* und *Goßner Mission*). Die Arbeit umfasste neben Krankenversorgung und medizinischer Vorsorge eine Vielzahl weiterer Entwicklungsprojekte. Mission im Sinne von Evangelisation war

---

[234] Mitgeteilt unter der Internetadresse: duluthcofc.org/truth/nov0799.shtml (18.1.2003).
[235] Vgl. die Angaben bei WCE², Bd. 1, S. 529.
[236] Formulierung von D. Friederici: Namaste, S. 55.
[237] Bilder in J. Übelmesser: Die Bilderbibel, S. 8–21.
[238] Nach ebd., S. 21, sind drei von 50 Priestern Nepali.
[239] E. Metzler: Art. „United Mission to Nepal", in: DAC, S. 865.

der UMN verboten, obwohl nicht alle Beteiligten gewillt waren, sich an dieses Verbot zu halten.[240]

Nicht alle protestantischen Missionsorganisationen konnten sich mit dem Missionskonzept der UMN identifizieren. In den letzten Jahrzehnten des 20. Jahrhunderts haben viele weitere Missionen (auch aus Indien und anderen asiatischen Ländern) – trotz des staatlichen Verbots – mit Missionsarbeit begonnen, wobei pfingstliche Missionsunternehmen besondere Bedeutung gewannen.

G SRI LANKA

Als das Christentum nach Sri Lanka kam, waren dort Buddhismus und Hinduismus – vielleicht auch Islam – schon verbreitet und mit bestimmten ethnischen Gruppen verbunden.[241]

1. Politischer und religiöser Hintergrund

Für die politische und gesellschaftliche Entwicklung Sri Lankas ist das Neben- und in neuerer Zeit Gegeneinander verschiedener ethnischer und religiöser Gruppen von Bedeutung: überwiegend buddhistische Singhalesen (ca. 72,4 %[242] von einer Gesamtbevölkerung mit ca. 19 Millionen), überwiegend hinduistische Tamilen (ca. 17,5 %)[243] und muslimische Moors („Mauren", ca. 7,3 %). Zu den Christen (ca. 9,4 %) gehören sowohl Singhalesen als auch Tamilen. Dazu kommt eine kleine Zahl christlicher Burgher, d. h. Nachkommen aus Ehen von Portugiesen und Einheimischen.

Sri Lanka stand viereinhalb Jahrhunderte unter ausländischer Kolonialherrschaft: durch Portugiesen (1506–1658), Niederländer (1658–1796) und Engländer (1796–1948). Mit der Unabhängigkeit (1948) erlangten die buddhistischen Singhalesen eine dominierende Position. Dies führte jedoch nicht zu der von G. P. Malalasekera erhofften „Ära des Friedens unter den Menschen".[244] Vielmehr kam es zu einem mit grausamer Härte geführten Konflikt zwischen Singhalesen und Tamilen, der auch am Ende des 20. Jahrhunderts noch andauerte.

Möglicherweise gab es schon im ersten Jahrtausend Christen in Sri Lanka. Dafür spricht die Bemerkung von Cosmas Indicopleustes (dem Indienfahrer), dass es „auf der Insel von Taprobane [...] eine christliche Kirche, Kleriker und Gläubige" gibt.[245]

---

[240] Zur Geschichte der UMN vgl. J. Lindell: Nepal and the Gospel of God, Katmandu 1979; vgl. auch D. Friederici: Namaste.

[241] Zum ganzen Kapitel über Sri Lanka vgl. den vorzüglichen Überblick bei G. Löwner: Religion und Entwicklung, S. 50–98. Zur Geschichte Sri Lankas vgl. K. M. de Silva: History of Sri Lanka, London-Berkeley-Los Angeles 1981.

[242] Zahlen nach WCE[2], Bd. 1, S. 694.

[243] Bei den Tamilen sind die Ceylon-Tamilen, die schon in vorchristlicher Zeit einwanderten, zu unterscheiden von den Indien-Tamilen, die erst durch die Briten im 19. Jahrhundert als Arbeitskräfte ins Land geholt wurden.

[244] Zitiert bei H. Bechert: Buddhismus, Staat und Gesellschaft, Bd. 1, S. 63.

[245] Zitiert nach St. Neill: A History ... 1707–1858, S. 36.

Im Allgemeinen wird Taprobane mit Sri Lanka identifiziert.[246] Auch archäologische Funde (Münzen, Steininschriften, Kreuze) belegen die Anwesenheit von Christen in Sri Lanka im ersten Jahrtausend.[247] Einen Einblick in das Leben und Denken dieser Christen erhalten wir jedoch nicht.

2. Katholische Mission und Kirche

In Verbindung mit den portugiesischen Kolonialunternehmungen kamen auch Missionare nach Sri Lanka, zuerst Franziskaner, dann – zu Beginn des 17. Jahrhunderts – Jesuiten, Augustiner und Dominikaner.[248] Durch Predigt, Druck und Verlockung, aber auch durch den sinnfälligen Kult und aufopferungsvolle Krankenpflege[249] veranlassten sie Menschen dazu, sich taufen zu lassen, was ohne lange Belehrung und oft lediglich nominell geschah.[250] Alte und neue Religion konnten auch gleichzeitig praktiziert werden. Als schwierig erwies sich allerdings, die Könige zur Konversion zu bewegen, wie das Beispiel von König Bhuvanekabahu VII. (1521–1551) von Kotte zeigt.[251] Er stellte die Taufe in Aussicht, wenn ihm die christliche Lehre überzeugend erläutert würde. Aber weder unverhohlene Drohungen noch eine öffentliche Disputation zwischen Franziskanern, hinduistischen und buddhistischen Gelehrten, die nach Ansicht der Ordensleute mit einem eindeutigen Sieg der Christen endete,[252] brachten die Konversion des Königs. Den Vorschlag von Frey João de Villa de Conde, durch ein Gottesurteil eine Entscheidung herbeizuführen, lehnte der König ab. Frey João wollte zusammen mit einem buddhistischen Mönch oder einem brahmanischen Priester einen brennenden Scheiterhaufen besteigen oder einen von Krokodilen besiedelten See betreten. Immerhin gestattete der König in seinem Reich christliche Predigt und Konversion, sofern dies ohne Gewaltanwendung geschehe. Was bei König Bhuvanekabahu nicht gelang, erreichten die Franziskaner bei seinem Nachfolger Dharmapala. Er ließ sich im Jahr 1557 taufen und sicherte sich so die politische Unterstützung der Portugiesen gegen seine Konkurrenten.[253] Am Ende der portugiesischen Zeit (1658) war die katholische Kirche fest in Sri Lanka verwurzelt, in manchen Gebieten gab es mehr Christen als Buddhisten und Hindus.

---

[246] S. H. Moffett: Christianity in Asia, S. 268–271; dagegen St. Neill, a. a. O., S. 37.

[247] J. C. England: Hidden History, S. 93 f., 100, Anm. 8.

[248] Zum Katholizismus in Sri Lanka vgl. V. Perniola: The Catholic Church in Sri Lanka. The Portuguese Period, Bd. 1 (1505–1565), Dehiwala 1989, Bd. 2 (1566–1619), Dehiwala 1991; ders.: The Catholic Church in Sri Lanka. The Dutch Period, Bd. 1 (1658–1711), Dehiwala 1983, Bd. 2 (1712–1746), Dehiwala 1983, Bd. 3 (1747–1795), Dehiwala 1985; weitere Literatur bei R. F. Young/S. Jebanesan: The Bible Trembled, S. 15–31; R. F. Young/ G. P. V. Somaratna: Vain Debates, S. 15–32.

[249] Zu Erziehungsarbeit und Krankenpflege in der portugiesischen Zeit vgl. G. Löwner: Religion und Entwicklung, S. 53–55.

[250] R. F. Young/S. Jebanesan, a. a. O., S. 44 f.

[251] G. Schurhammer: Franz Xaver, Bd. II/1, S. 405–419.

[252] Die von den Franziskanern vorgelegten Fragen waren: „1. Was ist Gott? 2. Was ist das Paradies? 3. Was ist ein Engel? 4. Was ist ein Heiliger? 5. Was ist der Teufel? 6. Was ist die Tugend? 7. Was ist das Laster und die Sünde?" (G. Schurhammer, a. a. O., S. 417). Dass diese Fragen bei den Buddhisten und Hindus Verwirrung stifteten, ist verständlich.

[253] G. Löwner, a. a. O., S. 51.

Die Holländer setzten alles daran, das zu zerstören, was die katholischen Missionare aufgebaut hatten. An die Stelle der katholischen Kirche sollte die reformierte treten. Die Beherbergung eines katholischen Priesters wurde bei Todesstrafe (!) verboten.[254] Viele Menschen hielten jedoch trotz Verfolgung am katholischen Glauben fest. Einen wesentlichen Beitrag zum Überleben des Katholizismus leistete der Oratorianer Joseph Vaz (1651–1711)[255], der als Bettler verkleidet nach Sri Lanka kam. Weitere Ordensleute kamen hinzu. Sie widmeten sich der Krankenpflege, ohne auf eigene Gefährdungen zu achten. Der Katholizismus erwies sich als so standhaft, dass ihn schließlich auch die holländische Verwaltung dulden musste und 1762 rechtlich anerkannte. Als im Jahr 1806 der englische Gouverneur allgemeine Religionsfreiheit erklärte, kehrten viele Protestanten zum Katholizismus zurück. 1810 war die Zahl der Protestanten nur noch halb so hoch wie 1801.[256] Im Jahr 1836 wurde in Colombo ein „Apostolisches Vikariat" errichtet,[257] der erste singhalesische Bischof allerdings erst 1939 ernannt.

Mit dem Ende der Kolonialherrschaft (1948) verloren die Christen in Sri Lanka ihre privilegierte Stellung. Davon waren Katholiken und Protestanten in gleicher Weise betroffen. Ihre Zahl verringerte sich.[258] Trotzdem konnte sich die katholische Kirche auch nach der Unabhängigkeit als starke Kraft behaupten.[259] Besonders durch ihre Schulen übte sie einen großen Einfluss aus. Es war deshalb ein herber Verlust, als gegen erbitterten Widerstand 720 katholische Schulen entschädigungslos verstaatlicht wurden. Ende des 20. Jahrhunderts hatte die katholische Kirche in Sri Lanka etwas über 1 Million Mitglieder[260] und war damit ca. zehnmal größer als alle protestantischen Kirchen zusammen.

3. Protestantische Mission und Kirche

Der *Vereenigten Oost-Indischen Compagnie* (VOC) gelang es nicht, die katholischen Christen zur Annahme des Protestantismus zu zwingen.[261] Der reformierte Gottesdienst sprach sie nicht an. Zwangsmaßnahmen wie die Verpflichtung zur Taufe als Voraussetzung für einen Arbeitsplatz im Regierungsapparat oder die Anordnung zum Besuch protestantischer Schulen führten zwar oft zu einer äußerlich vollzogenen Konversion. Aber die großen Mitgliederzahlen existierten nur auf dem Papier. So

---

254 Ebd., S. 55 f.

255 G. P. V. Somaratna: Art. „Vaz, Joseph", in: DAC, S. 871 f.

256 So K. S. Latourette: Expansion, Bd. 6, S. 216.

257 Zur katholischen Kirche in Sri Lanka im 19. Jahrhundert vgl. ebd., S. 215–221.

258 Vgl. die Zensus-Zahlen bei WCE², Bd. 1, S. 695: Der prozentuale Anteil der Christen an der Gesamtbevölkerung betrug 1946 9,1 %, 1953 8,9 % (davon 7,5 % Katholiken), 1963 8,3 % (davon 7,2 % Katholiken), 1971 7,9 %, 1981 7,6 % (davon 6,9 % Katholiken).

259 Zum Folgenden vgl. G. Löwner, a. a. O., S. 80–87.

260 Zahl nach G. P. V. Somaratna: Art. „Sri Lanka", in: DAC, S. 794–796. Wesentlich höhere Zahlen nennt WCE², Bd. 1, S. 695 (1 755 120 Katholiken).

261 Vgl. dazu K. Koschorke: Holländische Kolonial- und Katholische Untergrundkirche im Ceylon des 17. und 18. Jahrhundert, in: U. van der Heyden/H. Liebau (Hg.): Missionsgeschichte – Kirchengeschichte – Weltgeschichte. Christliche Mission im Kontext nationaler Entwicklungen in Afrika, Asien und Ozeanien, Stuttgart 1996, S. 273–280.

gab es in Jaffna im Jahr 1750 angeblich 94 477 Protestanten. Zur Kirche gingen jedoch nur 30 und diese waren möglicherweise Nachkommen von Portugiesen.[262] Auch öffentlicher Protest blieb nicht aus. Vor allem machte sich der Mangel an Pfarrern bemerkbar. Für die 180 000 Christen von Jaffna, um die sich vorher 40 Ordensleute gekümmert hatten, standen jetzt höchstens drei Pfarrer zur Verfügung.[263]

Die englische Regierung, die Sri Lanka 1802 als Kronkolonie übernahm, verstand sich als Schützerin aller Religionen. Als sie 1815 ihre Herrschaft auf das Königreich Kandy (im Hochland) ausdehnte, wo die „Zahnreliquie" (ein Zahn des Buddha) verehrt wurde, erklärte sie in einem Vertrag:

> Die Religion des Buddha, zu der sich die Führer dieser Provinzen bekennen, wird als unverletzlich, heilig erklärt; ihre Rechte, Kleriker und Orte der Anbetung müssen unterhalten und geschützt werden.[264]

Diese Bestimmung ging den Missionaren[265] und den Führern der Evangelikalen in England viel zu weit. Sie erzwangen eine Revision.[266] Vor allem zwischen methodistischen Missionaren und buddhistischen Mönchen kam es zu einer Reihe scharfer Auseinandersetzungen. Anfangs geschahen sie in schriftlicher Form, dann in öffentlichen Streitgesprächen, in denen sich einige buddhistische Wortführer als sehr geschickt und den Missionaren überlegen herausstellten. Berühmt wurde das Streitgespräch von Panadura (1873). Zu ähnlichen Disputen kam es mit Hindus in Jaffna. Der amerikanische Missionar Daniel Poor (ABCFM) etwa nützte eine Mondfinsternis am 20. März 1929, um die Unzulänglichkeit brahmanischer Berechnungen nachzuweisen und erklärte die Mondfinsternis ohne Zuhilfenahme der hinduistischen Mythologie.[267] Die sivaitische Erweckungs- und Reformbewegung, deren Hauptvertreter Arumuka Navalar war, drehte in der Auseinandersetzung mit den Missionaren den Spieß um und argumentierte mit Vernunftgründen gegen die Zuverlässigkeit der Bibel.

Die Zahl der Konvertiten blieb – außer bei den Methodisten – klein. Manche ließen sich taufen, aber sie verstanden die Taufe nicht als Übertritt zum Christentum, sondern als sozialen Akt, der bestimmte gesellschaftliche Möglichkeiten eröffnete.[268] Die Leitung der Kirchen lag bis ins 20. Jahrhundert hinein in den Händen der Missionare. Christen aus Sri Lanka wurden allenfalls zu „Proponenten" (Laienklerikern in der anglikanischen Kirche) oder Katecheten ausgebildet. 1945 wurde erstmals ein Singhalese zum Bischof in der anglikanischen Kirche ernannt.[269]

Die protestantischen Kirchen unternahmen schon in den ersten Jahrzehnten des 20. Jahrhunderts ökumenische Bemühungen. 1912 wurde der *National Council of Churches of Ceylon* gegründet. Die 1940 begonnenen Unionsgespräche zwischen der

---

[262] R. F. Young/S. Jebanesan, a. a. O., S. 45.
[263] G. P. V. Somaratna: Christianity in Sri Lanka, S. 145.
[264] Zitiert nach G. Löwner, a. a. O., S. 61.
[265] Zu den verschiedenen Missionsgesellschaften in Ceylon vgl. ebd., S. 61–70.
[266] Dazu K. M. de Silva: Social Policy, S. 64–102.
[267] R. F. Young/S. Jebanesan, a. a. O., S. 49–68.
[268] R. F. Young/G. P. V. Somaratna, a. a. O., S. 39.
[269] G. P. V. Somaratna: Art. „Sri Lanka", in: DAC, S. 795.

methodistischen, baptistischen, anglikanischen, presbyterianischen und kongregationalistischen[270] Kirche, dessen bedeutendster Initiator der methodistische Pfarrer Daniel
Thambyrajah Niles[271] war, scheiterten am Widerspruch einiger anglikanischer Vertreter.

Ende des 20. Jahrhunderts gab es in Sri Lanka etwas mehr als 100 000 Protestanten,
verteilt auf mehrere Kirchen, von denen die anglikanische *Church of Ceylon* und die
methodistische Kirche die größten waren. In den letzten Jahrzehnten des 20. Jahrhunderts – zum Teil auch schon früher – begann eine intensive missionarische Tätigkeit pfingstlicher und charismatischer Gruppen und Kirchen, aus der eine Vielzahl
selbständiger Kirchen hervorging.[272]

4. Die Kirche angesichts der Herausforderungen der Gegenwart

In den christlichen Kirchen sind Singhalesen und Tamilen verbunden und versuchten
im kleinen Rahmen zu einer Versöhnung der beiden Volksgruppen beizutragen.[273] So
widmeten sich die *Kandy City Mission* und die *Colombo City Mission* bewusst
Singhalesen und Tamilen. Einen entscheidenden Einfluss auf die nationale Politik
konnten die protestantischen Kirchen schon auf Grund ihrer kleinen Zahl nicht ausüben. Christen beteiligten sich jedoch auch an den Friedensaktivitäten anderer Organisationen, unter denen die dem gandhianischen Erbe verpflichtete *Sarvodaya Bewegung*[274] die bedeutendste war. Der Konflikt zwischen Singhalesen und Tamilen ist
auch zu Beginn des 21. Jahrhunderts noch ungelöst.

Im unabhängigen Sri Lanka wurde die Verwurzelung des Christentums im Kontext
Sri Lankas als Forderung empfunden.[275] Dieser Aufgabe haben sich mehrere katholische wie protestantische Institute gestellt. Die *Christian Workers' Fellowship* verband
den sozialen Einsatz mit dem Versuch liturgischer Kontextualisierung.[276] Der Jesuit
Aloysius Pieris praktizierte im Studien- und Begegnungszentrum Tulana den Dialog
mit dem Buddhismus.[277]

---

[270] Die von amerikanischen Missionaren des ABCFM gegründete kongregationalistische Kirche schloss sich 1947 der *Church of South India* an (als Jaffna Diözese der CSI).

[271] G. P. V. Somaratna: Art. „Niles, Daniel Thambyrajah", in: DAC, S. 606.

[272] Nach WCE², Bd. 1, S. 695, hatten sie im Jahr 2000 eine Mitgliederzahl von 400 000.

[273] G. Löwner, a. a. O., S. 420–424.

[274] Ebd., S. 178–345.

[275] Ebd., S. 89–94.

[276] T. Balasuriya: Der Christliche Arbeiterbund in Sri Lanka, in: Conc 29 (1993), S. 176–183.

[277] A. Pieris: Theologie der Befreiung; ders.: Liebe und Weisheit; ders.: Feuer und Wasser.

Kapitel 3
Christentum und Kirche in Südostasien

A INDONESIEN

Die Christenheit Indonesiens wuchs – grob gesagt – aus drei Wurzeln: (1) aus der katholischen Mission unter der portugiesischen Herrschaft im 16. Jahrhundert, (2) aus der ab 1605 entstandenen reformierten Kirche der Vereinigten *Ostindischen Compagnie* (VOC), die 200 Jahre später zur *Protestantischen Kirche in Niederländisch-Indien* wurde und (3) aus den verschiedenen Kirchen, die durch die Missionstätigkeit im 19. und 20. Jahrhundert entstanden.[1] Es war nicht zuletzt die geographische Gestalt Indonesiens – mit seinen 13 677 Inseln, von denen über 6000 bewohnt sind[2], die aus diesen Wurzeln ein vielfältiges kirchliches Leben entstehen ließ.

1. Katholische Mission und Kirche unter der portugiesischen Herrschaft (1511–1605)

Die Kirchengeschichte Indonesiens[3] beginnt – sieht man von Spuren nestorianischer Anwesenheit[4] ab – mit den kolonialen Eroberungen der Portugiesen. Im Jahr 1511 eroberte Affonso de Albuquerque Malakka und eröffnete damit den Portugiesen den Weg zu den Molukken, den „Gewürzinseln", wo die ersten christlichen Gemeinden entstanden.

a) Muslime und Portugiesen in Indonesien

Der Versuch der Portugiesen, den Gewürzhandel zu kontrollieren, brachte sie in Konflikt mit den vom 13. bis zum 15. Jahrhundert in Indonesien entstandenen muslimischen Staaten.[5] Die Islamisierung Indonesiens vollzog sich teilweise friedlich, durch einen „langsamen, äußerst allmählichen Prozeß der individuellen, fried-

---

1 Zur Kirche in Indonesien und ihrer Geschichte vgl. vor allem Th. Müller-Krüger: Der Protestantismus; L. Schreiner: Art. „Indonesien II: Kirchenkundlich" (umfassende Literatur); knappe Überblicke bieten die Indonesien-Artikel in: DAC, EKL[3], RGG[4].
2 So nach H. Helfritz: Indonesien, Köln 1988[6], S. 9.
3 Der Einfachheit halber wird der Name „Indonesien" im Folgenden auch für die Zeit verwendet, in der es den Staat in seinen heutigen Grenzen und seinen Namen noch nicht gab. Zur Übernahme des Namens „Indonesia" durch die nationale Bewegung vgl. D. Becker: Pancasila-Staat, S. 48.
4 Zu diesen vgl. J. C. England: Hidden History, S. 97–99.
5 Dazu M. C. Ricklefs: History, S. 3–17.

lichen Penetration"[6], teilweise unter Zwang.[7] Durch die Aufnahme vorislamischer Traditionen kam es zur Entstehung verschiedener Richtungen des Islam. Einem Islam der *santri*[8], der Orthodoxen, stand ein Islam der *abangan*[9] gegenüber.[10] In Letzterem wurden vorislamische Gottheiten verehrt und vorislamische Bräuche mit islamischen Festen verbunden.[11] Es handelte sich aber nicht um geschlossene Gruppen, sondern um ein Kontinuum[12] mit der Orientierung an einem orthodoxen Islam auf der einen Seite und an traditionellen einheimischen Vorstellungen auf der anderen. Besonders deutlich unterschieden sich beide Richtungen in Java, wo der Islam der *abangan* mit der javanischen Mystik verbunden wurde.[13] Aber auch die *abangan* verstanden sich als Muslime.[14]

Wie für die Muslime, so stand auch für die Portugiesen der Gewürzhandel im Vordergrund ihres Interesses.[15] Er war außerordentlich gewinnbringend. Im Jahr 1608 – also in einer etwas späteren Zeit – erhielt man für eine auf den Molukken für 3000 Pfund gekaufte Ladung Nelken in London 36 000 Pfund.[16] Schon 1512 schickte Albuquerque Schiffe zu den Banda-Inseln (dem Anbaugebiet der Muskatnuss). In den folgenden Jahren konnten die Portugiesen eine Niederlassung auf Ambon gründen. 1522 gestattete der Sultan von Ternate ihnen die Errichtung des Fort St. Jâo, dessen Kapelle die älteste Kirche in Indonesien[17] ist. Es war besonders der Besitz von Feuerwaffen, der die Portugiesen für die einheimischen Fürsten interessant machte. Das Verhältnis der Portugiesen zum Sultan von Ternate wurde allerdings in den folgenden Jahrzehnten immer wieder von Versuchen der Europäer belastet, in die inneren Verhältnisse Ternates einzugreifen. Das Ende der portugiesischen Niederlassung auf Ternate kam, nachdem der portugiesische Gouverneur im Jahr 1570 den Sultan Hairun hatte ermorden lassen. Der Sohn Hairuns belagerte die Festung der Potugiesen fünf Jahre lang. 1575 ergaben sich die Portugiesen und zogen von der Insel ab.[18] Sie machten Ambon zum Hauptsitz auf den Molukken. 1605 wurden sie von dort durch die Holländer vertrieben.

---

[6] L. F. Brakel: Indonesien, S. 736.

[7] Dazu M. C. Ricklefs, a. a. O., S. 17.

[8] Das Wort *santri* ist möglicherweise von dem indischen *shastri* herzuleiten: derjenige, der die Schriften studiert (P. Zoetmulder: Die Hochreligionen Indonesiens, in: W. Stöhr/ P. Zoetmulder: Die Religionen Indonesiens, Stuttgart etc. 1965, S. 293).

[9] Wörtlich „die Roten", wohl die nicht reinen Muslime.

[10] Die Unterscheidung, die bereits in Indonesien selbst vorhanden war, wurde vor allem aufgegriffen von C. Geertz: The religion of Java, Glencou/Illinois 1960.

[11] Zum Islam in Indonesien vgl. bes. L. F. Brakel: Indonesien, passim.

[12] So ebd., S. 741.

[13] Vgl. die Beschreibung von B. M. Schuurman, die Th. Müller-Krüger, a. a. O., S. 192, zitiert.

[14] Nachdem unter der Regierung von Abdurrahman Wahid der javanische Mystizismus als eigene Religion anerkannt wurde, bezeichneten sich viele Anhänger dieser Religion nicht mehr als Muslime, sondern als *Kepercayaan* („Gemeinschaft des javanischen Glaubens"). Diesen Hinweis verdanke ich Herrn Pfr. Uwe Hummel, langjährigem Mitarbeiter der VEM auf Nias.

[15] Zum Folgenden vgl. M. C. Ricklefs, a. a. O., S. 25–35.

[16] J. Haire: Halmahera, S. 92; vgl. auch W. Reinhard: Geschichte, Bd. 1, S. 73.

[17] So L. Schreiner, a. a. O., S. 135.

[18] J. Haire, a. a. O., S. 101 f.

b) Das Christentum unter der portugiesischen Kolonialherrschaft

Die Portugiesen kamen nicht nur wegen des Gewürzhandels nach Indonesien. Sie hatten auch das Ziel, den christlichen Glauben zu verbreiten. Mit ihren Schiffen kamen Priester und Ordensleute, zuerst Franziskaner und Dominikaner, dann auch Jesuiten. Ihre Aufgabe war gleicherweise die Versorgung der Portugiesen wie die Mission unter den Nichtchristen. Die Mission griff von Ternate aus auf den Norden Halmaheras über, auf die Moro-Inseln, die Inselgruppen von Sangihe und Talaud und auf den nördlichen Arm von Sulawesi. Im Süden erstreckte sich das Missionsgebiet bis zu den Kleinen Sunda-Inseln Solor und Flores.[19]

Die Annahme des Christentums war oft politisch motiviert. Dorfoberhäupter, die dem Sultan von Ternate unterstanden, versprachen sich von der Hinwendung zum Christentum, die sie mit ihrer ganzen Gemeinschaft vollzogen, ein größeres Maß an Unabhängigkeit unter portugiesischem Schutz.[20] Andere sahen in der Taufe den Zugang zu Machtpositionen. Der Sultan Hairun von Ternate wurde zwar selbst nicht Christ. Aber er versprach Franz Xaver, einen seiner Söhne taufen zu lassen, wenn dieser vom Indiengouverneur in Goa zum König der Christen auf den Moro-Inseln ernannt werden würde. Franz Xaver versprach, sich dafür einzusetzen.[21] Auf vorbereitenden Unterricht konnte bei politisch motivierten Massentaufen naturgemäß wenig Wert gelegt werden. Die Kenntnis einiger elementarer christlicher Texte genügte. Das machte zwar unter Umständen eine schnellere Abwendung vom Christentum möglich, bei vielen Christen kam es aber zu einer Vertiefung ihres Glaubens. Sie waren oft bereit, in den Verfolgungen durch muslimische Fürsten ihr Leben für ihren Glauben zu lassen.

Die herausragende Gestalt unter den Missionaren war Franz Xaver, der von Anfang 1546 bis Mitte 1547 in Ostindonesien weilte. Seine Methoden, den christlichen Glauben zu lehren und zu verkünden, waren einfallsreich und ungewöhnlich. Die Hauptteile des Glaubens und der Lebensgestaltung fasste er in einem gereimten Lehrgedicht zusammen, in dem z. B. die Sexualmoral so behandelt wird:

> Aber nur *ein* Weib hat Gott dem Adam gegeben.
> Klar ist darum, dass gegen Gottes Gebot leben
> Die Mauren und Heiden, die kalten,
> Die viele Weiber und Dirnen sich halten.
> Denn zuerst verheiratete Gott Adam und Eva, eh er ihnen befahl,
> Dass sie wachsen sollten und sich vermehren an Zahl,
> Kinder erzeugend nach seinen Geboten …[22]

Jeden Abend ging Franz Xaver mit einer Glocke durch die Stadt und betete auf den Plätzen für die Seelen im Fegfeuer und für die unbußfertigen Sünder.[23] Schwierig ist die Interpretation von Franz Xavers Bitte um die „Heilige Inquisition", die er in einem Brief an den König von Portugal vom 16. Mai 1546 aussprach.[24]

---

[19]   Hinweise auf weitere missionarische Aktivitäten, auch auf anderen Inseln, bei J. Schmidlin: Katholische Missionsgeschichte, S. 255–257.

[20]   Ein Beispiel nennt G. Schurhammer: Franz Xaver, Bd. II/1, S. 756 f.

[21]   Ebd., S. 795.

[22]   Die Nachdichtung ebd., S. 749; dort weitere Beispiele.

[23]   Diese Methode wurde damals aber auch in Europa praktiziert; vgl. ebd., S. 750.

[24]   Ebd., S. 734, Anm. 653.

Nach Franz Xaver bestand gute Aussicht, dass „in kurzer Zeit [...] diese schändliche Irrlehre Mohammeds vernichtet und alles christlich sein" werde.[25] Dazu ist es nicht gekommen. Ihren Höhepunkt erreichte die christliche Wirksamkeit auf den Molukken im Jahr 1569, bevor es durch den Vertragsbruch des portugiesischen Gouverneurs von Ternate und die Ermordung von Sultan Hairun zum Kampf gegen die Portugiesen kam. Eine christliche Gemeinde in Ternate bestand aber weiter. Offensichtlich war die Hinwendung zum Christentum doch nicht nur von oberflächlichem politischen Kalkül veranlasst. Angeblich gab es in der portugiesischen Epoche zeitweise ca. 200 000 Christen in Indonesien, eine möglicherweise übertriebene Zahl. Als die portugiesische Epoche 1605 durch die Ankunft der Holländer beendet wurde, gab es in Ostindonesien ca. 40 000 Christen, die von den Holländern als Protestanten betrachtet wurden. Katholische Priester und Ordensleute wurden – außer in Solor und Flores – ausgewiesen.

2. Der politische Hintergrund der Kirchengeschichte Indonesiens vom 17. bis zum 20. Jahrhundert

a) Die Vereinigte Ostindische Compagnie in Indonesien (1602–1799)

Im Jahr 1602 wurde die *Vereinigte Ostindische Compagnie* (VOC) gegründet.[26] Sie hatte das Recht, Heere zu halten und Kriege zu führen, Gebiete zu erobern und über sie zu verfügen, Verträge abzuschließen und Befestigungen anzulegen. Ihr oberstes Leitungsgremium bestand aus 17 Personen, den *Heeren Zeventien (Heeren XVII)*, die einen Generalgouverneur ernannten, dem wiederum der *Indienrat* zur Seite stand. In Indonesien gelang es den Niederländern schnell, sich gegen die Portugiesen durchzusetzen, die 1605 aus Ambon vertrieben wurden. Jan Pieterszon Coen, Generalgouverneur von 1619 bis 1623 und von 1627 bis 1629, befestigte das in Batavia umbenannte Jakarta und schlug einen Aufstand auf den Banda-Inseln nieder, deren Bewohner er gnadenlos ausrottete.[27] Pastor Adriaan Jacob Hulsebos sah darin eine „gesegnete Unternehmung [...], wofür wir Gott unsterbliches Lob und Dank schuldig sind".[28] Sultan Agung[29], der Herrscher des muslimischen Reiches Mataram auf Java, wurde von Coen vernichtend besiegt. Die Holländer sicherten sich das Monopol im indonesischen Gewürzhandel durch Verträge mit einheimischen Fürsten. An einer flächendeckenden Beherrschung und Verwaltung des riesigen Reiches war ihnen nicht gelegen. Wenn die Gewinnträchtigkeit ihres Handels gefährdet war, zögerten sie nicht, einzugreifen und etwa Gewürznelkenbäume zu fällen.[30] Trotzdem begann schon zu

---

25 Brief vom 10.5.1546 an die Väter der Gesellschaft in Europa; zitiert nach: Die Briefe des Francisco de Xavier, S. 97.
26 Zum Folgenden vgl. C. R. Boxer: The Dutch Seaborne Empire, London 1965; W. Reinhard: Geschichte, Bd. 1, S. 108–129; E. Schmitt/Th. Schleich/Th. Beck (Hg.): Kaufleute als Kolonialherren: Die Handelswelt der Niederländer vom Kap der Guten Hoffnung bis Nagasaki 1600–1800, Bamberg 1988.
27 W. Reinhard, a. a. O., S. 122.
28 Zitiert nach Th. Müller-Krüger, a. a. O., S. 56.
29 Vgl. dazu M. C. Ricklefs, a. a. O., S. 49–56.
30 W. Reinhard, a. a. O., S. 122.

Beginn des 18. Jahrhunderts der Niedergang, bewirkt vor allem durch hemmungslose Bereicherung und Korruption. Im Jahr 1781 hatte die VOC 22 Millionen Gulden Schulden. 1799 wurde die Handelsgesellschaft aufgelöst. Ihre Gebiete wurden von der niederländischen Regierung übernommen.

b) Indonesien als Kolonie Niederländisch-Indien (1800–1942)

Nachdem Indonesien auf Grund der Wirren in Europa kurzzeitig unter französische (1808–1811) und englische (1811–1816) Herrschaft gekommen war, fiel es 1816 wieder an die Niederlande zurück. Diese nutzten die Kolonie, um ihre zerrütteten Staatsfinanzen zu sanieren.[31] Das Instrument hierzu war das so genannte Kultivierungssystem (*Cultuurstelsel*). Die Bauern wurden zum Anbau (der „Kultivierung") bestimmter für den Export geeigneter Pflanzen (Zuckerrohr, Tabak, Kaffee etc.) verpflichtet, woraus der Regierung in der Zeit von 1831 bis 1877 im Ganzen 823 Millionen Gulden zuflossen.[32] Infolge der scharfen Kritik[33] wurde das Kultivierungssystem bis zum Beginn des 20. Jahrhunderts schrittweise abgeschafft. An seine Stelle trat die „ethische Politik"[34], vertreten von dem Generalgouverneur van Heutsz (1904–1909), der von dem Islamwissenschaftler Snouk Hurgonje beraten wurde. 1916 schuf man eine begrenzte Volksvertretung (*Volksraad*). Das schulische Angebot wurde verbessert. Auf Grund der hohen Steuern besserte sich die wirtschaftliche Lage der einfachen Bevölkerung jedoch nicht.

In der ersten Hälfte des 20. Jahrhunderts entstand in verschiedenen Ansätzen die nationale Bewegung.[35] Verschiedene Organisationen[36] verbanden unterschiedliche Ausprägungen des Islam[37] mit dem politischen Anliegen der nationalen Unabhängigkeit. Die nationale Bewegung war zu gespalten, um sich gegen die holländische Macht durchsetzen zu können. Das Ende der niederländischen Kolonialherrschaft kam dementsprechend nicht durch die indonesische nationale Bewegung, sondern durch die japanische Okkupation im Jahr 1942. Am 8. März 1942 kapitulierte der letzte holländische Generalgouverneur. Mit dem Ende des Pazifischen Krieges endete die Zeit der japanischen Besatzung. Am 17. August 1945 proklamierten Ahmed Sukarno und Mohammed Hatta die unabhängige *Republik Indonesien*.

---

31 W. Reinhard: Geschichte, Bd. 3, S. 49–51.
32 Ebd., S. 50.
33 Eine wichtige Rolle spielte der autobiographische Roman „Max Havelaar", der unter dem Pseudonym Multatuli von E. F. E. Douwes Dekker verfasst wurde.
34 Dazu W. Reinhard, Geschichte, Bd. 3, S. 157–158.
35 M. C. Ricklefs, a. a. O., S. 206–244; D. Becker, a. a. O., S. 47–53.
36 *Muhammadiya* („Der Weg Mohammeds", gegründet 1912), *Nahdlatul Ulama* („Das Erstehen der Rechtsgelehrten"; zu Muhammadiya und Nahdlatul Ulama vgl. K. H. Schreiner: Mehrheit mit Minderwertigkeitskomplex? – Der Islam in Indonesien, in: Ders. [Hg.]: Islam in Asien, Bad Honnef 2001, S. 157–179, bes. S. 159–161), *Sarekat Islam* („Islamische Gemeinschaft"), aus der 1923 die *Partai Sarekat Islam* („Partei der Islamischen Gemeinschaft") hervorging, *Persatuan Islam* („Islamische Union"; vgl. M. C. Ricklefs, a. a. O., S. 238), *Partai Nasional Indonesia* (PNI).
37 Das gilt natürlich nicht für Organisationen wie die Kommunistische Partei, die 1924 aus einer seit 1914 bestehenden Vorgängerorganisation entstand; vgl. M. C. Ricklefs, a. a. O., S. 170–172.

c) Die Republik Indonesien (seit 1945)

Der Bestand der *Republik Indonesien* musste aber erst noch erkämpft werden.[38] Zunächst versuchten die Niederlande, ihre Kolonie wieder in Besitz zu nehmen. Sie konnten sich militärisch weitgehend durchsetzen, zumal auch die indonesische Seite gespalten war. Erst unter dem Druck der UNO und vor allem der USA stimmten die Niederlande 1949 der Bildung der *Vereinigten Staaten von Indonesien* zu, einem föderativen Staat, aus dem am 17. August 1950 die unabhängige *Republik Indonesien* hervorging. Die 1950 gegründete selbständige *Republik der südlichen Molukken*, mit einer mehrheitlich christlichen Bevölkerung, wurde mit Waffengewalt zum Anschluss an die *Republik Indonesien* gezwungen. So war die *Republik Indonesien* von ihrem Entstehen an eine in sich sehr disparate Größe, eine „Einheit in Vielfalt", wie es das indonesische Wappen sagt.[39]

Als einende ideologische Grundlage des Staates proklamierte Sukarno die folgenden „fünf Säulen" (*panca sila*)[40]: (1) Nationalismus, (2) Humanität, (3) Demokratie, (4) Soziale Gerechtigkeit, (5) der Glaube an den einen Gott. In der *Jakarta Charta* forderten die Vertreter der muslimischen Mehrheit, dass die „fünfte Säule" an die Spitze gestellt und sieben Worte eingefügt würden, die die Muslime in Indonesien auf das Einhalten der Sharia verpflichten sollten. Umstritten waren vor allem die „sieben Worte", die den ostindonesischen Christen einen Beitritt zum indonesischen Staat unmöglich gemacht hätten. Erst nach langen Verhandlungen und vermutlich in der Hoffnung, auf dem Weg über eine Verfassungsänderung doch noch ihr Anliegen durchsetzen zu können, stimmten die Muslime zu, so dass die Pancasila ohne die „sieben Worte" als Präambel in die Verfassung aufgenommen wurde. Es stellte sich aber heraus, dass – trotz der überwältigenden muslimischen Bevölkerungsmehrheit von ca. 90 %[41] – die islamistischen Parteien nicht die für eine Verfassungsänderung erforderliche Mehrheit erhielten.

Präsident Ahmad Sukarno (Präsident 1945–1967) konnte auch durch seine „gelenkte Demokratie"[42] (ab 1957) eine Zunahme der wirtschaftlichen Probleme (Inflation[43], Anstieg des Reispreises um 900 % im Jahr 1965[44]) nicht verhindern. Er löste sein Land immer mehr vom Westen und näherte sich der Volksrepublik China an. Im Januar 1965 trat Indonesien aus der UNO aus. Die Hintergründe der Vorgänge, die 1965 zum Ende der Ära Sukarno führten, sind unklar. In der Nacht vom 30. September zum 1. Oktober unternahmen einige Offiziere und Aktivisten der Kommunistischen Partei einen Putschversuch, den General Suharto schon am folgenden Tag vereiteln konnte. Die Schuld an dem Aufstand lastete Suharto der Kommunistischen Partei an. Das führte zu einer blutigen Jagd auf Kommunisten. Die Zahl der Getöteten wurde

---

38 Zum Folgenden vgl. ebd., S. 261–286.
39 Abbildung und Interpretation in: Evangelisches Missionswerk in Südwestdeutschland e. V. (Hg.): Indonesien. Daten, Fakten, Aspekte. Ein Länderprofil, Stuttgart 1989, S. 12 f.
40 Zum Folgenden vgl. O. Schumann: Der Islam in Indonesien, S. 32–37; D. Becker, a. a. O., S. 76–79; F. Magnis-Suseno: Neue Schwingen, S. 133–138.
41 Vorausgesetzt, man zählt die *abangan* zu den Muslimen.
42 M. C. Ricklefs, a. a. O., S. 312–354.
43 Ebd., S. 328.
44 Ebd., S. 338.

nie ermittelt, wird aber meist auf mindestens eine halbe Million geschätzt.[45] Auch die Führer der Kommunistischen Partei kamen in diesem Zusammenhang um.

General Suharto (Präsident 1967–1998) versuchte, der chaotischen Verhältnisse durch die so genannte „neue Ordnung" Herr zu werden.[46] *Golkar*, eine Organisation von „funktionalen Gruppen" (Berufs- und Standesvertretungen wie Beamtenschaft, Militär etc.), wurde zur Regierungspartei aufgebaut. Sie errang in allen Wahlen von 1971 bis 1998 über 60 % der Stimmen (62,8 % 1971, 74,5 % 1997, ein Jahr vor dem Sturz Suhartos). Zu den 360 gewählten Parlamentsmitgliedern kamen 100 vom Präsidenten ernannte Vertreter, so dass auf jeden Fall eine Mehrheit für die Regierung gesichert war. Ziel Suhartos war es, durch eine Stabilisierung der Wirtschaft eine „gerechte und wohlhabende Gesellschaft"[47] zu schaffen. Trotz wirtschaftlicher Erfolge wurde schon in den 60er Jahren Kritik an der Bereicherung führender Politiker und vor allem der Familie Suhartos selbst laut. Als 1997 die asiatische Wirtschaftskrise auch Indonesien erfasste, kam es zu gewaltsamen Demonstrationen und Unruhen. Am 21. Mai 1998 trat Suharto zurück. 1999 ging aus den ersten freien Wahlen seit 1955 die Partei von Megawati Sukarnoputri, der Tochter von Ahmad Sukarno, als stärkste Partei hervor. Zum Präsidenten wurde aber Abdurrahman Wahid, der Führer der NU, von der *Partei des Nationalen Erwachens* (PKB) gewählt, der – durch Alter und Krankheit geschwächt – schon im Juli 2001 sein Amt an Megawati Sukarnoputri abgeben musste.

3. Durch die holländischen Kolonialunternehmungen entstandene protestantische Kirchen in Indonesien

a) Die Kirche unter der Vereinigten Ostindischen Compagnie

Mit der VOC kam der Protestantismus – in seiner reformierten Ausprägung – nach Indonesien.[48] Die Kirche der VOC sollte nach der Kirche in Holland gestaltet sein, dieselbe Lehrgrundlage[49] und dieselbe kirchliche Struktur haben. Von den ca. 40 000 katholischen Christen, die sich in der portugiesischen Zeit dem Christentum zugewendet hatten, wurde der Übertritt zum Protestantismus erwartet, was offenbar auch ohne größere Unruhen geschah.[50] Gemeinden entstanden vor allem dort, wo die VOC Handelsinteressen hatte: auf Java und in Ostindonesien. Zentren des kirchlichen Lebens waren Jakarta – von den Holländern unter dem Namen Batavia zur Festung ausgebaut – und Ambon. Viele Schwierigkeiten belasteten die Arbeit der Pfarrer und Hilfspastoren. Ein in Jakarta ansässiger Pfarrer sollte sich beispielsweise zu gleicher Zeit um Padang (an der Westküste von Sumatra) und das über 2000 km entfernte Timor kümmern.[51] Manche Gemeinden sahen jahrelang keinen Pfarrer. Die strenge Über-

---

[45] Ebd., S. 347.
[46] Ebd., S. 342–407.
[47] D. Becker, a. a. O., S. 108.
[48] Vgl. zum folgenden Th. Müller-Krüger, a. a. O., S. 39–69.
[49] Nämlich den Heidelberger Katechismus, die Confessio Belgica von 1561 und die Dordrechter Artikel von 1619.
[50] Th. Müller-Krüger, a. a. O., S. 42. Eine Ausnahme stellen die Inseln Flores und Solor dar, wo die Dominikaner ihre Arbeit fortführen konnten.
[51] Ebd., S. 46.

wachung von Seiten der VOC machte die Gestaltung des kirchlichen Lebens beschwerlich. Ab 1629 konnten an allen Presbyteriums-Sitzungen zwei „politische Kommissare" teilnehmen. Dieser Bevormundung entzogen sich einige Presbyterien dadurch, dass sie nicht mehr tagten.[52] Ein weiteres Problem war die Ausbildung der Pfarrer. Nur zwölf Jahre lang (1622–1633) bestand in Leiden das *Seminarium Indicum,* in dem Pastoren auf den Dienst in Indonesien vorbereitet wurden. Justus Heurnius, „unbestreitbar der bedeutendste unter allen Pfarrern der VOC-Zeit"[53] (1624–1638 in Indonesien), empfahl die Ausbildung indonesischer Pastoren. Sein Vorschlag wurde aber nicht verwirklicht.

Die VOC-Kirche blieb eine Kirche der Holländer. Darin wird im Allgemeinen ihre größte Schwäche gesehen. Es gab durchaus indonesische Christen. Taufen wurden in großer Zahl, oft als Massentaufen ohne weitere Vorbereitung, vollzogen. Das führte zur „Trennung der Sakramente"[54], d. h. man ließ die Getauften nicht zum Abendmahl zu.[55] Da für Getaufte Prämien an den Täufer gezahlt wurden, kam es auch zu ungewöhnlichen Maßnahmen.[56] Größere Gemeinden bestanden außer auf Java und Ambon noch auf den Kleinen Sunda-Inseln (Timor etc.), auf Ternate, in der Minahasa (der nördlichen Spitze von Sulawesi) und auf den Inseln von Sangihe, Siau und Talaud. Aber die indonesischen Christen wurden nicht an der Leitung der Gemeinden beteiligt. Im 17. Jahrhundert wurden nur zwei Indonesier zu Pfarrern ernannt, aber selbst sie waren den europäischen Amtskollegen nicht gleichgestellt.[57]

b) Die Protestantische Kirche in Niederländisch-Indien und die aus ihr entstandenen unabhängigen Kirchen

Als der holländische Staat zu Beginn des 19. Jahrhunderts die VOC-Gebiete übernahm, fiel ihm damit auch die Verantwortung für die Kirche zu. Aus der Kirche der VOC wurde 1817 die *Protestantische Kirche in Niederländisch-Indien*[58], deren Bekenntnis sehr weit und unbestimmt gehalten war:

Die Lehre der allgemeinen Protestantischen Kirche in Indonesien ist die Lehre des Evangeliums gemäß den Grundsätzen des Protestantismus.[59]

---

52 Ebd., S. 43–44.
53 Ebd., S. 58.
54 Ebd., S. 50–54. Vgl. auch I. H. Enklaar: De Scheiding der Sakramenten, Amsterdam 1947 (den Hinweis danke ich Herrn Uwe Hummel).
55 Eine Statistik nennt für das Jahr 1727 die Zahl von 55 000 Getauften, aber nur 1200 Abendmahlsberechtigten (Th. Müller-Krüger, a. a. O., S. 64).
56 Ohne Quellenangabe berichtet G. Warneck: Abriss, S. 45: „Im Gouvernement Amboina bekamen die Häuptlinge einfach Auftrag, jedesmal auf die Zeit, wo der Prädikant besuchte, eine Anzahl Eingeborener für die Taufe bereit zu halten, und da dieser für jeden Getauften ein Kopfgeld (discipelgeld) empfing, so wird es begreiflich, dass er nicht wählerisch war, wenn er selbst kein Mann voll heiligen Geistes und Glaubens war."
57 Th. Müller-Krüger, a. a. O., S. 68, Anm. 46, S. 69, Anm. 48.
58 Zu ihrer Geschichte vgl. ebd., S. 73–138. Auf diese Darstellung beziehen sich die folgenden Ausführungen in der Regel.
59 Zitiert nach ebd., S. 88.

Oberste Behörde war das Kolonialministerium, das von einer interdenominationell zusammengesetzten Kommission beraten wurde. Der Generalgouverneur war in Indonesien oberste Autorität. Von ihm wurden die Pfarrer eingesetzt, die – wie auch die anderen kirchlichen Amtspersonen – der Staat bezahlte und von denen natürlich eine loyale Einstellung zur Kolonialregierung und ihrer Politik erwartet wurde. Reformierte Grundsätze der Gemeindeleitung, die der Gemeinde ein hohes Maß an Eigenverantwortung übertragen, konnten in dieser kirchlichen Struktur keinen Platz haben. Es handelte sich um eine „Pastorenkirche"[60] und zwar um eine von europäischen Pastoren geleitete Kirche. Den Pfarrern waren Hilfsprediger unterstellt und diesen unterstanden einheimische „Evangeliumslehrer" (*guru Injil*), die nur in den seltensten Fällen die vollen Rechte eines Pfarrers erhielten. Die *Protestantische Kirche in Niederländisch-Indien* war weder eine Staatskirche noch eine Freikirche.[61] Sie war eine bürokratisch verwaltete zentralistische Regierungsorganisation, wobei dieser Regierung aber am Leben der Kirche gar nicht gelegen war. Im Gegenteil: Sie behinderte es oft. Der Zentralismus wurde der Eigenart der weit von Jakarta entfernten Regionalkirchen nicht gerecht. Die bürokratische Struktur machte aus dem geschwisterlichen Miteinander der Amtsträger und Mitarbeiter eine hierarchisch geordnete Befehlsstruktur. Zeitweise begannen Anweisungen der Pfarrer an die Hilfsgeistlichen mit den Worten „Ich befehle Ihnen …".[62]

Zu Beginn des 19. Jahrhunderts war die Zahl der in Indonesien tätigen europäischen Pfarrer auf ein absolutes Minimum (vier im Jahr 1810[63]) herabgesunken. Deren Urteil über den Zustand der Gemeinden war oft überaus negativ. Pastor Lenting, der 1816 nach Indonesien kam, fand nur „Unwissenheit und Liederlichkeit"[64]. Trotzdem lebte der christliche Glaube auch ohne europäische Leitung weiter. In den ersten Jahrzehnten des 19. Jahrhunderts traten für die fehlenden Pfarrer Missionare ein, die von der 1797 gegründeten *Niederländischen Missionsgesellschaft* (NZG) eigentlich zur Arbeit unter Nichtchristen ausgesandt worden waren. Der bekannteste unter ihnen war Joseph Kam, der von 1814 bis 1833 in Indonesien tätig war.[65] Die entscheidende Tätigkeit in den Gemeinden geschah durch die einheimischen Evangeliumslehrer und Mitarbeiter. Ab 1886 wurden in Ostindonesien theologische Schulen für ihre Ausbildung gegründet, so genannte STOVIL (School tot Opleiding van Inlandse Leeraren). Im Lauf des 19. Jahrhunderts zeigte sich, dass der Zentralismus einer protestantischen Einheitskirche nicht durchzuhalten war. Die riesigen Entfernungen machten eine Leitung der Kirchen Ostindonesiens von Jakarta aus unmöglich. So entwickelten sich dort drei selbständige Gebietskirchen und eine Kirche, die die Gemeinden außerhalb Ostindonesiens umfasste. Dieser Stand der Entwicklung wurde allerdings erst in den 30er und 40er Jahren des 20. Jahrhunderts erreicht.[66] Die drei ostindonesischen Gebiets-

---

60 So ebd., S. 90.
61 Eine sehr kritische Beurteilung der *Protestantischen Kirche in Niederländisch-Indien* gibt H. Kraemer: From Missionfield, S. 33–36. Die obigen Bemerkungen folgen Kraemer.
62 Nach ebd., S. 35.
63 Nach Th. Müller-Krüger, a. a. O., S. 86.
64 Nach ebd., S. 95.
65 Vgl. I. H. Enklaar: Joseph Kam, „Apostel der Molukken", 's-Gravenhage 1963; M. Tapilatu: Art. „Kam, Joseph", in: DAC, S. 431 f.
66 Die „Große Versammlung" von 1933 beschloss die Selbständigkeit der drei ostindonesischen

kirchen waren die *Protestantische Kirche in den Molukken* (GPM; *Gereja Protestan Maluku*, 1935 gegründet; Zentrum in Ambon), die *Evangelische Kirche in der Minahasa* (GMIM; *Gereja Masehi Injili Minahasa*[67], 1934 gegründet) und die *Evangelische Kirche von Timor* (GMIT; *Gereja Masehi Injili di Timor*, 1947 gegründet). Die Gemeinden außerhalb Ostindonesiens – besonders in Java – bildeten 1948 die *Protestantische Kirche in Westindonesien* (GPIB; *Gereja Protestan di IndonesiaBarat*).[68] 1935 wurde nach jahrzehntelangen Verhandlungen die Trennung von Staat und Kirche vollzogen, die allerdings erst 1950 zur finanziellen Unabhängigkeit der Kirchen vom Staat führte.

4. Durch die Mission entstandene Kirchen Indonesiens

Die ersten Missionare, die zu Beginn des 19. Jahrhunderts nach Indonesien kamen, waren im Rahmen der „Staatskirche" (*Protestantische Kirche in Niederländisch-Indien*) tätig. So z. B. der von der *London Missionary Society* ausgesandte Joseph Kam. Von den 20er Jahren des 19. Jahrhunderts an begann die Mission in den außerhalb der „Staatskirche" liegenden Gebieten. Missionare wurden vor allem von den holländischen Missionen nach Niederländisch-Indien gesandt, von der *Niederländischen Missionsgesellschaft* (NZG[69]), der *Niederländischen Missionsvereinigung* (NZV[70]), der *Utrechter Missionsvereinigung* (UZV[71]) und anderen.[72] Dazu kamen die 1828 gegründete *Rheinische Missionsgesellschaft* (RMG), die *Basler Mission* und später die *Neukirchener Mission* (gegründet 1880)[73] und die *Christian and Missionary Alliance* (gegründet 1887)[74]. Das stärkste Wachstum wiesen in den letzten Jahrzehnten des 20. Jahrhunderts die in pfingstlicher Tradition stehenden Missionen und Kirchen auf.[75] Die unterschiedliche Prägung der Frömmigkeit der Missionare und die Vielfalt der indonesischen Kontexte führten zur Entstehung einer großen Zahl christlicher Kirchen.[76] Das soll im Folgenden exemplarisch veranschaulicht werden.

Kirchen innerhalb der Einheitskirche. Dieser grundsätzliche Beschluss wurde von den einzelnen Kirchen zu unterschiedlichen Zeitpunkten realisiert.

67 In der Minahasa waren schon 1880 über drei Viertel, Ende des 20. Jahrhunderts ca. 90 % der Bevölkerung christlich. Vgl. L. Schreiner: Art. „Indonesien", Sp. 653.

68 Diese vier Kirchen bilden – zusammen mit drei weiteren 1964 entstandenen Kirchen – die *Protestantische Kirche von Indonesien* (GPI; *Gereja Protestant di Indonesia);* Auflistung und statistische Daten bei WCE[2], Bd. 1, S. 378.

69 Nederlandse Zendelings-Genootschap, gegründet 1797.

70 Nederlandse Zendings-Vereniging, gegründet 1858.

71 Utrechtse Zendings-Vereniging, gegründet 1859.

72 Zum theologischen Hintergrund und zu weiteren Missionsgesellschaften, die im 19. Jahrhundert in Holland entstanden, vgl. J. Haire, a. a. O., S. 123–142.

73 Vgl. B. Brandl: Die Neukirchener Mission. Ihre Geschichte als erste deutsche Glaubensmission, Köln 1998, S. 144–155.

74 J. Roxborogh u. a.: Art. „Christian and Missionary Alliance", in: DAC, S. 160; Th. van den End: Art. „Christian and Missionary Alliance Church, Indonesia (Gereja Kemah Injil Indonesia, GK II)", in: DAC, S. 160–162.

75 WCE[2], Bd. 1, S. 377 f.

76 Ausführliche Darstellung vor allem in Th. Müller-Krüger, a. a. O., S. 139–292; knappere Darstellungen: L. Schreiner, a. a. O. Sp. 652–656; D. Becker: Art. „Indonesien II. Christentumsgeschichte, Sp. 116–118; Th. van den End et al.: Art. „Indonesia", in: DAC,

a) Der Beginn der Mission auf Java

Bis zur Mitte des 19. Jahrhunderts (in West-Java bis 1865) war den Missionsgesellschaften die Tätigkeit im Inland Javas von der Kolonialregierung untersagt. Trotzdem fand auch in dieser Zeit Mission statt, durchgeführt von europäischen und javanischen Laien. Conraad Laurens Coolen[77] (1775–1873), Johannes Emde (1774–1859), Frederik Lodewijk Anthing[78] (1818–1883) und die Gattinnen zweier Kolonialbeamter (Philips und Le Jolle) vermittelten den christlichen Glauben in sehr unterschiedlicher Weise. Während Coolen und Anthing Elemente javanischer Religiosität in der christlichen Praxis fruchtbar machten, hielt Emde, ein aus Waldeck stammender, pietistischer Uhrmacher, bis in Äußerlichkeiten an den aus der deutschen Heimat gewohnten Formen christlichen Lebens fest. Unterschiedlich waren die Möglichkeiten für einheimische Evangelisten, Verantwortung für christliche Gemeinden zu übernehmen. Paulus Tosari (1813–1882) wurde der Führer der Christen von Modjowarno, während der Missionar Jelle Eeltjes Jellesma von 1851 bis 1858 unter seiner Leitung arbeitete. Anders erging es in Zentraljava dem Evangelisten Sadrach[79] (1835–1924), einer charismatischen Persönlichkeit, der das Christentum in den Formen javanischer Religiosität lebte. Zu seinen Anhängern, die in mehreren Gemeinden verstreut wohnten, stand er im Verhältnis eines Guru oder *kiai* (religiöser Lehrer) zum *murid* (Schüler). Javanische Sitten im Zusammenhang mit dem Lebenszyklus, mit Hausbau, Feldbestellung u. a. behielt er in christianisierter Form bei. Eine Formel gegen die Wirkung von Gift und Dämonen lautete z. B. folgendermaßen:

Gottvater, Gottsohn und heiliger Geist! Unschädlich möge werden Gift, das von der Pflanze oder aus menschlicher Bereitung stammt. Schwinden möge die (magisch verderbliche) Macht des (als Sitz der Geister) unbetretbaren Ackers und des unberührbaren Holzes. Der Segen des Herrn Jesus möge Wohlstand bringen, solange wir leben, Amen![80]

Das Evangelium verstand er als *ngelmu* (Weisheit), wobei er eine zentrale Vorstellung des javanischen Islam aufgriff. Der Inspektor der *Niederländisch-Reformierten Missionsvereinigung* sah darin Synkretismus und Verrat an der christlichen Wahrheit und ordnete die strikte Trennung der Missionare von Sadrach an. Die javanischen Christen hielten sich jedoch alle zu diesem.

b) Ludwig Ingwer Nommensen und der Beginn der Mission unter den Batak

Ludwig Ingwer Nommensen[81] (1834–1918) ließ sich 1864 ohne die Erlaubnis der Kolonialregierung im Hochtal von Silindung nieder, das erst zwölf Jahre später (1876) in das holländische Kolonialreich einbezogen wurde. Aus Nommensens kühnem Vor-

---

S. 374–380; eine umfassende Liste der indonesischen Kirchen mit statistischen Daten bietet WCE², Bd. 1, S. 377 f.

[77] Th. Müller-Krüger, a. a. O., S. 193 f.

[78] Th. van den End: Art. „Anthing, Frederik Lodewijk", in: DAC, S. 35 f.

[79] Th. Müller-Krüger, a. a. O., S. 207–209; S. S. Partonadi: Art. „Sadrach, Surapranata", in: DAC, S. 720 f.

[80] Zitiert bei Th. Müller-Krüger, a. a. O., S. 208.

[81] Zu Nommensen vgl. L. Schreiner: Adat und Evangelium; ders.: Art. „Nommensen, Ludwig Ingwer (1834–1918)", in: TRE, Bd. XXIV, S. 604–608 (weitere Literatur); J. R. Hutauruk: Art. „Nommensen, Ludwig Ingwer".

gehen entstand die zahlenmäßig größte protestantische Kirche in Indonesien, die *Toba-Batak-Kirche* (*Huria Kristen Batak Protestan*, HKBP). Sie hatte Ende des 20. Jahrhunderts über 1,5 Millionen Mitglieder und betrachtete Nommensen als den „Apostel der Batak".

Die ersten Toba-Batak-Christen wurden von ihren Sippenangehörigen so angefeindet, dass Nommensen für sie ein Dorf – *Huta Dame* („Dorf des Friedens") – gründete. Dies betrachtete er jedoch als eine vorübergehende Notmaßnahme. Es war Nommensen wichtig, dass die Christen nicht von ihren Dorfgenossen isoliert würden. Sie sollten weiterhin dem Häuptling ihres Stammes verbunden sein. In den von Nommensen verfassten bzw. mitverfassten Kirchenordnungen (1866, 1881) achtete er auf die Erhaltung der traditionellen gesellschaftlichen Strukturen. Schwieriger als bei den gesellschaftlichen Strukturen gestaltete sich die Frage der Verbindlichkeit traditioneller Gegebenheiten im Bereich der herkömmlichen Lebensordnungen der Batak, der so genannten *Adat*.[82] Der Versuch, eine religiös neutrale Adat von den religiösen Bräuchen zu trennen und Erstere als für die Christen weiterhin gültig, Letztere aber als für sie verboten zu erklären, scheiterte immer wieder daran, dass in der Adat – ebenso wie in der christlichen Ethik – Religion und Lebensordnungen untrennbar miteinander verbunden sind.[83]

Die von Nommensen geschaffene Kirchenordnung sah eine Art dreigegliedertes Amt von Ältesten, Lehrern und Pastoren vor. Dadurch wurden die Batak selbst von Anfang an stark in die Verantwortung für die Gemeinden und das kirchliche Leben einbezogen. Im Jahr 1883 wurde mit der Ausbildung von Pastoren (*pandita*) begonnen, die aber den Missionaren unterstellt blieben. Das Amt des Ephorus der Kirche wurde 1881 Nommensen übertragen, der es bis zu seinem Tod im Jahr 1918 innehatte. Ohne Zweifel war es Nommensens mutiges und zielstrebiges Vorgehen, das wesentlich zum Wachstum der Kirche unter den Batak führte. Ein weiterer Faktor war die Ausdehnung der niederländischen Herrschaft auf die inneren Gebiete des Batak-Landes.[84] Im Jahr 1910 arbeiteten unter Nommensen 55 weitere Missionare. Nommensen selbst lebte – durch nur kurze Heimaturlaube unterbrochen – 56 Jahre lang im Batak-Gebiet. Ein Batak beschrieb ihn als „eine patriarchale missionarische Figur, voll von Liebe, Mitgefühl und Hingabe"[85] und brachte damit das Ineinander von patriarchalem Anspruch und selbstloser Aufopferungsbereitschaft zum Ausdruck.

c) *Hendrik van Dijken und der Beginn der protestantischen Kirche auf Halmahera*

Die *Evangelische Kirche in Halmahera* (*Gereja Masihi Injili di Halmahera*, GMIdiH) betrachtet die katholische Kirche als ihren Ursprung. Sie entstand in den 1520er Jahren unter portugiesischer Herrschaft,[86] verschwand aber zu Beginn des 17. Jahrhunderts. Ein Neuanfang wurde durch die Ankunft von Hendrik van Dijken und zwei weiterer Missionare der UZV 1866 in Halmahera möglich.

---

82 Hierzu durchgehend L. Schreiner: Adat und Evangelium.
83 Ebd., S. 126 f.
84 H. Kraemer: From Missionfield, S. 47.
85 J. R. Hutauruk: Art. „Nommensen, Ludwig Ingwer".
86 J. Haire, a. a. O., S. 107.

Hendrik van Dijken (1832–1900), „de vader der Halmaheira"[87], stand in der Tradition der Handwerkermissionare. Er verdiente seinen Lebensunterhalt teilweise selbst. Er ließ sich an einem angeblich von Ahnengeistern bewohnten Ort nieder, ohne Schaden zu nehmen. Das wurde als Zeichen dafür verstanden, dass er von den Geistern akzeptiert worden sei, und öffnete ihm den Zugang zu den Menschen. Seine Anerkennung wuchs, als er einen für beide Seiten annehmbaren Kompromiss zwischen dem Sultan von Ternate und aufständischen Bauern von Halmahera vermitteln konnte. Van Dijken bezog in seine Missionsmethode seine landwirtschaftliche Tätigkeit mit ein. Er wollte „predigen durch Arbeit".[88] Durch den Lebensvollzug („das Sichtbare") sollte zum christlichen Glauben („das Unsichtbare") hingeführt werden. Entsprechend war sein Motto: „Vom Sichtbaren zum Unsichtbaren".[89] Es lag ihm nicht an großen Zahlen von Bekehrten. Die Hinwendung vieler Menschen zum Christentum nach der Flutkatastrophe von 1871 war nicht in seinem Sinn. So dehnte er den Taufunterricht auf über zwei Jahre aus und taufte erst im Juli 1874 die ersten sieben Personen. Am Ende seines fast 35-jährigen Wirkens umfasste seine Gemeinde, für die er an seinem Wohnort die Siedlung Duma gründete, nur 168 Getaufte. Van Dijken wollte keine Volkskirche, sondern eine kleine Gemeinschaft von Gläubigen, die er zum Großteil zu Evangelisten ausbildete. Er musste allerdings sehen, dass seine jüngeren Missionarskollegen – vor allem Anton Hueting – seine Missionsmethode nicht übernahmen, sondern zur „Volkschristianisierung" übergingen, wie sie von Albertus Christian Kruyt in Sulawesi praktiziert wurde.

d) Albertus Christian Kruyt und die Mission unter den Toraja in Mittelsulawesi

Albertus Christian Kruyt[90] (1869–1949) wirkte von 1892 bis zu seiner Rückkehr nach Holland 1932 fast 40 Jahre lang unter den Toraja[91] des Gebietes um Poso im nördlichen Mittelsulawesi. Er arbeitete eng mit dem Sprachforscher Nicolaus Adriani[92] zusammen. Obwohl Kruyt durch seine Beschäftigung mit der Kultur der Toraja ein international anerkannter Experte wurde, lehnte er sie als mit dem christlichen Glauben unvereinbar ab.[93] Entscheidend für Kruyts und Adrianis missionarisches Wirken war der Gedanke der „Volkschristianisierung". Die Hinwendung zum Christentum sollte nicht von einzelnen, sondern von der ganzen Gemeinschaft vollzogen werden. Deshalb wartete Kruyt 17 Jahre, bis er im Jahr 1909 erstmals taufte. Getauft wurden insgesamt 180 Personen, ein Häuptling mit seiner ganzen Dorfgemeinschaft.[94] Das war der Beginn einer großen Christianisierungswelle, aus der die *Christliche Kirche in Mittelsulawesi* (*Gereja Kristen Sulawesi Tengah*, GKST) hervorging.

---

[87] Ebd., S. 165; zum ganzen Abschnitt über van Dijken vgl. ebd., S. 161–190.

[88] Ebd., S. 136.

[89] Ebd., S. 171.

[90] Ch. G. F. de Jong: Art. „Kruyt, Albertus Christian", in: DAC, S. 457 f.; Th. Müller-Krüger, a. a. O., S. 161–165.

[91] Zur Frage, ob die Bezeichnung „Toraja" für die Bevölkerung des nördlichen Mittelsulawesi korrekt ist, vgl. Th. Kobong: Evangelium und Tongkonan, S. 15–17, Anm. 1.

[92] Ch. G. F. de Jong: Art. „Adriani, Nicolaus", in: DAC, S. 9 f.

[93] Th. Kobong, a. a. O., S. 211.

[94] Th. Müller-Krüger, a. a. O., S. 162 f.

e) Die „große Reue" auf Nias

Der markanteste Einschnitt in der Missionsgeschichte der Sumatra westlich vorgelagerten Insel Nias war eine Erweckungsbewegung, die – in mehreren Wellen verlaufend – von 1916 bis 1930 dauerte. Die Niasser bezeichneten diese Bewegung als „die große Reue".[95] In Nias missionierte die RMG ab 1865. Die Erweckungsbewegung begann bei vielen Christen mit einem überwältigenden Aufbruch des Bewusstseins ihrer Sündhaftigkeit. Das führte zu öffentlichen Sündenbekenntnissen, verbunden mit Zuständen emotionaler Aufgewühltheit. Charakteristisch für die Bußbewegungen, die in den ersten drei Jahrzehnten des 20. Jahrhunderts mit ähnlichen Begleiterscheinungen auch in anderen Gebieten Asiens stattfanden – z. B. in Nordostindien und in Korea –, ist die Rückhaltlosigkeit, mit der die größten Vergehen öffentlich gebeichtet wurden. Theodor Müller-Krüger stellt zwar fest, dass sich durch die „große Reue[…] kaum etwas geändert"[96] habe. Dennoch muss festgehalten werden, dass sich die Zahl der Christen auf Nias zwischen 1915 und 1935 von 20 000 auf 135 000 erhöhte.[97]

f) Franz van Lith und der Beginn der katholischen Kirche auf Java

Einzelne katholische Missionare konnten auch während der holländischen Herrschaft in Indonesien arbeiten[98], so etwa der Theatiner Antonio Ventimiglia[99] unter den Dayak. Auf Timor, Solor und Flores führten die Dominikaner ihre Tätigkeit – wenn auch durch Personalmangel eingeschränkt – auch im 17. und 18. Jahrhundert weiter. Die Lage änderte sich mit der Erklärung der Religionsfreiheit im Jahr 1808. In Indonesien wurde zunächst eine *Apostolische Präfektur* errichtet, dann – 1844 – ein „Apostolisches Vikariat", dessen erster Amtsinhaber Jacobus Grooff war.[100] In der Mitte des 19. Jahrhunderts begann eine intensive katholische Missionsarbeit in ganz Indonesien.[101]

Franz van Lith[102] (1863–1926) wirkte in Muntilan, im Inneren Zentraljavas. Im Jahr 1904 taufte er in einem Dorf 194 Personen, was als der Beginn der katholischen Kirche in Java gilt. In Muntilan richtete van Lith Schulen und Seminare ein, aus denen viele führende Persönlichkeiten der indonesischen Kirche hervorgingen, z. B. Albertus Soegijapranata, der 1961 zum ersten Erzbischof in Indonesien ernannt wurde. Van Lith war einer der wenigen Europäer, die das Ende der niederländischen Herrschaft in Indonesien voraussahen und bejahten. Der holländische Botschafter beim Vatikan bezeichnete van Lith wegen seiner Einstellung als „eine sehr gefährliche Person".[103] Tatsächlich aber trug van Lith dazu bei, dass die Christen – jedenfalls weithin – zu Befürwortern der Unabhängigkeit Indonesiens wurden.

---

95 Th. Müller: Die „große Reue" auf Nias. Geschichte und Gestalt einer Erweckung auf dem Missionsfelde, Gütersloh 1931; ders.: Der Protestantismus, S. 276–286.
96 Th. Müller-Krüger, Der Protestantismus, S. 281.
97 Ebd., S. 278.
98 M. Muskens: Partner im nationalen Aufbau. Die Katholische Kirche in Indonesien, Aachen 1979, S. 40–42.
99 J. Rooney: Khabar Gambira, S. 13–16.
100 A. Heuken: Art. „Grooff, Jacobus", in: DAC, S. 317 f.
101 Vgl. die Liste in Th. Müller-Krüger, a. a. O., S. 324.
102 M. Muskens: Partner, S. 131–138; A. Heuken: Art. „Van Lith, Franz G. I. M.".
103 A. Heuken: Art. „Van Lith, Franz G. I. M.".

g) Der Weg der indonesischen Kirchen in die Selbständigkeit

Aus der Tätigkeit der Missionen gingen unabhängige Kirchen hervor. Ihre zahlenmäßige Stärke war sehr unterschiedlich. In manchen Gebieten stellten die Christen am Ende des 20. Jahrhunderts die Mehrheit,[104] wie etwa in Ost-Timor[105] (90 %), Irian Jaya (85 %), den Kleinen Sunda-Inseln (75 %), Nord-Sulawesi (55 %). Zwischen 25 und 50 % war der Anteil der Christen auf den Molukken, Nord-Sumatra und West-Kalimantan, zwischen 10 und 25 % in Zentral-Sulawesi, Zentral- und Ost-Kalimantan und in Jakarta, zwischen 5 und 10 % in der Autonomen Region Yogyakarta und in Süd-Sulawesi, zwischen 3 und 5 % in Zentral- und Ost-Java und in Südwest-Sulawesi, zwischen 1 und 3 % im übrigen Sumatra und in Süd-Kalimantan, weniger als 1 % in West-Java, Bali und West-Nusa Tenggara (Lombok, Sumbawa u. a.).

Die meisten indonesischen Kirchen wurden in den 30er und vor allem den 40er Jahren des 20. Jahrhunderts selbständig. Das bedeutete nicht das Abbrechen der Kontakte zu westlichen Missionen und oft auch nicht das sofortige Ende der Führungsrolle der Missionare. Als 1942 die Missionare auf Grund der japanischen Besetzung das Land verlassen mussten, „waren die Christen beinahe überall (*universally*) erfreut, sie gehen zu sehen, ohne dass sie die aufopferungsvolle Arbeit, die sie geleistet hatten, vergessen hätten".[106]

5. Die Kirchen Indonesiens angesichts der Herausforderungen des 20. Jahrhunderts

Fünf große Themen bewegten die indonesischen Kirchen seit dem Übergang von der missionarischen Leitung zur Selbständigkeit: (a) die Teilnahme an der Unabhängigkeitsbewegung, (b) die Mitwirkung am Aufbau der Nation und die Auseinandersetzung mit traditionellen Weltanschauungen, (c) die Einfügung in den Pancasila-Staat, sowie (d) Religionsfreiheit und das Zusammenleben mit der muslimischen Bevölkerungsmehrheit.[107]

a) Teilnahme der Christen an der Unabhängigkeitsbewegung

Die indonesischen Christen waren von der nationalen Bewegung nicht unbeeinflusst, aber die Kirchen blieben meist bei einem „Regionalnationalismus"[108]. Sie bemühten sich um Verbesserung und „Fortschritt" für die ethnische Gruppe, mit der eine Kirche verbunden war.[109] So verfolgte der 1917 gegründete *Bataksche Christenbund*[110] durchaus politische Ziele, wie etwa das Ende der holländischen Plantagenwirtschaft. Dabei wurden auch nationale Töne laut, wenn z.B. eine Versammlung mit dem Lied „Ich will dich lieben, meine Stärke" beschlossen wurde, wobei „meine Stärke" durch

---

[104] Die im Folgenden genannten Zahlen nach Th. van den End et al.: Art. „Indonesia", in: DAC, S. 378.

[105] Ost-Timor gehört seit 1999 nicht mehr zu Indonesien.

[106] St. Neill: Colonialism, S. 199.

[107] Zur katholischen Kirche vgl. G. Evers: Die Länder Asiens, S. 195–225.

[108] Der Begriff bei J. R. Hutauruk: Die Batakkirche, S. 70 u. ö.

[109] D. Becker, a. a. O., S. 66.

[110] J. R. Hutauruk, a. a. O., S. 144–187.

„mein Land" ersetzt wurde.[111] Damit war aber nicht ein geeintes, unabhängiges Indonesien gemeint, sondern das Batak-Land. Die Missionare waren entschieden gegen alle nationalen und politischen Aktivitäten innerhalb der Kirche. Und viele Christen machten sich die positive Haltung zur holländischen Kolonialherrschaft zu Eigen. Noch im Jahr 1940 schickte die Großsynode der HKBP eine Erklärung an die holländische Königin, „um die Treue aller Kirchenglieder der HKBP gegenüber der holländischen Regierung angesichts des Leidens der Königin und ihres Gefolges durch Hitlers Besetzung zu demonstrieren".[112] Mit Hinweis auf Röm 13,1–7 begrüßte die Kirchenleitung der HKBP später auch die japanische Kolonialmacht („Möge der Herr die neue Regierung segnen …"[113]).

Einzelne Christen waren aktiv in der nationalen Bewegung tätig. Dazu gehörten vor allem der Jurist T. S. G. Mulia, Amir Sjarifuddin, Johannes Leimena und T. B. Simatupang.[114] Ihre Aktivitäten wurden von vielen Missionaren mit Misstrauen betrachtet. Simatupang, eine führende Persönlichkeit in der ökumenischen Bewegung, der mit 29 Jahren Stabschef der Armee im unabhängigen Indonesien geworden war, berichtet, dass er beinahe von der Missionsschule verwiesen worden wäre, als er beim Lesen eines Textes von Sukarno ertappt wurde.[115]

Deutlicher identifizierten sich die Christen im Kampf gegen die Holländer 1945 bis 1949 mit dem Ziel der nationalen Unabhängigkeit.[116] Dabei kam es allerdings zu Spannungen zwischen Christen und Muslimen, da von manchen muslimischen Gruppen der Kampf gegen die Holländer als „Heiliger Krieg (*jihad*) zur Verteidigung des islamischen Glaubens" verstanden wurde.[117]

b) Mitwirkung der Christen am Aufbau der Nation und Auseinandersetzung mit traditionellen Weltanschauungen

Schon 1945 wurden die protestantische Partei *Parkindo* (*Partai Kristen Indonesia*) und die katholische *Partai Katolik* gegründet.[118] Diese Parteien hatten das Ziel, die Interessen der Christen zu vertreten, die vor allem in der Gewährleistung der Religionsfreiheit bestanden. Darüber hinaus übernahmen christliche Politiker Verantwortung für den Aufbau des Staates. In den meisten Kabinetten gab es christliche Minister. Erster Ministerpräsident wurde der Protestant Amir Sjarifuddin (1907–1949), der sich allerdings bald wieder von Sukarno abwendete, an einer kommunistischen Rebellion beteiligte und 1949 hingerichtet wurde.[119] Johannes Leimena (1905–1977) blieb bis zuletzt ein enger Vertrauter Sukarnos und sein Stellvertreter.

---

[111] Ebd., S. 167 f.
[112] Zitiert ebd., S. 272.
[113] Zitiert ebd., S. 276.
[114] D. Becker, a. a. O., S. 68–71.
[115] T. B. Simatupang: Ich bin ein Schuldner, in: Ders.: Gelebte Theologie in Indonesien. Zur gesellschaftlichen Verantwortung der Christen, Göttingen 1992, S. 26–47, bes. S. 28.
[116] D. Becker, a. a. O., S. 79–81.
[117] Ebd., S. 81.
[118] Ebd., S. 85–94.
[119] Ebd., S. 82, Anm. 113.

Angeregt durch die auf Entwicklung gerichtete Politik der Anfangszeit von Präsident Suharto und durch die ökumenische Diskussion gesellschaftspolitischer Fragen leisteten die Kirchen Beiträge zur wirtschaftlichen und gesellschaftlichen Entwicklung.[120] In seinem Ansatz originell war das so genannte Motivatoren-Programm, das der Indonesische Kirchenrat mit finanzieller Unterstützung des ÖRK durchführte.[121] Im Rahmen dieses Programms sollte vor allem Bewusstseinsbildung betrieben werden. Die Motivatoren sollten an der Schaffung eines „entwicklungsbezogenen Menschen" mitarbeiten. Für diese Aufgabe wurden junge Menschen geschult und in Dörfer geschickt. Sie sollten dort nicht als „Wissende" auftreten und die Dorfbewohner nach vorgefassten Plänen „umerziehen", sondern mit den Menschen im Dorf leben, ihre Lebensgewohnheiten kennen lernen und eher behutsam auf mögliche Änderungen hinweisen. Dabei sollte auch die Tragfähigkeit traditioneller Werte, wie etwa der javanischen Harmonie-Ethik[122], berücksichtigt werden.

Ein zweiter Bereich gesellschaftlicher Wirksamkeit der Kirchen war die Arbeit mit den politischen Gefangenen, die nach dem Putschversuch von 1965 inhaftiert worden waren.[123] Ein großer Teil von ihnen wurde nie vor Gericht gestellt. Als Ende der 70er Jahre die meisten von ihnen auf internationale Kritik hin aus der Haft entlassen wurden, erhielten sie trotzdem nicht ihre vollen bürgerlichen Rechte zurück. Die Kirchen organisierten Besuche bei Gefangenen, kümmerten sich um deren Familien und um die Entlassenen. Sie übten aber keine öffentliche Kritik an den in diesem Zusammenhang begangenen Menschenrechtsverletzungen der Regierung.

c) Die Stellung der Kirchen zum Pancasila-Staat

War für Sukarno die Pancasila „Ausdruck eines Fundamentalkompromisses"[124], dem die Kirchen leicht zustimmen konnten, so wurde sie in der „Neuen Ordnung" Suhartos zu einer exklusiven Staatsideologie. Für die Kirchen besonders problematisch war ein Gesetz aus dem Jahr 1985, das von allen „gesellschaftlichen Organisationen" verlangte, in ihren Grundordnungen die Pancasila als „einzigen Grund" zu benennen.[125] Erfolglos wiesen die Kirchen darauf hin, dass ihnen die mit ihrem Glauben gegebene Grundlage verbiete, die Pancasila als „einzigen Grund" zu bezeichnen. Schließlich musste die Grundordnung dem Wunsch der Regierung gemäß geändert werden. Jesus Christus wurde im § 3 als „Herr und Heiland der Welt", als „Haupt der Kirche" und als „Quelle der Wahrheit und des Lebens" bekannt, wobei 1Kor 3,11 zitiert wurde: „Einen anderen Grund kann niemand legen …". Nach § 5 hingegen „gründet […] die Gemeinschaft der Kirchen auf der Pancasila im gesellschaftlichen, nationalen und staatlichen Leben".[126] Die Regierung verzichtete darauf, das Wort „Grund" im

---

120 U. Beyer: Entwicklung, passim.
121 Dazu ebd., S. 215–217; W. Schmidt: Der lange Marsch zurück, S. 184–192; D. Becker, a. a. O., S. 117–123, 154–160.
122 Die Krise, in die die javanische Harmonie-Ethik durch die Moderne geführt wurde, wird dargestellt von F. Magnis-Suseno: Neue Schwingen, S. 59–129; vgl. auch D. Becker, a. a. O., S. 13–32.
123 D. Becker, a. a. O., S. 129–135.
124 So F. Magnis-Suseno, a. a. O., S. 137.
125 D. Becker, a. a. O., S. 191–197.
126 Ebd., S. 195.

Bibelzitat zu monieren. Eine ähnliche, etwas unausgeglichene Nebeneinanderstellung ihrer religiösen Grundlage und der Pancasila als Grund fügten auch die anderen Kirchen in ihre Grundordnungen ein.[127]

d) Religionsfreiheit und das Zusammenleben mit der muslimischen Bevölkerungsmehrheit

Obwohl der Islam in Indonesien die Religion der Mehrheit ist[128], konnte sich die Forderung, das islamische Recht zur Grundlage des Staates zu machen, nicht durchsetzen.[129] Bei den ersten freien Wahlen im Jahr 1955 erreichten alle muslimischen Parteien zusammen nur 114 von 257 Parlamentssitzen.[130] Trotzdem gab es Gruppen, die mit Gewalt die Errichtung eines islamischen Staates erzwingen wollten. Diese so genannten *Darul-Islam*-Bewegungen[131] führten in West-Java, Sulawesi und Nord-Sumatra jahrzehntelang einen Kampf gegen die Zentralregierung und gegen Andersdenkende, der in Aceh (Nord-Sumatra) zu einem Teilerfolg führte.[132] Für die Toraja-Kirche in Zentral-Sulawesi brachte die *Darul-Islam*-Bewegung unter der Führung von Kahar Muzakkar Leiden, Verfolgung, Zwangsislamisierung und für manche auch den Tod.[133] Von daher wird verständlich, dass für die indonesische Christenheit die Verankerung der Religionsfreiheit[134] in der Verfassung von großer Bedeutung war. Hatte die Verfassung der kurzlebigen *Republik der Vereinigten Staaten von Indonesien* volle Religionsfreiheit, einschließlich des Rechts zum Religionswechsel und zur Mission, zugesichert[135], so beschränkte sich die Verfassung von 1950 auf grundsätz-

---

127 Vgl. z. B. die Präambel der Verfassung des *Indonesischen Pfingstrates*: „Denn wahrhaftig ist Jesus Christus der Sohn Gottes, Herr, Heiland, Täufer mit dem Heiligen Geist, Erneuerer der Menschheit und Haupt der Gemeinde. Denn die Pancasila, das Grundgesetz von 1945 [...] ist die Grundlage, das Mittel und die Richtung des Aufbaus des ganzheitlichen (materiell und spirituell) indonesischen Menschen." Zitiert nach R. Scheunemann: Mission und Evangelisation, S. 526.

128 Die Angaben darüber, wieviel Prozent der Bevölkerung Indonesiens muslimisch sind, weichen stark voneinander ab. O. Schumann (Art. „Indonesien I. Religionsgeschichtlich", in: TRE, Bd. 16, S. 127–133; bes. S. 132), 75–80 %; Th. van den End et al. (Art. „Indonesia", in: DAC, S. 374): 87 %; L. Schreiner/W. Luoma (Art. „Indonesia", in: The Encyclopedia of Christianity, Bd. 2, S. 692–694): 55,4 %; WCE², Bd. 1, S. 372: 54,7 % (für das Jahr 2000). Die Unterschiede hängen davon ab, ob man die Anhänger synkretistischer Formen (z. B. den javanischen Mystizismus) zu den Muslimen rechnet oder nicht.

129 Vgl. B. J. Boland: The Struggle of Islam in Modern Indonesia, The Hague 1971; zum Verhältnis von Christen und Muslimen vgl. bes. W. Wawer: Muslime und Christen in der Republik Indonesia, Wiesbaden 1974.

130 O. Schumann: Der Islam in Indonesien, S. 36.

131 C. van Dijk: Rebellion Under the Banner of Islam. The Darul Islam in Indonesia, The Hague 1981; D. Becker, a. a. O., S. 166.

132 Aceh erhielt den Status eines Sonderdistrikts, in dem das islamische Recht Gültigkeit hat; vgl. M. C. Ricklefs, a. a. O., S. 322.

133 Th. Kobong, a. a. O., S. 176; D. J. van Dyck: Kirche unter dem Kreuz im Toradjaland, in: Th. Müller-Krüger: Indonesia Raja. Antlitz einer großen Inselwelt, Bad Salzufflen 1966, S. 137–141.

134 Zur ganzen Thematik vgl. bes. D. Becker, a. a. O., S. 169–178.

135 „Jedermann hat das Recht der Gedanken-, Gewissens- und der Religionsfreiheit; dieses

liche Aussagen. Sie billigte (in Art. 18) jedem Bürger „das Recht auf Freiheit der Religion, des Bewusstseins und des Denkens"[136] zu. Jeder habe das Recht, „sich zu seiner jeweiligen Religion zu bekennen". Alle „anerkannten religiösen Gemeinschaften und Versammlungen" sollten gleichermaßen den Schutz des Staates genießen.[137] Die virulente Frage des Religionswechsels wurde nicht mehr benannt.

Als nach dem politischen Umschwung, der Suharto an die Macht gebracht hatte, die Regierung dazu aufforderte, sich einer der fünf anerkannten Religionen – Islam, Buddhismus, Hinduismus, Protestantismus, Katholizismus – anzuschließen, kam es in manchen Gebieten – z. B. bei den Karo-Batak[138] – zu einer massenhaften Hinwendung zur protestantischen Kirche. Das führte zu Spannungen und Zusammenstößen zwischen Muslimen und Christen.[139] Von muslimischer Seite wurde auf einer von Suharto 1967 einberufenen Konsultation[140] die Forderung eines Verzichts auf Mission unter Muslimen erhoben. Mission solle nur unter solchen Gruppen gestattet sein, die keiner der anerkannten Religionen angehörten. Dem stimmten die christlichen Vertreter nicht zu, was ihnen den Vorwurf der Intoleranz und der Gefährdung des öffentlichen Friedens einbrachte. Die Christen hielten dem entgegen, dass faktisch auch die Muslime unter den anderen anerkannten Religionen Mission trieben.

Zu den verheerendsten Zusammenstößen zwischen Christen und Muslimen kam es in den Jahren 1999 und 2000 auf den Molukken.[141] Dabei vermischten sich politische und religiöse Gesichtspunkte. Besonders in Halmahera (Nordmolukken) sah sich die ursprüngliche Bevölkerung durch die Umsiedlungspolitik der Regierung, die die Mehrheitsverhälnisse zu verändern suchte, gefährdet. Diesem Konflikt wurde sekundär ein religiöser Charakter gegeben. Es kam zu Vertreibungen, Tötungen, Zwangsislamisierungen und angeblich sogar zu Zwangsbeschneidungen von Frauen.[142] Allerdings standen die Religionen nicht als geschlossene Blöcke gegeneinander. Immer wieder wurde berichtet, dass Muslime und Christen gemeinsam Kirchen bewachten und einander schützten. Die Gestaltung des Zusammenlebens von Christen und Muslimen bleibt auch in der Zukunft eine Aufgabe.

Recht schließt auch die Freiheit ein, die Religion und den Glauben zu wechseln; und die Freiheit, entweder allein oder in Gemeinschaft mit anderen, öffentlich oder privat, seine Religion oder seinen Glauben zu bekunden durch Lehre, Verkündigung, durch Gottesdienst und in Befolgung der Gebote und Vorschriften seiner Religion, und die Kinder im Glauben und in den Vorstellungen der Eltern zu erziehen" (Zitiert nach ebd., S. 173).

[136] Ebd., S. 174.

[137] Vgl. Art. 43; zitiert in ebd., S. 174, 177.

[138] Vgl. U. Beyer: Und viele wurden hinzugetan, S. 36–59. Beyer hebt hervor, dass das Wachstum nicht nur auf die politischen Ereignisse zurückzuführen sei.

[139] D. Becker, a. a. O., S. 178–186.

[140] Dazu O. Schumann: Der Islam in Indonesien, S. 39 f.

[141] Chr. Grötzinger: Chronologie des Konflikts auf den Nord-Molukken, in: Evangelisches Missionswerk in Südwestdeutschland (Hg.): Informationsbrief 5/2000, S. 37–43, Stuttgart 2000; Ders.: Abriss des Konflikts auf Halmahera, ebd., S. 18–23.

[142] Vgl. den Erlebnisbericht von Ch. Sagat: Kampagne zur Zwangskonvertierung auf den Molukken, in: Evangelisches Missionswerk in Südwestdeutschland (Hg.): Informationsbrief 2/2001, S. 26–29.

B PHILIPPINEN

Die Philippinen sind das einzige asiatische Land, in dem das Christentum die Religion der Mehrheit ist. Am Ende des 20. Jahrhunderts waren ca. 90 % der Bevölkerung christlich, davon gehörten über 80 % der römisch-katholischen Kirche an.[143] Die überwiegende Mehrheit der ca. 4 Millionen Muslime (ca. 6 % der Bevölkerung) – als „Moros" bezeichnet, was inzwischen als Eigenbezeichnung übernommen wurde – lebt auf den südlichen Inseln im Bereich der Sulu-See (vor allem Mindanao, Palawan und dem Tawi-Tawi-Archipel), wobei in Mindanao allerdings durch Zuwanderung die Muslime zu einer Minderheit von ca. 20 % geworden sind. Die Moros mussten seit dem Beginn der spanischen Herrschaft um ihr Überleben kämpfen und wurden auch wirtschaftlich immer weiter an den Rand gedrängt, was zu erheblichen Spannungen geführt hat.[144]

1. Katholische Mission und Kirche in der Zeit der spanischen Kolonialherrschaft (1521–1898)

Die Anfänge der Geschichte des Christentums auf den Philippinen stehen im Zusammenhang mit der spanischen Kolonialunternehmung des 16. Jahrhunderts.

a) Die spanische Kolonialherrschaft auf den Philippinen

Die Inbesitznahme der Philippinen[145] begann mit Fernão de Magellan. Er erreichte 1521 die Insel Samar, wurde aber schon am 27. April desselben Jahres im Kampf gegen den Häuptling Lapu-Lapu auf der Insel Mactan getötet.[146] Eine dauernde Niederlassung auf den Philippinen gelang – nach mehreren gescheiterten Versuchen[147] – erst Miguel Lopez de Legazpi, der 1565 die Insel Cebu erreichte. 1570 wurde Manila erobert. Legazpi schloss mit mehreren Ortschaften Verträge, die die Spanier bevorzugten und bei den Filipinos auf Widerstand stießen. Die „Befriedung" der Ortschaften vollzog sich so, dass die Soldaten den Bewohnern die „Freundschaft" der Spanier anboten, was die Entrichtung von Abgaben einschloss. Die Ablehnung der „Freundschaft" war ein ausreichender Grund, mit Waffengewalt gegen die Bewohner vorzugehen.[148] Trotz dieses Verfahrens verlief die Errichtung der spanischen Herrschaft auf den Philippinen weniger grausam als in Lateinamerika.[149] Auf königliche Anordnung

---

[143] Die Angaben in der Literatur differieren leicht, stimmen aber in groben Zügen überein (vgl. z. B. WCE², Bd. 1, S. 594, und T. V. Sitoy, Jr.: Art. „Philippines", in: DAC, S. 654–657). Sitoy gibt außerdem für die *Unabhängige Philippinische Kirche* (*Iglesia Filipina Independiente* = Aglipayaner) 2,6 %, für die *Iglesia ni Kristo* 2,3 % an.

[144] Vgl. P. G. Gowing/R. D. McAmis: The Muslim Filipinos. Their History, Society and Contemporary Problems, Manila 1974; V. S. Stahr: Südostasien und der Islam, S. 235–255.

[145] Zur Entstehung des Namens „Philippinen" (*Islas Filipinas*) vgl. R. Siebert: 3 Mal Philippinen, S. 130.

[146] Eine anschauliche Schilderung des Kampfes gibt T. V. Sitoy, Jr.: History, S. 54–56.

[147] Dazu ebd., S. 63–82.

[148] Ebd., S. 175.

[149] W. Reinhard: Geschichte, Bd. 1, S. 80, spricht sogar von einer „vergleichsweise[n] Gewaltlosigkeit".

hin wurde 1599 sogar die „freiwillige Zustimmung" der Bevölkerung und ihrer Führer zur spanischen Herrschaft eingeholt.[150] Eine völlige Einbeziehung der ganzen Philippinen in ihre Herrschaft gelang den Spaniern jedoch zu keiner Zeit.[151]

Anders als in Lateinamerika trafen die Spanier auf den Philippinen nicht auf große, zentralistisch regierte Reiche, sondern auf eine Vielzahl von politisch selbständigen Dorfgemeinschaften mit unterschiedlich ausgeprägter Führungsschicht und gesellschaftlicher Gliederung.[152] Das machte zwar immer neue Verhandlungen mit den Häuptlingen erforderlich. Die Spanier hatten es aber nie mit starken Gegnern zu tun, da sich ein größere Gebiete umfassendes philippinisches Gemeinschaftsbewusstsein erst im Laufe der nächsten Jahrhunderte im Widerstand gegen die spanische Herrschaft herausbildete. Zudem gelang es den Spaniern, die gesellschaftlichen Verhältnisse geschickt zu ihren Gunsten auszunutzen. Sie gewährten den traditionellen Führern Vergünstigungen und zogen sie dadurch auf ihre Seite. Die Häuptlinge und ihre Familien wurden von den Abgaben an die Spanier befreit, hatten aber die Aufgabe, von ihren Gemeinschaften die Abgaben zu erheben. Das verschaffte ihnen die Möglichkeit zu persönlicher Bereicherung und förderte zugleich die Herausbildung einer Führungsschicht, die sich von der allgemeinen Bevölkerung abhob. Die Zahl der spanischen Kolonisten auf den Philippinen war vor allem in den ersten Jahrzehnten sehr klein: Legazpi hatte anfangs 300 spanische Soldaten, um 1590 waren es ca. 400, im Jahr 1634 schließlich 1700.[153] Sie lebten vorwiegend in den größeren Orten. Zwischen 1624 und 1634 waren außerhalb von Manila und Cebu nur 60 spanische Laien auf den philippinischen Inseln.[154] In den Dörfern vertraten die Ordensleute die spanische Herrschaft. Sie sorgten dafür, dass Dorfbewohner durch Umsiedlung größere Ansiedlungen bildeten, die im Anschluss an das Vorgehen in Lateinamerika „Reduktionen" genannt wurden.[155] Ein besonderes Instrument der Verwaltung der Kolonie waren die schon in Lateinamerika eingerichteten *encomiendas*: Einzelnen Soldaten und anderen Spaniern und Mexikanern wurden die Bewohner begrenzter Gebiete „anvertraut". Aufgabe der *encomenderos* war der Schutz der ihnen zugewiesenen Personen, die Gewährleistung ihrer Unterweisung im christlichen Glauben, aber auch die Eintreibung der Steuern. Auch hier war natürlich die Möglichkeit der Bereicherung gegeben.

Von 1565 bis 1821 waren die Philippinen eine spanische Subkolonie in unmittelbarer Abhängigkeit zu Mexiko, das damals Neu-Spanien hieß. An der Spitze der Verwaltung in Manila stand ein Generalgouverneur, der dem Vizekönig von Mexiko unterstand. Als Mexiko 1821 seine Unabhängigkeit von Spanien erlangte, wurden die Phi-

---

150 Dazu J. G. Aragón: The controversy over Justification of Spanish Rule in the Philippines, in: G. H. Anderson (Hg.): Studies in Philippine Church History, S. 3–21. Kritisch zur „freiwilligen" Zustimmung der Filipinos: R. Constantino: History, S. 22 f. Ihm zufolge wurde durch den Zustimmungsakt „Unterwerfung in ‚Befreiung' umgewandelt".

151 Einige Gebiete im Süden und in den entlegeneren Gegenden Luzons blieben der spanischen Herrschaft immer entzogen.

152 Dazu R. Constantino, a. a. O., S. 24–39.

153 Zahlen nach R. Hanisch: Philippinen, S. 36.

154 Nach H. de la Costa: Episcopal Jurisdiction, S. 55.

155 R. Constantino, a. a. O., S. 58–60.

lippinen Spanien direkt unterstellt. Manila wurde zum Umschlagplatz für den Handel Neu-Spaniens mit China.

Die Spanier hatten auf den Philippinen fortwährend mit Aufständen und Rebellionen – insgesamt über 100 – zu kämpfen. Sie begannen schon im 16. Jahrhundert und erreichten ihren Höhepunkt gegen Ende des 19. Jahrhunderts. Die philippinischen Reformer, mit dem Dichter José Rizal an der Spitze, forderten zunächst nicht die Loslösung von Spanien. Dieses Ziel verfolgte eine 1892 gegründete Geheimgesellschaft mit dem Namen *Katipunan*[156], an der sich auch philippinische Priester beteiligten. Sie war weder antichristlich noch antiklerikal und selbst die Hochschätzung der Ordensleute war in der Bevölkerung nicht völlig verschwunden.[157] Die nationale Bewegung war den Spaniern militärisch nicht gewachsen und hatte zudem mit internen Spannungen zu kämpfen.[158] Die Lage änderte sich am 1. Mai 1898 mit dem Angriff und der Vernichtung der spanischen Flotte in der Manila Bay durch die USA. In der Hoffnung, dass die USA den Philippinen die Freiheit geben würden, proklamierte Emilio Aguinaldo „unter dem Schutz der mächtigen und humanen Nordamerikanischen Nation"[159] die Unabhängigkeit der Philippinen und (am 23. Januar 1899) die Gründung der *Ersten Philippinischen Republik*. Zu dieser Zeit aber hatten die USA die Philippinen schon von den Spaniern für 20 Millionen Dollar als Kolonie übernommen.

b) Katholische Kirche und spanische Kolonialmacht

Die katholische Kirche stand zur spanischen Kolonialmacht in einem spannungsvollen Verhältnis. Sie fasste auf den Philippinen zusammen mit den Kolonisten Fuß, war zeitweilig deren schärfste Kritikerin und später auch ihre Stütze. Spanien wurde bei der Kolonisierung der Philippinen nicht nur von Handelsinteressen geleitet, sondern verfolgte auch das Ziel der Christianisierung.[160] Legazpis Instruktionen enthielten einen entsprechenden Passus:

Wisse deshalb, dass die Förderung unseres Heiligen Katholischen Glaubens und die Rettung der Seelen dieser Heiden die wichtigste Absicht Seiner Majestät ist.[161]

Schon Magellan hatte sich auf der Insel Cebu als Laienmissionar betätigt[162] und in zwei Wochen über 1000 Personen taufen lassen. Dabei ließ er keinen Zweifel daran, dass die Übernahme der Taufe zwar freiwillig sei, aber die Christen eine bessere Behandlung erfahren würden als die Ungetauften. Von 1565 an wurde die Mission vor

---

[156] Abkürzung für *Kataaskataasang Kagalanggalang Katipunan Ng Mg Anak Ng Bayan (Höchste und Respektabelste Vereinigung der Söhne des Volkes*; nach R. L. Deats: Nationalism, S. 40).

[157] Z. B. J. N. Schumacher: Readings, S. 276.

[158] Sie führten zur Hinrichtung von Andres Bonifacio und zur Machtübernahme durch Emilio Aguinaldo; vgl. R. Constantino, a. a. O., S. 154–197.

[159] Nach ebd., S. 205.

[160] P. G. Gowing: Islands under the Cross, S. 17.

[161] Zitiert nach T. V. Sitoy, Jr., a. a. O., S. 130.

[162] J. L. Phelan: Prebaptismal Instruction and the Administration of Baptism in the Philippines during the Sixteenth Century, in: G. H. Anderson (Hg.): Studies in Philippine Church History, S. 22–43.

allem von Ordensleuten getragen.[163] Sie gewannen das Vertrauen der einheimischen Bevölkerung. Die Verbreitung des Christentums geschah allerdings nicht völlig ohne Zwang. Gab es in einem Dorf eine Anzahl Christen, so forderten die Missionare das Verbot der öffentlichen Praxis „heidnischer" Religionen und Kulte. Dieses Problem löste sich, als nach einigen Jahrzehnten die Zahl der Christen sprunghaft anstieg und ganze Gemeinschaften christlich wurden. Nach einem Jahrhundert missionarischer Tätigkeit war der Großteil der Bewohner der Philippinen zum Christentum konvertiert.[164] Im Jahr 1578 wurde in Manila eine Diözese errichtet, 1595 wurde Manila zur Erzdiözese. Als erster Bischof kam 1581 Domingo de Salazar OP auf die Philippinen. Die Ordensleute sahen mit Entsetzen, dass das Vorgehen der Konquistadoren den königlichen Anweisungen nur wenig entsprach. Sollten nach der Instruktion des Königs die Bewohner der Philippinen mit friedlichen Mitteln von den Vorteilen der spanischen Oberherrschaft und der segensreichen Wirkung des katholischen Glaubens überzeugt werden, so sahen die Ordensleute nur brutale Unterdrückung und Ausbeutung der Filipinos. Die schärfsten Kritiker waren der Augustiner Martin de Rada und der Dominikaner Domingo de Salazar. Ersterer schilderte in seiner 1574 verfassten Schrift „Opinión" das Verhalten der Spanier in den grellsten Farben und schickte den Bericht an den Vizekönig in Mexiko und den König von Spanien. Die „Befriedung" der Dörfer auf Cebu vollzog sich nach Martin de Rada folgendermaßen:

Die Art, in der [die Spanier] sich ihren Unterhalt zu verschaffen versuchten, als sie auf der Insel Zubu [Cebu] waren, bestand darin, dass sie zuerst in die näher gelegenen und dann in die entfernteren Dörfer gingen, nicht nur auf Zubu, sondern auch auf den benachbarten Inseln. Sie schlugen im Morgengrauen zu und eigneten sich Nahrungsmittel wie auch Gold und Juwelen an, die sie in den Häusern fanden. Sie töteten viele Bewohner, wenn diese sich zu verteidigen suchten. Manchmal zwangen sie diese, aus Furcht zu fliehen, wegen der großen Grausamkeit der Spanier.
Diese Art der Befriedung des Landes dauerte eine Zeit lang an [...]. So wurde der größte Teil der Insel Zubu zerstört, was den Tod vieler Bewohner durch Hunger und die Entvölkerung vieler Dörfer verursachte, da sie [die Bewohner] unruhig wurden und nicht wagten, in den Häusern zu bleiben und ihre Felder zu bestellen, nachdem ihre Vorräte, Reichtum, Frauen und Kinder weggenommen worden waren.[165]

Die den Einheimischen aufgezwungene „Freundschaft" mit den Spaniern bestand vor allem in der Verpflichtung, ihnen Abgaben zu entrichten. In anderen Fällen – so die Ordensleute – seien die Filipinos zu Kampfhandlungen provoziert worden, um einen Vorwand für einen „gerechten Krieg" gegen sie zu haben. Die *encomenderos* missbrauchten ihre Position zur Ausbeutung der ihnen anvertrauten Menschen. Die *alcaldes mayores* (Provinzgouverneure) besserten ihr mageres Gehalt durch Betrug

---

[163] Augustiner kamen 1565, Franziskaner 1577, Jesuiten und Dominikaner 1581 sowie Augustiner-Rekollekten 1606.

[164] P. G. Gowing, a. a. O., S. 42. Gowing nennt folgende Zahlen, die das Wachstum der christlichen Bevölkerung veranschaulichen: 1583 (100 000 Christen), 1586 (170 000), 1594 (286 000), 1612 (322 000), 1622 (500 000). Dabei ist zu bedenken, dass um 1590 die Zahl der Bewohner der Philippinen nur etwa 750 000 betrug (nach R. Constantino, a. a. O., S. 27).

[165] Historia de la Provincia Augustiniana del Smo. [Santissimo] Nombre de Jésus de Filipinas [HPAF], XIV: 233; zitiert bei T. V. Sitoy, Jr., a. a. O., S. 126.

an den Bauern auf, indem sie diese zum Verkauf von Reis zum niedrigen Regierungs-preis zwangen, um ihn dann auf dem Markt zu einem erheblich höheren Preis wieder zu verkaufen. Zwangsarbeit werde in einem solchen Ausmaß verlangt, dass die Men-schen keine Zeit mehr zur Bestellung ihrer eigenen Felder hätten. Sollte jemand gegen diese Missstände Klage beim Gouverneur erheben, so sei dies nutzlos, da dieser selbst damit befasst sei, sich zu bereichern. Der Generalgouverneur Ronquillo tat dies so exzessiv, dass sich die anderen Kolonisten beim spanischen König beklagten, da für sie selbst nichts mehr übrigbleibe.[166] Bischof de Salazar, der „Las Casas der Philippi-nen"[167], unternahm noch als 80-Jähriger (im Jahr 1592) eine Reise nach Spanien, um dem König die Kritik am Verhalten der spanischen Konquistadoren persönlich dar-zustellen.

Vor diesem Hintergrund stellte die Synode von Manila[168], die mit Unterbrechungen von 1581 bis 1586 tagte, die grundsätzliche Frage, unter welchen Bedingungen die spanische Herrschaft auf den Philippinen zu rechtfertigen sei und wie sie gestaltet werden müsse. Die Synode ging davon aus, dass die dem spanischen König vom Papst übertragene Autorität sich lediglich auf den geistlichen Bereich beziehe, also auf die Verkündigung des christlichen Glaubens. Die Möglichkeit dazu müsse allerdings manchmal mit Gewalt gegen Widerstände durchgesetzt werden, wie auch zum Schutz der Konvertiten gelegentlich Gewaltanwendung erforderlich und berechtigt sei. Die Unterwerfung der Philippinen unter die spanische Herrschaft „in ordentlicher Weise mit einer geistlichen Zielsetzung" (*in ordine ad finem spiritualem*) sei deshalb zu rechtfertigen.[169] Dafür allerdings, was mit „ordentlicher Weise" gemeint sei, legten die Synodalväter strenge Maßstäbe fest. Sie forderten vor allem die Freilassung aller Sklaven und die Wiedergutmachung begangenen Unrechts. Die Kolonisten vertei-digten sich, indem sie auf ihre missliche Lage wiesen. Übergriffe und Verstöße, die nicht völlig geleugnet werden könnten, geschähen einfach aus Not und Hunger.

Waren die Ordensleute zu Beginn der spanischen Kolonialherrschaft auf den Philip-pinen die Verteidiger der Filipinos und ihrer Rechte, so galten sie später als die Stüt-zen der spanischen Herrschaft und die „Symbole der Tyrannei und Unterdrückung".[170] Stellten manche anfangs sogar die Legitimität des spanischen Herrschaftsanspruchs in Frage, so betonten die Ordensleute Ende des 19. Jahrhunderts, dass sie „die sicher-sten Wächter und Verteidiger der spanischen Souveränität in der Kolonie" seien.[171] Indem die Ordensleute vor allem in den ländlichen Gebieten immer mehr Verantwor-tung übernahmen, wuchs ihnen selbst Macht zu. Sie wurden „zu Lehrern, Bankern, wirtschaftlichen Beratern, Schiedsrichtern und Anwälten der Menschen, denen sie dienten".[172] Die Orden kamen – durch Schenkung oder Kauf – in den Besitz von

---

166 Vgl. zum Ganzen H. de la Costa: Jesuits, S. 15–36.
167 So P. G. Gowing, a. a. O., S. 67.
168 Vgl. dazu H. de la Costa, a. a. O.
169 Ebd., S. 27.
170 P. G. Gowing: The Disentanglement of Church and State Early in the American Regime in the Philippines, in: G. H. Anderson (Hg.): Studies in Philippine Church History, S. 203–222, Zitat S. 204.
171 C. A. Majul: Anticlericalism, S. 158.
172 So P. G. Gowing: Islands under the Cross, S. 61.

Ländereien. Gegen Ende des 19. Jahrhunderts gehörten sie zu den größten Grundbesitzern auf den Philippinen. Sie besaßen ca. 1 Million ha Land.[173] Kritiker äußerten den Verdacht, es sei bei dem Landerwerb nicht immer ganz korrekt zugegangen.[174] Spannungen mit den Filipinos, die sich auf einmal in Abhängigkeit von fremden geistlichen Großgrundbesitzern sahen, waren unvermeidlich. Zudem traten bei manchen Ordensleuten die geistlichen Aufgaben hinter den weltlichen zurück. Sie vernachlässigten ihre Gemeinden. Manche erhoben überhöhte Gebühren für Amtshandlungen. In den letzten Jahrzehnten des 19. Jahrhunderts entstand unter den national orientierten Filipinos eine abgrundtiefe Abneigung gegen die Ordensleute, ohne dass damit eine Ablehnung des Christentums oder der katholischen Kirche im Ganzen verbunden gewesen wäre. Waren die Filipinos gegen moralische Fehltritte der Ordensleute bislang sehr nachsichtig gewesen, so wurden diese Geschichten nun an die Öffentlichkeit gezogen.[175] In einer Biographie von José Rizal wird „der Ordensmann" als Priester, Frauenheld, Asket, Schlemmer, Trunkenbold charakterisiert.

Und schließlich war er ein Spanier. Der Ordensmann hatte die Philippinen für Spanien gewonnen. Er verteidigte seine Eroberung gegen Häretiker, Liberale, Freimaurer, Protestanten, Rebellen, Progressive, Intellektuelle, Separatisten, Nationalisten oder wie auch immer sie sich nannten.[176]

Ende des 19. Jahrhunderts traf die Ordensleute, vor allem die Angehörigen der Bettelorden, der geballte Hass der national gesinnten Filipinos, die deren Ausweisung und die Konfiszierung des Ordensbesitzes forderten.[177] Die meisten Ordensleute gingen von allein. In den Wirren der Revolutionskämpfe, die 1896 ausbrachen, zogen sie sich nach Manila zurück. Einige fanden den Tod. Als die USA die Verwaltung der Philippinen übernommen hatten, verhinderten sie eine Rückkehr der Ordensleute in ihre Gemeinden, kauften den Grundbesitz der Orden auf und verkauften ihn an begüterte Filipinos weiter.

c) Das Problem des Verhältnisses von Regular- und Säkularklerikern

Die Christianisierung der Philippinen war vor allem ein Werk der Ordensleute, der Regularkleriker. Das führte dazu, dass sie eine Sonderstellung in der Kirche beanspruchten, die erhebliche innerkirchliche Probleme mit sich brachte. Die Ordensleute leiteten die Gemeinden und widersetzten sich – meist erfolgreich – der bischöflichen Visitation.[178] Obwohl die Bedeutung der Heranbildung eines philippinischen Klerus[179] unbestritten war, versuchten viele Ordensleute, die Übernahme von Gemeinden durch philippinische Weltpriester zu verhindern. Im 19. Jahrhundert gerieten die philippinischen Priester zudem in den Verdacht einer antispanischen Einstellung – ein Verdacht, der von Ordensleuten geschürt wurde und gegen den sich z. B.

---

[173] C. A. Majul, a. a. O., S. 167.
[174] So R. Constantino, a. a. O., S. 67–69.
[175] Vgl. z. B. L. M. Guerrero: Nozaleda and Pons, S. 191.
[176] L. M. Guerrero: The First Filipino, Manila 1963, S. XV–XVII; zitiert bei P. G. Gowing, a. a. O., S. 109 f.
[177] Ebd., S. 100.
[178] Vgl. dazu H. de la Costa: Episcopal Jurisdiction, passim.
[179] Vgl. dazu bes. H. de la Costa: The Development of the Native Clergy, S. 65–104.

José Burgos zu wehren versuchte.[180] 1872 kam es in Cavite (südlich von Manila) zu einem Aufstand, der schnell niedergeschlagen wurde. Man stellte Burgos und einige andere Priester als Verantwortliche dar. Drei von ihnen – José Burgos, Mariano Gomez und der 84-jährige Jacinto Zamora – wurden in einem Schnellverfahren zum Tode verurteilt und hingerichtet. Ihre Schuld wurde nie einwandfrei festgestellt. In der philippinischen Bevölkerung galten und gelten die hingerichteten Priester als Märtyrer, die den tückischen Angriffen der Bettelorden zum Opfer gefallen waren. Die gegenseitige Abneigung zwischen Ordensleuten und philippinischen Weltpriestern blieb bis ins 20. Jahrhundert bestehen.

d) Die Verbindung von Christentum und traditioneller philippinischer Religiosität

Schon im 19. Jahrhundert kam es zu einer „Philippinisierung des Christentums".[181] Es entsprach in dieser Form dem einheimischen Verstehensrahmen.[182] Der auch am Beginn des 21. Jahrhunderts noch lebendige Volkskatholizismus verbindet einerseits traditionelle religiöse Praktiken mit dem Christentum und bezieht andererseits christliche Inhalte auf politische und gesellschaftliche Gegenwartsfragen.[183] An die Stelle von Geistern, deren Hilfe man zur Bewältigung der Lebensprobleme gewinnen musste, traten christliche Heilige oder Christus selbst. Von St. Pascual Baylon und der Jungfrau von Salambao wurde Hilfe beim Finden eines Mannes oder bei Kinderlosigkeit erwartet.[184] St. Judas half in Prüfungen.[185] Die Berührung des „Schwarzen Nazareners", einer in einem Schrein liegenden Christusfigur in einer Kirche in Manila[186], oder das Reiben eines seiner Glieder mit einem Tuch vermittelte Segen und Kraft.[187] Besonders beliebt war – und ist – der Kult von Santo Nino, dem Christus-Kind. Es wurde be- und entkleidet, gewaschen, gesalbt usw. Sogar dem Trinken seines mit Kräutern gewürzten Waschwassers wurde heilende Wirkung zugeschrieben.[188] Santo Nino galt vor allem als Bringer des Regens und war deshalb im ländlichen Raum beliebt.

Der Lebensbewältigung dienten – wie in vorchristlicher Zeit – Amulette (*antinganting*), die nun aber aus Gegenständen bestanden, die durch die Verwendung im christlichen Kult geheiligt wurden. Jeder Gegenstand, der mit der Kirche in Verbindung stand oder der vom Priester gesegnet worden war, konnte als Amulett verwendet werden (Kreuze, Rosenkränze usw.). So war das Alltagsleben von geheimnisvollen und wunderhaften göttlichen Wirkungen erfüllt. Das Christentum war – ohne dass dies ein bewusst reflektierter Vorgang gewesen wäre – in die Vorstellungswelt

---

180 „Manifesto Addressed to the Noble Spanish Nation by the Loyal Filipinos Defending their Honor and Loyalty Gravely Wounded by the Madrid Newspaper, *La Verdad*". Spanischer Text mit englischer Übersetzung bei J. N. Schumacher: Father Jose Burgos. A Documentary History, Manila 1999, S. 56–105.

181 P. G. Gowing, a. a. O., S. 53–55.

182 B. P. Beltran: Philippinische Theologie, S. 101.

183 Zum Folgenden vgl. bes. F. Landa Jocano: Folk Christianity; R. C. Ileto: Pasyon and Revolution; B. P. Beltran, a. a. O.

184 F. Landa Jocano, a. a. O., S. 29 f.

185 Ebd., S. 33–35.

186 Abbildung ebd., S. 45.

187 Ebd., S. 35–37.

188 Ebd., S. 26–29.

der vorchristlichen Religiosität eingetreten. Zu untersuchen wäre, wie die traditionellen Vorstellungen in der Begegnung mit dem christlichen Glauben modifiziert wurden.

Von besonderer Bedeutung war das Passionsgeschehen. Es wurde in breit entfalteten Passionsspielen inszeniert, in denen die einfache Bevölkerung ihre Lage anhand des biblischen Geschehens interpretierte. Sie identifizierten Gestalten der eigenen Gegenwart mit biblischen Personen oder Personengruppen, z. B. Reiche und Mächtige mit den Peinigern Christi. Christus kommt aus dem einfachen Volk, distanziert sich sogar von seiner Familie – ein für Filipinos unerhörtes Geschehen – und ist ein Unruhestifter. Seine Gegner sagen:

> Ein anderer verräterischer Akt
> dieses Unruhestifters ist
> seine Verschwörung mit den Leuten,
> dem Kaiser die Steuern nicht zu bezahlen –
> welch ungeheure Anmaßung![189]

Hier liegt in dem mit der traditionellen philippinischen Religiosität verbundenen Christentum ein Ansatz zu revolutionärem Handeln, der auch in der Geschichte der Philippinen wirksam wurde.[190] Harmonie und daraus erwachsendes passives Erdulden sind zwar für Filipinos ein hoher Wert, aber nicht der einzige, den die Volksfrömmigkeit vermittelte. Das Bild des „lächelnden, friedliebenden, religiösen, ehrerbietigen, fleißigen, an die Familie gebundenen und gastfreien"[191] Filipino ist eine einseitige Verzeichnung. Es gibt die Möglichkeit, dass ein Mensch einen „Ruf von oben" bekommt, der ihn zwingt, sich aus der Familie zu lösen und gegen die herrschenden Kräfte zu wenden. So war es bei Jesus, der ein Mann aus dem einfachen Volk war. Im Passionsspiel sagen seine Gegner von ihm:

> Wir alle kennen ja
> die Stadt, von der er kommt.
> Er ist von Galiläa,
> ein Mann, arm und niedrig,
> der unter den Dächern anderer wohnt.
> Dazu sein Vater:
> ein einfacher Zimmermann,
> ohne Ruf und Reichtum,
> der in Armut lebt,
> ohne eignen Besitz.
> Sein Verhalten und Charakter
> sind, wie wir es beschrieben haben.
> Aber, fragt ihr, kann er beanspruchen,
> eine Person von Rang zu sein?
> Nein, absolut nicht.[192]

---

[189] S. T. Martinez: Jesus Christ in Popular Piety in the Philippines, in: R. S. Sugirtharajah (Hg.): Asian Faces of Jesus, London 1993, S. 247–257, bes. S. 254.
[190] Dies wurde herausgearbeitet von R. C. Ileto: Pasyon and Revolution.
[191] Ebd., S. 12.
[192] Ebd., S. 21.

Sozialer Status, der sich in der philippinischen Gesellschaft vor allem auf Reichtum und Bildung stützt, wird hier in Frage gestellt. Und eine Gestalt wie der Soldat Longinus, der sich nicht dazu bestechen lässt, die Auferstehung Jesu zu verschweigen, wird der verbreiteten Korruption entgegengestellt. Revolutionäre Ansätze, wie sie in der *Pasyon* angelegt sind, haben sich in Widerstandsbewegungen vom 19. Jahrhundert an immer wieder ausgewirkt.[193]

2. Christentum und Kirche in der Zeit der amerikanischen Kolonialherrschaft (1898–1946)

a) Die „wohltätige Assimilation" der Philippinen durch die USA

Am 9. Januar 1900 begann der Senator Alfred J. Beveridge seine Rede im Senat mit folgenden Sätzen:

Herr Präsident, die Zeiten rufen nach Ehrlichkeit. Die Philippinen gehören uns für immer, „Gebiet, das zu den Vereinigten Staaten gehört", wie die Verfassung sie nennt. Und unmittelbar hinter den Philippinen liegen die grenzenlosen Märkte Chinas. Wir werden uns von keinem von beiden zurückziehen. Wir werden uns nicht unserer Pflicht gegenüber dem Archipel entziehen. Wir werden nicht unsere Gelegenheit im Orient vertun. Wir werden nicht unseren Anteil an der Mission unserer Rasse verleugnen, nämlich die Zivilisierung der Welt, als Treuhänder unter Gott. Und wir werden vorwärts gehen an unser Werk, nicht heulend vor Bedauern wie Sklaven, die zu ihren Lasten gepeitscht werden, sondern mit Dankbarkeit für die Aufgabe, die unserer Stärke würdig ist, und mit Dank gegen den Allmächtigen Gott, dafür dass er uns als sein erwähltes Volk ausgezeichnet hat, das nunmehr die Führung übernimmt bei der Erneuerung der Welt.[194]

Diese Sätze haben programmatischen Charakter. Sie umreißen das Sendungsbewusstsein[195] der imperialistischen Strömung, die damals in den USA bestimmend war. Nicht alle „Imperialisten" teilten die Ansicht von Beveridge, dass die Philippinen für immer annektiert werden sollten. Andere stellten die einzige amerikanische Kolonialunternehmung als eine Art auf die Unabhängigkeit der Philippinen abzielende Erziehungsmaßnahme dar, wenn sie dafür reif wären.[196] Jedenfalls sollte die Übernahme der Philippinen nicht als Aggression und Unterdrückung erscheinen, sondern – wie Präsident McKinley 1898 sagte – als „wohltätige Assimilation" (*benevolent assimilation*).[197] Bei einem Zusammentreffen mit methodistischen Missionaren am 21. November 1899 gab der Präsident eine stark religiös gefärbte Begründung für die Übernahme der Philippinen: Im Gebet sei ihm klar geworden,

dass uns nichts anderes übrigblieb, als alles selbst zu nehmen und die Filipinos zu erziehen und zu zivilisieren und zu christianisieren und mit Gottes Gnade das Beste für sie zu tun wie für unsere Mitmenschen, für die Christus ebenso gestorben ist ...[198]

---

[193] Das zeigt R. C. Ileto, ebd., S. 37–314.
[194] Zitiert nach D. B. Schirmer/St. R. Shalom: The Philippines Reader, S. 23.
[195] Zum bis heute wirksamen amerikanischen Sendungsbewusstsein vgl. G. H. Blanke: Das amerikanische Sendungsbewusstsein.
[196] D. B. Schirmer/St. R. Shalom, a. a. O., S. 35.
[197] Zitiert in St. C. Miller: „Benevolent Assimilation", S. II.
[198] Zitiert nach R. Siebert, a. a. O., S. 172 f.

Erziehen, zivilisieren, christianisieren – das war auch die Zielsetzung vieler Missionare. Die „wohltätige Assimilation" der Philippinen fand nicht die ungeteilte Zustimmung derer, denen diese Wohltat zugute kommen sollte. Anfang 1899 brach der Krieg zwischen den USA und den Philippinen aus, der von beiden Seiten mit großer Grausamkeit geführt wurde.[199] Eine Folter besonderer Art, mit der gefangene Filipinos zur Preisgabe von Informationen gezwungen werden sollten, war die „Wasserkur". Dem am Boden liegenden Gefangenen wurde die Nase zugehalten, damit er den Mund öffnete. Dann wurden mehrere Gallonen Wasser in ihn hineingegossen.[200] In einem Brief an seine Frau beschrieb ein Soldat die Wasserkur als „ein bisschen Wasser, richtig angewandt" (*a little water properly applied*).[201] Für manche Amerikaner waren die Filipinos Wilde, die man abschießen konnte und musste, um das Land zu befrieden: „Das Land wird keinen Frieden haben, bis die Nigger[202] vernichtet sind wie die Indianer."[203] General Smith gab den Befehl, alle männlichen Personen über zehn Jahre auf der Insel Samar zu töten und keine Gefangenen zu machen.[204] Und General Shafter vertrat die Ansicht, es müsse die Hälfte der philippinischen Bevölkerung getötet werden, um Frieden im Land zu schaffen.[205]

Im Jahr 1902 war der Widerstand der Filipinos im Wesentlichen gebrochen, wenn sich auch in einzelnen Gebieten die Kämpfe noch über einige Jahre hinzogen. Die Entlassung in die Unabhängigkeit geschah stufenweise: 1907 fanden erstmals Wahlen statt, 1935 entstand das *Commonwealth der Philippinen* mit eingeschränkter Selbständigkeit. Nach dem Zwischenspiel der japanischen Besatzung (1941–1945) erhielten die Philippinen am 4. Juli 1946 die Unabhängigkeit.

b) Die römisch-katholische Kirche

Die römisch-katholische Kirche wurde durch den Zusammenbruch der spanischen Herrschaft in eine ernste Krise gestürzt. Die meisten Bischöfe hatten ihre Diözesen verlassen müssen, die Ordensleute sich nach Manila zurückgezogen. Von den vorhandenen philippinischen Priestern zeichneten westliche Beobachter ein einseitig negatives Bild. Erzbischof Nozaleda[206] von Manila hielt den philippinischen Klerus für „völlig unfähig, sein heiliges Amt treu zu erfüllen".[207] So war der Priestermangel das größte Problem für die katholische Kirche in den Anfangsjahren der amerikanischen Kolonialzeit. Es war besonders das Fehlen der Beichtmöglichkeit, unter dem die Menschen zu leiden schienen. Das geht aus der Schilderung hervor, die der Jesuit José Espana in einem Brief aus dem Jahr 1907 gibt:

---

[199] Ein stark idealisiertes Bild des amerikanischen Imperialismus auf den Philippinen zeichnet R. L. Deats: Nationalism and Christianity, S. 5, 91.

[200] Vgl. die – auf einem Bericht der Antiimperialistischen Liga in den USA fußende – Schilderung bei R. Constantino, a. a. O., S. 242.

[201] St. C. Miller, a. a. O., S. 184.

[202] Bezeichnung für die Filipinos.

[203] St. C. Miller, a. a. O., S. 179.

[204] Ebd., S. 220.

[205] Ebd., S. 94.

[206] Zur Persönlichkeit und zum weiteren Schicksal von Nozaleda vgl. L. M. Guerrero, a. a. O., S. 172–202.

[207] Zitiert nach J. N. Schumacher, a. a. O., S. 301.

Wenn die Missionare die Kirche [in Matalom] verließen, dann wurden sie von einer Menge Männer und Frauen umringt, die ihnen den Weg versperrten und sie anflehten, Beichte zu hören, denn – so sagten sie – sie seien große Sünder gewesen ...[208]

Gegen eine Rückkehr der Angehörigen der Bettelorden in die Gemeinden erhoben die philippinischen Priester energischen Einspruch.[209] Eine Wende schien sich anzubahnen, als 1902 Erzbischof Giovanni Battista Guidi mit der päpstlichen Konstitution *Quae mari Sinica* eintraf, die zur Heranbildung einheimischer Priester aufrief. In ihrer Erwartung freilich, dass nun auch einheimische Bischöfe ernannt würden, wurden die philippinischen Priester bitter enttäuscht: Die spanischen Würdenträger wurden durch vier amerikanische Bischöfe ersetzt. Diese hatten es teilweise zunächst schwer, sich gegen den Widerstand der Priester durchzusetzen. Es gelang ihnen aber, durch ihre Amtsführung die Verhältnisse zu normalisieren.[210] Als erster philippinischer Bischof wurde 1906 Pater Jorge Barlin geweiht. Um 1920 hatte sich – nachdem die amerikanische Verwaltung auch das Problem des Landbesitzes der Orden gelöst hatte – das Leben in der römisch-katholischen Kirche auf den Philippinen wieder stabilisiert. Zugleich wurde deutlich, dass die anfängliche Hoffnung mancher protestantischer Missionare, sie könnten die katholische Kirche in die Minorität drängen, illusorisch war.

c) Protestantische Mission und Kirche

Zwar gab es schon im 19. Jahrhundert vereinzelt Versuche einer protestantischen Mission auf den Philippinen, vor allem durch die illegale Verbreitung von Bibeln. Diese Unternehmungen blieben aber ohne dauerhafte Folgen. Als sich abzeichnete, dass die USA die Philippinen als Kolonie annektieren würden, begannen mehrere amerikanische Kirchen mit Missionvorbereitungen. Im Jahr 1899 kam als erster Missionar der Presbyterianer James B. Rodgers auf die Philippinen. In den folgenden Jahren schickten u. a. die Methodisten, die Amerikanischen Baptisten[211], die Kongregationalisten, die *Protestant Episcopal Church*[212] und die *Disciples*[213] Missionare auf die Philippinen. Die amerikanischen Missionare sahen in der Annexion der Philippinen eine von Gott gegebene Chance und Verpflichtung. Im Sieg von Admiral Dewey über die spanische Flotte in der Bucht von Manila sahen sie – wie auch Dewey selbst[214] – die Hand Gottes am Werk. Der „Eroberung durch Waffengewalt" müsse nun die „Eroberung für Christus" folgen.[215] Dass die Filipinos schon überwiegend

---

208 Zitiert nach ebd., S. 294. Zur hohen Bedeutung der Beichte im philippinischen Katholizismus vgl. L. Rafael: Contracting Colonialism, S. 85–109.

209 Vgl. J. N. Schumacher, a. a. O., S. 305.

210 Das traf bes. für Bischof Frederick Z. Rooker zu, in dessen Diözese (Jaro) die Priester selbständig einen Bischof aus ihrem Kreis gewählt hatten; vgl. ebd., S. 326–328.

211 D. h. die so genannten „Northern" oder „American Baptists", die 1845 durch die Trennung von den „Southern Baptists" entstanden waren.

212 D. h. die amerikanischen Anglikaner.

213 Vollständiger Name „Christian Church (Disciples of Christ)".

214 T. V. Sitoy, Jr., a. a. O., S. 18, Anm. 8.

215 G. H. Anderson: Providence and Politics behind Protestant Missionary Beginnings in the Philippines, in: G. H. Anderson (Hg.): Studies in Philippine Church History, S. 279–300; Zitat S. 285.

Christen waren, störte die protestantischen Missionare wenig. Für die meisten war der Katholizismus eine sehr defizitäre Form des Christentums, wenn nicht gar dem Heidentum gleichzusetzen, so dass ihrer Ansicht nach gegen eine Mission unter den Katholiken nichts einzuwenden war.[216] Eine Ausnahme war Bischof Brent. Er lehnte Mission unter Katholiken strikt ab. Während die Missionare zu Beginn das Eingreifen der USA auf den Philippinen eindeutig befürworteten, hielten sie sich später in der Tendenz eher aus politischen Fragen heraus.

In Bezug auf die Selbständigkeit der philippinischen Kirchen begegnete auch auf den Philippinen die Spannung zwischen Theorie und Praxis. Einerseits hatte die Mission das Ziel, selbständige Kirchen zu gründen, andererseits zögerte sie in der Realisierung. Die größte Bereitschaft, die Leitung der Kirche in die Hände philippinischer Christen zu legen, findet sich bei den Baptisten und den *United Brethren*.[217] Die Baptisten ordinierten im Jahr 1906 – sechs Jahre nach dem Beginn ihrer Arbeit auf den Philippinen – acht Filipinos.[218] Weitere Ordinationen fanden in den folgenden Jahren statt, so dass es 1934 29 einheimische baptistische ordinierte Pastoren gab. Völlig gleichgestellt mit den Missionaren waren sie jedoch nicht.[219]

Einige philippinische Christen waren mit diesen Maßnahmen nicht zufrieden und gründeten selbständige Kirchen. Derartige Abspaltungen erlebten die Methodisten schon 1905 und die *Disciples* 1908. Im Jahr 1909 bildete der Methodist Nicolas Zamora[220], der als erster Filipino 1900 zum Bischof ernannt worden war, die *Iglesia Evangelica Metodista en las Islas Filipinas* (IEMELIF).[221] Zamora wollte eine Kirche, die völlig frei war von ausländischem paternalistischem Einfluss. Auf Gegnerschaft zu den anderen Kirchen war er nicht bedacht.[222] 1914 gründete der Adventist Felix Manalo[223] die *Iglesia ni Cristo*[224]. Die nachhaltigste Wirkung und die größte Mitgliederzahl aber hatte die *Iglesia Filipina Independiente (Philippinische Unabhängige Kirche*, IFI), die Gregorio Aglipay 1902 bildete.

d) *Gregorio Aglipay und die Philippinische Unabhängige Kirche*

Der Priester Gregorio Aglipay[225] (1860–1940) schloss sich der philippinischen Unabhängigkeitsbewegung an und wurde 1898 von Emilio Aguinaldo zum *Vicario General Castrense* (Militär-Generalvikar) ernannt. Aglipay wollte keine Abspaltung von

---

[216] K. J. Clymer: Protestant Missionaries, S. 93–113.

[217] Ebd., S. 129.

[218] N. D. Bunda: Philippine Baptist Churches, S. 147–150.

[219] Ebd., S. 171–186.

[220] R. L. Deats: Nicolas Zamora: Religious Nationalist, in: G. H. Anderson (Hg.), a. a. O., S. 325–336; T. V. Sitoy, Jr.: Art. „Zamora, Nicolas", in: DAC, S. 930.

[221] K. J. Clymer, a. a. O., S. 125 f.

[222] Vgl. P. G. Gowing: Islands under the Cross, S. 133.

[223] K. J. Clymer, a. a. O., S. 127–129.

[224] A. J. Sanders: An Appraisal of the *Iglesia ni Cristo*, in: G. H. Anderson (Hg.), a. a. O., S. 350–365; J. Mann: Art. „Iglesia ni Cristo (INC)", in: DAC, S. 360. Nach WCE[2], Bd. 1, S. 599, hatte die *Iglesia ni Cristo* Ende des 20. Jahrhunderts 1 750 000 Mitglieder.

[225] Zu Gregorio Aglipay und der *Philippinischen Unabhängigen Kirch*e A. Ranche/ T. M. M. de Mesa: Art. „Aglipay, Gregorio", in: DAC, S. 10 f.; A. Ranche: Art. „Iglesia Filipina Independiente"; P. S. de Achútegui/M. A. Bernad: Religious Revolution in the

Rom, sondern eine römisch-katholische Kirche auf den Philippinen mit einer philippinischen Hierarchie, die selbstverständlich dem Papst unterstehen sollte. Aglipay und seine Mitstreiter hielten ihr Anliegen für so plausibel, dass sie meinten, der Papst müsse seine Berechtigung anerkennen. Dies geschah jedoch nicht. Die nach Rom entsandten Vertreter wurden nicht einmal vom Papst empfangen. Nun ergriff der Journalist und Schriftsteller Isabelo de los Reyes[226] die Initiative. Auf einer Versammlung im August 1902 verkündete er die Gründung der *Philippinischen Unabhängigen Kirche* (*Iglesia Filipina Independiente*, IFI) und ernannte Gregorio Aglipay in Abwesenheit zum Obersten Bischof (*Obispo Maximo*). Gregorio Aglipay war sich der Tatsache wohl bewusst, dass vom kanonischen Recht her seine bischöfliche Würde höchst anfechtbar war. Kurzfristig schien Bischof Brent von der *Protestant Episcopal Church* bereit zu sein, sich für eine Bischofsweihe Aglipays in der anglikanischen Tradition einzusetzen. Zuletzt aber setzte sich Brents negative Sicht der *Philippinischen Unabhängigen Kirche* und ihrer Führung durch: Es handle sich um eine „politische Bewegung" und ihre Führer seien „bewusst unehrlich".[227]

Der Nationalismus der IFI wirkte sich auch in ihrer Theologie[228] aus. Isabelo de los Reyes, ein theologisch sehr interessierter und belesener Laie, entwickelte den Gedanken, dass Gott sich schon durch die vorchristliche philippinische Gottheit Bathala offenbart habe, wie es durch andere Religionsstifter geschehen sei. Aglipay nahm in seiner Theologie Einflüsse des Protestantismus und besonders des Unitarismus auf. Die IFI hatte in den ersten Jahren ihres Bestehens großen Zulauf. Innerhalb von fünf Jahren wuchs ihre Mitgliederzahl auf ca. 1,5 Millionen an; das war am Anfang des 20. Jahrhunderts ca. ein Viertel der Gesamtbevölkerung der Philippinen.[229] Möglicherweise war aber manchen Gemeindegliedern gar nicht bewusst, dass sie zu einer anderen Kirche übergetreten waren. Die Priester der IFI ergriffen Besitz von den kirchlichen Gebäuden, die von den spanischen Priestern verlassen worden waren. Die Gemeindeglieder besuchten nach wie vor den Gottesdienst in „ihrer" Kirche, ohne viel darüber nachzudenken, dass der Priester einer anderen Kirche die Messe hielt, an der sich im Übrigen wenig änderte. Andere Filipinos wurden durch die nationale Komponente in der IFI angezogen: Es handelte sich um eine philippinische Kirche mit philippinischen Priestern. Vom Ende des ersten Jahrzehnts des 20. Jahrhunderts an ging die Mitgliederzahl der IFI wieder zurück. Dabei wirkte sich auch aus, dass sie durch ein Urteil des Obersten Gerichtshofes im Jahr 1906 gezwungen wurde, die kirchlichen Gebäude, die sie in Besitz genommen hatte, wieder an die katholische Kirche zurückzugeben. Trotzdem blieb die IFI die zahlenmäßig stärkste nichtkatholische Kirche auf den Philippinen.

Philippines. Life and Church of Gregorio Aglipay, Bd. 1, Manila 1961², Bd. 2, Manila 1968²; R. L. Deats: Nationalism and Christianity, S. 61–87; M. D. Clifford: Iglesia Filipina Independiente: The Revolutionary Church, in: G. H. Anderson (Hg.), a. a. O., S. 223–255.

226 Zur schillernden Gestalt von de los Reyes vgl. W. H. Scott: Art. „Reyes, Isabelo de los, Sr.", in: DAC, S. 696 f.

227 K. J. Clymer, a. a. O., S. 122.

228 R. L. Deats: Nationalism and Christianity, S. 74–79.

229 Zahlen nach ebd., S. 72 f.

3. Christentum und Kirche auf den unabhängigen Philippinen (ab 1946)

Nach 1946 hatten zwei Trends für die philippinische Christenheit besondere Bedeutung: Erstens kam es – vor allem ab den 60er Jahren – zu einer verstärkten Einflussnahme der katholischen Kirche auf politische und gesellschaftliche Vorgänge. Zweitens nahm die Zahl der neu gegründeten nichtkatholischen Kirchen explosionsartig zu, während zu gleicher Zeit auch das Bemühen um Einheit und Gemeinschaft wuchs. Ende des 20. Jahrhunderts gab es über 500 indigene Kirchen[230], deren Glaubensvorstellungen sich teilweise weit vom traditionellen Christentum entfernten. In mehreren von ihnen genoss z. B. der philippinische Nationalheld José Rizal göttliche Verehrung, in einer Kirche galt er als „der Gott der braunen Rasse [...], allmächtig, allwissend, allgegenwärtig ...".[231] Die Gegenbewegung wird in der Gründung von Unionskirchen und in Kirchengemeinschaften wie dem *Nationalen Kirchenrat der Philippinen* fassbar.

a) Politischer und gesellschaftlicher Kontext

Am 4. Juli 1946 – dem Unabhängigkeitstag der USA – erlangten die Philippinen ihre Selbständigkeit. Erster Präsident wurde Manuel Roxas, der am Unabhängigkeitstag die USA überschwänglich rühmte:

> Die Welt kann gar nicht anders als Amerika zu vertrauen. Was uns betrifft, können wir gar nicht anders, als unser Vertrauen auf die guten Absichten derjenigen Nation zu setzen, die unser Freund und Beschützer seit 48 Jahren ist.[232]

Der Eintritt in die Unabhängigkeit bedeutete jedoch für die Philippinen keinen völligen Neuanfang. Die USA sicherten sich einerseits umfangreiche Sonderrechte auf den Philippinen, wodurch sie ihren Einfluss auch weiterhin geltend machen konnten. Andererseits konnte die schmale Schicht einflussreicher Familien von Grundbesitzern und Industriellen ihre beherrschende Position behalten. Durch eine Militäraktion wurde die Opposition der *Hukbalahap* ausgeschaltet, eine sozialistisch-kommunistische Bauernorganisation, die im Widerstand gegen die japanische Besatzung entstanden war und nun eine umfassende Landreform forderte. In der Folgezeit versprachen und begannen mehrere Regierungen Landreformen (Magsaysay, Marcos, Aquino), die aber alle scheiterten.[233] Der schärfste Einschnitt in der Geschichte der Philippinen nach 1945 war die Entmachtung von Präsident Ferdinand Marcos im Februar 1986. Marcos hatte 1965 und 1969 die Präsidentschaftswahlen gewonnen. 1972 verhängte er das Kriegsrecht, das er 1981 – vor dem Besuch von Papst Johannes

---

230 Zahl nach WCE², Bd. 1, S. 596.

231 Zitiert nach D. J. Elwood: Varieties of Christianity in the Philippines, in: G. H. Anderson (Hg.), a. a. O., S. 366–386, bes. S. 385. Der Aufsatz von Elwood gibt eine Übersicht über die verwirrende Entwicklung. Die Situation am Ende des 20. Jahrhunderts lässt sich der Liste in WCE², Bd. 1, S. 599 f., entnehmen.

232 Zitiert nach R. Siebert, a. a. O., S. 193.

233 Zu den Agrarreformen von Marcos und Aquino vgl. H. M. Kunz: Von Marcos zu Aquino, S. 103–114. Plastische Schilderungen des Elends der unselbständigen Arbeiter auf den Zuckerplantagen von Negros gibt der irische Ordensmann Niall O'Brien: Die Kinder von Negros, Göttingen 1993; ders.: Island of Tears.

Paul II. auf den Philippinen! – wieder aufhob, ohne freilich etwas an seiner Staatsführung zu ändern. Bei den vorgezogenen Wahlen im Februar 1986 trat Corazon Conjuangco Aquino, die Witwe des ermordeten Oppositionsführers Benigno Aquino, gegen Marcos an und konnte schließlich die Macht übernehmen. 15 Jahre später – im Januar 2001 – waren es wieder Massendemonstrationen, an denen sich auch die Kirchen beteiligten, die zum Rücktritt eines Präsidenten, Joseph Estrada, führten.

Es war vor allem die katholische Kirche, die seit den 60er Jahren des 20. Jahrhunderts mehrfach ins politische Leben eingriff. Die Protestanten waren dazu schon wegen ihres Minoritätsstatus nicht in gleicher Weise in der Lage, obwohl auch sie – besonders unter dem protestantischen Präsidenten Fidel Ramos – zur politischen Entwicklung Stellung nahmen. Für die protestantischen Kirchen war die Weiterführung der ökumenischen Bemühungen nach 1945 bemerkenswert.

b) Die römisch-katholische Kirche[234]

Bis zum Beginn der 60er Jahre übte die katholische Kirche keinen großen Einfluss auf die Gestaltung des politischen und gesellschaftlichen Lebens auf den Philippinen aus. Ein Ereignis, das – jedenfalls bei einigen Priestern und Bischöfen – eine Wandlung in Verständnis und Praxis des christlichen Glaubens bewirkte, war das II. Vatikanische Konzil. Es betonte die Hinwendung der Kirche zur Welt, eindrucksvoll ausgedrückt im ersten Satz der Pastoralkonstitution *Die Kirche in der Welt von heute* (*Gaudium et Spes*, GS):

Freude und Hoffnung, Trauer und Angst der Menschen von heute, besonders der Armen und Bedrängten aller Art, sind auch Freude und Hoffnung, Trauer und Angst der Jünger Christi. (GS 1)

Das II. Vaticanum hat nach den Worten von Kardinal Sin der Kirche bewusst gemacht, dass sie „den Menschen in ihren Bedürfnissen dienen"[235] müsse.

Am deutlichsten sichtbar wurde die Einflussnahme der katholischen Kirche auf die Politik der Philippinen beim Sturz von Ferdinand Marcos (1986). Die Katholische Bischofskonferenz (*Catholic Bishops' Conference of the Philippines*, CBCP) hatte die Ausrufung des Kriegsrechts durch Präsident Marcos (1972) noch begrüßt, da sie zu einer vorübergehenden Verbesserung der inneren Ordnung und der wirtschaftlichen Lage führte.[236] Als aber in der zweiten Hälfte der 70er Jahre repressive Maßnahmen und Menschenrechtsverletzungen zunahmen, bildete sich zunehmend eine Ablehnung des Kriegsrechtsregimes heraus. Die Bischöfe lehnten einen gewaltsamen Umsturz, wie ihn die kommunistische *Neue Volksarmee* durchführen wollte, ab. Sie setzten auf einen friedlichen Machtwechsel durch freie Wahlen und unterstützten deshalb die *Nationale Bewegung für freie Wahlen* (*National Movement for Free Elections*, Namfrel).[237] Namfrel versuchte, in möglichst vielen Wahllokalen Beobachter zu postieren, die bei den vorgezogenen Wahlen von 1986 durch ihre Anwesenheit Wahlfälschungen verhindern sollten. Dabei beteiligten sich auch Mönche, Nonnen und

---

234 Vgl. besonders G. Evers: Die Länder Asiens, S. 155–194.
235 J. L. Sin: Menschwerdung der Kirche, S. 118.
236 J. M. de Mesa: Art. „Philippines, Martial Law".
237 J. L. Sin, a. a. O., S. 128–130.

Priester, die durch ihre Amts- bzw. Ordenskleidung in der religiös geprägten philippinischen Gesellschaft Respekt genossen. Die Bischöfe riefen in einem Hirtenwort vor der Wahl dazu auf, bei der Stimmabgabe lediglich dem Gewissen zu folgen. Kardinal Sin erfüllte im Vorfeld der Wahlen noch eine andere Funktion: Er überzeugte den Oppositionsführer Salvador Laurel davon, dass es unter den gegebenen Umständen empfehlenswert sei, Corazon Aquino zur Kandidatin für die Präsidentschaft zu ernennen.[238]

Die entscheidende Einflussnahme der katholischen Bischöfe geschah allerdings erst nach den Wahlen, als die offizielle Wahlkommission Marcos zum Sieger erklärte, während Namfrel über Wahlbetrug klagte und in Corazon Aquino die eigentliche Siegerin sah. Die Bischöfe[239] verurteilten in einem Hirtenbrief vom 14. Februar 1986 den Wahlbetrug und sprachen Marcos das moralische Recht zur Übernahme der Präsidentschaft ab. Auch diese „schärfste Erklärung, die irgendeine Gruppe von Bischöfen seit den Tagen Heinrichs VIII. je herausgegeben hat",[240] hinderte Marcos nicht, die Präsidentschaft anzutreten. Er hätte vielleicht auch die Rebellion von Verteidigungsminister Enrile und dem stellvertretenden Generalstabschef Fidel Ramos niederschlagen können, wenn nicht Kardinal Sin über den katholischen Sender *Radio Veritas* die Bevölkerung zur Unterstützung der aufständischen Generäle aufgerufen hätte. Daraufhin strömten Hunderttausende – auch Frauen und Kinder – auf die Epifanio de los Santos Avenue (EDSA), an der das Lager der Rebellen lag, und hinderten die Marcos-treuen Einheiten daran, zu diesen durchzustoßen. Am 25. Februar, vier Tage nach Beginn der Rebellion, gab Marcos auf und ließ sich ins Exil nach Hawaii fliegen.[241]

Die katholischen Bischöfe griffen auch in der Folgezeit immer wieder durch Stellungnahmen in die Politik ein. So protestierte Kardinal Sin auf einer Massenveranstaltung gegen Familienplanungsprogramme der Regierung von Präsident Ramos, die das Bevölkerungswachstum begrenzen sollten. Die Bevölkerung der Philippinen war von 7 Millionen am Anfang des 20. Jahrhunderts auf ca. 75 Millionen am Ende des Jahrhunderts angewachsen. Der jährliche Bevölkerungszuwachs lag Ende des 20. Jahr-

---

[238] Später hat Kardinal Sin die Gespräche mit Corazon Aquino und Salvador Laurel recht salopp und in einer eigenartigen Vermischung von Religion und Politik beschrieben: „Ich sagte: ‚Wenn ihr einig seid, werdet ihr gewinnen. Aber wenn nicht, werdet ihr verlieren, und ihr seid verrückt, dass ihr euch bewerbt. Ich denke, ihr werdet gewinnen, vor allem, weil Sie eine Frau sind, und es ist demütigend für Marcos, gegen eine Frau zu verlieren. Aber so sind Gottes Wege. Sie sind Jeanne d'Arc.' Dann kniete sie nieder mit verschleiertem Blick, und ich segnete sie. Ich sagte: ‚Cory, Sie werden gewinnen – im Namen des Vaters und des Sohnes und des Heiligen Geistes.'" Zitiert nach M. Bolasco: Die Kirche in der philippinischen Revolution, in: M. R. Battung (Hg.): Theologie des Kampfes, S. 89–105, Zitat S. 91.

[239] Bei der Sitzung waren allerdings nur 66 der 104 stimmberechtigten Mitglieder der Bischofskonferenz anwesend. Manche Bischöfe distanzierten sich später öffentlich von der Erklärung; vgl. F. F. Claver: Kirche und Revolution, S. 510 f.

[240] So J. L. Sin, a. a. O., S. 171.

[241] Ferdinand Marcos starb 1989 auf Hawaii. Seine Frau, Imelda Marcos, konnte auf die Philippinen zurückkehren. Zu Marcos und den Ereignissen von 1986 vgl. R. Siebert, a. a. O., S. 204–234, und (ausführlicher) H. Kotte: Das Parlament der Straße. Berichte von den Philippinen 1983–1986, Frankfurt a. M. 1987.

hunderts bei 2,5 %.[242] Ähnlichen Widerstand brachte im Jahr 2002 die katholische Kirche dem von der Regierung von Präsidentin Macapagal-Arroyo geplanten „Reproductive Health Care Act" entgegen.[243]

Das kirchliche Leben in der katholischen Kirche der Philippinen war bis in die zweite Hälfte des 20. Jahrhunderts hinein stark um die Kleriker zentriert. Bei wachsender Bevölkerung und gleichzeitigem Priestermangel führte dies dazu, dass oft ein Priester für riesige Gemeinden verantwortlich war, von denen viele Mitglieder schon aus Gründen der geographischen Entfernung nicht zur Messe kommen konnten. In dieser Situation entstanden kleine christliche Gemeinschaften von Nachbarschaftsgruppen, die ihren Gottesdienst am Sonntag selbst gestalteten und die auch andere Aufgaben übernahmen. In Hirtenbriefen ermutigten die Bischöfe 1974 und 1977 zur Bildung solcher Basisgemeinden.[244] Drei Aufgaben sollten die Basisgemeinden erfüllen: Lehre, Gottesdienst, Dienst am Nächsten (*teaching, worshipping, serving*).[245]

Der Wortgottesdienst und die Beschäftigung mit der Bibel erfuhren in den Basisgemeinden eine starke Aufwertung. In manchen Basisgemeinden – besonders im Süden der Philippinen (Mindanao, Negros, Sulu) – kam es jedoch auch zu einer politischen Bewusstseinsbildung und zu politischen Aktionen. Dabei ging es um die Durchsetzung von Rechten, um den Protest gegen Menschenrechtsverletzungen oder um die Verhinderung von Eingriffen in den Lebensraum der armen Bevölkerungsschicht. Der Kampf gegen die Zerstörung der Wälder und damit des Lebensraums der einheimischen Bevölkerung durch internationale Holzfirmen im Bezirk San Fernando (Mindanao) ist dafür ein Beispiel.[246] Die Mitglieder von Basisgemeinden, die in derartiger Weise politisch tätig wurden, sahen sich dem Vorwurf ausgesetzt, sie seien Kommunisten. Selbst Bischöfe – wie z. B. Antonio Fortich[247], von 1967 bis 1989 Bischof von Bacolod (Negros Occidental), – wurden als Kommunisten verdächtigt. Im Allgemeinen distanzierten sich aber sowohl die Basisgemeinden als auch die philippinischen Bischöfe von der maoistisch ausgerichteten *Kommunistischen Partei der Philippinen* (CPP) und deren militärischem Arm, der *Neuen Volksarmee* (NPA). Das Eintreten von Bischöfen und Klerikern für die „Vorrangige Option der Kirche für die Armen" hatte eine Spaltung innerhalb der Kirche zur Folge: Die reichen Plantagenbesitzer, die oft von einer tiefen Frömmigkeit geprägt waren und die Aktivitäten der Kirche groß-

---

242 Zahlen nach R. Hanisch: Philippinen, S. 19.

243 Asia Times (Internetausgabe) vom 9.9.2002.

244 Neben „Basic Christian Communities" findet sich auch die Bezeichnung „Basic Ecclesial Communities". Meist wird angenommen, dass die philippinischen Basisgemeinden von den lateinamerikanischen inspiriert worden seien. Dagegen weist Bischof Claver darauf hin, dass die ersten derartigen Gemeinden auf den Philippinen schon 1967 und 1968 entstanden, was gegen eine Abhängigkeit von Lateinamerika spricht, vgl. W. Kinne: A People's Church?, S. 103, Anm. 3.

245 P. Neuner: Reisebericht: Philippinen. Kirchliche Basisgemeinden und politisches Engagement, in: Asien, deutsche Zeitschrift für Politik, Wirtschaft und Kultur 20 (1986), S. 59–72, bes. S. 64.

246 Dazu K. Gaspar: Friede den Bäumen! Philippinische Basisgemeinden kämpfen für die Schöpfung, Erlangen 1996.

247 Zur Person von Bischof Fortich vgl. N. O'Brien: Island of Tears, S. 37–41; H. M. Kunz: Von Marcos zu Aquino, S. 65.

zügig unterstützten, fühlten sich zurückgestoßen. Bestätigung erfuhren die Basisgemeinden durch den Besuch von Papst Johannes Paul II. im Jahr 1981. Der Papst besuchte die Zuckerinsel Negros und unterstrich in seiner Rede das Eintreten der Kirche für das Recht der Diskriminierten:

… die Kirche wird nicht zögern, sich der Sache der Armen anzunehmen und zur Stimme derer zu werden, auf die man nicht hört, wenn sie sich zu Wort melden, nicht um Mildtätigkeit zu erbitten, sondern um Recht zu fordern.[248]

Zwar gab es einige Priester und Ordensleute, die sich der NPA anschlossen.[249] In ihren offiziellen Äußerungen rief die katholische Kirche jedoch zur Gewaltlosigkeit auf, so im Hirtenbrief „Ermahnungen gegen Gewalt" aus dem Jahr 1979.[250] Darin verurteilten die Bischöfe die Anstachelung der Armen zu Gewaltakten, die zu Blutvergießen führten und selten Gutes bewirkten. Aber sie stellten auch fest, dass „ein absolutes Verbot des Einsatzes von Gewalt nicht Teil der moralischen Tradition der Kirche sei".[251]

War am Ende des 19. Jahrhunderts die katholische Kirche der Philippinen auf einem Tiefpunkt angelangt, so dass man von einer „Kirche in Verwirrung"[252] sprach, so war sie Ende des 20. Jahrhunderts auch politisch und gesellschaftlich zu einer Macht geworden, die die Geschicke des Volkes wesentlich mitbestimmte.

c) Die protestantischen Kirchen

Auch die protestantischen Kirchen setzten sich mit der politischen Situation auseinander. Ihr Einfluss war aber weitaus geringer als der der römisch-katholischen Kirche. Das erklärt sich schon aus der zahlenmäßigen Stärke: Um 1970 hatte die katholische Kirche ca. 30 Millionen Mitglieder, die protestantischen Kirchen (die Anglikaner mitgerechnet) etwas über zwei Millionen.[253]

Schon um ihrem öffentlichen Wort Nachdruck zu verleihen – aber auch aus grundsätzlichen theologischen Erwägungen –, war im Protestantismus das ökumenische Bemühen stark, die vorhandenen Trennungen zu überwinden. Dies kam vor allem in der Gründung der *United Church of Christ in the Philippines* (UCCP) und im *National Council of Churches in the Philippines* (NCCP)[254] zum Ausdruck.

Im Großen und Ganzen hielten sich die offiziellen Leitungsgremien der protestantischen Kirchen und des NCCP mit offener Kritik der Regierung zurück[255] und nah-

---

248 Zitiert nach N. O'Brien, a. a. O., S. 46.
249 Ein Beispiel schildert N. O'Brien ebd. S. 52–55. Vgl. auch H. M. Kunz, a. a. O. S. 53–66.
250 W. Kinne: A People's Church?, S. 68 f.; zu bischöflichen Stellungnahmen zur Frage von Gewalt und Gewaltlosigkeit vgl. ebd., S. 68–75.
251 Zitiert nach ebd., S. 68. Die Bischöfe folgten hier dem §31 der Enzyklika *Populorum Progressio* von Papst Paul VI. aus dem Jahr 1967.
252 J. N. Schumacher: Readings, S. 292 („The Church in disarray").
253 Zahlen nach WCE², Bd. 1, S. 594.
254 T. V. Sitoy, Jr., a. a. O., S. 124–131.
255 Manche Missionare begrüßten das Kriegsrechtsregime von Ferdinand Marcos. So z. B. der baptistische Missionar Ralph L. George, der von 1972 bis 1980 über die Lage auf den Philippinen berichtete. Noch 1980 schrieb er, er habe das Gefühl, „dass das Kriegsrecht, das auf den Philippinen praktiziert werde, mehr Gutes als Schlechtes bewirkt hat. Es ent-

men erst im Zusammenhang mit den Wahlen vom Februar 1986 eindeutig gegen den Wahlbetrug und damit gegen Präsident Marcos Stellung.[256] Allerdings hatten manche Kirchen auf die Zunahme von Menschenrechtsverletzungen schon in den 70er Jahren reagiert. Die UCCP richtete 1978 eine Menschenrechtsstelle (*Human Rights Desk*) ein und bildete Gruppen (*fact-finding groups*), die Menschenrechtsverletzungen untersuchen sollten. 1979 schlossen sich verschiedene christliche Menschenrechtsgruppen zur *Ökumenischen Bewegung für Gerechtigkeit und Frieden* zusammen. Die *Convention of Philippine Baptist Churches* (CPBC) veröffentlichte 1977 eine „Besorgte Erklärung" (*Statement of Concern*), in der die Regierung zwar nicht explizit angegriffen wurde, die aber implizit deutlich Kritik übte. Sie stellte fest, dass Gott dem Menschen seinen Wert und seine Würde gegeben habe, und fuhr fort:

Wir behaupten, dass Würde und Wert einer Person beeinträchtigt werden, wenn sie als bloßes Instrument zur Erreichung staatlicher Ziele benutzt oder einem mächtigen, profitorientierten System ausgeliefert oder wegen ihres Gewissens und ihrer Überzeugungen gewalttätig und grausam behandelt wird.[257]

Einzelne protestantische Christen – auch Pastoren – übten aktiven Widerstand und schlossen sich – um die Regierung zu stürzen – sogar der kommunistischen NPA an.[258]

C MYANMAR

1. Politischer und religiöser Hintergrund

Myanmar (bis 1989 Birma/Burma)[259] gilt als ein buddhistisches Land. Nahezu 90 % der Bevölkerung von 45 bis 50 Millionen (im Jahr 2000) sind Anhänger des Theravada-Buddhismus, der sich mit den einheimischen Nat-Kulten verband.[260] Das Christentum ist „eine Minderheitsreligion und eine Religion von ethnischen Minderheiten".[261] Es begegnet vor allem unter den Karen, Kachin, Chin, Lahus und anderen Stämmen, die großenteils auf den Gebirgszügen leben, die die vom Irrawaddy durchzogene zentrale Ebene wie ein enges Hufeisen rahmen.

---

stand ein gewisses Maß an Disziplin, die ein Land braucht, und Friede und Ordnung im Land wurden wesentlich verbessert [...]. Es gab keine offene Unterdrückung oder Missachtung der Menschenrechte ...". Zitiert nach N. D. Bunda: Philippine Baptist Churches, S. 282 f.

256 J. M. de Mesa: Art. „Philippines, Martial Law", S. 658.

257 Zitiert nach N. D. Bunda: Philippine Baptist Churches, S. 390.

258 So die Brüder John Herbert und Edward Oliver Dela Fuente, die Söhne des früheren Präsidenten der CPBC, Johnny Dela Fuente. Beide wurden erschossen. Vgl. ebd., S. 252 f.

259 Der Einfachheit halber wird durchgehend der Name Myanmar verwendet.

260 Zum Buddhismus in Myanmar vgl. H. Bechert: Buddhismus, Staat und Gesellschaft, Bd. 2, S. 1–178; ders.: ‚Das Lieblingsvolk Buddhas': Buddhisten in Birma, in: ders./R. Gombrich (Hg.): Der Buddhismus. Geschichte und Gegenwart, S. 169–189; W. King: A Thousand Lives Away. Buddhism in Contemporary Burma, Berkeley 1964; M. Spiro: Buddhism and Society: A Great Tradition and its Burmese Vicissitudes, London 1971; M. Sarkisyanz: Die Religionen Kambodschas, Birmas, Laos, Thailands und Malaysias, S. 421–482.

261 So T. A. Chain: Art. „Myanmar", S. 575. Zum Christentum in Myanmar vgl. W. D. Hackett: Burma, in: D. E. Hoke (Hg.): The Church in Asia, Chicago 1975.

Durch die Geschichte Myanmars[262] zieht sich bis heute der Kampf verschiedener ethnischer Gruppen. Die Mon, die aus Indien den Theravada-Buddhismus und hinduistische Einflüsse übernommen hatten, wurden von den Birmanen unterworfen, die drei birmanische Reiche gründeten (1044–1287, 1531–1752, 1752–1885). Deren Geschichte war keine Friedenszeit, sondern von Kämpfen und Intrigen im Innern und Expansionsversuchen nach außen bestimmt. Gegen Widerstand gingen die birmanischen Könige mit brutaler Grausamkeit vor.[263] Trotzdem entwickelten sich in den Dörfern des vorkolonialen Myanmar Werte, die dem sozialen Frieden förderlich waren: Das Ansammeln von Reichtümern war gering geschätzt, die Stiftung öffentlicher Einrichtungen (Brunnen, Brücken, Pagoden) verbreitet und geachtet und die Zufriedenheit wurde ein für Außenstehende auffälliger Charakterzug der Bevölkerung.[264] Auch der Bildungsstand war durch die buddhistischen Klosterschulen verhältnismäßig hoch. Im Jahr 1807 stellte der erste protestantische Missionar in Myanmar, Felix Carey, mit Bewunderung fest, es sei in Birma kaum „ein erwachsener Mann zu finden, der nicht lesen und schreiben könnte".[265]

Durch die englische Kolonialherrschaft (1886–1948) erfuhren manche Minderheiten – wie Karen, Kachin und Lisu – eine Hebung ihres sozialen Status. Gegen die Kolonialmacht vereinten sich buddhistische (U Ottama[266] und U Wizaya[267]) und politisch-nationale (Aung San) Kräfte. Am 4. Januar 1948 wurde Myanmar unabhängig. Erster Ministerpräsident war U Nu. Er konnte aber die politischen und wirtschaftlichen Probleme des Landes nicht lösen. Daraufhin übernahm General Ne Win[268] 1962 in einem unblutigen Staatsstreich die Macht. Seine Militärdiktatur, die einen birmanischen Weg zum Sozialismus versprach, dauerte bis 1988. Nach der blutigen Niederschlagung des Aufstandes der Studenten[269] von 1988 trat Ne Win zurück. An die Spitze des Staates trat ein *State Law and Order Restauration Council* (SLORC), 1999 in *State Peace and Development Council* (SPDC) umbenannt. Bei den Wahlen von 1990 errang zwar die Oppositionspartei *National League for Democracy* (NLD) unter der Führung von Aung San Suu Kyi, der Tochter des Nationalhelden Aung San, einen überwältigenden Sieg. Von den 485 zu vergebenden Sitzen im Parlament fielen ihr 397 zu, die Partei des Militärs erhielt nur zehn Sitze.[270] Aber der Regierungsantritt von Aung San Suu Kyi wurde durch ein Gesetz verhindert, das Personen, die längere Zeit im Ausland gelebt hatten, die Übernahme wichtiger politischer Ämter untersagte. Am Ende des 20. Jahrhunderts schienen sich die Nachbarländer mit der Diktatur

---

262 K. Ludwig: Birma, S. 34–78. Zum dritten birmanischen Reich vgl. Th. Myint-U: The Making of Modern Burma; zur jüngsten Geschichte Myanmars vgl. D. I. Steinberg: Burma.

263 So wurden z. B. 1783 alle Bewohner eines Dorfes lebend verbrannt; vgl. H. Bechert: Buddhismus, Staat und Gesellschaft, Bd. 2, S. 9. Im Jahr 1878 wurden nach dem Herrschaftsantritt des letzten Königs von Myanmar, Thibaw, 31 der 48 Söhne des verstorbenen Königs Mindon und neun seiner 62 Töchter ermordet. Vgl. Th. Myint-U, a. a. O., S. 161.

264 Dazu H. Bechert, a. a. O., S. 12 f.

265 Geschichte der Mission im birmanischen Reiche, S. 200.

266 D. E. Smith: Religion and Politics in Burma, Princeton/New Jersey 1965, S. 92–99.

267 H. Bechert, a. a. O., S. 110.

268 Zu Ne Win vgl. D. I. Steinberg, a. a. O., S. 12–15.

269 Zur Revolution von 1988 und dem Rücktritt Ne Wins vgl. D. I. Steinberg, a. a. O., S. 3–12.

270 Nach K. Ludwig, a. a. O., S. 65.

in Myanmar abgefunden zu haben, was in der Aufnahme des Landes in die *Association of South East Asian Nations* (ASEAN) ihren Ausdruck fand.

Das Problem der nichtbirmanischen Minderheiten wurde am Ende des 20. Jahrhunderts durch den Einsatz der Armee „gelöst", die den Widerstand der untereinander uneinigen Minderheitenvölker niederschlug. Dieses Geschick traf besonders die zum Teil christlichen Karen im birmanisch-thailändischen Grenzgebiet und die muslimischen Rohingyas an der Grenze zu Bangladesh.[271]

2. Katholische Mission und Kirche

Mit portugiesischen Händlern und Abenteurern kamen von der Mitte des 16. Jahrhunderts an auch katholische Missionare nach Myanmar.[272] Der erste war der Franziskaner Peter Bonfer, der von 1554 an drei Jahre in Pegu (heute: Bago), nordöstlich von Rangun/Yangon, wirkte. Das Geschick der Missionare war von vielen Unwägbarkeiten abhängig: von den politischen Verhältnissen, der Gunst des Hofes und lokaler staatlicher Autoritäten, Verleumdungen, innerchristlichen Streitereien im Zusammenhang mit dem portugiesischen *padroado* und anderem mehr. Als Anfang des 17. Jahrhunderts der Portugiese Philip de Brito in Syriam (dem heutigen Thanlyin, am östlichen Rand des Irrawaddy-Deltas) ein eigenes kleines Königreich gründete,[273] ließ er die Bevölkerung durch Jesuiten zum Christentum bekehren und die buddhistischen Pagoden zerstören. Schon 1613 wurde de Brito von den Birmanen besiegt und gepfählt. Portugiesen aber, von denen viele einheimische Frauen geheiratet hatten, konnten in Myanmar bleiben und den christlichen Glauben praktizieren. Die schlimmen Folgen, die Anklagen bei Hof haben konnten, mussten die beiden Pariser Missionare Genoud und Joret erfahren. Nachdem sie vier Jahre lang in Pegu ungehindert tätig gewesen waren, wurden sie 1693 plötzlich nach Ava[274] beordert. Joret, der ahnte, was sie dort erwartete, schrieb an den „Apostolischen Vikar" Laneau:

Die Eile, mit der wir zur Abreise aufgefordert wurden, und die große Zahl der Wachen, die uns begleiten sollen, geben Anlass, das Schlimmste zu befürchten. […] Wir werden uns bemühen, die Leiden, zu denen wir möglicherweise verurteilt werden, mit Geduld zu ertragen und sie Gott als Sühne für unsere Sünden zu opfern …[275]

Die beiden Missionare wurden in einen Sack eingeschlossen und in den Fluss geworfen.[276] Ganz anders erging es dem Barnabiten Sigismondo Calchi.[277] Er wurde von portugiesischen Priestern verleumdet und mit seinem Ordensbruder Guiseppe Vittoni

---

271 Zum Ganzen vgl. ebd., S. 50–78.

272 Dazu J. Schmidlin: Katholische Missionsgeschichte, S. 251 f; T. A. Chain: Art. „Myanmar".

273 Dazu T. Ling: Buddhism, Imperialism and War. Burma and Thailand in modern history, London 1979, S. 27 f.

274 Ava – in der Nähe von Mandalay – war die auf einer künstlichen Insel zwischen zwei Flüssen errichtete Hauptstadt des nördlichen (birmanischen) Reiches, Pegu die Hauptstadt des südlichen Reiches der Mon, das aber seit Mitte des 16. Jahrhunderts von den Birmanen unterworfen war.

275 Zitiert nach J. Guennou: Missions Étrangères de Paris, S. 181.

276 Ebd., S. 180 f. Die überaus brutalen und willkürlich verhängten Strafen werden in vielen Berichten über Myanmar erwähnt.

277 P. Th. Lwin: Art. „Calchi, Sigismondo Maria"; K. S. Latourette: Expansion, Bd. 3, S. 294.

in die Hauptstadt gebracht. Dort hinterließ er aber beim König einen so guten Eindruck, dass ihm 1723 die Erlaubnis zum Predigen erteilt wurde. Der Staat stellte finanzielle Mittel zum Bau einer Kirche zur Verfügung und Vittoni wurde nach Rom geschickt, mit der Bitte an den Papst um Entsendung „anderer Missionare und von Menschen, die erfahren sind in den Künsten des Malens, des Kleiderwebens, der Glasmacherei, der Astronomie, der Mechanik und der Geographie".[278] Calchi konnte ungehindert wirken. Er studierte die Sprache und arbeitete an einem Wörterbuch. Sechs Jahre nach seiner Ankunft in Myanmar verstarb er (1728) und wurde auf dem armenischen Friedhof in Ava begraben.

Die Zahl der zum Christentum konvertierten Buddhisten war gering. Am Ende des 18. Jahrhunderts gab es in Myanmar ca. 3000 katholische Christen. 1741 war Pio Gallizio zum ersten Bischof ernannt worden. Einen starken Aufschwung erlebte die katholische Kirche in der zweiten Hälfte des 19. Jahrhunderts durch die Arbeit von Missionaren der MEP und des Mailänder Missionsseminars (PIME). Besonders die Bildungsarbeit der Kirchen genoss hohes Ansehen. Sie brachte das Christentum auch den buddhistischen Besuchern christlicher Schulen nahe. Sie blieben in aller Regel Buddhisten, gewannen aber ein neues Verständnis für das Christentum.

Im unabhängigen Myanmar[279] (ab 1948) hatte die katholische Kirche vor allem unter der Isolation des Landes zu leiden. Kirchliche Schulen und Krankenhäuser wurden verstaatlicht. 1966 wies man Missionare, die nach 1948 ins Land gekommen waren, aus. Es stellte sich jedoch heraus, dass die auf sich selbst gestellte Kirche den durch die neue Situation entstehenden Herausforderungen zu begegnen wusste. Laienkräfte, Schwesternkongregationen und Katecheten übernahmen einen großen Teil der Arbeit. Die Zahl der Priesteramtsstudenten stieg sprunghaft an. Und auch die Zahl der katholischen Christen wuchs. Um die Wende vom 20. zum 21. Jahrhundert gab es in Myanmar 570 000 Katholiken in drei Erzbistümern (Rangun/Yangon, Taunggyi und Mandalay) und neun Bistümern. Über 90 % der Katholiken gehörten den Stammesbevölkerungen an.[280]

3. Protestantische Mission und Kirche

1807 kamen Felix Carey und zwei weitere baptistische Missionare als erste protestantische Missionare nach Myanmar. Ihre Erfahrungen waren ausgesprochen gut. Im Rückblick auf die ersten vier Monate in Myanmar berichtete Felix Carey:

Ihre Religion zu ändern, ist unter ihnen [den Birmanen, F. H.] keine Schande. Nur wenige Eingeborene bekennen sich zur römisch-katholischen Religion, und wir können nicht erfahren, dass sie je deßhalb verfolgt worden wären. Die Regierung mischt sich, so viel wir hören, nie in Religionsangelegenheiten, sondern duldet alle Religionen auf gleiche Weise. Daher glauben wir getrost hoffen zu dürfen, es werde uns gestattet seyn, das Panier unsers gekreuzigten Erlösers in diesem Lande aufzurichten.[281]

---

[278] Zitiert nach P. Th. Lwin, a. a. O., S. 110.

[279] G. Evers: Die Länder Asiens, S. 310–318.

[280] Zahlen nach M. Rosskopf: Zwischen Paradies und Hölle. Myanmar – ein Land, das auf eine Zukunft hofft, in: FW 121 (2002), H. 1, S. 8–12.

[281] Geschichte der Mission im birmanischen Reiche, S. 198.

Die Ausländer müssten sich nur anständig betragen, dann hätten sie nichts zu befürchten. Und zwei Jahre später – im Jahr 1809 – resümierte Felix Carey: „Die Freundlichkeit, die wir hier unter dem Volke finden, hat alle unsere Erwartungen übertroffen ...“[282] Die guten Erfahrungen von Felix Carey, die im Gegensatz zu den Erfahrungen früherer und späterer Missionare in Myanmar stehen, haben vielleicht auch darin ihren Grund, dass er mit einer Birmanin verheiratet war. Felix Carey, der medizinische Kenntnisse hatte, zog im Jahr 1814 nach Ava und trat in den Dienst des Königs von Myanmar.[283]

Als eigentlicher Begründer der protestantischen Mission in Myanmar gilt Adoniram Judson (1788–1850), der sich auf der Reise von Amerika nach Myanmar vom Kongregationalisten zum Baptisten wandelte.[284] Judson und seine Frau, Ann Hasseltine Judson, kamen 1813 nach Rangun. Es dauerte sechs Jahre, bis Judson den ersten Konvertiten taufen konnte. Nach der Niederlage Myanmars im ersten englisch-birmanischen Krieg (1824–1826) wirkte Judson in dem nun von England kontrollierten Gebiet von Tenasserim (auf dem Ausläufer Myanmars, der sich auf die malaiische Halbinsel erstreckt) und erlebte dort den Beginn der Mission unter den Karen, die sich in großer Zahl dem Christentum zuwandten. Neben seiner Missionsarbeit verfasste Judson ein Myanmar-Englisches Wörterbuch (1826) und eine Übersetzung der Bibel in die Myanmar-Sprache (fertiggestellt 1834).

In der zweiten Hälfte des 19. Jahrhunderts kamen weitere protestantische Missionare nach Myanmar, Anglikaner von der *Society for the Propagation of the Gospel* (1859), amerikanische und englische Methodisten sowie Lutheraner von der *Leipziger Mission*, die sich vor allem um südindische Christen in Myanmar kümmerten.[285] Besondere Bedeutung erlangte John Ebenezer Marks[286] (1832–1915). Er gründete das St. John's College in Rangun und eröffnete schließlich auf Einladung von König Mindon eine Schule in der Hauptstadt Mandalay. Der König selbst ließ eine Kirche und eine Schule bauen, gab Marks die Erlaubnis, als Missionar zu wirken und schickte neun Prinzen – darunter den späteren König Thibaw – zu Marks in den Unterricht. Die Förderung des Königs hielt freilich nicht lange an. 1874 erhielt Marks den Befehl, Mandalay zu verlassen. Der König scheint in das Wirken des Missionars Erwartungen gesetzt zu haben, die dieser nicht erfüllen konnte oder wollte.

Während die Zahl der Konvertiten zum Christentum unter den Buddhisten in Myanmar verhältnismäßig klein blieb, fand die christliche Mission unter den Minderheitsstämmen größere Resonanz. Das gilt besonders für die Karen[287], Kachin[288] und

---

282 Ebd., S. 204.
283 Zum wenig erfreulichen späteren Lebensweg von Felix Carey vgl. F. J. Balasundaran: Art. „Carey, Felix", in: DAC, S. 117–119.
284 C. Anderson: To the Golden Shore; W. H. Brackney: The Legacy of Adoniram Judson, in: IBMR 22 (1998), S. 122–125; C. L. Hup: Art. „Judson, Adoniram", in: DAC, S. 426 f.
285 Dazu P. Fleisch: Hundert Jahre, S. 136 f., 232 f.; H.-B. Zöllner/B. Christmann: Ein Spiegel der Geschichte, in: EMW (Hg.): Burma, Hamburg 1996, S. 131–134.
286 S. M. Doe: Art. „Marks, John Ebenezer", in: DAC, S. 517 f.
287 D. Say: Art. „Karen, Myanmar", in: DAC, S. 432–434; F. Mason: The Karen Apostle; Chr. Kolb: Die Karenmission in Bassein (Hinterindien), in: EMM 33 (1889), S. 177–190, 225–234, 257–274, 307–325, 361–369, 394–417.
288 H. G. Tegenfeldt: A Century of Growth. The Kachin Baptist Church of Burma, Pasadena/California 1974.

Chin. Die Karen[289], der größte[290] der Stämme, lebten im Grenzgebiet zwischen Myanmar und Thailand, aber auch in der Gegend von Bassein, im westlichen Irrawaddy-Delta. Die Mission unter den Karen wurde hauptsächlich von Karen selbst durchgeführt und ist somit besonders erwähnenswert. Der erste Evangelist war Ko Tha-Byu[291] (ca. 1778–1840). Er kam mit Adoniram Judson in Kontakt und begann nach seiner Taufe – im Jahr 1828 – mit der Mission in den Karendörfern. Die christliche Verkündigung konnte an Traditionen der Karen anknüpfen, die einen Schöpfergott[292] kannten und eine Rettergestalt[293] mit einem Buch erwarteten. Die Karen-Gemeinden erlangten schnell große Selbständigkeit und verwirklichten weitgehend das Ziel einer Selbstfinanzierung. In der ersten Hälfte des 20. Jahrhunderts kam die *Karen Baptist Convention* vollständig unter einheimische Führung. Charismatisch begabte Persönlichkeiten wie Ko Tha-Byu oder zu Beginn des 20. Jahrhunderts der „christliche Eremit" Maung Tha Dun[294] entfalteten auch ohne formale Ausbildung eine große Wirksamkeit. Im Allgemeinen hatten aber die Missionare bis zum Ende der Kolonialzeit eine sehr bestimmende Position.

Für die Karen bedeutete der Kontakt mit den Missionaren eine Verbesserung ihres sozialen Status. Sie erhielten Zugang zu Bildungsmöglichkeiten und später zu Positionen in der englischen Kolonialverwaltung und im Heer.[295] Die Engländer waren für sie Befreier. Deshalb stellten sie sich gegen die birmanischen Unabhängigkeitsbewegungen. Die Distanz zur birmanischen Bevölkerungsmehrheit wurde dadurch größer. Manche Missionare förderten die[296], wohl ohne zu ahnen, welche Probleme in der zweiten Hälfte des 20. Jahrhunderts daraus entstehen würden.

Schon zu Beginn des 20. Jahrhunderts gab es in Myanmar ökumenische Bemühungen.[297] 1914 wurde der *Birma Christian Council* gegründet (seit 1989 *Myanmar Council of Churches*, MCC). Dazu gehörten Ende des 20. Jahrhunderts zwölf protestantische Kirchen. Als Parallelorganisation entstand die *Burma/Myanmar Evangelical Christian Fellowship*, in der stärker evangelikal orientierte Kirchen zusammenfanden, die vor allem in der zweiten Hälfte des 20. Jahrhunderts neu entstanden waren.

Von besonderer Bedeutung waren am Ende des 20. Jahrhunderts die pfingstlichen Kirchen.[298] Als erste kamen die *Assemblies of God* schon 1931 nach Myanmar. Die

---

[289] 1989 wurden die Karen auf staatliche Veranlassung in „Kayin" umbenannt, was aber die Führer der Karen zurückwiesen; vgl. M. Smith: Burma, S. 37.

[290] Exakte Zahlen sind schwer erhältlich, offizielle staatliche Angaben sind niedrig gehalten, um die Stämme weiter zu marginalisieren; vgl. dazu M. Smith: Burma, S. 29–39. Nach Smith (S. 30) gab es um 1990 insgesamt drei bis vier Millionen Karen.

[291] Zur Erklärung des Namens vgl. F. Mason, a. a. O., S. 10: „Ko" ist eine Respektsbezeichnung, die dem Namen älterer Personen vorangestellt wird.

[292] Ebd.

[293] A. Lande: Karen Identity and Christian Karens, in: Annual Report of Uppsala Studies of Mission 1989, S. 42–47, bes. S. 46.

[294] H. P. Thompson: Into All Lands, S. 639.

[295] M. Smith, a. a. O., S. 44 (mit Zahlen).

[296] Ebd., S. 45.

[297] B. Christmann u. a.: Die ökumenische Bewegung in Burma, in: EMW (Hg.): Burma, Hamburg 1996, S. 145–156.

[298] Dazu C. K. Khai: Pentacostalism in Myanmar.

Pfingstkirchen erlebten teilweise ein starkes Wachstum, so dass die Pfingstbewegung in der Selbstdarstellung als „die dynamischste christliche Bewegung in Myanmar heute"[299] erschien.

Bestanden zwischen den älteren Kirchen und den neu gegründeten evangelikalen Kirchen erhebliche Spannungen, so sind sich auf der anderen Seite der MCC und die katholische Kirche näher gekommen. Vor allem durch die Initiative des Anglikaners Andrew Mya Han, der von 1983 bis 1988 Generalsekretär des MCC war, kam es zur Gründung einer *Ökumenischen Kommission*, in der protestantische und katholische Vertreter zusammenarbeiten. Bei der Wahrnehmung gesellschaftlicher Verantwortung[300] arbeiten Christen und Buddhisten seit 1975 in der *Urban and Rural Mission* des MCC zusammen.[301]

D THAILAND

1. Historischer und religiöser Hintergrund

Thailand („Land der Freien") entstand durch die Einwanderung von Thai-Stämmen aus Südchina um die Wende vom ersten zum zweiten Jahrtausend n. Chr. Sie verdrängten die Mon und Khmer und gründeten mehrere Reiche: Sukhothai (1238–1350) und Ayutthaya (1350–1767) im Süden, Lan Na (13. Jh.–1767) im Norden. 1767 zerstörten die Birmesen Ayutthaya, aber der Adlige und spätere König Taksin (1768–1782) konnte die Birmesen zurückschlagen und die Thai-Königtümer einen. Seit 1782 steht ein König der Chakri-Dynastie an der Spitze Thailands (bis 1939 Siam), das 1932 in eine konstitutionelle Monarchie umgewandelt wurde. Von besonderer Bedeutung waren die Könige Mongkut (Rama IV., 1851–1868) und Chulalongkorn (Rama V., 1868–1910). Die Geschichte Thailands nach 1932 verlief turbulent (häufig wechselnde Regierungen und Militärputsche), der König aber blieb „die wichtigste einigende Kraft in der nationalen Politik. Seine Person ist sakrosankt."[302] Auf Grund seiner geschickten, schon seit dem 17. Jahrhundert praktizierten, außenpolitischen „Überlebensdiplomatie"[303] gelang es Thailand, seine Selbständigkeit gegenüber den Kolonialmächten zu wahren, wenn es auch große Gebiete, die einmal zu seinem Herrschaftsbereich gehört hatten, abgeben musste.

Seit dem 13. Jahrhundert ist der Theravada-Buddhismus die dominierende Religion, der ca. 90 % der Bevölkerung angehören. Er ist Staatsreligion und die Verfassung legt fest, dass der König Buddhist sein muss. Der König ist freilich nicht nur Beschützer des Buddhismus, sondern „Protektor aller Religionen in seinem Lande"[304], weshalb auch Muslime und Christen staatliche Zuwendungen erhalten. Diese offizielle Tole-

---

[299] So ebd., S. 51.

[300] Dazu M. J. Naw: Art. „Myanmar/Christian Development Work", in: DAC, S. 575–578; K. Schäfer: Grenzgänger für den Frieden, in: Die Weltmission 1995/1, S. 14–16.

[301] W. Gern: Art. „Birma", in: EKL³, Bd. 1, Sp. 516–518.

[302] K.-A. Pretzell: Thailand, in: W. Draguhn u. a. (Hg.): Politisches Lexikon Asien, S. 284–295, Zitat S. 286.

[303] Formulierung von W. Donner: Thailand, S. 40.

[304] H. Bechert: Buddhismus, Staat und Gesellschaft, Bd. 2, S. 199.

ranz hat nicht verhindert, dass es gelegentlich zur Verfolgung und Diskriminierung von Christen kam, etwa durch den Ausschluss aus der dörflichen Sterbekasse, wodurch sie nicht nur die eingezahlten Beiträge verloren, sondern auch an der Durchführung einer würdigen Bestattung gehindert wurden.[305]

2. Katholische Mission und Kirche[306]

Als erste katholische Missionare kamen im Zusammenhang mit den portugiesischen Kolonialunternehmungen im Jahr 1567 die Dominikaner Jeronimo da Cruz und Sebastião da Canto. Sie wurden aber schon zwei Jahre später bei einem birmesischen Überfall ermordet. Trotzdem entstand in Ayutthaya eine kleine christliche Gemeinde, die vor allem aus Portugiesen bestand und in der portugiesische Missionare tätig waren.

Eine weit über Siam (Thailand) hinausgehende Bedeutung gewann die katholische Mission ca. 100 Jahre später, in der Regierungszeit des Königs Narai (1656–1688). Dieser suchte den Kontakt mit Frankreich, um gegen Eingriffe von Seiten der Niederländer geschützt zu sein. Vier Gesandtschaften wurden zu Ludwig XIV. geschickt. Von dort kamen Missionare der *Pariser Missionsgesellschaft* (MEP) nach Ayutthaya, unter ihnen die „Apostolischen Vikare" Pierre Lambert de la Motte (1662), François Pallu (1664) und Louis Laneau (1664). De la Motte[307] gründete in Ayutthaya ein theologisches Seminar[308] und ordinierte 1668 erstmals zwei Vietnamesen zu Priestern. Die Hoffnung mancher Missionare, König Narai werde sich zum Christentum bekehren, verkannte wohl dessen politische Motivation. Dem Christen Constantine Phaulkon[309] gelang es, eine hohe Position am Hof Narais zu erlangen. Nach dem Tod des Königs (1688) aber wurde er gestürzt, gefoltert und hingerichtet. Nahezu ein Jahrhundert lang kam es immer wieder zu Verfolgungen des Christentums. Noch von König Taksin (1768–1782) wurden alle Missionare des Landes verwiesen. Eine Änderung trat unter den Königen der Chakri-Dynastie ein, vor allem unter Mongkut (Rama IV.). Dieser war vor seiner Thronbesteigung 27 Jahre lang Mönch gewesen. Er lernte von Bischof Jean Baptiste Pallegoix (1805–1862), dem Verfasser eines Siamesisch-Latein-Französisch-Englisch-Lexikons, Latein und unterrichtete den Bischof seinerseits in Pali.

Im 19. und 20. Jahrhundert konnte sich die katholische Kirche in allen Teilen Thailands etablieren. Es kam zu einem kontinuierlichen, wenn auch langsamen Wachstum, von ca. 3000 katholischen Christen im Jahr 1811 auf 23 600 im Jahr 1909 (dem letzten Amtsjahr von Bischof Jean-Louis Vey) und schließlich auf etwas weniger als

---

[305] I. Scharrer: Gott hat Großes getan … Die Geschichte der Marburger Mission in Thailand 1953 bis 1999, Marburg 1999, S. 51.

[306] Zum Folgenden vgl. K. Bunchua: History of the Church in Thailand, in: M. D. David (Hg.): Asia and Christianity, S. 67–77; P. Pongudom/H. R. Swanson/S. Chumsriphan: Art. „Thailand", in: DAC, S. 831–834.

[307] F. Lomax: Art. „De la Motte, Pierre Lambert", in: DAC, S. 231 f.

[308] Dieses wurde später nach Penang (Malaysia) verlegt. Als das Seminar (später *Penang General College*) im Jahr 1964 sein 300-jähriges Jubiläum feierte, waren aus ihm über 1000 Priester und 70 Bischöfe hervorgegangen; vgl. J. Charbonnier: Art. „Paris Foreign Mission Society (MEP)", in: DAC, S. 636–638.

[309] S. Chumsriphan: Art. „Phaulkon, Constantine", in: DAC, S. 653 f.

300 000 am Ende des 20. Jahrhunderts.[310] Dabei ist zu bedenken, dass ein großer Teil der Christen Chinesen und Vietnamesen sind.

Ein Einschnitt in der Geschichte der katholischen Kirche Thailands war der 18. Dezember 1965, an dem die beiden Erzbistümer Bangkok und Thare-Nongaseng und mehrere Bischofsdiözesen eingerichtet wurden.

3. Protestantische Mission und Kirche

Als erste protestantische Missionare[311] kamen 1828 Karl Friedrich August Gützlaff[312] und Jacob Tomlin (von der *London Missionary Society*) nach Siam, wo Gützlaff – mit Unterbrechungen – drei Jahre blieb. Von größerer Bedeutung war die Arbeit der amerikanischen Presbyterianer (ab 1840). Allerdings war die Zahl der Thai-Konvertiten sehr klein. Nach 19-jähriger Tätigkeit konnten die Presbyterianer im Jahr 1859 erstmals einen Thai taufen. Einzelne Missionare nahmen aber verantwortungsvolle Positionen ein: Samuel G. McFarland[313] als Leiter einer Schule für die Söhne des Adels, sein Sohn George B. McFarland als Dekan des Medizinischen Colleges in Bangkok. Aufgeschlossener für das Christentum waren in Thailand ansässige Chinesen und Laoten. Unter Letzteren wirkte Daniel McGilvary[314] (1828–1911) von 1858 bis zu seinem Tod. Er gründete 1868 in Chiang Mai die *Laos Mission*, die zur Entstehung kleiner Gemeinden führte, denen durch das unter anderem von McGilvary bewirkte „Edikt of Toleration" (1878) freie Ausübung ihrer Religion ermöglicht wurde. 1914 gab es nach über 70-jähriger missionarischer Tätigkeit im Süden Thailands 662 abendmahlsberechtigte Christen, im Norden 6299.[315]

Eine starke Hinwendung erlebte die Mission unter den Karen, einem Stamm in der gebirgigen Gegend an der Grenze zu Myanmar. Die *Karen Baptist Convention* hatte 1954 schon 14 000 Mitglieder. Trotzdem war die Christenheit in Thailand auch am Ende des 20. Jahrhunderts noch eine kleine Minderheit von weniger als 1 % der Gesamtbevölkerung.[316]

---

[310] Zahlen nach S. Chumsriphan: Art. „Thailand, Roman Catholic Church", in: DAC, S. 834–837.

[311] Zur protestantischen Mission in Thailand G. B. McFarland (Hg.): Historical Sketch of Protestant Missions in Siam, 1828–1928, Bangkok 1999 (Nachdruck der Ausgabe von 1928, zu beachten ist besonders die kritische Einleitung von H. R. Swanson, S. VII–LXXXIII); K. E. Wells: History of Protestant Work in Thailand, 1828–1958, Bangkok 1958.

[312] Zu Gützlaff vgl. H. Schlyter: Karl Gützlaff, S. 48–62.

[313] H. R. Swanson: Art. „McFarland, Samuel G.", in: DAC, S. 525.

[314] H. R. Swanson: Prelude to Irony; ders.: Art. „McGilvary, Daniel", in: DAC, S. 525 f.

[315] Zahlen nach K. S. Latourette: Expansion, Bd. 6, S. 245.

[316] Die Zahlenangaben differieren beträchtlich: Nach der offiziellen Statistik gab es 1988 in Thailand 286 033 Christen (W. Donner: Thailand, S. 51); nach WCE[2], Bd. 1, S. 734, lag 1990 die Zahl der Christen bei 1 183 000 (im Jahr 2000 bei 1 361 788), wovon aber ca. eine halbe Million so genannte „Krypto-Christen" sind und ca. 700 000 „independents", also Christen, die keiner Kirche angegliedert sind. Zahlenangaben über diese beiden Gruppen sind sehr unsicher.

4. Die Christenheit im thailändischen Kontext

Die frühen Missionare beurteilten den thailändischen Kontext beinahe ausschließlich negativ und verlangten eine Abkehr von bisheriger Religion, Kultur und teilweise auch Lebensweise. So vertrat Daniel McGilvary die Ansicht, das Bestehende müsse erst vollständig eingerissen werden, bevor der Bau des christlichen Glaubens errichtet werden könne,

> wie wenn wir ein Gebäude auf einem Grund errichten sollten, auf dem sich eine alte Bastion, irgendeine Festung oder ein Palast befindet, die bis zu den Grundmauern eingerissen werden müssen, bevor die neuen Mauern errichtet werden können.[317]

In Wirklichkeit haben jedoch auch die Laoten in Nordthailand, unter denen McGilvary und die anderen amerikanischen Missionare wirkten, den christlichen Glauben aus ihrem Kontext heraus verstanden und in einer Weise interpretiert, die nicht ganz der Verkündigungsabsicht der Missionare entsprach.[318] Diese verkündigten die Vergebung der Sünden durch Jesus Christus. Ihre Hörer aber hatten kein ausgeprägtes Sündenbewusstsein. Sie verstanden den christlichen Glauben als Botschaft von einer Macht, die stärker war als die Mächte, unter denen sie litten: den Geistern, die von ihnen Besitz ergriffen, die Orte unbewohnbar machten, die Krankheiten verursachten und die besänftigt werden mussten. Die medizinische Tätigkeit der Missionare wurde in diesem Zusammenhang als Erweis der Macht des Gottes der Missionare verstanden. Zudem boten die Missionare Beschäftigung und eine neue, tragfähige Gemeinschaft. Das veranlasste vor allem Menschen am Rand der Gesellschaft (Kranke, der Zauberei Beschuldigte, Verarmte), sich dem Christentum zuzuwenden. Ende des 20. Jahrhunderts stellten manche Missionare die christliche Botschaft bewusst in diesen Kontext. Das konnte soweit gehen, dass durch einen Ritus die Geister verabschiedet wurden.[319]

In den letzten Jahrzehnten des 20. Jahrhunderts unternahmen katholische Christen den Versuch, das Christentum stärker mit der vom Buddhismus geprägten thailändischen Kultur zu verbinden:[320] Im Gottesdienst wurde für den König gebetet, aus Anlass der Geburtstage des Königs und der Königin wurden Gottesdienste gehalten, buddhistische Feste in christlicher Interpretation gefeiert (z. B. das Lichterfest Loi Krathong), biblische Themen in Formen des thailändischen Volkstheaters dargestellt und aktualisiert sowie katholische Klöster für junge Christen geöffnet, die eine gewisse Zeit im Kloster verbringen wollten, wie es für buddhistische junge Männer Sitte ist. Der Dialog mit dem Buddhismus wurde gesucht. Zeitweise lebten christliche Ordensleute sogar in einem buddhistischen Kloster. Diese Versuche wurden nicht von allen Buddhisten begrüßt. Manche buddhistischen Mönche und Laien sahen darin

---

[317] Zitiert nach H. R. Swanson: Prelude to Irony, S. 178.
[318] Dazu Ph. J. Hughes: Proclamation and Response: A Study of the History of the Christian Faith in Northern Thailand, Chiang Mai 1982; E. Cohen: Christianity and Buddhism, S. 115–140; E. P. Wakeman: Sri Ngam Church: An Historical Inquiry into the Origins of the Church in Northern Thailand, in: EAJTh 3 (1985), S. 154–166.
[319] E. Cohen: Christianity and Buddhism, S. 134.
[320] Dazu E. Cohen: Christianization and Indigenization: Contrasting Processes of Religious Adaptation in Thailand, in: St. Kaplan (Hg.): Indigenous Responses to Western Christianity, New York/London 1995, S. 29–55; G. Evers: Die Länder Asiens, S. 303–307.

einen Versuch, den Buddhismus abzuwerten, und eine besonders raffinierte missionarische List.

Die Wahrnehmung einer gesellschaftlichen Verantwortung war für Christen wie auch für Buddhisten, vor allem in den langen Perioden der Militärherrschaft, ein riskantes Unternehmen. Als Koson Srisang[321], der Generalsekretär der *Church of Christ in Thailand*, 1977 einen Brief an den Premierminister schrieb, in dem er für einige im Zusammenhang mit den Demonstrationen von 1976 verhafteten Studenten die Verhandlung vor einem Zivilgericht forderte, führte das zu Kritik in der Kirche und schließlich zum Rücktritt Kosons.[322] Es war deshalb ein einschneidendes Ereignis, als 1976 die *Koordinierungsgruppe für Religion und Gesellschaft* und 1980 die *Thailändische Interreligiöse Kommission für Entwicklung* gegründet wurden, in denen Katholiken, Protestanten und Buddhisten zusammen arbeiteten. Der Buddhist Sulak Sivaraksa war die führende Persönlichkeit.[323] Damit wurde auch ein Schritt zu einem bewusst gestalteten Zusammenleben von Buddhisten und Christen getan. Von buddhistischer Seite war dies unter anderem von dem bekannten Bhikkhu Buddhadasa vorbereitet worden. Eine 1982 gegründete *Ecumenical Coalition on Third World Tourism* befasste sich besonders mit der Frage der Kinderprostitution in asiatischen Ländern. Teile der zahlenmäßig kleinen thailändischen Christenheit sind dabei, den christlichen Glauben in den Kontext Thailands zu stellen.

E MALAYSIA

1. Politischer und religiöser Hintergrund

Das Gebiet des heutigen Staates Malaysia liegt teils auf der Malaiischen Halbinsel (Westmalaysia), teils im nördlichen Teil von Borneo (Ostmalaysia). Da der Seeweg zu den Gewürzinseln durch die Straße von Malakka führte, war für die Kolonialmächte vor allem diese Stadt von Bedeutung. Wer sie beherrscht – so Tomé Pires in seiner *Suma Oriental* –, „hat seine Hand an der Kehle Venedigs".[324] Malakka kam nacheinander unter portugiesische (1511), holländische (1641) und britische (1824) Herrschaft. Nach der japanischen Besatzung (1942–1945) und einem zwölf Jahre dauernden Bürgerkrieg wurde Malaysia 1963 unabhängig. Die ostmalaysischen Gebiete Sabah und Sarawak waren von 1946 bis 1963 britische Kronkolonie.[325] Während in Westmalaysia über 50 % der Bevölkerung Malaien sind, die sich als *Bumiputra* („Söhne des Landes") verstehen (neben ca. 35 % Chinesen und ca. 10 % Indern), sind in Ostmalaysia weniger als 20 % Malaien (neben über 30 % See-Dayaks und über 30 % Chinesen).[326] Auch der Prozentsatz der Christen ist in Ostmalaysia deutlich höher

---

[321] Koson Srisang: Free and Compassionate: A Perspective on Religious Foundations of Political Ethics, in: SEAJTh 23 (1982), S. 11–44.

[322] W. Schmidt: Der lange Marsch zurück, S. 11 f.

[323] M. von Brück/W. Lai: Buddhismus und Christentum, S. 568–571.

[324] Zitiert bei B. Santa Maria: My People, My Country, Malacca 1982, S. 28. Der Apotheker Tomé Pires lebte von 1512 bis 1515 in Malakka.

[325] Singapur löste sich 1965 wieder von Malaysia.

[326] Zu den Zahlen vgl. G. Reinknecht: Malaysia, in: W. Draguhn u. a. (Hg.): Politisches Lexikon, S. 199.

(19 % in Sarawak, 10 % in Sabah).[327] Erschwerend wirkte und wirkt sich aus, dass die ca. 33 % Chinesen Malaysias einen großen Teil des Volksvermögens besitzen.

Der Islam ist in Malaysia Staatsreligion. Die Ausübung der anderen Religionen ist gesetzlich geschützt, steht allerdings unter einer die Mission betreffenden Einschränkung:

Gesetze der Bundesstaaten können die Verbreitung einer jeglichen religiösen Lehre oder eines Glaubens unter Personen, die sich zum Islam bekennen, kontrollieren oder einschränken.[328]

Islamische Mission wird von mehreren *Dakwa*-(Missions-)Bewegungen[329] betrieben.

2. Katholische Mission und Kirche

a) Westmalaysia

Mit der Eroberung Malakkas durch Albuquerque entstand dort eine christliche Gemeinde[330] von – oft mit einheimischen Frauen verheirateten – Portugiesen. Franz Xaver zeichnete vom moralischen Verhalten der Europäer ein düsteres Bild.[331] Trotzdem hielt die Gemeinde angesichts der 1641 einsetzenden Unterdrückungsmaßnahmen der Holländer an ihrem katholischen Glauben fest. Aus Siam geflohene Missionare der *Pariser Missionsgesellschaft* (MEP) eröffneten 1808 auf der Insel Penang, die schon seit 1786 unter englischer Herrschaft stand, das Collège Général, ein Seminar zur Ausbildung einheimischer Kleriker, das vorher in Ayutthaya bestanden hatte. Die Anwesenheit der französischen Missionare führte zu einem mehrere Jahrzehnte andauernden Streit mit den auf ihre Patronatsrechte pochenden Portugiesen. Die meisten Christen waren Portugiesen, Chinesen und Inder, wogegen die Zahl der Malaien klein blieb. Zu einer Ausbreitung des Christentums in den Sultanaten im Inneren der malaiischen Halbinsel kam es nicht.[332] Trotz des Seminars auf Penang ging die Bildung eines einheimischen Klerus sehr langsam voran. 1911 fand die erste Weihe eines einheimischen Priesters statt; von 1920 bis 1950 wurden insgesamt nur 36 Priester geweiht.[333]

b) Ostmalaysia

In Ostmalaysia[334], d. h. in Sarawak und Sabah, waren die katholischen Missionsunternehmungen vom 16. bis zur Mitte des 19. Jahrhunderts eher episodenhaft (Antonio Pereira, Antonio Ventimiglia, Carlos Cuarteron) und deshalb ohne nachhaltige

---

[327] WCE², Bd. 1, S. 475.

[328] Zitiert nach L. Schreiner: Art. „Malaysia", in: TRE, Bd. 12, S. 1–6, Zitat S. 4.

[329] V. S. Stahr: Südostasien und der Islam, S. 162–164.

[330] Zu Zeugnissen einer früheren christlichen Präsenz vgl. J. C. England: The Hidden History, S. 96 f.

[331] G. Schurhammer: Franz Xaver, Bd. II/1, S. 647.

[332] Gründe dafür nennt J. Roxborogh: Towards Church History in Malaysia, S. 90.

[333] S. E. Ackerman/R. L. M. Lee: Heaven in Transition, S. 31. Zur katholischen Kirche in Malaysia nach 1945 vgl. G. Evers: Die Länder Asiens, S. 236–245.

[334] Zur katholischen Kirche in Ostmalaysia vgl. J. Rooney: Khabar Gambira.

Wirkung.[335] Eine kontinuierliche Arbeit in Nord-Borneo begannen im Jahr 1881 die *Mill Hill Väter*.[336] Sie bildeten Gemeinden und führten Schulen und Krankenhäuser. Am Ende des 20. Jahrhunderts gab es in Sarawak und Sabah ca. 370 659 katholische Christen[337], zum größten Teil Chinesen und Stammesangehörige. 1976 wurde die Erzdiözese Kuching errichtet. Die Übernahme der Verantwortung durch einen einheimischen Klerus vollzog sich verhältnismäßig spät. Seit der Ernennung von Bischof Peter Chung zum Erzbischof von Kuching (1976) und der Besetzung der Bischofssitze mit malaysischen Bischöfen sind die Missionare „einfache Angestellte der lokalen Diözese".[338]

3. Protestantische Mission und Kirche

Die niederländische *Vereinigte Ostindische Compagnie* (VOC) hatte an einer Mission unter der einheimischen Bevölkerung kein Interesse. Die Geschichte der protestantischen Kirche in Malaysia beginnt deshalb fast 300 Jahre später als die der katholischen Kirche.

a) Westmalaysia

Der erste protestantische Missionar – William Milne von der *Londoner Missionsgesellschaft* (LMS) – kam 1815 nur deshalb nach Malakka, weil China für Missionare verschlossen war. Er leitete das *English-Chinese-College*. Sobald nach dem ersten Opiumkrieg (1839–1842) eine Möglichkeit dazu bestand, zog die LMS ihre Mitarbeiter aus Malakka ab und sandte sie nach China. Weitere Missionsgesellschaften kamen in den folgenden Jahrzehnten auf die Malaiische Halbinsel, unter denen die Methodisten eine besonders nachhaltige Wirkung entfalteten. Der christliche Glaube kam aber auch durch Arbeiter aus Indien und China, die in den von den Engländern aufgebauten Industrien (Gummi, Zinn) tätig waren.[339] Die protestantische Christenheit war in eine Vielzahl verschiedener Denominationen[340] geteilt, die sich durch die Einwanderung von Missionaren und chinesischen Christen aus China nach Malaysia nach der kommunistischen Machtübernahme noch vermehrten.

b) Ostmalaysia

Die protestantische Mission in Ostmalaysia wurde vermutlich durch James Brooke, den ersten „weißen Raja", angeregt. Brooke wünschte eine nicht aggressive Mission, die durch die Tat wirke. 1851 schrieb er an Francis Thomas McDougall, den ersten Missionar in Sarawak:

---

335 Einzelheiten ebd., S. 7–23.
336 J. Rooney: Art. „Mill Hill Missionaries". Zum Folgenden vgl. ders.: Khabar Gambira, passim.
337 Zahl nach WCE², Bd. 1, S. 477–478.
338 J. Rooney, Khabar Gambira, S. 221.
339 J. Roxborogh, a. a. O., S. 94.
340 Übersichten bei J. R. Fleming: Singapore, Malaysia and Brunei, S. 84–94, und WCE², Bd. 1, S. 473–478.

Die Dayak-Bevölkerung muss als Masse bewegt werden[341] und in der Regel darf nicht die Eifersucht der mohammedanischen Bevölkerung erregt werden. Wir haben jetzt Toleranz, Wohltätigkeit und Frieden, und diese Segnungen dürfen nicht durch den unbesonnenen Eifer von Christen aufs Spiel gesetzt werden, die ihren Glauben unter anderen einführen wollen.[342]

Der Arzt und Priester McDougall begann mit zwei anderen Missionaren 1848 mit der Mission in Sarawak. 1853 wurde diese Arbeit von der *Society for the Propagation of the Gospel* übernommen. McDougall meinte, dass die Mission unter den Dayak große Chancen habe:

Viel, sehr viel kann bei ihnen getan werden, sogar in dieser Generation; aber der einzige Weg sie zu erreichen, ist durch eine Gruppe von Männern, die [...] unter diesen einfachen Waldmenschen leben ...[343]

1855 wurde McDougall zum Bischof von Labuan und Sarawak ernannt. Schon zu seiner Zeit wurde die Kirche durch Aufstände und politische Unruhen erschüttert. Heute besteht die ca. 30 000 Mitglieder umfassende Kirche vor allem aus Iban (See-Dayak, 53 %), Chinesen (35 %) und anderen Dayak-Gruppen (12 %).[344]
Durch die Auswanderung einer großen Zahl von Chinesen (Hakkas aus Südchina) nach Nord-Borneo in den letzten Jahrzehnten des 19. Jahrhunderts entstand dort eine Kirche, in der Missionare der Basler Mission tätig waren. 1925 wurde die *Basel Christian Church of Malaysia* selbständig. 1928 gründete die australische *Borneo Evangelical Mission* die evangelikal-charismatisch ausgerichtete *Evangelical Church of Borneo*[345]. Erweckungsbewegungen in den 60er und 70er Jahren sowie die charismatische Bewegung der 80er Jahre des 20. Jahrhunderts führten zu einem starken Wachstum dieser Kirche, in der sich auch viele chinesische Gemeinden bildeten.

4. Die Situation der Christenheit in Malaysia am Ende des 20. Jahrhunderts

Da das Christentum von vielen Malaysiern als „fremde Religion" betrachtet wurde und wird, war die Verwendung der Landessprache (*Bahasa Malayu*) in Gottesdienst und theologischem Unterricht von besonderer Bedeutung. Das stieß allerdings bei manchen Muslimen auf Ablehnung. 1982 wurde den Christen verboten, bestimmte Worte in Literatur und Gottesdienst zu benutzen, die dem Islam vorbehalten sein sollten, wie „Allah" (Gott), „Injil" (Evangelium) u. a.[346] Die Sonderstellung der Malaien[347] und damit des Islam im Staat Malaysia stellte die Kirchen (und auch die anderen nichtislamischen Religionen) vor besondere Probleme.[348] Malaysia war zwar kein

---

341 D. h. wohl, dass nicht durch Einzelbekehrungen einige aus ihrem Stammesverband herausgelöst werden sollen.
342 Zitiert nach B. Taylor: The Anglican Church in Borneo, S. 20 f.
343 Ebd., S. 8.
344 Zahlen nach F. Lomax u. a.: Art. „Anglican Church", in: DAC, S. 29.
345 J. R. Fleming, a. a. O., S. 93 f.; G. S. Shae: Art. „Evangelical Church of Borneo", in: DAC, S. 273 f.; Vgl. S. Lees: Drunk Before Dawn, London 1979.
346 O. Schumann: Der schwierige Weg zueinander, S. 80 f.; G. Evers: Die Länder Asiens, S. 243 f.
347 Obwohl sie nur ca. 50 % der Bevölkerung ausmachen.
348 Zum Folgenden vgl. vor allem O. Schumann, a. a. O., S. 76–89.

islamischer Staat, seit den 60er Jahren des 20. Jahrhunderts gab es aber immer wieder Ansätze in diese Richtung. So erhöhte der Ministerpräsident von Sabah, Tun Mustapha bin Harun[349], durch Ansiedlungsmaßnahmen den prozentualen Anteil der Muslime in Sabah von 5 auf 30 % und ließ unter den Dayak-Stämmen mit deutlichem Zwang für den Islam werben. Die Anwesenheit ausländischer Priester und Missionare wurde drastisch begrenzt. Als Peter Chung 1975 zum Bischof von Kota Kinabalu (in Sabah) ernannt wurde, musste er seine Diözese mit Hilfe eines Dreimonatsvisums verwalten. Tun Mustapha erlitt zwar 1976 eine Wahlniederlage, aber sein Nachfolger im Amt des Ministerpräsidenten, der Katholik Peter Mojuntin, kam leider schon kurze Zeit nach Amtsantritt zusammen mit mehreren Ministern bei einem Flugzeugabsturz ums Leben. Ministerpräsident Mahathir Mohamad (1981–2003) vertrat 2001 die Ansicht, Malaysia sei bereits ein islamischer Staat. Dementsprechend durften Bibeln nur Christen besitzen, waren Mission unter Muslimen und zeitweilig die Bibel in der Sprache der Iban verboten. Unter Umständen wurden diese Maßnahmen allerdings nur ergriffen, um islamistischen Kritikern den Wind aus den Segeln zu nehmen.[350]

Die Vielzahl der Denominationen, die durch die Mission nach Malaysia kam, erwies sich nicht nur in der Begegnung mit dem Islam, sondern auch im Gespräch mit der Regierung und in der missionarischen Verkündigung als Belastung. Deshalb wurde schon 1948 der *Malayan Christian Council* gegründet, aus dem der *Council of Churches of Malaysia* hervorging. Diesem gehörten vor allem ökumenisch orientierte Kirchen an (Anglikaner, Basel Church, Heilsarmee, Lutheraner, Mar Thoma Kirche, Methodisten, syrisch-orthodoxe Kirche, Presbyterianer). Im Jahr 1983 bildeten evangelikal ausgerichtete Kirchen und Organisationen die *National Evangelical Christian Fellowship*. Auch dazu gehörten Mainline-Kirchen (wie Lutheraner und Methodisten), vor allem aber Kirchen, in denen eine charismatische Frömmigkeit gepflegt wurde, wie die *Assemblies of God* und die *Evangelical Church of Borneo*. Katholiken und Protestanten verschiedener Frömmigkeitsrichtungen arbeiteten ab 1985 in der *Christian Federation of Malaysia* zusammen. Als umfassendste nichtmuslimische Organisation wurde 1983 der *Malaysian Consultative Council of Buddhism, Christianity, Hinduism and Sikkhism* gegründet.

Die evangelikalen und charismatischen Gruppen und Kirchen entwickelten in den letzten Jahrzehnten des 20. Jahrhunderts im Katholizismus wie im Protestantismus Malaysias eine neue missionarische Kraft.[351] Die Veranstaltungen von Priestern, die Exorzismen durchführten, fanden solchen Zuspruch, dass auch Laien als Exorzisten ausgebildet wurden. Wie in vielen Ländern Asiens waren es die Heilungen, die Menschen zur charismatischen Bewegung führten.[352] Die mit hoher technischer und organisatorischer Kompetenz vermittelte Frömmigkeit sprach auch die Schicht der gebildeten Mittelklasse an.

Im Zusammenhang mit der gesellschaftlichen Situation des Christentums in Malaysia

---

[349] Zum Folgenden vgl. J. Rooney, a. a. O., S. 208–219; O. Schumann, a. a. O., S. 79 f.

[350] E. Chia: Christenverfolgung in Malaysia? Religionen als Bauernopfer eines Schachspiels um die Macht, in: FW 122 (2003), S. 8–13.

[351] Zum Folgenden vgl. R. L. M. Lee/S. E. Ackerman: Sacred Tensions. Modernity and religious transformation in Malaysia, Columbia 1997, S. 123–133.

[352] S. E. Ackerman/R. L. M. Lee, a. a. O., S. 72–88.

sind auch Ansätze zu einer einheimischen Theologie zu sehen.[353] So vertrat der tamilische Anglikaner Sadayandi Batumalai eine „Theologie der guten Nachbarschaft", die im Verhältnis zu den anderen Religionen nachbarschaftliches Miteinander und Mission zu verbinden suchte.[354]

F SINGAPUR

1. Politischer und religiöser Hintergrund

Als Thomas Stamford Raffles Singapur 1819 für die englische *Ostindische Handelsgesellschaft* vom Sultan von Johore erwarb, lebten auf der Insel ca. 200 Menschen. Freihandel und ungehinderte Zuwanderungsmöglichkeit brachten Einwanderer vor allem aus China und Indien auf die Insel.[355] Ende des 20. Jahrhunderts war die Einwohnerzahl auf über drei Millionen angestiegen. Nur kurzzeitig, von 1963 bis 1965, gehörte Singapur zu Malaysia. Unter der Regierung von Ministerpräsident Lee Kuan-Yew von der *People's Action Party* (PAP), der von 1959 bis 1990 an der Macht war, erlebte Singapur einen steilen wirtschaftlichen Aufstieg. Im Interesse der Aufrechterhaltung von Ruhe und innerer Ordnung wurden freilich Kritik und Opposition behindert und unterdrückt. Die gesetzliche Grundlage dafür bot die *Internal Security Act.*

Wie der kleine Inselstaat Singapur verschiedene ethnische Gruppen vereinte (Chinesen 77 %, Malaien 15 %, Inder 7 %)[356], so auch verschiedene Religionen: Buddhisten, Taoisten und andere chinesische Religionen 53,8 %, Muslime 14,9 %, Christen 12,9 %, Hindus 3,3 %.[357] Von besonderer Bedeutung für den Aufbau der Nation war die Integration der Muslime[358], von denen 90,2 % Malaien waren.[359] Die Regierung Singapurs bemühte sich erfolgreich, sie durch stärkere Teilhabe an Wohlstand und Bildung in die Nation einzubinden, sah sich aber in den letzten Jahrzehnten des 20. Jahrhunderts einem erstarkenden Islamismus in der Region gegenüber. Zugleich wurde die verbindende Kraft des wirtschaftlichen Erfolgs durch die asiatische Wirtschaftskrise am Ende des 20. Jahrhunderts geschwächt.

2. Katholische Mission und Kirche

Zur Zeit der Gründung Singapurs im Jahr 1819 gab es auf der Insel zwölf Katholiken.[360] In der ersten Hälfte des 19. Jahrhunderts wuchs ihre Zahl vor allem durch

---

[353] A. Hoekema: Kirche und Theologie in Malaysia, S. 256–273.

[354] S. Batumalai: An Introduction to Asian Theology, New Delhi 1991.

[355] Zum ganzen Abschnitt vgl. M. Pohl: Singapur.

[356] Zahlen nach ebd., S. 262.

[357] Zahlen nach E. C. T. Chew: Art. „Singapore", etwas abweichende Zahlen bei WCE², Bd. 1, S. 661.

[358] Dazu V. S. Stahr: Südostasien und der Islam, S. 191–211.

[359] Zugleich waren 99,4 % der Malaien in Singapur Muslime. Die Zahlen (bezogen auf das Jahr 1980) nach O. Schumann: Südostasien, in: W. Ende/U. Steinbach (Hg.): Der Islam in der Gegenwart (4. Aufl.), S. 367–408, bes. S. 395.

[360] Vgl. WCE², Bd. 1, S. 663.

Einwanderer aus China. 1841 wurde das *Apostolische Vikariat Malakka-Singapur* errichtet, das 1972 in die Erzdiözese Singapur und die Diözese Malakka-Johor geteilt wurde. 1977 wurde erstmals ein asiatischer Priester zum Erzbischof ernannt, 2001 zum ersten Mal ein Singapurianer (Erzbischof Nicholas Chia).

Schon im 19. Jahrhundert entfaltete die katholische Kirche eine Schularbeit, durch die sie auch gesellschaftlichen Einfluss ausübte. Gesellschaftliches Engagement, das die bestehenden Verhältnisse und die Politik der Regierung kritisch hinterfragt hätte, wurde im unabhängigen Singapur nicht gestattet. Ende der 80er Jahre des 19. Jahrhunderts wurden einige Katholiken wegen ihrer angeblich kommunistischen Orientierung verhaftet. Die 1991 verabschiedete *Religious Harmony Act* sollte unter anderem dazu dienen, die Einflussnahme der Religionen auf die Politik zu begrenzen.[361] Ende des 20. Jahrhunderts gab es in Singapur ca. 143 000 katholische Christen.[362]

3. Protestantische Mission und Kirche

Nach der Übernahme Singapurs durch die englische *Ostindische Handelsgesellschaft* kamen englische und amerikanische Missionare. Als die *London Missionary Society* (LMS) nach der Öffnung Chinas ihre Missionare von Singapur abzog, löste einer von ihnen, Benjamin Peach Keasberry[363] (1811–1875), seine Verbindung zur LMS und wirkte bis zu seinem Tod als unabhängiger Missionar in Singapur. Er übersetzte das Neue Testament und andere Bücher ins Malaische, begründete eine Mission unter den Chinesen und eröffnete eine Internatsschule für malaische Jungen. Seine Arbeit wurde von der *Presbyterianischen Mission* weitergeführt. Der Zustrom von Missionaren der verschiedensten westlichen Missionsgesellschaften und Kirchen hielt im 19. und 20. Jahrhundert an.[364] Besonders wirkungsvoll war die Tätigkeit der Methodisten James M. Thoburn[365] (1836–1922) und William Oldham. Die *Methodist Church in Singapore* war Ende des 20. Jahrhunderts die zahlenmäßig stärkste protestantische Kirche. In den 70er Jahren des 20. Jahrhunderts fand charismatische und pfingstliche Frömmigkeit auch in den älteren Kirchen Eingang und wurde z. B. von dem anglikanischen Bischof Joshua Chiu Ban-It[366] gefördert. Er verband charismatische Frömmigkeit mit ökumenischem Engagement im ÖRK und in der *Christian Conference of Asia*.

Mit der evangelikalen, missionarisch aktiven Ausrichtung vieler Gemeinschaften verband sich oft eine Verurteilung anderer Frömmigkeitsrichtungen und eine große Spaltungsfreudigkeit. Dieser Entwicklung wollen Dachverbände begegnen wie der 1975 entstandene *National Council of Churches of Singapore* und die 1980 gegründete *Evangelical Fellowship of Singapore*. Von 1974 bis 1988 war die Zentrale die *Christian Conference of Asia* (CCA) in Singapur. Am 30. Dezember 1987 aber wurde die CCA des Landes verwiesen, weil sie angeblich „liberation movements" und „pro-

---

361 Vgl. E. C. T. Chew, a. a. O., S. 768.
362 Zahl nach WCE², Bd. 1, S. 661.
363 Vgl. R. A. Hunt: Art. „Keasberry, Benjamin Peach", in: DAC, S. 437 f.; R. M. Greer: A History of the Presbyterian Church in Singapore, Singapur 1959, S. 16–25.
364 Vgl. den Überblick bei E. C. T. Chew, a. a. O.
365 Vgl. R. A. Hunt: Art. „Thoburn, James M.", in: DAC, S. 843.
366 Vgl. F. Lomax: Art. „Chiu Ban It, Joshua", in: DAC, S. 159.

communist movements" unterstützt hätte.[367] Die Kirchen Singapurs, die Mitglieder in der CCA waren, identifizierten sich mit der Position der Regierung und traten aus der CCA aus. Der Regierung ist vor allem an einem möglichst reibungslosen Miteinander der verschiedenen ethnischen, linguistischen und religiösen Gruppen gelegen, um den wirtschaftlichen Wohlstand nicht zu gefährden.

G BRUNEI

1. Politischer und religiöser Hintergrund

Die Sultane von Brunei, die seit dem 16. Jahrhundert den ganzen Norden Borneos beherrscht hatten, gaben im Verlauf des 19. Jahrhunderts den größten Teil ihres Gebiets an den englischen Seefahrer und Abenteurer James Brooke und seine Söhne (die „weißen Raja") und an die britische Kolonialmacht ab, die Unterstützung im Kampf gegen interne und externe Gegner leisteten. 1888 wurde Brunei britisches Protektorat, 1984 erlangte es die Unabhängigkeit. Öl- und Erdgasreichtum machten das nicht ganz 6000 km² umfassende Sultanat zu einem „Wohlstandsstaat"[368]. Der Sultan, der seit 1962 mit dem Notstandsrecht herrscht, bezeichnete 1990 die Staatsform Bruneis als *Malayische Muslimische Monarchie*[369]. Der Islam kam schon im 14. Jahrhundert nach Brunei[370] und ist heute Staatsreligion. Ende des 20. Jahrhunderts waren ca. 65 % der Gesamtbevölkerung von 326 000 Personen Muslime.

2. Protestantische Mission und Kirche[371]

Um „Wissen zu vermehren, Handel zu fördern und das Christentum auszubreiten"[372], regte der erste „weiße Raja", James Brooke, die Entsendung von Missionaren nach Nord-Borneo an. Ab 1848 wirkten Anglikaner vor allem unter den Dayak und den Chinesen. In Brunei selbst entstand erst in den 30er Jahren des 20. Jahrhunderts eine Gemeinde, zu der vor allem Chinesen, Inder, Engländer und Iban gehörten. Die zahlenmäßig stärkste protestantische Kirche nach den Anglikanern war die evangelikalpfingstlich ausgerichtete *Borneo Evangelical Church*[373]. Einige ihrer Glieder wurden im Jahr 2000 wegen Mission unter Muslimen nach der *Internal Security Act* neun Monate ohne Prozess und Rechtsbeistand in Haft gehalten.

---

[367] Text der Regierungsanordnung bei Y. K. Hao: From Prapat to Colombo, S. 134–136.

[368] So V. S. Stahr: Südostasien und der Islam, S. 189.

[369] Ebd., S. 178–192.

[370] M. C. Ricklefs: A History of Modern Indonesia, S. 4 f.

[371] Vgl. P. Hsieh/R. Self: Brunei, in: D. E. Hoke (Hg.): The Church in Asia, S. 97–100.

[372] Zitiert nach H. P. Thompson: Into All Lands, S. 204.

[373] J. R. Fleming: Singapore, Malaysia and Brunei, S. 93 f.; G. S. Shae: Art. „Evangelical Church of Borneo", in: DAC, S. 273 f.

3. Katholische Mission und Kirche

Zu einer nachhaltigen katholischen Missionsarbeit[374] in Nord-Borneo kam es erst in der zweiten Hälfte des 19. Jahrhunderts durch die *Mill Hill Missionare*, denen jedoch keine Mission unter Muslimen gestattet war. Es waren vor allem chinesische Einwanderer, die sich der katholischen Kirche anschlossen bzw. schon vor ihrer Einwanderung Katholiken waren. Ende des 20. Jahrhunderts gab es in Brunei ca. 6000 katholische Christen (überwiegend Chinesen). Brunei wurde 1997 zur apostolischen Präfektur erhoben. Erster Bischof wurde der in Seria (Brunei) geborene Cornelius Sim.

4. Die Situation der Christen in Brunei am Ende des 20. Jahrhunderts

Mit der Einführung der *Malay Muslim Monarchy* im Jahr 1990 traten mehrere für die Christen diskriminierende Bestimmungen in Kraft: Die Einfuhr christlicher Literatur (besonders von Bibeln) war untersagt, Weihnachten durfte nicht mehr gefeiert werden, katholische Priester und Nonnen wurden des Landes verwiesen; es war verboten, Kirchen zu bauen.[375] Die Christenheit Bruneis stand vor der Aufgabe, sich in eine Gesellschaft einzufügen, in der ihr nur ein sehr eingegrenzter Spielraum gelassen wurde. Erschwerend kam hinzu, dass viele ihrer Mitglieder Ausländer oder Chinesen waren. Letztere wurden in ihrer überwiegenden Mehrheit nicht als Staatsbürger Bruneis anerkannt, obwohl sie für das Wirtschaftsleben des Staates unentbehrlich waren. Von den 328 000 Einwohnern Bruneis waren am Ende des 20. Jahrhunderts ca. 7,7 %[376] Christen (1,8 % Protestanten, 1,7 % Katholiken, 1,4 % Anglikaner).

H LAOS

1. Historischer und religiöser Hintergrund

Der heutige Staat Laos ging aus dem Reich Lan Xang[377] hervor, das die aus dem Norden eingewanderten, zu den Thai-Völkern gehörenden Laoten 1353 gründeten und das unter Souligna Vongsa (1638–1695) seinen Höhepunkt erreichte.[378] Lan Xang – mit der Hauptstadt Luang Phrabang[379] – und die Teile, in die das Reich nach 1695 zerfiel, waren keine Staaten mit klar definierten Grenzen, sondern Machtzentren,

---

374 Im 17. Jahrhundert kam der Jesuit Antonio Pereira nach einem Schiffbruch nach Brunei; vgl. J. Rooney: Khabar Gambira, S. 7–9.

375 E. Fahlbusch u. a.: Art. „Brunei", in: The Encyclopedia of Christianity, Bd. 1, S. 302 f.; S. W. Sunquist: Art. „Brunei", in: DAC, S. 96 f.; WCE², Bd. 1, S. 152.

376 Zahlen nach WCE², Bd. 1, S. 151; davon sind allerdings 1,7 % „Crypto-Christians".

377 Gesprochen „Lan Sang", „das Reich der eine Million (Kriegs-)Elefanten und des Weißen Schirms".

378 Zur Geschichte von Laos vgl. M. Stuart-Fox: A History of Laos und P. and S. Simms: The Kingdoms of Laos. Six Hundred Years of History, Richmond/Surrey 1999.

379 Diesen Namen erhielt die Stadt, nachdem die Buddhastatue Phra Bang dorthin gebracht worden war. Luang Phrabang wurde 1995 zum Weltkulturerbe erklärt.

denen kleinere Machtzentren durch Tributverhältnisse verbunden waren.[380] Nach dem Zerfall von Lan Xang versuchten die mächtigen Nachbarn Siam (Thailand) und Annam (Vietnam) ihre Herrschaft auf die laotischen Staaten auszudehnen, die schließlich 1893 in das französische Kolonialreich (die *Indochinesische Union*[381]) einbezogen wurden. Die laotischen Gebiete westlich des Mekong kamen unter thailändische Herrschaft, so dass am Ende des zweiten Jahrtausends in Thailand mehr Laoten lebten als in Laos. Die beiden großen Einschnitte in der Geschichte von Laos im 20. Jahrhundert waren das Ende der französischen Kolonialherrschaft (1953) und der Beginn der kommunistischen Herrschaft (1975). Zwischen diesen beiden Ereignissen lagen die Versuche (vor allem von Prinz Souvanna Phuma), ein geeintes und neutrales Laos zu schaffen. Sie scheiterten, weil sowohl Nordvietnam als auch die USA Laos in den Vietnamkrieg verwickelten und in und über Laos einen lange Zeit geheim gehaltenen Krieg austrugen.[382] Die Gründung der *Demokratischen Volksrepublik Laos* im Dezember 1975 brachte die kommunistische *Laotische Revolutionäre Volkspartei* an die Macht. Repressives Vorgehen gegen tatsächliche oder vermeintliche Kritiker und Indoktrinierung in Umerziehungslagern (so genannten Seminaren) führten dazu, dass bis 1980 rund ein Zehntel der Bevölkerung aus dem Land floh. Um den wirtschaftlichen Ruin zu verhindern, wurden 1986 Wirtschaftsreformen eingeführt. Zu einer politischen Liberalisierung kam es jedoch nicht.

Die Religionszugehörigkeit[383] hängt eng mit der ethnischen Schichtung in Laos zusammen.[384] Die „Tal-Lao" in der Ebene des Mekong sind überwiegend Anhänger des Theravada-Buddhismus, der Elemente der Volksreligion in sich aufnahm. Die „Berg-Lao", die an den Hängen der Gebirge wohnen, und die „Hochgebirgs-Lao", auf den Bergen über 1000 m lebend, praktizieren traditionelle Stammesreligionen, wozu die Verehrung von Geistern (*Phi*) gehört. Unter den Stämmen der Hochgebirgs-Laos (vor allem den Hmong[385] und den Khmu) fand die christliche Mission die stärkste Resonanz.

2. Katholische Mission und Kirche von 1885 bis 1975

Erste Ansätze zu einer Mission in Laos[386] unternahmen u. a. der Jesuit Jean de Leria (1642) und Missionare der MEP (1858). Sie fanden wenig Resonanz, manchmal erbitterten Widerstand. So wurden 1884 zwölf und 1889 weitere fünf Priester ermordet.

---

380 Man spricht von einer Mandala-Struktur; vgl. M. Stuart-Fox: A History of Laos, S. 8–12.

381 Der zusammenfassende Name „Indochina" ist „eine französische Wortschöpfung". Vgl. O. Weggel: Indochina, S. 10. Zum Vordringen Frankreichs in Indochina und zur Struktur der 1887 gegründeten *Indochinesischen Union* vgl. W. Reinhard: Geschichte, Bd. 3, S. 114–118 bes. die Karte S. 115.

382 H. Kotte/R. Siebert: Laos. Aufbruch am Mekong, Bad Honnef 2002, S. 71–73.

383 Zu den Religionen in Laos vgl. M. Sarkisyanz: Die Religionen Kambodschas, Birmas, Thailands und Malayas, S. 483–497; eine knappe Zusammenfassung gibt L. Schreiner: Art. „Laos".

384 O. Weggel, a. a. O., S. 35–37.

385 Andere – abwertende – Namen: Meo, Miao.

386 Überblicke über die Missionsgeschichte bei S. Chumsriphan: Art. „Laos", in: DAC, S. 467–469; R. Costet: Histoire de l'Evangelisation au Laos, in: SEDOS Bulletin 32 (2000), Nr. 3, S. 84–89.

Bleibende Wirkung hatte erst die Arbeit von Missionaren der MEP und später – in Nord-Laos – der Oblaten (OMI) in der Zeit der französischen Kolonialherrschaft. Die *Katholische Kirche in Laos* betrachtet das Jahr 1885, in dem die erste Missionsstation auf der Mekong-Insel Don errichtet wurde, als ihr Gründungsjahr. 1899 wurde für Laos eine von Siam losgelöste eigene Missionsprovinz geschaffen. Bis zur kommunistischen Machtübernahme (1975) wuchs die katholische Kirche in Laos auf über 30 000 Mitglieder.[387] Ein großer Prozentsatz waren Vietnamesen und Stammesangehörige. Nur wenige Konvertiten kamen aus der Gruppe der Tal-Laos mit buddhistischem Hintergrund. Der erste einheimische Priester wurde 1963 geweiht, der erste Bischof („Apostolische Vikar") 1974.

3. Protestantische Mission und Kirche von 1902 bis 1975

Die protestantische Mission in Laos wurde vor allem von Missionaren der *Versammlungen der Offenen Brüder in der Romanischen Schweiz* (ab 1902) und der *Christian and Missionary Alliance* (CMA, ab 1929) betrieben.[388] 1902 gründeten Gabriel Contesse und ein Mitbruder, ausgesandt von den *Offenen Brüdern der Romanischen Schweiz*, eine Missionsstation in Song Khône, ca. 50 km südöstlich von Savannakhet (Süd-Laos), einem zentralen Ort der französischen Kolonialverwaltung. Gabriel Contesse und seine Mitbrüder arbeiteten im Sinne der Glaubensmissionen mit einem Minimum an persönlicher Absicherung. Sie sahen das nichtchristliche Laos als einen Raum, „wo Satan als Meister zu herrschen schien".[389] Hinwendung zu Christus bedeutete für sie Abwendung vom bisherigen Glauben und Leben. Die Distanzierung von den Lebensgewohnheiten der Stammesbevölkerung brachte auch die Missionare in Schwierigkeiten, etwa wenn sie in einem Dorf zu einem Reisbiertrunk eingeladen wurden – ein Ausdruck der Ehrung und Akzeptanz –, diesen aber aus Glaubensgründen ablehnen zu müssen meinten.[390] Gabriel und Marguerite Contesse starben 1908 am selben Tag an der Cholera. Die Schweizer Missionare bemühten sich um die Gründung selbständiger Gemeinden, die von einheimischen Brüdern geleitet wurden. Aber nur wenige schlossen sich der christlichen Gemeinde an. Im Jahr 1932 schrieben die Missionare im Rückblick auf die ersten 30 Jahre ihres Wirkens in Laos:

Während dieser 30 Jahre wurden 180 Gläubige getauft, von denen zehn wieder zurückgekehrt sind, wenn auch nicht ohne Hoffnung einer Rückkehr zum Heiland. 27 sind im Glauben verstorben, wovon eine Frau bei uns Zweifel bezüglich der Echtheit ihres Glaubens hinterließ. Einige sind wegen schlechten Lebenswandels oder anderer Verstöße vorübergehend unter Kirchenzucht. Es gibt auch Seelen, die glaubten, als sie das Evangelium hörten, und die wir nie wiedergesehen haben.

---

[387] Die Zahlenangaben weichen stark voneinander ab. W. Hunger: Kampuchea, Laos, Vietnam (Länderbericht), in: KM 97 (1978), S. 170–172, nennt die Zahl von 43 000 Katholiken; nach F. Hamma: Laos (Länderbericht), S. 102–105, gab es 1975 ca. 34 000 Katholiken in Laos (S. 104); nach WCE², Bd. 1, S. 441, lag die Zahl schon 1970 bei 41 480.

[388] Die von Daniel McGilvary begründete *Laos Mission* beschränkte sich überwiegend auf Laoten in Thailand. Missionare der OMF und der *Christian Missions in Many Lands* (Plymouth Brethren) kamen erst in der zweiten Hälfte des 20. Jahrhunderts.

[389] Zitiert nach J. Decorvet/G. Rochat: L'Appel du Laos, S. 53.

[390] Vgl. ebd., S. 74.

Trotz aller Enttäuschungen war die Arbeit nicht umsonst. Sind die wenigen geretteten Seelen nicht mehr wert als die ganze Welt?[391]

In späteren Jahren kam es vor, dass sich ganze Dörfer dem Christentum zuwandten.[392] Meist handelte es sich um Berg-Laoten oder um Stämme der Hochgebirgs-Laoten. Neben ihrer Verkündigungsarbeit widmeten sich die Schweizer Missionare der Bibelübersetzung, die sie 1932 vollendeten. Sie war in der Hauptsache das Werk von Fritz Audétat.

Die CMA arbeitete ab 1929 im Norden von Laos. In den 50er Jahren kam es im Gebiet von Xieng Khuang, auf der „Ebene der Tonkrüge", durch das Wirken eines Schülers der Bibelschule unter den Hmong zu einer Art Massenbekehrung zum Christentum.[393]

4. Religion in der Demokratischen Volksrepublik Laos

In der kommunistischen *Demokratischen Volksrepublik Laos* (ab 1975) fand der Buddhismus nach anfänglicher Behinderung[394] ab den 80er Jahren des 20. Jahrhunderts wieder offizielle Anerkennung. Hohe politische Würdenträger betonten die Vereinbarkeit von Marxismus und Buddhismus.[395] Von Letzterem wurde allerdings Bejahung der Staatsideologie erwartet. Die Mönche sollten auch Russisch und Marxismus unterrichten, gingen damit aber offenbar gelassen um, wie aus der Aussage eines Mönches von Luang Phrabang (aus dem Jahr 1985) hervorgeht:

Wir mischen die Religion mit neuen Ideen von Marx. Was uns nicht gefällt an seiner Lehre, verwenden wir einfach nicht.[396]

Ende des 20. Jahrhunderts gab es ca. 15000 Mönche und 1000 Nonnen in 3000 Klöstern.[397] Zu einer buddhistisch-christlichen Begegnung kam es in der katholischen Kirche von Laos im ersten Jahrzehnt nach dem II. Vatikanischen Konzil (1962–1965).[398]

Die Lage der christlichen Kirchen in der *Demokratischen Volksrepublik Laos*[399] war durch staatliche Kontrolle und einen schwer durchschaubaren Wechsel von Behinderung und Liberalisierung gekennzeichnet. Wichtigstes staatliches Instrument war die Überwachung der Pfarrer und Priester, die gegebenenfalls inhaftiert oder in „Umerziehungslager" eingewiesen wurden, und die Unterwerfung aller Akte des kirchlichen Lebens unter eine Genehmigungspflicht von Seiten staatlicher Stellen. Dem entsprachen die Bestimmungen des „Dekrets über die Kontrolle und den Schutz der

---

[391] Zitiert nach ebd., S. 118.

[392] Vgl. z. B. ebd., S. 96 f.

[393] Dazu G. E. Roffe: Laos, in: D. E. Hoke (Hg.): The Church in Asia, S. 391–409, bes. S. 392 f.

[394] Dazu O. Weggel, a. a. O., S. 73–78.

[395] L. Schreiner, a. a. O., S. 441 f.

[396] F. Hamma, a. a. O., S. 104.

[397] Zahlen nach W. Gern: Art. „Laos", Sp. 77 f.

[398] M. Zago: Rites et Ceremonies en Milieu Bouddhiste Lao, Rom 1972.

[399] Zum Folgenden vgl. L. Schreiner, a. a. O., S. 443. Zur katholischen Kirche vgl. G. Evers: Die Länder Asiens, S. 283–289.

religiösen Aktivitäten" aus dem Jahr 2002,[400] das zwar jedem Bürger das Recht gab, eine Religion zu praktizieren, zugleich aber festlegte, dass alle religiösen Aktivitäten „der Entwicklung und Erziehung" des Volkes dienen müssten. Der Staat entschied, ob dies der Fall war. Die staatliche Reglementierung kirchlichen Lebens lässt sich am Fall des Apostolischen Administrators des Vikariats Luang Phrabang, Tito Banchong Thopayong, veranschaulichen.[401] Der aus dem Stamm der Hmong stammende katholische Würdenträger war von 1977 bis 1986 und im Jahr 1998 nochmals für fünf Monate in einem Umerziehungslager. Er wohnte in Vientiane. Zum Besuch seiner Diözese (Luang Phrabang liegt 220 km nördlich von Vientiane) brauchte er jedesmal eine staatliche Genehmigung. Im Jahr 2003 wurde ihm der Kauf eines Grundstücks in Luang Phrabang gestattet. Für die Errichtung eines Hauses und die Erlaubnis, in diesem zu wohnen, waren weitere staatliche Genehmigungsverfahren erforderlich. Unter diesen Umständen wurde das kirchliche Leben wesentlich von Laien und einheimischen Ordensschwestern getragen. Trotz der staatlichen Einschränkungen des kirchlichen Lebens forderte ein Vertreter des Staates, der frühere buddhistische Mönch Khamtan Thepbuali, die Christen Weihnachten 1987 auf, dem Weg Jesu und seiner Lehre zu folgen.[402]

Unter staatlichem Druck schlossen sich 1982 die aus der Mission der Schweizer Brüder und der CMA hervorgegangenen Kirchen zur *Lao Evangelical Church* zusammen. Außer dieser und der katholischen Kirche genießt nur noch die *Gemeinschaft der Siebenten-Tags-Adventisten* staatliche Anerkennung. Ende des zweiten Jahrtausends gab es in Laos ca. 36 000 katholische[403] und ca. 30 000 evangelische[404] Christen.

I KAMBODSCHA

1. Historischer und religiöser Hintergrund

Die „große Zeit" Kambodschas war das Khmer-Reich der Könige von Angkor (802 bis 1431).[405] Doch war auch dieses ständigen militärischen Einfällen ausgesetzt und im Inneren von Machtkämpfen zerrissen. Wiederholt riefen kambodschanische Könige selbst die Nachbarmächte Thailand (Siam) und Vietnam zu Hilfe. Das hatte zur Folge, dass sich die „Helfer" kambodschanische Gebiete aneigneten. Die Entwicklung erreichte im 19. Jahrhundert ihren Höhepunkt. Von 1863 bis 1953 war Kambodscha französisches Protektorat. Die Unabhängigkeit (1953) brachte dem Land eine

---

[400] UCA-News vom 22.11.2002: „Laos. Church Leaders have Positive Comments, Reservations About New Religious Decree".

[401] Dazu UCA-News vom 12.1.2004: „Laos. Head of Prabang Church Hopes To Build Residence, Visit More Provinces".

[402] L. Schreiner, a. a. O., S. 444.

[403] Nach G. Evers, a. a. O., S. 439.

[404] Nach W. Gern, a. a. O., Sp. 78; höhere Zahlen nennt WCE², Bd. 1, S. 441.

[405] Zur Geschichte Kambodschas vgl. D. Chandler: A History of Cambodia; K.-H. Golzio: Geschichte Kambodschas. Das Land der Khmer von Angkor bis zur Gegenwart, München 2003; zur Entwicklung seit 1945 vgl. D. Chandler: The Tragedy of Cambodian History. Politics, War, and Revolution since 1945, New Haven-London 1991.

kurze Zeit relativer Ruhe. Dann wurde es in den Vietnamkrieg hineingezogen, erlitt die vierjährige Schreckensherrschaft der *Roten Khmer* (1975–1979), in der unter der Führung von Pol Pot[406] die „glorreiche" Angkor-Zeit erneuert und die „ideale" landwirtschaftliche Khmer-Gesellschaft geschaffen werden sollte, und erlebte schließlich nach dem vietnamesischen Eingreifen (1979) einen zwölfjährigen Bürgerkrieg. Seit 1993 regierte nach einer Zeit der Übergangsverwaltung durch die UNO in Kambodscha eine demokratisch gewählte Regierung in einer konstitutionellen Monarchie. König Kambodschas wurde 1993 wieder der inzwischen 71-jährige Norodom Sihanouk. Vor dem Hintergrund dieses dramatischen Geschichtsverlaufs ist auch die Geschichte der Kirche[407] zu sehen. Vom 13. bis zum 15. Jahrhundert setzte sich der Theravada-Buddhismus durch. Davor war eine Verbindung von Hinduismus und Mahayana-Buddhismus verbreitet. Der Theravada-Buddhismus bestimmt bis heute das Leben in Kambodscha.[408]

2. Katholische Mission und Kirche

Die ersten christlichen Missionsunternehmungen wurden in der zweiten Hälfte des 16. Jahrhunderts von Malakka aus unternommen. Gaspar da Cruz, der 1555 nach Kambodscha kam und sich mit Eifer dem Erlernen der Khmer-Sprache widmete, machte die Erfahrung, dass die Menschen ihm aufmerksam zuhörten, aber

wenn dann einer von diesen Priestern vorbeikam und sagte: „Das ist gut, aber unseres ist besser", dann gingen sie weg und ließen mich allein.[409]

Gaspar da Cruz kehrte deshalb nach wenigen Jahren wieder nach Malakka zurück. An seiner statt kamen weitere portugiesische und spanische Missionare. Die Haltung der Könige den Missionaren gegenüber war wechselhaft und unberechenbar. Die Taufe von Kambodschanern war manchmal erlaubt, manchmal verboten. Das Interesse am Christentum war deutlich politisch motiviert durch die Erwartung von Militärhilfe gegen ausländische Feinde. In einer Botschaft an die Spanier in Manila stellte König Satha 1593 in Aussicht, er werde sich als Gegenleistung für militärische Hilfe gegen Siam taufen lassen. Die wenigen Christen, die es um 1600 in Kambodscha gab, waren vor allem Portugiesen.

Im 17. Jahrhundert kamen christliche Flüchtlinge aus Japan. 1639 ging dort das „christliche Jahrhundert" zu Ende. Portugiesische und einheimische Katholiken aus Makassar (auf Sulawesi) flohen vor der Unterdrückung durch die Holländer. Andere kamen aus Vietnam. So bildeten sich, noch bevor in der zweiten Hälfte des 17. Jahrhunderts Missionare der neu gegründeten MEP ins Land kamen, christliche Gemeinden. Da-

---

[406] D. Chandler: Brother Number One. A Political Biography of Pol Pot, Boulder/Colorado-Oxford 1999².

[407] Vgl. F. Ponchaud: La Cathédrale; D.Cormack: Killing Fields; L. Schreiner: Art. „Kambodscha", S. 536–539; F. Ponchaud/J. Clavaud: Art. „Cambodia", in: DAC, S. 110–113. Die beiden umfassenden Darstellungen von Ponchaud (katholisch) und Cormack (evangelisch) sind erbaulich gehalten und vermeiden weithin kritische Aspekte, jedenfalls soweit die eigene Position und Gruppe betroffen ist.

[408] H. Bechert: Buddhismus, Staat und Gesellschaft, Bd. 2, S. 219–258, bes. S. 222 f.

[409] Zitiert nach D. Chandler: A History of Cambodia, S. 83.

mit entstand ein Problem, das die Kirche in Kambodscha in den folgenden Jahrhunderten belastete: Sie war im Wesentlichen eine Kirche von Ausländern, vor allem von Vietnamesen. Missionare – vor allem der MEP, aber auch Jesuiten – versuchten, in den beiden Jahrhunderten bis 1863 Gemeinden zu gründen. Manche – wie Pater Louis Chevreul[410], der 1664 nach Kambodscha kam und dessen Gesundheit durch die Intrigen jesuitischer Gegenspieler zerstört wurde,[411] oder Pater Gervais Levavasseur[412], der von 1768 bis 1777 in Kambodscha wirkte, – äußerten sich mit großem Respekt sowohl über die Khmer als auch über die buddhistischen Mönche. Aber Unsicherheit und ständige Verfolgung machten ihre Arbeit immer wieder zunichte.

Eine Wendung trat 1863 mit dem französischen Protektorat ein. Der Französisch-Kambodschanische Vertrag enthielt auch einen Abschnitt über die Mission:

> Die katholischen Missionare sollen das Recht haben, zu predigen und zu unterweisen. Sie sollen, mit der Zustimmung der kambodschanischen Regierung, Kirchen, Seminare, Schulen, Krankenhäuser, Konvente und andere fromme Gebäude errichten können an allen Stellen des Königreiches Kambodscha.[413]

Missionare und Christen genossen jetzt staatlichen Schutz. Doch diese Sicherheit hielt nicht lange an. Für die in der Folgezeit entstehenden nationalistischen Bewegungen waren die christlichen Gemeinden ein Fremdkörper, geschützt von der Kolonialmacht und zu einem großen Teil aus Vietnamesen bestehend.

Der Anteil der Vietnamesen an der kambodschanischen Christenheit nahm ab der Mitte des 19. Jahrhunderts immer mehr zu, wesentlich verursacht durch Verfolgungen in Vietnam und dadurch ausgelöste Flüchtlingsströme nach Kambodscha. Die Kirche in Kambodscha wurde immer mehr zu einer vietnamesischen Kirche. Die kambodschanischen Gemeinden „wurden zu Anhängseln der vietnamesischen Gemeinden, die in ihrer Nachbarschaft entstanden".[414] Das zeigt sich auch am einheimischen Klerus, der überwiegend aus Vietnamesen bestand: Die drei Seminaristen, die im Jahr 1888 zu Priestern geweiht wurden, waren Vietnamesen. Ebenso waren die 115 Patres, die zwischen 1888 und 1939 aus dem Seminar der Pariser Mission in Kambodscha hervorgingen, alle Vietnamesen.[415] 1957 wurde mit Simon Chhem Yen der erste Khmer-Priester geweiht.[416] Unter den 163 Priestern, die zwischen 1888 und 1970 geweiht wurden, waren 156 Vietnamesen, fünf Khmer und zwei Chinesen.[417] Die immer stärker werdenden antifranzösischen und antivietnamesischen Bewegungen identifizierten die Christen pauschal mit den Feinden Kambodschas und machten sie zu Zielen ihrer Angriffe. Dieser Zustand dauerte bis zum Ende des ersten Indochina-Krieges 1954. 1955 wurde in Kambodscha ein „Apostolisches Vikariat" errichtet.

---

[410] F. Ponchaud, a. a. O., S. 44–46.
[411] J. Guennou: Missions Étrangères de Paris, S. 141–144.
[412] F. Ponchaud, a. a. O., S. 56–61.
[413] Zitiert nach ebd., S. 73.
[414] Ebd., S. 85. Die Missionare der Pariser Mission hatten dieses Problem aber längst bemerkt. Schon 1902 forderten sie eine Loslösung der Provinzen in Cochinchina von der Präfektur Kambodscha; vgl. ebd., S. 87.
[415] Ebd., S. 101 f.
[416] Ebd., S. 118–120.
[417] Zahlen nach W. Gern: Art. „Kambodscha", in: RGG[4], Bd. 4, Sp. 759 f.; vgl. auch L. Schreiner, a. a. O., S. 537.

Während der Herrschaft Prinz Sihanouks (1953 bis 1970) unternahm die katholische Kirche entschiedene Schritte, um in Kambodscha heimisch zu werden. Im Gefolge der Beschlüsse des II. Vatikanischen Konzils wurde die Khmer-Sprache im Gottesdienst eingeführt, obwohl viele das gewohnte „heilige" Latein nicht durch das „heidnische" Khmer in der Messe ersetzen wollten. Ansätze zu einer christlichen Khmer-Kunst und -Literatur entstanden. Die Verlegung christlicher Feste auf traditionelle Khmer-Festtage wurde erwogen (z.B. Allerheiligen auf das kambodschanische Fest des Totengedenkens).[418] Das Kloster im Dorf Kep (75 km von Phnom Penh entfernt am Meer gelegen) nahm Kontakt zu buddhistischen Mönchen auf.[419] Vor allem wurde der Aufbau eines Khmer-Klerus in Angriff genommen.[420]

Am 18. März 1970 jedoch wurde Sihanouk von General Lon Nol gestürzt, der sich im Vietnamkrieg eindeutig auf die Seite der USA stellte. Um das Volk hinter sich zu einen, heizte er den Hass zwischen Kambodschanern und Vietnamesen an, obwohl die USA zugunsten der südvietnamesischen Regierung kämpften. In Kambodscha wurde jeder Vietnamese als Vietcong verdächtigt. Die Christen wurden wegen des hohen Prozentsatzes vietnamesischer Christen pauschal angegriffen. Schon sechs Monate nach dem Machtwechsel war die kambodschanische katholische Kirche dezimiert. Von den 65 000 Christen waren nur noch 7000 in Kambodscha geblieben, von 61 Priestern nur 19.[421] Im Chaos der letzten Jahre des Lon-Nol-Regimes, in denen die Ordnung im Land völlig zusammenbrach und Phnom Penh von Flüchtlingen überquoll, die von den USA durch Nahrungslieferungen per Schiff und schließlich über eine Luftbrücke von Bangkok aus versorgt wurden, bereitete sich die katholische Kirche auf die Zukunft vor: Einheimische Christen wurden in Kursen auf die Übernahme von Verantwortung vorbereitet. Man suchte den Dialog mit den Protestanten und auch mit Buddhisten und nahm eine ökumenische Bibelübersetzung in Angriff. Unter dem Feuer der die Stadt bestürmenden Roten Khmer wurde am 14. April 1975 erstmals ein Khmer zum Bischof von Phnom Penh geweiht.[422]

Die Zukunft sah aber anders aus als erwartet, nachdem die Roten Khmer am „glorreichen" 17. April 1975 in Phnom Penh einmarschiert waren. Innerhalb weniger Tage vertrieben sie die gesamte Bevölkerung aus der Stadt, um eine völlig neue, auf der Landwirtschaft basierende, kommunistische Gesellschaft zu errichten. Anderen Städten erging es ähnlich. *Angkar*, „die erhabene Organisation", eine aus Mitgliedern der Kommunistischen Partei bestehende Führungsriege des *Demokratischen Kambodscha*, diktierte das Leben bis in die Einzelheiten und terrorisierte die Menschen. Die katholischen Christen versuchten, selbst unter diesen Umständen ein Netz der Beziehungen aufrechtzuerhalten und gelegentlich die Möglichkeit für eine Eucharistiefeier zu schaffen. Manchen gelang die Flucht in ein Lager auf thailändischem Boden, viele starben an Nahrungsmangel. Pater François Ponchaud war der erste, der die Schrecken des Pol-Pot-Regimes im Westen bekannt machte.[423] Als die Herrschaft der Ro-

---

[418] F. Ponchaud, a. a. O., S. 125.

[419] Ebd., S. 126–129.

[420] Ebd., S. 118–121.

[421] So ebd., S. 140 f.; etwas anders die Zahlen bei L. Schreiner, a. a. O., S. 538, was zeigt, dass Zahlenangaben hier vielfach stark approximativen Charakter haben.

[422] F. Ponchaud, a. a. O., S. 154–157.

[423] F. Ponchaud: Cambodge année zéro, Paris 1977.

ten Khmer 1979 durch die Vietnamesen beendet worden war und die Menschen in ihre Dörfer und Städte zurückkehrten, waren die katholischen Gemeinden sehr klein geworden: Die Gemeinde in Battambang war um mehr als die Hälfte auf ca. 240 Personen geschrumpft, die in Phnom Penh um mehr als zwei Drittel auf ca. 560 Personen.[424] Unter diesen Verhältnissen begann der Wiederaufbau der Gemeinden. Kirchliche Gebäude standen nicht zur Verfügung, da sie zu anderen Zwecken genutzt wurden. Die Versammlungen fanden in den Häusern statt. Es dauerte über zehn Jahre, bis den Christen freie Ausübung ihrer Religion gestattet wurde. In der Verfassung von 1989 wurde der Buddhismus zur Staatsreligion erklärt. Anderen Religionen, „die mit der Verfassung und dem Gesetz übereinstimmen", wurde freie Ausübung zugesichert. Einen Monat später verbot man die Verbreitung der christlichen Religion zwar, aber im März 1990 wurde sie offiziell anerkannt. Die Christen in Phnom Penh feierten dieses Ereignis einen Monat später – an Ostern 1990 – in einem außergewöhnlichen ökumenischen Akt: Über 1500 katholische und evangelische Christen kamen im Theater zu einer gemeinsamen Abendmahlsfeier zusammen.[425]

3. Protestantische Mission und Kirche

Die Geschichte der protestantischen Kirche in Kambodscha beginnt über 350 Jahre nach der der katholischen Kirche.[426] Zu Beginn der 20er Jahre des 20. Jahrhunderts wirkten Missionare der 1887 gegründeten *Christian and Missionary Alliance* (CMA) in Cochinchina (Südvietnam) unter der dortigen Khmer-Bevölkerung, den so genannten Khmer Kraom. Erst 1923 gestattete die französische Kolonialverwaltung protestantischen Missionaren den Zugang nach Kambodscha selbst. In diesem Jahr kamen – ebenfalls von der CMA ausgesandt – Arthur Hammond und David Ellison mit ihren Frauen nach Kambodscha. Hammond widmete sich in Phnom Penh dem Sprachstudium und der Übersetzung der Bibel. 1930 war das Neue Testament übersetzt; die ganze Bibel wurde erst 1954 gedruckt. Ellison evangelisierte im Gebiet von Battambang (Nordwest-Kambodscha) und eröffnete 1925 eine Bibelschule, an der Kambodschaner zu Evangelisten und Pastoren ausgebildet wurden. Ellisons Missionsmethode betonte den Bruch mit der bisherigen Religion. Der Frömmigkeit der CMA entsprach, dass Glaubensheilungen eine große Rolle spielten.[427] In der Bibelschule wurden Pastoren und Laien zur evangelistischen Tätigkeit und zur Führung christlicher Gruppen angeleitet. Damit legte man den Grund für eine „starke und gesunde einheimische Kirche, die nicht ewig an die Schürzenbändel einer ausländischen Missionsgesellschaft gebunden ist".[428] Die Christen kamen meist aus den unteren Bevölkerungsschichten[429] und waren zum Teil aus Cochinchina in die Gegend von Battambang zugewanderte Khmer Kroam. Der Behauptung, es habe sich bei ihnen um „Reis-Christen" gehandelt, die um materieller Vorteile willen Christen geworden

---

[424] F. Ponchaud, La Cathédrale, S. 198–200.
[425] Ebd., S. 208.
[426] Zum Protestantismus in Kambodscha vgl. L. Schreiner a. a. O.; F. Ponchaud/J. Clavaud, a. a. O.
[427] Vgl. die breit ausgestaltete Geschichte bei D. Cormack, a. a. O., S. 51–57.
[428] Ebd., S. 100.
[429] Ebd., S. 61.

seien, steht entgegen, dass die Konversion Ausgrenzung und Anfeindung in der eigenen Gesellschaft mit sich brachte und dass auch die Position der Missionare selbst ungesichert war.[430] Sie wurden der politischen Spionage verdächtigt.[431] 1932 verbot König Monivong (Regierungszeit 1927–1941) die Proselytisierung von Kambodschanern. Die *Evangelische Khmer-Kirche* wuchs trotzdem langsam. 1965 hatte sie ca. 600 Mitglieder und wurde von einem Zentralkomitee in Phnom Penh geleitet.

Das Ergehen der Kirche hing stark von den jeweiligen politischen Gegebenheiten ab. Nachdem König Sihanouk 1954 Religionsfreiheit erklärt hatte, bedeutete dies für die Kirche eine Zeit der Ruhe und Stabilisierung. Dies änderte sich 1965, als Sihanouk sich von den USA distanzierte. Die evangelische Kirche wurde mit dem politischen Gegner identifiziert und zunehmend behindert. Kirchen wurden – angeblich zum Schutz der Gläubigen vor Belästigungen – geschlossen,[432] die Aufenthaltsgenehmigungen von Missionaren nicht verlängert. Aber die Kirche hatte inzwischen eine einheimische Leitung. Bis 1970 ging die Zahl der evangelischen Christen auf ca. 300 zurück.[433] Mit dem politischen Umschwung von 1970 – Absetzung Sihanouks und Beginn einer proamerikanischen Politik unter Lon Nol – kam für die evangelische Kirche eine Periode der Freiheit und des Wachstums. Die chaotischen Zustände im Land, gekennzeichnet durch das Einströmen der Nordvietnamesen und ständige Flächenbombardements der US-Luftwaffe, führten Flüchtlingsströme nach Phnom Penh. Viele von ihnen wendeten sich den evangelischen Gemeinden zu und suchten dort wohl auch materielle Hilfe. Ab 1974 arbeiteten zudem Missionare der *Oversea's Missionary Fellowship* (der früheren *China Inland Mission*) in Kambodscha. Bemerkenswert ist, wie unterschiedlich sich die politischen Verhältnisse von 1970 bis 1975 auf die evangelische und die katholische Kirche auswirkten. Während die Katholiken von der allgemeinen Feindschaft gegen die Vietnamesen betroffen waren, mit denen sie identifiziert wurden, profitierten die Protestanten von der Nähe zu den USA.

Die Herrschaft der Roten Khmer (1975–1979) jedoch hatte für beide Konfessionen verheerende Folgen. Die Kirche in Kambodscha wurde nahezu vernichtet. In einigen Flüchtlingslagern schlossen sich zwar Kambodschaner den protestantischen Gemeinden an, zugleich aber kam es zu einer Spaltung zwischen Christen verschiedener Frömmigkeitsrichtungen.[434] Erst zu Beginn der 90er Jahre des 20. Jahrhunderts verbesserte sich die Lage. Die öffentliche Anerkennung der christlichen Religion und die ökumenische Abendmahlsfeier Ostern 1990 waren ein Wendepunkt – sowohl in der Geschichte der protestantischen wie auch der katholischen Kirche in Kambodscha. In den 90er Jahren des 20. Jahrhunderts kam eine große Zahl von Missionen nach

---

[430] Unbestreitbar ist aber, dass später materielle Anreize eine Rolle spielten; vgl. ebd., S. 100 f.; F. Ponchaud, a. a. O., S. 190.

[431] Diese häufig gegen Missionare gerichtete Anschuldigung wäre jeweils im Einzelfall nachzuprüfen. In Bezug auf die ersten amerikanischen Missionare in Kambodscha ist sie wenig glaubhaft. Grundsätzlich ist aber nicht zu bestreiten, dass Missionare manchmal Informationen an politische Stellen weitergegeben haben; vgl. z. B. die Bedeutung, die Pater Mariano Gil bei der Aufdeckung der Katipunan-Verschwörung auf den Philippinen spielte.

[432] D. Cormack, a. a. O., S. 110 f.

[433] So ebd., S. 116.

[434] Ebd., S. 353; kritisch zur protestantischen Mission in den Lagern F. Ponchaud, a. a. O., S. 190.

Kambodscha, wodurch auch eine Vielzahl von Kirchen entstanden: Anglikaner, Methodisten, Baptisten, Adventisten, Pfingstkirchen, unabhängige Kirchen (gegründet z.B. von Kambodschanern, die in die USA emigriert waren). Die Baptisten (*Cambodian Baptist Convention*, gegründet von Missionaren der *Southern Baptist Convention*) waren – nach eigener Darstellung[435] – um die Wende zum dritten Jahrtausend die größte Gruppe (mit ca. 10000 Mitgliedern). Die Zahl der Protestanten insgesamt war – nach derselben Quelle – in zehn Jahren von 600 auf über 60 000 angewachsen. Außer der schon 1995 gegründeten *Evangelical Fellowship of Cambodia*, die vor allem die Gemeinden der *Christian and Missionary Alliance* umfasst und mit der *World Evangelical Fellowship* verbunden ist, und der *Cambodian Baptist Convention* waren noch die *Methodist Association of Churches*, der *Kampuchea Christian Council* und andere Dachverbände entstanden.

4. Die Kirche angesichts der Herausforderungen der Gegenwart

Die Kirche in Kambodscha steht – wie auch die anderen Gruppen – vor der Aufgabe der Verarbeitung einer traumatischen Vergangenheit.[436] Der kulturelle Hintergrund des Buddhismus ist hier mit zu bedenken. Die Auseinandersetzung mit der Vergangenheit steht deshalb im Zusammenhang mit der Aufgabe des Zusammenlebens der verschiedenen Religionen und Konfessionen. Diesen Fragen haben sich die Katholiken stärker zugewandt als die protestantischen Kirchen, die mit einer sehr offensiven Mission eine Abwertung des Buddhismus verbinden. Dagegen sehen die Katholiken, dass in der gegenwärtigen Situation in Kambodscha eine Mission gefordert ist, die die Versöhnung fördert.

K VIETNAM

1. Historischer Hintergrund

Vietnam[437], das sich 1428 aus der Abhängigkeit von China befreien konnte, stand von 1428 bis 1788 unter der Lê-Dynastie, die tatsächliche politische Macht aber ging schon im 16. Jahrhundert auf die beiden Clans der Trinh und der Nguyen über, die gegeneinander in erbitterter Feindschaft standen. Erstere herrschten im Norden des 1650 km langen, s-förmigen Gebiets, Letztere im Süden. Die Europäer nannten den nördlichen Teil Tongking, den südlichen Cochinchina[438].

---

[435] D. Garrison: Church Planting Movements, Richmond/Virginia 2000.

[436] Zu Beginn des 21. Jahrhunderts war noch keiner der Führer der Roten Khmer zur Verantwortung gezogen worden. Der Rat von Ministerpräsident Hun Sen war: „Dig up a hole and bury the past." Vgl. K. Freistein: Die Rekonstruktion der kambodschanischen Nation – Anmerkungen zum zweiten *nation-building*, in: Südostasien aktuell 5 (2002), S. 496–508, 597–609, Zitat S. 503.

[437] Zur Geschichte Vietnams vgl. St. Karnow: Vietnam. A History, Harmondsworth/Middlesex 1997².

[438] Zur Erklärung des Namens „Cochinchina" vgl. P. C. Phan: Mission and Catechesis, S. 7, Anm. 5.

Der spätere Kaiser Gia Long (1802–1820), unterstützt von Bischof Pigneau de Béhaine, einte Vietnam und begründete die Nguyen-Dynastie. Während unter Gia Long die Christen Religionsfreiheit genossen, wurden sie unter seinen Nachfolgern erbittert verfolgt. Die Herrschaft der Nguyen-Dynastie endete 1945. In der zweiten Hälfte des 19. Jahrhunderts wurden die Vertreter der französischen Kolonialmacht die eigentlich Regierenden. Cochinchina kam 1862 unter direkte französische Verwaltung, Tongking und Annam (Mittelvietnam) wurden 1884 französische Protektorate.[439] Schritt für Schritt entstand – auf freiwilliger Basis oder durch militärischen Druck erzwungen – die *Föderation Indochina*[440] (1887).

Drei Jahre später wurde in einem Dorf in der Nähe der Kaiserstadt Hue (Zentralvietnam) Ho Chi Minh (1890–1969)[441] geboren, der die französische Herrschaft in Vietnam beenden sollte. Die von ihm 1941 gegründete *Liga für die Unabhängigkeit Vietnams* (*Viet Minh*) besiegte die französische Kolonialmacht im ersten Indochina-Krieg[442] (1946–1954), der mit der Kapitulation von Dien Bien Phu endete. Auf der Genfer Indochina-Konferenz wurde Vietnam am 17. Breitengrad geteilt, in das kommunistische Nordvietnam (*Demokratische Republik Vietnam*) und die südvietnamesische *Republik Vietnam*.

In Südvietnam scheiterte Präsident Ngo Dinh Diem[443] (1901–1963), ein überzeugter Katholik und Gegner des Kommunismus, bei dem Versuch, dem Land Stabilität zu geben. Der Widerstand gegen Diem und seine Regierung formierte sich in der *Nationalen Front für die Befreiung Südvietnams* und ihrer *Volksbefreiungsarmee* (von Diem als „Vietcong", d. h. vietnamesische Kommunisten, bezeichnet).[444] 1963 wurde Diem bei einem Staatsstreich ermordet. Die Lage verschlechterte sich zusehends. Mit dem „Zwischenfall im Golf von Tongking"[445] im August 1964 begann der zweite Indochina-Krieg (meist als „Vietnamkrieg" bezeichnet).[446] Er endete – nachdem er trotz des Pariser Waffenstillstandsabkommens von 1973 weitergeführt worden war – mit der Einnahme Saigons durch die nordvietnamesischen Truppen. 1976 wurden Nord- und Südvietnam unter dem Namen *Sozialistische Republik Vietnam* wiedervereinigt. Zur bestimmenden Kraft in diesem Staat wurde die *Kommunistische Partei Vietnams*. Für die Kirchen ergab sich die Aufgabe, ihr Leben in einem kommunistisch geführten Staat zu gestalten.

---

439 Zu den unterschiedlichen kolonialpolitischen Konstruktionen vgl. W. Reinhard: Geschichte, Bd. 3, S. 117.
440 Zur *Föderation Indochina* gehörten auch Kambodscha (ab 1863) und Laos (ab 1893).
441 P. C. Phan: Art. „Ho Chi Minh", in: DAC, S. 339 f.
442 Zu seiner Entstehung vgl. M. Frey: Geschichte des Vietnamkriegs, S. 17–20.
443 Zu seinem Werdegang vgl. ebd., S. 47 f.; A. D. H. Nghiem: Art. „Ngo Dinh Diem", in: DAC, S. 602.
444 Dazu M. Frey, a. a. O., S. 67 f.
445 Ebd., S. 103 f.
446 Dazu ebd., passim.

2. Katholische Mission und Kirche

Das Christentum war „ein Spätankömmling in der religiösen Szene Vietnams".[447] Im Verlauf des ersten christlichen Jahrtausends waren aus China Buddhismus, Taoismus und Konfuzianismus nach Vietnam gekommen und hatten sich teilweise mit der einheimischen Religion[448] verbunden. Als erste christliche Missionare kamen in der zweiten Hälfte des 16. Jahrhunderts[449] portugiesische Dominikaner, zu Beginn des 17. Jahrhunderts Jesuiten nach Vietnam. Es waren aber weniger religiöse Gründe, die die Fürsten der Trinh und der Nguyen dazu veranlassten, ihnen Aufenthaltsrecht und die Möglichkeit zu missionarischem Wirken zu gewähren. Die Erwartung war vielmehr, dass die Anwesenheit der Missionare für den Handel und zum Erwerb von Feuerwaffen nützlich sein werde. Und die Missionare zögerten nicht, sich den Prestigegewinn, der ihnen aus der Verbindung mit den Händlern erwuchs, zunutze zu machen. Immer wieder geschah es allerdings, dass die Erwartung der Fürsten enttäuscht wurde, woraufhin sie die Missionare des Landes verwiesen.

a) Alexandre de Rhodes und der Beginn der Kirche in Vietnam

Der Jesuit Alexandre de Rhodes[450] (1593–1660) gilt als der eigentliche Begründer der katholischen Kirche in Vietnam. Er verbrachte zwischen 1624 und 1645 insgesamt zehn Jahre in Tongking und Cochinchina. Fünf Mal wurde er des Landes verwiesen und kehrte wieder zurück. Am 1. Juni 1645 wurde er wegen angeblicher Spionage zum Tode verurteilt. Nur die Fürsprache eines früheren Lehrers des Fürsten rettete ihm das Leben. In der verhältnismäßig kurzen Zeit seines missionarischen Wirkens in Vietnam gelang de Rhodes der Aufbau lebendiger und schnell wachsender Kirchen. Als er sich 1650 in Rom für die Errichtung einer Hierarchie in Vietnam einsetzte, konnte er darauf hinweisen, dass es dort 300 000 Christen gebe und deren Zahl jährlich um 15 000 zunehme.[451] Vermutlich trug seine Arbeitsweise wesentlich zum Entstehen dieser Kirchen bei.[452] Als grundsätzliche Voraussetzung für missionarische Tätigkeit betrachtete er das Erlernen der Landessprache. Anfangs erschien ihm das Vietnamesische

wie das Zwitschern von Vögeln und ich verlor jede Hoffnung, es jemals zu erlernen. Alle Wörter sind einsilbig und ihre Bedeutung wird nur durch die verschiedenen Tonstufen unterschieden, die man ihnen bei der Aussprache beigibt. Eine einzige Silbe, z. B. *dai*, bezeichnet 23 ganz verschiedene Dinge, abhängig von der Art, wie man sie ausspricht. Das bedeutet, dass man nur sprechen kann, indem man singt.[453]

---

447 P. C. Phan: Mission and Catechesis, S. 13.
448 Ebd., S. 13–28; vgl. auch L. Bezacier: Die Religionen Vietnams, in: A. Höfer u. a.: Die Religionen Südostasiens (RM, Bd. 23), Stuttgart etc. 1975, S. 291–382, bes. S. 332–349.
449 Schon vorher scheint es Christen gegeben zu haben, worauf ein Verbot des Christentums aus dem Jahr 1533 weist; vgl. P. C. Phan: Art. „Rhodes, Alexandre de".
450 J. Guennou: Missions Étrangères de Paris, S. 27–37; P. C. Phan: Art. „Rhodes, Alexandre de"; ders.: Mission and Catechesis, passim.
451 Zahlen nach J. Guennou, a. a. O., S. 30.
452 Vgl. die ausführliche Darstellung bei P. C. Phan: Mission and Catechesis, S. 69–106.
453 Zitiert nach ebd., S. 32.

Trotzdem konnte de Rhodes sechs Monate nach seiner Ankunft in Cochinchina in der Landessprache predigen.[454] Er verfasste ein Vietnamesisch-Portugiesisch-Lateinisches Wörterbuch und eine Grammatik des Vietnamesischen und entwickelte ein Schriftsystem mit lateinischen Buchstaben und diakritischen Punkten zur Unterscheidung der Tonstufen.

De Rhodes' Missionsmethode war von der Bejahung der einheimischen Kultur gekennzeichnet. Er nahm Aspekte der vietnamesischen Kultur auf, von der Kleidung und dem Essen bis zu Einsichten der Volksmedizin. Den Christen die Teilnahme an der Ahnenverehrung zu untersagen, hielt er für „unangemessenen Eifer". Die meisten der dabei vollzogenen Riten seien „völlig harmlos" und könnten „ohne Schaden für die religiöse Reinheit beibehalten werden".[455] Auch die Verehrung des Konfuzius hielt de Rhodes unter bestimmten Voraussetzungen für legitim.[456] Der wichtigste Aspekt seiner Missionsmethode war die Ausbildung von Katecheten. Dabei handelte es sich um Laien, die in einer ordensähnlichen Gemeinschaft zusammenlebten und die drei Gelübde der Ehelosigkeit, der Gemeinschaftlichkeit des Besitzes und des Gehorsams gegenüber einem Oberen ablegten. Die Katecheten und Laienmitarbeiter verbreiteten den christlichen Glauben und bewahrten ihn, als in den nächsten 200 Jahren die Arbeitsmöglichkeiten für Missionare in Vietnam immer mehr eingeschränkt wurden. Mehrfach kam es in Tongking und Cochinchina zu Christenverfolgungen. Von 1650 bis zum Ende des 19. Jahrhunderts fielen diesen ca. 130 000 Personen zum Opfer.[457] Trotzdem gab es am Ende des 19. Jahrhunderts in Vietnam über 700 000 Katholiken und 389 einheimische Priester.[458]

b) Katholische Christen und französischer Kolonialismus

Die französischen Missionare versuchten nicht nur aus den Kolonialunternehmungen Frankreichs Nutzen zu ziehen, sondern forderten und förderten sie auch.[459] Demgegenüber schlossen sich vietnamesische Christen in den 20er Jahren des 20. Jahrhunderts und zur Zeit der japanischen Besatzung nationalistischen, gegen die französische Kolonialherrschaft gerichteten Bewegungen an.[460] Auch die *Viet-Minh*-Regierung Ho Chi Minhs wurde von den Christen unterstützt. In zwei Schreiben an Papst Pius XII. warben die vietnamesischen Bischöfe um Verständnis für die vietnamesischen Unabhängigkeitsbemühungen.[461] Erst als die nichtkommunistischen Kräfte immer mehr ausgeschaltet wurden, distanzierten sich die Katholiken. Das Problem der Auseinandersetzung mit der Kolonialmacht trat in den Hintergrund. Der Konflikt mit dem kommunistischen Staat in Vietnam wurde bestimmend.

---

[454] Ebd., S. 46.
[455] Zitiert nach ebd., S. 47.
[456] Ebd., S. 91 f.
[457] Nach P. C. Phan/J. Violet: Art. „Vietnam", S. 877.
[458] Zahlen nach P. Gheddo: Katholiken und Buddhisten, S. 15.
[459] Dazu vor allem H. Gründer: Welteroberung und Christentum, S. 368–386.
[460] Zu diesem Abschnitt P. Gheddo, a. a. O., S. 25–55.
[461] Ebd., S. 28.

c) Die katholische Kirche im geteilten Vietnam (1954–1975)[462]

Mit der Teilung Vietnams im Jahr 1954 entstanden für die katholische Kirche zwei völlig verschiedene politische Kontexte: auf der einen Seite das westlich orientierte Südvietnam, auf der anderen das kommunistische Nordvietnam. Das Genfer Abkommen legte fest, dass in einem begrenzten Zeitraum von 300 Tagen die Möglichkeit bestehen sollte, von einem Gebiet in das andere umzusiedeln. Von dieser Möglichkeit machten nahezu eine Million Nordvietnamesen Gebrauch, ca. 700 000 davon waren Katholiken. Weit geringer – ca. 130 000 – war die Zahl der Menschen, die aus dem Süden in den Norden zogen. Die aus Nordvietnam zugewanderten Katholiken wurden die verlässlichste Stütze von Präsident Ngo Dinh Diem, dessen Bruder der Erzbischof von Hue war. Zwar verstand sich Diem als Präsident aller Vietnamesen und lehnte unangemessene katholische Ansprüche ab,[463] trotzdem trat der Katholizismus in der Regierungszeit Diems stark in den Vordergrund. Ganz Vietnam wurde der Maria geweiht. Im Vietnamkrieg lehnten viele Katholiken einen schnellen Abzug der Amerikaner und eine Einstellung der amerikanischen Angriffe auf Nordvietnam ab. Sie wollten Frieden, aber keinen Frieden um jeden Preis, keinen Frieden unter kommunistischer Herrschaft.

Die Haltung der katholischen Kirche in Vietnam in der Zeit der Herrschaft Diems und während des Vietnamkriegs ist in der westlichen Literatur sehr unterschiedlich beurteilt worden. Für die einen schienen die südvietnamesischen Katholiken in einem blinden Antikommunismus befangen, der nicht wahrnehmen wollte, dass sich die Kirche im kommunistischen Nordvietnam frei entfalten konnte. Die katholische Kirche in Nordvietnam sei „in ihrem Bestand kaum angetastet": „Es gibt keine Restriktionen für das gottesdienstliche Leben."[464] Die Auswanderung von ca. einer Million Menschen aus Nordvietnam sei durch „die amerikanische Anti-Kommunismus-Propaganda" verursacht worden.[465] Diese verharmlosende Darstellung übersieht, dass die katholische Kirche in Nordvietnam erheblichen Beschränkungen unterworfen war.[466] Der Antikommunismus hatte eine seiner Wurzeln auch in der Erfahrung der Katholiken mit *Viet Minh* und *Viet Cong*, die zu offiziellen Äußerungen Ho Chi Minhs in scharfem Gegensatz standen.[467] Im Dezember 1960 errichtete Papst Johannes XXIII. in Vietnam eine ordentliche Hierarchie mit drei Erzbistümern (Hanoi, Hue und Saigon [heute Ho-Chi-Minh-Stadt]).

d) Die katholische Kirche in Vietnam seit 1975

Als 1975 bzw. 1976 Vietnam unter einer kommunistischen[468] Regierung vereinigt wurde, entschieden sich die katholischen Bischöfe geschlossen dafür, in Vietnam zu bleiben. Der Staat sicherte Religionsfreiheit zu, die aber in sehr eingeschränktem

---

[462] Dazu G. Evers: Die Länder Asiens, S. 251–282.

[463] Vgl. bes. P. Gheddo, a. a. O., S. 160, Anm. 61.

[464] So W. Schmidt: Der lange Marsch zurück, S. 63.

[465] Ebd., S. 61. Zur Propagandaaktion, die der CIA 1954 in Nordvietnam durchführte, vgl. M. Frey, a. a. O., S. 47; P. Gheddo, a. a. O., S. 66–68.

[466] Vgl. dazu die knappen Angaben bei P. C. Phan/J. Violet, a. a. O.

[467] P. Gheddo, a. a. O., S. 291–332.

[468] In der offiziellen Sprachregelung wurde von einer sozialistischen Regierung gesprochen.

Sinn – etwa als private Kultfreiheit – verstanden wurde. Viele Christen, aber auch Angehörige anderer Religionen, mussten „Umerziehungskurse" durchlaufen oder wurden für kürzere oder längere Zeit in „Umerziehungslager" geschickt. Die Kirche wurde nicht verfolgt, aber sie wurde einem Netz von Beschränkungen unterworfen, die die Gestaltung des kirchlichen Lebens erschwerten. Besonders hinderlich war der Eingriff des Staates in die Ausbildung und Weihe von Priestern. Selbst bei der Auswahl der Priesterseminaristen wollte die Partei mitentscheiden.[469] In Ho-Chi-Minh-Stadt (Saigon) wurden zwischen 1977 und 1981 nur fünf Kandidaten geweiht, obwohl viele Bewerber vorhanden waren. Die Kirche sollte kontrolliert und den Zielen des Staates angepasst werden.[470]

Unter den katholischen Bischöfen gab es sowohl Vertreter eines Anpassungskurses als auch der Konfrontation. Letzteres trifft vor allem für den früheren Erzbischof von Hue, Nguyen Kim Dien, zu, der 1977 in einer Rede offen die fehlende Religionsfreiheit und die Diskriminierung von Christen beklagte und sich gegen staatliche Versuche wandte, die Kirche zu spalten.[471] Der Erzbischof wurde 120 Tage lang in „Arbeitssitzungen" morgens und abends verhört. Kurze Zeit danach starb er. Den anderen Weg einer Anpassung an den Staat ging der frühere Erzbischof von Ho-Chi-Minh-Stadt, Nguyen Van Binh. Er vertrat die Ansicht:

Da wir Christen unter einem neuen Regime leben, müssen wir uns den Gesetzen und dem Reglement dieses neuen Regimes unterwerfen.[472]

Die Bischöfe erklärten in einem Pastoralbrief aus dem Jahr 1980 die Bereitschaft der katholischen Kirche zur Zusammenarbeit mit der Regierung beim Aufbau des Staates. Die Kirche wolle „Kirche Christi mitten im vietnamesischen Volk sein".[473]

3. Protestantische Mission und Kirche

Die protestantische Mission in Vietnam begann Ende des 19. Jahrhunderts mit der Aktivität der *British and Foreign Bible Society*. Zur Entstehung von Kirchen kam es aber erst, als 1911 Robert A. Jaffray[474] (1873–1945) und zwei weitere Missionare der 1887 gegründeten *Christian and Missionary Alliance* ihre Tätigkeit in Tourane (Danang) aufnahmen. Bis in die 50er Jahre des 20. Jahrhunderts war die CMA die einzige protestantische Missionsgesellschaft in Vietnam.[475] Sie legte ihren Schwerpunkt auf die Erstellung christlicher Literatur und die Ausbildung einheimischer Mitarbeiter. Aus

---

[469] G. Evers: Wie ein kommunistisches Regime die Kirche einschätzt, S. 397.

[470] Zitiert nach ebd., S. 396.

[471] P. N. Dien: Zur Religionsfreiheit in Vietnam. Rede vor einer Versammlung der „Patriotischen Front" in Hue, in: KM 97 (1978), S. 18 f.

[472] Zitiert nach N. Sommer: Das kommunistische Nachkriegs-Vietnam, in: HerKorr 32 (1978), S. 87–95, Zitat S. 92.

[473] K. Wegen: „Kirche mitten im Volk". Wie frei sind die Christen im vereinten Vietnam? In: HerKorr 35 (1981), S. 203–208, bes. S. 204.

[474] V. B. James: Art. „Jaffray, Robert A.", in: DAC, S. 407 f.

[475] Dazu R. Reimer: South Vietnam, in: D. E. Hoke (Hg.): The Church in Asia, S. 565–691, bes. S. 585–588.

der Arbeit der CMA ging 1928 die *Evangelische Kirche in Vietnam* (ECVN)[476] hervor. Von den 123 Gemeinden, die bis 1940 entstanden, waren 86 finanziell völlig selbständig. Die Selbständigkeit der Gemeinden erwies sich in den folgenden Jahren als wesentlich, als auf Grund der japanischen Besatzung die Missionare interniert wurden und die Unterstützung durch die CMA abriss.

Nach der Teilung Vietnams 1954 gingen die Missionare zusammen mit ca. 20 000 protestantischen Christen und ca. 30 Pastoren nach Südvietnam. Die im Norden gebliebenen Protestanten beteiligten sich beim Aufbau des sozialistischen Staates und der Umgestaltung der Landwirtschaft in Kooperativen. Auch wenn diese Mitarbeit aus eigener Überzeugung geschah, wird man schwerlich von einer Unabhängigkeit der Kirche sprechen können.[477] Nach 1975 kam es zu keiner Vereinigung mit der südvietnamesischen ECVN, nicht, weil die Regierung das verhindert hätte[478], sondern weil die Kirchen sich zu diesem Schritt nicht entschließen konnten.

In Südvietnam wuchs die missionarische Tätigkeit zwischen 1954 und 1975 stark an. 1973 waren in Saigon 23 Missionsgesellschaften mit 276 Mitarbeitern tätig. Missionare der CMA begannen mit der Mission unter den Bergstämmen Zentralvietnams. Besonders in den Stämmen der Koho und der Stieng kam es zu einer starken Hinwendung zum Protestantismus. Mitte der 70er Jahre umfasste die protestantische Kirche in den Stammesgebieten ca. 45 000 Personen. Politisch standen die Missionare meist der amerikanischen Position nahe. Materielle Hilfe kam deshalb überwiegend den Menschen in Südvietnam zugute.[479] Die ECVN war bemüht, sich einer politischen Stellungnahme zu enthalten.[480] Die Folge war allerdings, dass sich die Kirche das Misstrauen aller Seiten zuzog und besonders nach 1975 stark behindert wurde, da sie sich faktisch eben doch mit der amerikanischen Position identifiziert hatte.[481] Viele Kirchen – im Gebiet der Bergstämme nahezu alle – wurden geschlossen und die Pastoren in Umerziehungslager geschickt.[482] Wie bei der katholischen Kirche, so griff der Staat auch in die Gestaltung des kirchlichen Lebens der evangelischen Kirche massiv ein: Das Theologiestudium war genehmigungspflichtig, wobei die Genehmigung selten erteilt wurde, Veranstaltungen mit besonderem Charakter bedurften der Erlaubnis des staatlichen Komitees, die Mitarbeit in der *Christian Conference of Asia* war verboten etc.

Am Ende des zweiten Jahrtausends war die protestantische Christenheit in Vietnam eine kleine, aber wachsende Minderheit.[483]

---

[476] Ursprünglicher Name *Evangelische Kirche in Indochina*; 1950 umbenannt in *Evangelische Kirche in Vietnam*; vgl. P. C. Phan/J. Violet, a. a. O., S. 879.

[477] So W. Schmidt, a. a. O., S. 62.

[478] So D. C. E. Liao (Hg.): World Christianity, S. 156.

[479] *Brot für die Welt* und *Caritas* leisteten auch in Nordvietnam Hilfe, vgl. Schmidt, a. a. O., S. 62 f.

[480] J. F. Lewis: Art. „Thai, Le Van", in: DAC, S. 830 f.

[481] V. James: Art. „Evangelical Church of Vietnam", in: DAC, S. 275 f.

[482] Vgl. den Bericht von R. Karasch: ‚Tin Lanh' wächst wieder. Die protestantischen Gemeinden in Südvietnam, in: Eine Welt 1996/4, S. 10–13; Zitat S. 11.

[483] P. C. Phan/J. Violet, a. a. O., S. 880, sprechen von 130 000 Christen im Süden und 13 000 im Norden, nach WCE², Bd. 1, S. 803, gab es 1995 in Vietnam 527 010 Protestanten.

Kapitel 4
Christentum und Kirche in Ostasien

A CHINA

Wie in keinem anderen asiatischen Land war und ist das Geschick der Kirche in China verknüpft mit Gunst oder Ungunst der politischen Macht. Zweimal – vom 7. bis zum 9. und im 13. und 14. Jahrhundert – kam es unter kaiserlicher Protektion zur Gründung einer Kirche, die kurz darauf infolge der staatlichen Verfolgung wieder verschwand. Die starke Abhängigkeit von der politischen Macht ist bis heute ein auffälliger Zug der chinesischen Kirchengeschichte. Der letzte große Versuch, die Kirche zu unterdrücken – in der „Großen Proletarischen Kulturrevolution" von 1966 bis 1976 –, führte allerdings nicht zur ihrer Vernichtung, sondern wider Erwarten zu ihrer Stärkung.

1. Die „nestorianische" Kirche in China vom 7. bis zum 9. Jahrhundert

Vereinzelte Nachrichten, dass der Apostel Thomas den christlichen Glauben schon im 1. Jahrhundert nicht nur nach Indien, sondern auch nach China gebracht habe,[1] lassen sich nicht verifizieren. Vermutlich sind im Rahmen der Handelsbeziehungen, die Persien und China über das Wegesystem der Seidenstraße miteinander verbanden, auch Christen nach China gelangt. Zur Gründung einer Kirche kam es aber erst im 7. Jahrhundert.[2] Davon spricht die so genannte Nestorianertafel[3]:

Als der vollkommene Herrscher Tai'tsung (627–649) in Licht und Herrlichkeit seine großartige Laufbahn begann in der erst neu begründeten Dynastie, sein Volk mit der größten Tüchtigkeit regierend, – da zeigte es sich, daß der in Wahrheit Weise hervorgetreten war.
Und siehe, da war ein über die Maßen tugendhafter Mann, namens Aluoben[4], im Königreich Ta'tschin. [...] Durch Achten auf den Lauf der Winde fand er seinen Weg nach China trotz mancherlei Schwierigkeiten und Gefahren, und so erreichte er im neunten Jahr der Tscheng-kwan-Periode (635 n. Chr.) Tshang-an (Hsi-an). Der Kaiser sandte seinen Minister, Graf Fang Hsuan-ling, mit einer Ehrenwache nach der westlichen Vorstadt, um dem Gast entgegenzugehen und ihn zum Schloß zu geleiten. Die Schriften wurden in der kaiserlichen Bibliothek übersetzt. Seine Majestät studierte den Weg in seinen eigenen inneren Gemächern, und nach-

---

[1] S. H. Moffett: Christianity in Asia, S. 13, 288.
[2] Zum Folgenden vgl. vor allem ebd., S. 287–323; ausführlicher J. Foster: The Church of the T'ang Dynasty, London 1939.
[3] Es finden sich auch andere Bezeichnungen: Nestorianisches Monument, Stele von Si-an-fu u. a.
[4] K. L. Reichelt schreibt den Namen „Alopen". Um Missverständnisse zu vermeiden, wurde die Schreibung vereinheitlicht.

dem er sich selbst aufs tiefste von der Richtigkeit und Wahrheit der Schriften überzeugt hatte, erließ er eine besondere Anordnung darüber, wie sie am besten zu verbreiten seien.[5]

Der Text der Nestorianertafel enthält einen bis zum Jahr 781 reichenden Abriss der Geschichte der Nestorianer[6] in China und wesentliche Aspekte der von ihnen verkündigten christlichen Botschaft.

Die Gründung der nestorianischen Kirche in China fällt in den Beginn einer neuen Epoche der chinesischen Geschichte, in die „weltoffene Tang-Zeit"[7]: Deren zweiter Kaiser Tai Zong (627–649) öffnete China für den Einfluss von Weltanschauungen und Religionen von außen. Die Ankunft Aluobens in China hätte also zu keinem günstigeren Zeitpunkt stattfinden können. Im Jahr 638 billigte Tai Zong die von Aluoben und seinen Mitbrüdern verkündigte „leuchtende Religion" in dem auf der Nestorianertafel zitierten „Toleranzedikt". Die Angaben der Nestorianertafel über die Geschichte der Kirche sind eingefügt in ein Loblied auf die chinesischen Kaiser, ihre Tugenden und Leistungen sowie besonders ihre Wohltaten gegenüber der nestorianischen Kirche. Tai Zong ist „der vollkommene Herrscher", „der in Wahrheit Weise". Unter Gao Zong genoss „das Kaiserreich […] großen Frieden und Wohlfahrt". Der „gegenwärtige Kaiser", d. h. der zur Zeit der Abfassung der Nestorianertafel regierende, ist „eine im höchsten Grad heilige und ehrwürdige Person, die gleich hoch steht in den Geschäften des Friedens wie des Krieges". In Wirklichkeit kam es in dem von der Nestorianertafel überblickten Zeitraum zu erheblichen innenpolitischen Unruhen, die ihren Höhepunkt in der Regierungszeit der Kaiserin Wu (690–705) und – ein halbes Jahrhundert später – im Aufstand des Militärbefehlshabers An Lushan (755–757) erreichten. Das strahlende Bild, das die Nestorianertafel von den chinesischen Kaisern zeichnet, zeigt, wie sehr die nestorianische Kirche in China auf das Wohlwollen der weltlichen Macht angewiesen war.

Der Kosmopolitismus Tai Zongs war nicht unumstritten.[8] In der freizügigen Aufnahme fremder religiöser und kultureller Strömungen schien für manche „die eigentliche Gefahr für den Bestand der Nation"[9] zu liegen. Als fremde Religionen galten der Buddhismus, der Manichäismus und das Christentum. Und gegen sie richteten sich

---

5 Zitiert nach der Übersetzung von K. L. Reichelt, Buddhismus, S. 63. Die Klammerausdrücke sind offenbar erläuternde Zufügungen von K. L. Reichelt. Eine englische Übersetzung der Nestorianertafel und anderer Texte der Nestorianer in China bietet P. Y. Saeki: The Nestorian documents and relics. Eine Übersetzung der Nestorianertafel ins Deutsche, die auf der 1. Auflage der englischen Übersetzung von Saeki basiert, gibt G. Rosenkranz: Die älteste Christenheit in China, S. 52–59. Hinweis auf verschiedene englische Übersetzungen der Stele von Hsi-an-fu bei S. H. Moffett, a. a. O., S. 316, Anm. 15.

6 Es wird immer wieder darauf hingewiesen, dass die Bezeichnung „Nestorianer" unzutreffend ist. Die offizielle Bezeichnung der Kirche ist „Heilige Apostolische und Katholische Assyrische Kirche des Ostens". Die Bezeichnung „nestorianisch" lehnt sie ab, da sie auf ihrer Orthodoxie besteht. Vgl. W. Hage: Nonchalcedonensische Kirchen, in: F. Heyer (Hg.): Konfessionskunde, Berlin-New York 1977, S. 202–214, bes. S. 204.

7 So die Überschrift des entsprechenden Kapitels bei H. Schmidt-Glintzer: China, S. 124; später schränkt er diese Charakterisierung etwas ein (vgl. S. 127).

8 Zum Folgenden vgl. W. Bauer: China und die Hoffnung auf Glück, S. 284–288; H. Schmidt-Glintzer, a. a. O., S. 133–140.

9 W. Bauer, a. a. O., S. 285.

die Maßnahmen des daoistischen Kaisers Wu Zong (841–847). Im Bezug auf die nestorianische und die zoroastrische Religion wurde folgende Anordnung getroffen:

Was die syrische [d. h. nestorianische, F. H.] und die zoroastrische Form des Gottesdienstes betrifft, so soll es diesen Häresien nicht gestattet werden, weiter zu existieren. Menschen, die zu diesen gehören, sollen gezwungen werden, in die Welt zurückzukehren [...] und Steuerzahler zu werden. Fremde soll man in ihre eigenen Länder zurückbringen ...[10]

Anders als der Buddhismus scheint die nestorianische Kirche in China in den Verfolgungen durch Wu Zong untergegangen zu sein. Als gegen Ende des 10. Jahrhunderts ein arabischer Christ vom Katholikos nach China gesandt wurde, um nach den dortigen Christen zu sehen, fand er keinen mehr.[11] Das heißt sicher nicht, dass es überhaupt keine Christen mehr gab. Aber aus der öffentlichen Wahrnehmung waren die Nestorianer offenbar verschwunden.

Einen Einblick in die Theologie der Nestorianer erlaubt außer der Nestorianertafel eine Anzahl von Texten, die von den 90er Jahren des 19. Jahrhunderts an in Turfan und Dunhuang gefunden wurden – Oasen an der Seidenstraße am südlichen bzw. nördlichen Rand der Taklamakan-Wüste.[12] Einer dieser Texte, das „Sutra über die geheimnisvolle Ruhe und Freude"[13], ähnelt in Form und Inhalt stark einem Sutra des Mahayana-Buddhismus. Im Ganzen aber zeigen die Texte einen wohl überlegten Versuch, das Evangelium im Kontext chinesischen Denkens und Lebens zu beheimaten.

2. Christen in China zur Zeit der Mongolenherrschaft

Vier Jahrhunderte, nachdem die Maßnahmen des Kaisers Wu Zong der nestorianischen Kirche in China den Todesstoß versetzt hatten, konnte sie im chinesischen Reich ein zweites Mal für kurze Zeit Fuß fassen. Ermöglicht wurde das durch den Machtwechsel, der die mongolische Yuan-Dynastie (1279–1368) an die Macht brachte. Zugleich kamen in dieser Zeit erstmals auch römisch-katholische Missionare nach China. Für den Staat, dessen Herrscher aus dem Schamanismus kamen und teilweise dem Buddhismus zuneigten, bildete das kein Problem. Er akzeptierte einen religiösen Pluralismus, sofern er die öffentliche Ordnung nicht störte. Die beiden christlichen Konfessionen allerdings gerieten in einen erbitterten Kampf gegeneinander.

Unter dem mongolischen Herrscher Kubilai Khan (1215–1294, regierte 1260–1294), dem Marco Polo[14] ein strahlendes Denkmal gesetzt hat,[15] fand der Nestorianismus in

---

10 Zitiert nach S. H. Moffett, a. a. O., S. 304.
11 Ebd., S. 302 f.
12 Die Texte sind übersetzt bei P. Y. Saeki, a. a. O. Eine deutsche Übersetzung der wichtigsten Texte gibt G. Rosenkranz, a. a. O.; die Übersetzungen von Rosenkranz basieren allerdings nicht auf dem Urtext, sondern auf den englischen Übersetzungen von P. Y. Saeki bzw. A. C. Moule: Christians in China.
13 Übersetzung bei G. Rosenkranz, a. a. O., S. 60–72.
14 Der Venezianer Marco Polo verbrachte – zusammen mit seinem Vater und seinem Onkel – von 1275 an ungefähr 17 Jahre in China und stand nach eigenen Angaben im Dienst des Großkhans. Ob er allerdings tatsächlich die Positionen innehatte, auf die er in seiner Darstellung Anspruch erhebt, ist fraglich. Vgl. R. Latham in der Einführung zu: The Travels of Marco Polo, S. 14.
15 Vgl. ebd., S. 113.

China wieder Eingang. Marco Polo fand in mehreren von ihm besuchten Städten nestorianische Kirchen.[16] China wurde in das Netz der Sitze nestorianischer Missions-Metropoliten einbezogen (Metropoliten in Kaschgar an der Seidenstraße und in der neuen Regierungshauptstadt Peking).[17] Die nestorianische Kirche in China konnte zwar unter dem Schutz der Yuan-Dynastie eine Hierarchie aufbauen, überlebte aber den Sturz der Mongolenherrschaft nicht.

Als der Franziskaner Johannes von Montecorvino (ca. 1246–1330)[18] ungefähr im Jahr 1290 nach China gesandt wurde, herrschte dort noch der große Kubilai Khan.[19] An ihn ist deshalb auch der Brief von Papst Nikolaus IV. gerichtet, den er Johannes mitgab. In diesem Brief drückt der Papst seine Erwartung aus, der Großkhan möge den christlichen Glauben annehmen, da ohne diesen Glauben „niemand dem Höchsten gefallen könne".[20] Johannes von Montecorvino meinte, dass dieses Ziel hätte erreicht werden können, wenn ihm nur weitere Mitarbeiter zur Seite gestanden hätten.[21] Er musste freilich lange warten, bis aus Europa Unterstützung kam. Selbst Nachrichten trafen spärlich ein. In einem Brief aus dem Jahr 1306 klagt er, dass er schon seit zwölf Jahren keine Nachrichten von seinem Orden und der Lage im Westen erhalten habe.[22] Er habe den Eindruck – schreibt er in einem weiteren Brief –, dass niemand sich an ihn erinnere.[23] Johannes hatte inzwischen eine äußerst wirkungsvolle öffentliche Predigttätigkeit[24] entfaltet. Er berichtet von 6000 Taufen und davon, dass er 40 Jungen ihren Eltern abgekauft und mit ihnen einen liturgischen Chor aufgebaut habe, mit dem er zur Freude des Khan die Messe in Lateinisch zelebriere.[25] Auf diese Berichte hin sandte der Papst im Jahr 1307 weitere Ordensleute nach China, von denen drei (Andreas von Perugia, Gerardus und Peregrinus) auch dort eintrafen. Zugleich wurde Johannes von Montecorvino zum Erzbischof von Peking ernannt. Durch das Wirken der Franziskaner entstand eine Kirche mit mehreren Bischofssitzen.

Als sich die Chinesen gegen die fremden mongolischen Herrscher erhoben, betraf die Ablehnung mit den Nestorianern auch die römisch-katholische Kirche. Das Christentum in seiner nestorianischen wie in seiner römisch-katholischen Ausprägung war für die Chinesen eine fremde Religion, von fremden Herrschern unterstützt. Mit der mongolischen Yuan-Dynastie verschwand auch das Christentum aus China, ohne dass es zu einer regelrechten Verfolgung der Christen gekommen zu sein scheint.[26]

---

16 Vgl. die Ausschnitte aus Marco Polos Berichten bei A. C. Moule, a. a. O., S. 128–143.

17 S. H. Moffett, a. a. O., S. 448–450.

18 Ch. Ocker u. a.: Art. „John of Monte Corvino", in: DAC, S. 421 f.

19 Von Johannes von Montecorvinos Arbeit und der der weiteren franziskanischen Missionäre, die einige Zeit später zu seiner Unterstützung nach China gesandt wurden, vermitteln die Briefe, die einige dieser Ordensleute schrieben, ein plastisches Bild; Auszüge aus diesen Briefen in englischer Übersetzung bei A. C. Moule, a. a. O., S. 166–216.

20 Ebd., S. 169.

21 Ebd., S. 174.

22 Ebd., S. 175.

23 Ebd., S. 178.

24 Ebd., S. 176: „And I [...] preach openly and in public ...".

25 Ebd., S. 173.

26 Darauf weist S. H. Moffett, a. a. O., S. 475, ausdrücklich hin.

Die Ming-Dynastie, die China von 1368 bis 1644 regierte, schloss das Land gegen Einwirkungen von außen bewusst ab.

3. Römisch-katholische Kirche und Mission vom 16. bis zum Beginn des 19. Jahrhunderts

Mit dem „Zeitalter der Entdeckungen" begann auch eine neue Epoche der Mission, die sich mit dem Kolonialismus verband. Nach China und Japan kam die Mission aber – jedenfalls zunächst – nicht unter dem Schutz einer Kolonialmacht. Das hing mit der Macht und dem Selbstbewusstsein beider Länder zusammen. Sie setzten sich lange Zeit erfolgreich gegen den westlichen Kolonialismus zur Wehr. China, das schon zu Beginn des 15. Jahrhunderts die größte Hochseeflotte[27] der Welt besessen hatte, war von einem starken „Autarkiebewusstsein"[28] erfüllt und schien für westliche Güter keine Verwendung zu haben, wie der Kaiser Qianlong dem englischen Gesandten Macartney noch im Jahr 1793 versicherte.[29] Kontakt mit anderen Ländern konnte allenfalls den Sinn haben, diesen in großmütiger Weise Anteil an der eigenen Kultur zu geben. In den westlichen Menschen, die vom 16. Jahrhundert an kamen, sahen viele Chinesen „eroberungssüchtige, anmaßende und ungebildete Barbaren",[30] von denen nichts – jedenfalls nichts Gutes – zu erwarten war.

a) Das Wirken der jesuitischen Missionare

Bei den Jesuiten, die Ende des 16. Jahrhunderts mit der Mission in China begannen, setzte sich immer mehr die Einsicht durch: Wenn der christliche Glaube in China Fuß fassen soll, dann darf er nicht gegen die Grundwerte der chinesischen Kultur verkündet werden. Er muss sich vielmehr in diese Kultur integrieren, sich – wie man später häufig sagte – ihr akkommodieren. Die Jesuiten versuchten zu zeigen, dass dies auch möglich sei, ohne den Boden des christlichen Glaubens zu verlassen.
Michele Ruggieri (1543–1607)[31] und Matteo Ricci (1552–1610) waren die ersten Jesuiten, die in China Eingang fanden. Ricci war nicht nur Theologe, sondern auch Kartograph, Mathematiker und Astronom. Aber er studierte mit Hilfe einer ausgefeilten mnemotechnischen Methode[32] auch die klassische konfuzianische Literatur, so dass er Teile derselben auswendig rezitieren konnte. So wurde Matteo Ricci selbst zu einem chinesischen Gelehrten, der von der geistigen Elite, den „Literati", als einer der ihren anerkannt wurde. Sie waren es schließlich auch, die ihm nahe legten, die Jesuiten, die sich zunächst wie buddhistische Mönche gekleidet hatten, sollten die Klei-

---

27 Eine plastische Schilderung von Chinas Hochsee-Expeditionen gibt K. Seitz: China, S. 11–17; eine knappere Darstellung mit weiterer Literatur bei J. K. Fairbank/M. Goldman: China, S. 137–140; vgl. auch Th. Höllmann: Das Reich ohne Horizont.
28 W. Reinhard: Geschichte, Bd. 3, S. 69.
29 Vgl. K. Seitz, a. a. O., S. 77 f.; vgl. die anschauliche Schilderung der englischen Gesandtschaft ebd., S. 75–78; dazu auch: J. Chr. Hüttner: Nachricht von der Britischen Gesandtschaftsreise durch China und einen Teil der Tartarei 1792–94. Herausgegeben, eingeleitet und erläutert von S. Dabringhaus, Sigmaringen 1996.
30 C. von Collani: Figurismus, S. 89.
31 A. C. Ross: A Vision Betrayed, S. 118–120.
32 Vgl. dazu J. Spence: The Memory Palace of Matteo Ricci, New York 1984.

dung der chinesischen Gelehrten anlegen, was ihrem Ansehen in der Gesellschaft auch äußerlichen Ausdruck verlieh. Seinen Namen änderte Matteo Ricci in „Li Madou". Befreundete Gelehrte, von denen einige Christen geworden waren,[33] verhalfen Ricci dazu, seinen Wohnsitz immer näher an die Hauptstadt heranzurücken, bis er zu Beginn des Jahres 1601 in Peking eine Niederlassung der Jesuiten einrichten konnte. Ricci stellte sich selbst so dar, als sei er nach China gekommen, um an der Weisheit dieses Landes teilzunehmen:

Der Diener Seiner Majestät kommt von einem weit entfernten Land, das nie Geschenke mit dem Reich der Mitte ausgetauscht hat. Trotz der Entfernung erreichte mich der Ruf der bemerkenswerten Lehren und feinen Einrichtungen, mit denen der kaiserliche Hof sein ganzes Volk ausgestattet hat. Ich hatte den Wunsch, an diesen Vorteilen teilzuhaben und als einer von Seiner Majestät Untertanen zu leben, wobei ich hoffe, auch meinerseits von kleinem Nutzen zu sein.[34]

Die Vereinbarkeit von Konfuzianismus und christlichem Glauben begründete Matteo Ricci erstens damit, dass der ursprüngliche Konfuzianismus ein göttliches Wesen gekannt habe. Zweitens versuchte Ricci nachzuweisen, dass die Riten, mit denen Konfuzius, die Ahnen der Familie und andere Persönlichkeiten verehrt wurden, Bezeigungen der Verehrung, des Respekts und der Liebe waren, nicht aber Anbetung göttlicher Wesen. Sie seien Ausdruck der „Kindesliebe", der wichtigsten moralischen Pflicht im Konfuzianismus.[35] Von kleinen Ausnahmen abgesehen[36] war es deshalb in seinen Augen unnötig, Christen die Teilnahme an diesen Riten zu untersagen. Spätere Jesuiten in China, vor allem Joachim Bouvet (1656–1730)[37] und Jean-Francois Foucquet (1665–1741), entwickelten die Akkommodationsmethode weiter zum „Figurismus"[38]. Dieser versuchte, in den alten konfuzianischen Schriften, aber auch in den Schriften des Daoismus, des Buddhismus und des Neokonfuzianismus Hinweise auf christliche Lehren und Geschehnisse der christlichen Heilsgeschichte zu finden.

Auch in der Zeit nach Ricci fanden mehrere Jesuiten in China als Gelehrte Anerkennung. Das gilt besonders für Johann Adam Schall von Bell (1592–1666),[39] der 1622 nach China kam und den Wechsel von der Ming-Dynastie zur Mandschu-(= Qing-) Dynastie überstand. Von Bell hatte 1623 eine Mondfinsternis und 1644 eine Sonnenfinsternis exakt vorausberechnet. Die neue Regierung übertrug ihm die Leitung des Kaiserlichen Amtes für Astronomie, das zugleich für den Kalender zuständig war. Der dramatische Verlauf, den das Leben Schall von Bells nahm, zeigt aber auch, wie

---

33 Der Bedeutendste unter ihnen war Xu Guangqi (Dr. Paul Hsü, 1562–1632), dem kurz vor seinem Tod (1632) noch das Amt des Großsekretärs, die höchste Beamtenposition, übertragen wurde.

34 Zitiert nach R. R. Covell: Confucius, the Buddha, and Christ, S. 44.

35 Ebd., S. 152.

36 Ebd., S. 151.

37 Zu Bouvet vgl. das Standardwerk von C. von Collani: P. Joachim Bouvet. Sein Leben und sein Werk, St. Augustin-Nettetal 1985.

38 Ebd., S. 96.

39 A. Väth: Johann Adam Schall von Bell SJ. Missionar in China, kaiserlicher Astronom und Ratgeber am Hofe von Peking 1592–1666, Köln 1933 (Neuauflage St. Augustin-Nettetal 1991); R. Attwater: Adam Schall: A Jesuit at the Court of China 1592–1666, London 1963; A. C. Ross: A Vision Betrayed, S. 169–173.

unsicher und von den Wechselfällen der politischen Geschichte abhängig die Lage der Jesuiten war.[40]

Die Urteile über die Missionsmethode Riccis und gleichgesinnter Jesuiten[41] gehen weit auseinander. Sehen die einen darin einen Versuch, den christlichen Glauben im chinesischen Kontext zu denken und zu leben,[42] so handelt es sich nach anderen um „eine neue Taktik"[43] und ein „unsauberes Ränkespiel", mit dem „die religiöse Eroberung Chinas" erreicht werden sollte.[44] Für manche christlichen Kritiker – vor allem Franziskaner und Dominikaner – war Riccis Missionsmethode ein Verrat am christlichen Glauben. Um diesen Verdacht ging es im so genannten Ritenstreit, der schließlich zum Scheitern des jesuitischen Experiments in China führte.

b) Der chinesische Ritenstreit und seine Folgen

Im chinesischen Ritenstreit, der in sachlichem Zusammenhang mit dem malabarischen Ritenstreit steht, ging es vor allem um zwei Streitpunkte: (1) um eine angemessene Übersetzung einiger Begriffe christlicher Lehre, vor allem des Wortes „Gott", und (2) um die Rechtmäßigkeit einer Teilnahme von Christen an bestimmten Riten. Man sprach deshalb auch vom „Begriffs- und Ritenstreit". Ricci verwendete als Übersetzung für das Wort „Gott" zunächst *Tienzhu* („Herr des Himmels"), überzeugte sich aber dann davon, dass auch *Tien* („Himmel") allein und *Shangdi* („Herr in der Höhe") in theistischem Sinne verstanden werden können. Die Gegner der Akkommodationsmethode – darunter auch einige Jesuiten – insistierten auf der Verwendung von *Tienzhu*. Noch umstrittener war die Teilnahme von Christen an den Riten für Konfuzius, die Ahnen und andere Persönlichkeiten. Für die Gelehrten-Beamten hätte ein Verbot der Teilnahme, zu der sie durch ihre Position verpflichtet waren, das Christentum unannehmbar gemacht.[45] Für die Gegner der Akkommodationsmethode war der konkrete Vollzug der Riten – mit Weihrauch, Niederwerfungen u. a. – ein klarer Beweis dafür, dass es sich um religiöse Akte handelte, an denen sich Christen nicht beteiligen dürften. Dazu kamen andere Fragen, wie etwa die, ob bei der Taufe von Frauen auf die

---

[40]   Nach Schall von Bell wurde noch eine ganze Reihe von Jesuiten zu Leitern des Astronomischen Amtes berufen: Ferdinand Verbiest (1623–1688), Claudio Filippo Grimaldi (1638–1712), Kaspar Castner (1665–1709), Kilian Stumpf (1655–1720), Ignaz Kögler (1680–1746) und Augustin von Hallerstein (1703–1774). Der Kaiser selbst wünschte das Kommen weiterer gelehrter Jesuiten. Und so kamen 1687 fünf französische Jesuiten nach China, die als „Mathematiker des Königs" (Ludwig XIV.) bezeichnet wurden. Unter ihnen war auch Joachim Bouvet.

[41]   Dass nicht alle Jesuiten mit Ricci übereinstimmten, zeigte sich an seinem Nachfolger Nicolo Longobardo, der die Akkommodationsmethode Riccis ablehnte.

[42]   Vgl. z. B. A. C. Ross: A Vision Betrayed, S. 44, 145.

[43]   K. M. Panikkar: Asien, S. 352.

[44]   K. M. Panikkar, a. a. O., S. 371 f. Ähnlich Adriano Prosperi, der in der Akkommodationsmethode „Täuschung und Heuchelei" sieht; vgl. A. Prosperi: Der Missionar, in: R. Villari: Der Mensch des Barock, Frankfurt a. M. 1999, S. 142–180.

[45]   Zur Bedeutung der Riten in der chinesischen Gesellschaft vgl. W. Li: Die christliche China-Mission, S. 312–329. Die Hochschätzung der Riten kommt z. B. in folgendem Satz aus dem „Buch der Wandlungen" zum Ausdruck: „Menschen sind deshalb Menschen, weil sie von Riten und Sitten wissen" (Zitiert ebd., S. 322).

Berührung von Brust, Ohr, Mund und Hand des Täuflings verzichtet werden könne, da dies für Chinesen anstößig sei.[46] Der Ritenstreit war allerdings nicht nur ein Streit zwischen Missionaren mit ihren verschiedenen Überzeugungen. In ihm wirkten sich auch die Auseinandersetzungen um das Missionspatronat und die Machtkämpfe zwischen Frankreich und den iberischen Mächten aus.

1639 wandte sich der Dominikaner Juan Bautista de Morales an die *Congregatio de Propaganda Fide* in Rom mit Fragen zur Zulässigkeit der jesuitischen Position.[47] Daraufhin verbot die *Propaganda* 1645 die Teilnahme von Christen an den Riten für die Ahnen und für Konfuzius, „insofern sie korrekt dargestellt worden sind".[48] Auf die jesuitische Gegendarstellung hin erklärte Papst Alexander VII. im Jahr 1656 die Teilnahme von Christen an den besagten Riten für zulässig. Als schließlich die Dominikaner nachfragten, welche der beiden Entscheidungen verbindlich sei, erhielten sie 1669 die Auskunft, beide seien gültig, was – wenn man die oben erwähnte einschränkende Klausel berücksichtigt – eine durchaus schlüssige Entscheidung war. Sie machte die Zulässigkeit der Teilnahme an den Riten für Konfuzius und die Ahnen von der Interpretation abhängig. Diese war aber nicht eindeutig. Zum unterschiedlichen Verständnis der Riten kam es u. a. durch die Orientierung der Parteien – der Jesuiten und der Franziskaner/Dominikaner – an verschiedenen gesellschaftlichen Gruppen: die Jesuiten an den Gelehrten, die Franziskaner und Dominikaner an der einfachen Bevölkerung. Dabei war den Jesuiten durchaus bewusst, dass „nur die Gebildeten ihre Opfergaben als Ausdruck der Dankbarkeit ansähen".[49] Beide Seiten waren sich darin einig, dass die christliche Lehre das Kriterium sein müsse, anhand dessen über Vereinbarkeit oder Nichtvereinbarkeit der Riten mit dem christlichen Glauben entschieden werden müsse.

Für die Jesuiten war die Vereinbarkeit der Riten mit dem christlichen Glauben deshalb entscheidend, weil sie in ihrer Missionsmethode davon ausgingen, dass die Christianisierung Chinas an der Spitze der Gesellschaft – den Gelehrten-Beamten und dem Kaiser selbst – ansetzen müsse. Die Tore für die christliche Mission schienen sich weit zu öffnen, als Kaiser Kangxi im Jahr 1692 ein Toleranzedikt verkündete, in dem das Christentum mit dem Buddhismus und dem Daoismus rechtlich gleichgestellt wurde. In diesem Edikt lobte der Kaiser die Haltung und die nützlichen Lehren der Europäer und erklärte, dass niemand sie an der Durchführung ihrer Gottesdienste hindern solle.[50] Der Kaiser hatte ein Christentum im Blick, wie es von Leuten wie Matteo Ricci und den anderen gelehrten Jesuiten repräsentiert wurde. Mit dem kaiserlichen Toleranzedikt schien das Christentum endgültig in China Fuß gefasst zu

---

46 Vgl. A. C. Ross, a. a. O., S. 181.
47 Der Einfachheit halber werden hier die beiden Parteien im Ritenstreit mit den Jesuiten einerseits und den Franziskanern und Dominikanern andererseits identifiziert, obwohl nicht übersehen werden darf, dass es auch in den Bettelorden Befürworter der Akkommodationsmethode gab, z. B. den Dominikaner Luo Wenzao, der 1685 zum Bischof von Nanjing geweiht wurde. Umgekehrt vertraten auch nicht alle Jesuiten die Position Riccis.
48 A. C. Ross, a. a. O.
49 W. Li, a. a. O., S. 333.
50 Vgl. A. C. Ross, a. a. O., S. 176.

haben. Aber schon im Jahr 1693 trat ein Ereignis ein, das – wie sich später herausstellte – eine Wende einleitete, die schließlich zum Scheitern des jesuitischen Experiments und zum Verbot des Christentums in China führte.

Am 26. März 1693 erließ der Apostolische Vikar der Provinz Fujian (im Südosten Chinas), Charles Maigrot[51], eine Instruktion[52], in der er den jesuitenfreundlichen Erlass des Papstes Alexander VII. für ungültig erklärte, da er auf falschen Informationen beruhe. Vom Kaiser gestiftete und in den Kirchen angebrachte Tafeln, die die Aufschrift „Verehrung dem Himmel" enthielten, sollten entfernt, Ahnentafeln in den Häusern wenn möglich beseitigt werden. Vor allem wurde die Teilnahme oder auch nur die Anwesenheit bei den feierlichen Riten für Konfuzius und die Vorfahren untersagt. Gegen diesen Erlass wandten sich die Jesuiten an die höchste denkbare Autorität in Fragen des Ritenverständnisses, an den Kaiser selbst.[53] Dieser fand sich bereit, ihr Verständnis konfuzianischer Lehre offiziell zu bestätigen. Aber die Stellungnahme des Kaisers hatte in den Augen der römischen Theologen nicht das Gewicht, das sie für die in China lebenden Jesuiten hatte. Und so fiel die päpstliche Erklärung, die im Jahr 1704 endlich verabschiedet – zunächst aber nicht veröffentlicht – wurde, zu Ungunsten der Jesuiten aus. Die vatikanische Erklärung wurde dem päpstlichen Legaten Charles-Thomas Maillard de Tournon, der sich schon auf dem Weg nach Asien befand, hinterhergeschickt, damit er sie in China bekannt mache.

In der Begegnung von Maigrot und de Tournon mit dem Kaiser, zu der es 1706 kam, demonstrierte der Kaiser die Unkenntnis beider hinsichtlich der chinesischen Schriften.[54] Die beiden Kirchenvertreter aber bestanden auf der Unvereinbarkeit der klassischen Schriften des Konfuzianismus mit dem Christentum und erklärten damit implizit die Interpretation des Konfuzianismus durch den Kaiser für unzutreffend. Kangxi ordnete daraufhin eine Überprüfung der christlichen Missionare an. Nur die, die Riccis Interpretation der Riten und Gottesbezeichnungen akzeptierten, sollten in China bleiben dürfen. Auf diese Anordnung reagierte de Tournon mit äußerster Starrheit. Am 7. Februar 1707 erließ er eine Anweisung, in der genau festgelegt war, wie die Missionare im Falle der Befragung durch die kaiserlichen Behörden antworten sollten.[55] Alle Missionare sollten durch ihre Unterschrift die Anerkennung dieser Anordnung bestätigen, unter Androhung der „automatischen Exkommunikation" im Falle des Ungehorsams. Als der Superior der Jesuiten von Peking den Erlass de Tournons erhielt, begann er seinen Antwortbrief mit folgenden Worten:

Euer Ehrwürden,
gestern habe ich den Brief erhalten, den Euer Ehrwürden am 16. Februar in Nanjing geschrieben haben, und habe mit Bedauern erkannt, dass das Ende der chinesischen Kirche gekommen ist.[56]

---

51 Zu Maigrot vgl. besonders C. von Collani: Charles Maigrot's Role.
52 Text in englischer Übersetzung ebd., S. 152–154.
53 Zum Text ihres Interpretationsvorschlags der Riten vgl. K. M. Panikkar: Asien und die Herrschaft des Westens, S. 367.
54 Englische Übersetzung von C. von Collani, a. a. O., S. 165 f.
55 Englische Übersetzung des ganzen Erlasses bei E. J. Malatesta: A Fatal Clash of Wills, S. 221–224.
56 Zitiert nach ebd., S. 240.

Die Haltung Roms in der Ritenfrage blieb unnachgiebig. In der Bulle „Ex illa die" wiederholte Papst Clemens XI. im Jahr 1715 nochmals die ablehnende Haltung. Berühmt ist die Reaktion des Kaisers Kangxi auf diese Bulle:

Nachdem ich dieses Dekret gelesen habe, kann ich nur sagen, die Europäer sind kleine Geister. Wie können sie über Chinas Moralprinzipien urteilen, wenn sie nicht genug von Chinas Sitten, Büchern und Sprache wissen, um sie überhaupt verstehen zu können? Vieles von dem, was sie sagen und diskutieren, macht mich geradezu lachen.[57]

Die Bulle „Ex quo singulari" von 1742 bestätigte ein letztes Mal die früheren Erlasse, in denen die Beurteilung der Riten durch Ricci und gleichgesinnte Missionare verworfen worden war.

Zu dieser Zeit hatte sich die Lage schon tiefgreifend geändert. Im Jahr 1721 – ein Jahr vor seinem Tod – hatte Kangxi die Verbreitung des Christentums in China verboten, aber nicht auf einer strikten Durchführung dieses Verbots bestanden. Sein Nachfolger Yongzheng (1722–1735) erklärte gleich zu Beginn seiner Regierungszeit (1724), das Christentum sei – wie etwa die buddhistische „Gesellschaft des Weißen Lotus" – zu den „perversen Sekten und verderblichen Lehren" zu rechnen und deshalb verboten. Die Missionare wurden nach Macao verbannt, lediglich die am Hof tätigen Jesuiten durften bis zum Ende des 18. Jahrhunderts in Peking bleiben. Damit war der Versuch Matteo Riccis und seiner Gesinnungsgenossen gescheitert.

Es ist freilich zu fragen, ob die katholische Chinamission des 17. Jahrhunderts nur an der starren Haltung Roms scheiterte. Möglicherweise hatten weder die Jesuiten noch die Franziskaner/Dominikaner erkannt, dass hinter den Riten ein Verständnis von Welt, Mensch und Gesellschaft stand, das sich – auch abgesehen von der Frage, ob die Opfer Idololatrie seien oder nicht – schwer mit christlichen Vorstellungen verbinden ließ.[58]

Matteo Ricci hat eine späte Rechtfertigung erfahren: Im Jahr 1939 erklärte die *Congregatio de Propaganda Fide* – in der Instruktion „Plane compertum est" – mit einigen Einschränkungen eine Duldung der Riten für die Verstorbenen. Die Befürchtung, dass die negative päpstliche Entscheidung im Ritenstreit das Ende der Kirche in China bedeute, erwies sich als nicht zutreffend. Die Kirche bestand weiter. Aber sie existierte von 1724 bis 1839 in der Illegalität. Die Zahl der Christen in China verringerte sich um ungefähr ein Drittel, von ca. 300 000 auf 200 000.[59] Die Verhältnisse waren in den einzelnen Provinzen sehr unterschiedlich.[60] Abgesehen von der Hauptstadt Peking war die Praxis des christlichen Glaubens und die Anwesenheit von Missionaren im chinesischen Kaiserreich untersagt.

---

57 Zitiert nach H. Gründer: Welteroberung und Christentum, S. 272.

58 So J. Gernet: Christus kam bis nach China. Eine erste Begegnung und ihr Scheitern, Zürich-München 1984; H. Gründer, a. a. O., S. 267–270; M. Loewe: Imperial China's Reactions to the Catholic Missions, in: Numen 35 (1988), S. 179–212; W. Li, a. a. O., S. 312.

59 Diese Zahlenangabe nach R. E. Entenmann: Catholics and Society in Eighteenth-Century Sichuan, in: D. H. Bays (Hg.): Christianity in China, S. 8–23, bes. S. 8. Die Unsicherheit dieser Zahlenangaben veranschaulicht die Übersicht bei K. S. Latourette: Christian Missions in China, S. 182–184.

60 Vgl. z. B. B. Whyte: Unfinished Encounter, S. 83.

Die Missionare ignorierten aber das kaiserliche Verbot und schlichen sich teilweise in Verkleidung ins Land. Zu den Jesuiten traten die Mitglieder weiterer Orden (Lazaristen, Franziskaner, Dominikaner, Augustiner) und Missionsvereinigungen (die 1664 gegründete *Société des Missions Étrangères de Paris*). Gottfried von Laimbeckhoven wirkte fast 30 Jahre (von 1760 bis zu seinem Tod 1787) in Armut und Verborgenheit als Bischof von Nanjing.[61] Anfang des 19. Jahrhunderts gab es in China noch ca. 30 europäische Missionare und ca. 80 chinesische Priester.[62] Die so in der Illegalität wirkenden Missionare arbeiteten unter den schwierigsten Verhältnissen. Vom Standpunkt der chinesischen Behörden aus gesehen waren sie freilich Kriminelle, die die Gesetze des Landes verletzten und die öffentliche Ordnung untergruben.

4. Christen in China von 1839 bis 1949

Die Öffnung Chinas für die Mission im 19. Jahrhundert war ein Nebeneffekt der so genannten Opiumkriege, mit denen sich die westlichen Mächte Zugang zu China verschafften. Schien es zunächst eine Chance für die Mission zu sein, dass sie unter dem Schutz der Kolonialmächte geschehen konnte, so stellte sich die Verbindung von Mission und Kolonialismus für die chinesische Christenheit zunehmend als eine Belastung heraus.

a) Die Opiumkriege, die „Ungleichen Verträge" und das Missionsprotektorat

Da in China eine geringe Nachfrage für westliche Waren bestand, chinesische Seide, Porzellan und Tee sich dagegen im Westen großer Beliebtheit erfreuten, entstand ein Handelsdefizit, das England durch den Opiumhandel auszugleichen suchte.[63] Von 1729 bis 1832 stieg die Einfuhr von Opium nach China von 200 auf 23 570 Kisten (mit je 140 Pfund Opium). Im Jahr 1838 versuchte der Kaiser Daoguang ein seit 1800 bestehendes Verbot des Opiumimports in die Praxis umzusetzen. Der Gelehrten-Beamte Lin Zexu zwang englische Händler zur Herausgabe von 20 000 Kisten mit 1,4 Millionen kg Rohopium. Dieses löste er mit einer Lauge auf und leitete die Brühe ins Meer, während er sich beim Geist des Südlichen Meeres entschuldigte und ihn bat, Meerestiere fernzuhalten, damit sie nicht durch das Opium beschmutzt würden.[64] Auf diese Provokation des Beamten Lin antwortete England mit seiner Kriegsflotte und eröffnete den Ersten Opiumkrieg (1839–1842),[65] der mit dem Vertrag von Nanjing[66] beendet wurde. Darin wurde die Öffnung von fünf Vertragshäfen für den Auslandshandel (Kanton, Fuzhou, Xiamen, Ningbo und Shanghai) festgelegt, Hongkong den Briten überlassen und die Zahlung hoher Entschädigungssummen vereinbart (darunter 6 Millionen Dollar für das vernichtete Opium). Andere Westmächte erzwangen

---

61   Ebd., S. 80; Malek, R. (Hg.): Gottfried von Laimbeckhoven SJ (1707–1787): Der Bischof von Nanjing und seine Briefe aus China; mit Faksimile seiner Reisebeschreibung, Nettetal 2000.
62   Zahlen nach W. Franke: China und das Abendland, S. 43.
63   Zum Folgenden vgl. J. D. Spence: Chinas Weg in die Moderne, S. 164–168.
64   Ebd., S. 187–191.
65   Der verwickelte Kriegsverlauf ist z. B. dargestellt ebd., S. 191–198.
66   Eine Übersicht über die einzelnen Bestimmungen des Vertrags ebd., S. 198–200.

ähnliche Verträge. Der amerikanische Vertrag räumte Amerikanern das Recht ein, in den Vertragshäfen Grundstücke für den Bau kirchlicher und anderer Gebäude zu pachten. Außerdem wurde der Grundsatz der „Extraterritorialität"[67] festgelegt. Er besagte, dass amerikanische Staatsbürger bei Straffälligkeit vor amerikanischen Beamten und nach amerikanischen Gesetzen abgeurteilt werden sollten. Der französische Vertrag von Whampoa (1844)[68] gewährte Franzosen dieselben Rechte.[69] Die Öffnung der Vertragshäfen war für die westlichen Mächte nur der erste Schritt. Nach erneutem militärischen Vorgehen[70] musste China im Vertrag von Tianjin (1858) und den Konventionen von Peking (1860) weitere politische und wirtschaftliche Zugeständnisse machen. Die Opiumeinfuhr wurde legalisiert, „obwohl das chinesische Strafrecht den Verkauf und Konsum von Opium verbot".[71] Die zwischen 1842 und 1860 abgeschlossenen Verträge, die später noch erweitert wurden, sicherten der Mission freie Arbeitsmöglichkeiten. Artikel 13 des Vertrags von Tianjin war für die Mission von besonderer Bedeutung, da er die Missionstätigkeit in ganz China legalisierte:

Die christliche Religion hat als wesentliches Ziel, die Menschen zur Tugend zu führen. Den Mitgliedern aller christlichen Gemeinschaften wird volle Sicherheit ihrer Person, ihres Eigentums und freie Ausübung ihrer religiösen Praxis gewährleistet. Den Missionaren, die sich, mit gültigen Pässen versehen, wovon Artikel 8 spricht, in friedlicher Absicht ins Innere des Landes begeben, wird wirksamer Schutz gewährt. Von Seiten der Autoritäten des chinesischen Kaiserreichs wird das Recht nicht eingeschränkt, das jedes Individuum in China genießt, nämlich das Christentum freiwillig anzunehmen und praktisch auszuüben, ohne sich deswegen strafbar zu machen. Alles, was früher auf Anordnung der Regierung gegen die christliche Religionsausübung geschrieben, verkündigt oder veröffentlicht worden ist, ist hiermit gänzlich abgeschafft und besitzt in keiner Provinz des Kaiserreichs mehr Gültigkeit.[72]

In Artikel 6 der Konvention von Peking findet sich darüber hinaus eine Klausel, die den Missionaren das Recht einräumt, „in allen Provinzen Land zu pachten und/oder zu kaufen und beliebige Gebäude darauf zu errichten".[73] Sie steht allerdings nur in der chinesischen Fassung der Konvention, nicht in der französischen. Vermutlich handelt es sich um eine Fälschung[74], nämlich um einen Einschub des Missionars, der als Dolmetscher bei den Verhandlungen tätig war. Manche Missionare begrüßten die Opi-

---

67 Zum juristischen Verständnis von Extraterritorialität vgl. K. J. Rivinius: Weltlicher Schutz, S. 37 f., Anm. 23; gelegentlich findet sich auch die Bezeichnung „Exterritorialität".
68 Dazu ausführlicher ebd., S. 45–56.
69 J. D. Spence, a. a. O., S. 201.
70 Vorwände waren für England die angeblich illegale Durchsuchung eines Schiffes, für Frankreich die Ermordung eines französischen Missionars; vgl. K. J. Rivinius, a. a. O., S. 72, Anm. 104: „Seine Ermordung kam der französischen Diplomatie wie ein Geschenk des Himmels …"
71 J. D. Spence, a. a. O., S. 223.
72 Zitiert nach K. J. Rivinius, a. a. O., S. 74.
73 Ebd., S. 79.
74 Der preußische Gesandte Guido von Rehfues nannte den Einschub in einem Brief an Otto von Bismarck eine „kleine Betrügerei"; vgl. ebd., S. 80, Anm. 126. Eine Nebeneinanderstellung der beiden Fassungen des §6 findet sich bei J. Richter: Das Werden der christlichen Kirche, S. 109.

umkriege. Sie sahen in ihnen die „Hand Gottes" und „den großen Plan der Vorsehung"[75] sowie „eine Quelle des Segens", China brauche diese Züchtigung.[76]
Die Kolonialmächte setzten sich unterschiedlich stark für die Mission ein. England war bei der machtpolitischen Unterstützung der Mission zurückhaltend. Dagegen verstand sich Frankreich als Schutzmacht der katholischen Mission, und zwar nicht nur der französischen, sondern aller Missionare.[77] Mit Nachdruck versuchte Frankreich zu verhindern, dass die deutschen Missionare der *Steyler Missionsgesellschaft* (SVD), die unter Bischof Johann Baptist Anzer in Süd-Shandong tätig waren, sich dem Protektorat des Deutschen Reiches unterstellten, was aber 1890 doch geschah.[78] Bischof Anzer hatte in der Folgezeit keine Bedenken, vom Deutschen Reich die tatkräftige Unterstützung der Mission zu fordern.[79] Die Mehrzahl der Missionare ließ sich den Schutz der Kolonialmächte gerne gefallen. In den Augen vieler Chinesen waren demzufolge Mission und Opium eng miteinander verbunden.[80]

b) Missionstätigkeit im China des 19. Jahrhunderts

Der erste protestantische Chinamissionar war Robert Morrison, der 1807 durch die *London Missionary Society* (LMS) nach Kanton kam.[81] Seine großen Leistungen waren die 1819 fertig gestellte Übersetzung der Bibel, die Abfassung eines sechsbändigen Chinesisch-Englischen Wörterbuches und weitere eigene Schriften und Übersetzungen.
Der große Anreger der protestantischen Chinamission war Karl Friedrich August Gützlaff (1803–1851), zugleich eine der umstrittensten Gestalten der Missionsgeschichte.[82] Gützlaff hatte nur ein Ziel: Er wollte das Evangelium in China verkünden. Um dieses Ziel zu erreichen, nahm er sogar die Hilfe von Opiumschmugglern in Anspruch, denen er seinerseits als Übersetzer diente.[83] Da Gützlaff zu der Einsicht kam, dass China nur durch Chinesen selbst missioniert werden könne, gründete er den *Chinesischen Verein (Chinese Union)*, der – nach Gützlaffs Angaben – 1848 über 1300 Mitglieder hatte, von denen 112 Prediger und „Hülfsarbeiter" waren.[84] Durch seine Berichte angeregt, schickten verschiedene Missionsgesellschaften (so die Rheinische und die Basler Mission) Missionare nach China. Diese freilich sahen Gützlaffs Wirken mit kritischeren Augen. Während er in Europa um Unterstützung für seine Arbeit warb, führten die anderen Missionare eine Untersuchung des *Chinesischen*

---

[75] S. C. Miller: Ends and Means, S. 254.
[76] Ebd., S. 270.
[77] Dazu ausführlich K. J. Rivinius, a. a. O., passim.
[78] Ebd., S. 215–428.
[79] Dazu ausführlich ebd., S. 312–418; zu Bischof Anzer vgl. auch H. Gründer, a. a. O., S. 393–401.
[80] Vgl. z. B. W. Franke: China und das Abendland, S. 66; K. J. Rivinius, a. a. O., S. 124.
[81] J. B. Starr: The Legacy of Robert Morrison, in: IBMR 22 (1998), S. 73–76.
[82] Zu Gützlaff vgl. vor allem H. Schlyter: Karl Gützlaff; neuerdings J. G. und R. R. Lutz: Karl Gützlaff's Approach; G. A. Hood: Mission Accomplished?, S. 11–31, 45–52.
[83] H. Gründer, a. a. O., S. 387 f.; K. Rennstich: Die zwei Symbole des Kreuzes, S. 136 f. Die Hilfe von Opiumhändlern nahmen gelegentlich auch andere Missionare in Anspruch; vgl. z. B. G. A. Hood, a. a. O., S. 24, 27 (in Bezug auf Rudolf Lechler).
[84] H. Schlyter: Karl Gützlaff, S. 196.

Vereins und seiner Mitarbeiter durch, die zu einem vernichtenden Ergebnis führte: Die Kenntnisse der christlichen Lehre waren dürftig, einige Prediger opiumsüchtig, manche hatten die von Gützlaff erhaltenen Schriften verkauft oder jedenfalls nicht verteilt, manche waren gar nicht in den zugeteilten Provinzen gewesen, die Tagebuchaufzeichnungen zum Teil erfunden usw. Gützlaff selbst hielt einige der Kritikpunkte durchaus für berechtigt, das vernichtende Gesamturteil aber für verfehlt. Er rief seine Prediger zusammen und versuchte, den Verein in seiner alten Form wieder aufzubauen. Aber seine Kraft war erschöpft. Am 9. August 1851 starb er. Der *Chinesische Verein* überlebte seinen Gründer nur um wenige Jahre. Eine Beurteilung Gützlaffs, die sich einseitig auf den Untersuchungsbericht seiner missionarischen Kritiker stützt und auf dieser Basis zu dem Ergebnis kommt, der *Chinesische Verein* sei „Gewebe von Lug und Trug"[85] gewesen, wird ihm und seinem Wirken nicht gerecht.[86] Neben persönlichen Spannungen war es wohl vor allem die Missionsmethode des Freimissionars Gützlaff, die die mit Missionsgesellschaften verbundenen Missionare irritierte.[87]

Nach der „Öffnung" Chinas im Vertrag von Tianjin (1860) veränderte sich die missionarische Tätigkeit in mehrfacher Weise:[88] Erstens kam es zu einer zahlenmäßigen und geographischen Ausweitung. Bis zum Jahr 1905 wuchs die Zahl der Missionare auf 3455 an. Sie kamen von 63 verschiedenen protestantischen Missionsgesellschaften[89] und waren in fast allen Provinzen tätig. Größte Missionsgesellschaft wurde die von Hudson Taylor[90] (1832–1905) und seiner Frau Maria 1865 gegründete *China Inland Mission* (CIM).[91] Die Mehrzahl der chinesischen Christen kam aus den mittleren und niederen Bevölkerungsschichten. Konversionen von Gelehrten-Beamten waren selten. Dem entsprach, dass es die meisten Missionare als angemessen empfanden, mit den Unterprivilegierten zu arbeiten. Es gab allerdings einige, die sich bewusst an die Oberschicht der Gelehrten-Beamten wendeten, wie etwa W. A. P. Martin, Timothy Richard[92] und Gilbert Reid[93]. Sie waren vor allem im Bereich der Bildungs-

---

85 J. Richter, a. a. O., S. 327.

86 Zur Kritik an diesem einseitigen Urteil über Gützlaff und sein Werk vgl. vor allem J. G. und R. R. Lutz, a. a. O., passim.

87 Aber selbst bei einigen von ihnen fand Gützlaffs Wirken Anerkennung. Als er Anfang 1851 von seiner Europareise nach Hongkong zurückkehrte, kam auch der Berliner Missionar Neumann dort an. Er begleitete Gützlaff in seinen letzten Monaten bei seiner Missionstätigkeit und war von ihm tief beeindruckt. Vgl. J. Richter: Geschichte der Berliner Missionsgesellschaft, S. 510.

88 Überblicke mit Aufzählung einer Vielzahl von Missionsgesellschaften und Arbeitsfeldern bei J. Richter, a. a. O., S. 113–220; K. S. Latourette: Christian Missions in China, S. 303–485.

89 Zahlen nach B. Whyte, a. a. O., S. 117, 128.

90 Literatur zu Hudson Taylor bei K. Fiedler: Ganz auf Vertrauen. Geschichte und Kirchenverständnis der Glaubensmissionen, Gießen-Basel 1992, S. 66, Anm. 9. Die meisten biographischen Werke zu Hudson Taylor haben mehr oder weniger hagiographischen Charakter; das gilt auch für L. T. Lyall: Das Unmögliche gewagt. Die China Inland Mission 1865–1965, Gießen 1965; kritisch zur CIM z. B. B. Whyte, a. a. O., S. 119–123.

91 J. H. Kane: J. Hudson Taylor, S. 198.

92 A. Walls: The Multiple Conversions, S. 236–258.

93 T. Mingteh: Christian Missionary as Confucian Intellectual.

arbeit tätig. Ihnen ging es nicht mehr vordringlich um Konversion, sondern um die Vermittlung von westlicher Bildung und christlichem Geist.

Damit ist eine zweite Ausweitung der Mission angesprochen. Sie betrifft die Arbeitsgebiete. Nachdem mit Dr. Peter Parker der erste Missionsarzt nach Kanton gekommen war, wurde die medizinische Arbeit immer wichtiger. In den 90er Jahren des 19. Jahrhunderts gab es schon über 60 Missionskrankenhäuser, an denen auch chinesische Ärzte und Ärztinnen ausgebildet wurden. 1879 wurde erstmals eine Gruppe von Studentinnen am Hospital in Kanton zugelassen.[94] Große Bedeutung hatten die von den Missionen unterhaltenen Schulen, zu denen bald Colleges traten. Herausragend unter den im Bildungsbereich tätigen Missionaren war der amerikanische Presbyterianer W. A. P. Martin[95] (1827–1916), der 66 Jahre seines Lebens in China verbrachte. Für Martin und andere auf diesem Gebiet tätige Missionare[96] war westliches Wissen Teil einer *theologia naturalis*, die die christliche Verkündigung vorbereitete und unterstützte. 1844 wurde in Ningbo das erste christliche College für Frauen eröffnet.[97] Ein Arbeitsbereich, der für manche Missionare zunehmend Bedeutung gewann, war der Kampf gegen soziale Notstände. Die große Hungersnot der Jahre 1876 bis 1879 veranlasste den baptistischen Missionar Timothy Richard zum Aufbau einer großen Hilfsaktion. Gilbert Reid befasste sich intensiv mit Maßnahmen, die die jährlichen Überflutungen des Gelben Flusses (Hwangho) eindämmen sollten.[98]

Zum Dritten veränderte sich bei einigen Chinamissionaren in der zweiten Hälfte des 19. Jahrhunderts das Urteil über die chinesischen Religionen und Sitten. Das zeigt sich besonders deutlich an Timothy Richard.[99] Er hielt die Zerstörung der Ahnentafeln durch Christen für unangebracht.[100] In zwei buddhistischen Schriften – dem Lotus-Sutra und der „Erweckung des Glaubens" – fand er die Offenbarung Gottes für Asien, die die Christen wiederentdecken müssten. Der Missionar solle in der anderen Religion das Wertvolle suchen. Andere Missionare, die sich dem Studium der chinesischen Religion und Philosophie aufgeschlossen zuwandten, waren James Legge, Ernst Faber[101], Karl-Ludwig Reichelt[102] und Richard Wilhelm[103]. Auf Grund der neuen Arbeitsmöglichkeiten kamen zusätzlich zu den alten Missionsorden (Jesuiten, Franziskaner, Lazaristen, Pariser Mission) neue Orden nach China, wie z. B. die Steyler

---

[94] P.-L. Kwok: Chinese Women and Protestant Christianity, S. 205.

[95] Zu Martin vgl. R. R. Covell: W. A. P. Martin: Pioneer in China, Washington D. C. 1978; ders.: Confucius, the Buddha, and Christ, S. 110–114; ders.: W. A. P. Martin 1827–1916. Promoting the Gospel through Education and Science, in: G. H. Anderson u. a. (Hg.): Mission Legacies, S. 183–189.

[96] R. R. Covell: Confucius, the Buddha, and Christ, S. 97–114.

[97] P.-L. Kwok, a. a. O., S. 196.

[98] T. Mingteh, a. a. O., S. 75 f.

[99] K. Cracknell: Justice, Courtesy and Love, S. 120–132; R. R. Covell: Confucius, the Buddha, and Christ, S. 125–128.

[100] K. Cracknell, a. a. O., S. 121.

[101] K. Rennstich: Die zwei Symbole des Kreuzes, S. 208–215.

[102] N. R. Thelle: Karl Ludwig Reichelt 1877–1952. Christian Pilgrim of Tao Fong Shan, in: G. Anderson u. a. (Hg.): Mission Legacies, S. 216–224; E. J. Sharpe: Karl Ludwig Reichelt. Missionary, scholar and pilgrim, Hong Kong 1984.

[103] K. Rennstich, a. a. O., S. 215–219; H. Gründer, a. a. O., S. 408–410 (weitere Literatur).

Missionare der *Societas Verbi Divini* (SVD) sowie Frauenorden, die sich vor allem in der Arbeit für Frauen und Kinder engagierten. Verfolgungen blieben trotz der neuen gesetzlichen Lage nicht aus. Die schrecklichste war das „Massaker von Tianjin" (1870).[104]

c) Der Taiping-Aufstand

Unter den Aufstandsbewegungen, die China im 19. Jahrhundert erschütterten, war der Taiping-Aufstand die aufsehenerregendste.[105] Ein kirchengeschichtliches Ereignis im engeren Sinn war er sicher nicht. Er ist für die Geschichte des Christentums in China aber deshalb wichtig, weil seine Führer auch von christlichen Gedanken inspiriert waren.

Die Taiping-Bewegung wuchs aus einem menschlichen Zusammenbruch. Als der Bauernsohn Hong Xiuquan (1814–1864) im Jahr 1837 zum dritten Mal die höheren Staatsprüfungen nicht bestand, erlitt er eine Art Nervenzusammenbruch. Er fühlte sich in Visionen[106] in den Himmel erhoben und wurde von einem alten Mann, den er später als den biblischen Gott identifizierte, mit der Vernichtung der Dämonen beauftragt. Hong betrachtete es als seine Sendung, die Mandschu-Dynastie zu vernichten und eine universale Herrschaft aufzurichten. Und er gewann für seine Sendung Anhänger. Im Jahr 1851, als in Peking der Kaiser Xianfeng (1851–1861) den Thron bestieg, ließ sich Hong Xiuquan zum *Tian Wang* ausrufen, zum „Himmlischen König" des „Himmlischen Reichs des großen Friedens". Als solcher war er nicht nur der Herrscher Chinas, sondern der Welt. Er zog mit einem Heer nach Norden. Im März 1853 wurde Nanjing erobert und zur Hauptstadt des neuen Reiches erhoben. Hongs Ziel war die Errichtung des „Taiping Tianguo [...], des ‚Himmlischen Reichs des großen Friedens' (abgekürzt Taiping)".[107] Grundgedanke war die Gleichheit aller Menschen als Kinder des einen Gottes.[108] Von dem großen humanistischen und sozialrevolutionären Programm wurde jedoch nichts verwirklicht. Blieb Hong Xiuquan nur nicht die Zeit dazu[109] oder verfiel er in zunehmendem Maße einer Geisteskrankheit?[110] Die Beurteilungen des Taiping-Aufstandes gehen weit auseinander.[111] Während Wilhelm Oehler fragte, ob die Taiping-Bewegung „eine Gottesstunde für China" gewesen sei, „die, durch europäische Politik vereitelt, nie mehr wiederkehrt",[112] und Karl Rennstich in ihr den „Versuch" sah, „das Evangelium in China heimisch zu

---

104 Vgl. besonders P. A. Cohen: China and Christianity. The Missionary Movement and the Growth of Chinese Antiforeignism 1860–1870, Cambridge/Massachusetts-London 1963, S. 229–261; weitere Literatur bei K. J. Rivinius, a. a. O., S. 127–133.

105 Literatur zur Taiping-Bewegung nennt K. J. Rivinius, a. a. O., S. 63–71, bes. S. 63 f., Anm. 81; dazu K. Rennstich, a. a. O., S. 148–189; J. D. Spence, a. a. O., S. 210–221.

106 Kurze Zusammenfassung der Visionen bei P. J. Opitz: Die Taiping Bewegung, S. 29–31.

107 J. D. Spence, a. a. O., S. 213.

108 P. J. Opitz, a. a. O., S. 40 f.

109 So K. J. Rivinius, a. a. O., S. 178.

110 So P. J. Opitz, a. a. O., S. 49.

111 Zu verschiedenen Urteilen über die Taiping-Revolution vgl. K. Rennstich, a. a. O., S. 148–150.

112 Zitiert ebd., S. 186.

machen"[113], ist sie aus der Sicht von Jonathan Spence „eine der unheilvollsten und längsten Rebellionen der chinesischen Geschichte"[114].

d) Die chinesische Christenheit am Beginn des 20. Jahrhunderts

In den letzten Jahrzehnten des 19. und den ersten des 20. Jahrhunderts entstanden in China mehrere – teilweise in erbitterter Feindschaft zueinander stehende – Bewegungen, die eine Erneuerung Chinas anstrebten: konfuzianische Reformer[115], die Bewegung der „Fäuste für Recht und Harmonie" (die so genannte „Boxer"-Bewegung[116]), die Nationalisten, die sich nach dem Sturz der Qing-Dynastie (1911) unter der Führung von Sun Yat-sen und Chiang Kai-shek in der *Nationalen Volkspartei* (*Guomindang*, GMD) organisierten, die „Bewegung des 4. Mai"[117], die 1921 gegründete *Kommunistische Partei Chinas* (KPCh). Nicht alle national gesinnten Chinesen standen dem Christentum ablehnend gegenüber. Für viele aber war es die Religion der ausländischen Mächte, die China die demütigenden „ungleichen Verträge" aufgezwungen hatten und die sich – durch die Mission – anschickten, China geistig zu erobern.[118] Veröffentlichungen wie „The Christian Occupation of China"[119] verstärkten das Misstrauen. Tatsächlich war das Christentum in China eine „fremde Religion" geblieben. Die von den Missionen aufgebauten Einrichtungen überstiegen die finanziellen und personalen Möglichkeiten der chinesischen Gemeinden und Kirchen. Die Kirche war noch nicht zu einer chinesischen Kirche unter chinesischer Leitung geworden. Bei den Christen wuchs deshalb das Bemühen, sie im chinesischen Kontext zu verankern und eine selbständige chinesische Kirche zu schaffen.

5. Die Christenheit im kommunistischen China

a) Der politische Hintergrund

„Das chinesische Volk hat sich erhoben." Mit diesen Worten proklamierte Mao Zedong am 1. Oktober 1949 auf dem Platz des Himmlischen Friedens in Peking die Gründung der Volksrepublik China. Die Epoche des „Vorsitzenden Mao" war geprägt durch immer neue Versuche, das Volk zu gemeinschaftlichen Aktionen zu bewegen,

---

[113] Ebd., S. 204.

[114] J. D. Spence, a. a. O., S. 210.

[115] Konfuzianische Reformer wie Kang Youwei und Liang Quichao (vgl. J. D. Spence: Das Tor des Himmlischen Friedens, passim) bemühten sich um die Übernahme einzelner westlicher Errungenschaften bei gleichzeitiger Beibehaltung chinesischer Prinzipien als geistiger Grundlage. Der Gelehrte Zhang Zhidong fasste dieses Programm in die einprägsame Formel: „Chinese learning as the essence; Western learning for practical ends"; (R. R. Covell: Confucius, the Buddha, and Christ, S. 206; vgl. auch J. D. Spence: Chinas Weg in die Moderne, S. 280. Zur Kritik an dieser Formel J. K. Fairbank/M. Goldman: China, S. 258.

[116] Vgl. dazu J. D. Spence: Chinas Weg in die Moderne, S. 287–293.

[117] Benannt nach dem 4. Mai 1919, an dem Schüler und Studenten Protestversammlungen gegen die China betreffenden Bestimmungen des Versailler Vertrags durchführten. Dazu J. D. Spence, ebd., S. 379–391; J. G. Lutz: Chinese Politics.

[118] J. Osterhammel: Shanghai, 30. Mai 1925. Die chinesische Revolution, München 1997, S. 56; B. Whyte: Unfinished Encounter, S. 153.

[119] J. G. Lutz, a. a. O., S. 42 f.

die zur Schaffung einer neuen Gesellschaft und eines neuen Menschen führen sollten.[120] Zu diesem Zweck wurden Reformen und Massenkampagnen unter wirkungs-
vollen Parolen durchgeführt,[121] „konterrevolutionäre Elemente" entlarvt und nicht
selten hingerichtet.[122] Der „Große Sprung vorwärts"[123] (1958), der eine sprunghafte
Steigerung der Produktion herbeiführen sollte, endete in „einer der größten Kata-
strophen der Menschheit"[124], durch die zwischen 20 und 30 Millionen Menschen
starben.[125] In der „Großen Proletarischen Kulturrevolution" (1966–1976) wollte Mao
ein letztes Mal die revolutionären Ideale gegen Rechtsabweichler und Konterrevolutionäre aufrichten. Die „Roten Garden" griffen Personen an, in denen sie die „vier
alten Dinge" verkörpert sahen: alte Sitten, Gebräuche, Kultur und Denken.[126] Manchmal waren die Strafen der jugendlichen Revolutionäre von ausgesuchter Grausamkeit.[127] Während Mao auf dem Tiananmen-Platz in Peking Paraden abnahm, an denen
bis zu einer Million Rotgardisten teilnahmen,[128] brach im Land das Chaos aus, zu
dessen Eindämmung die Armee eingesetzt werden musste. Aber Maos Gestalt ging
aus dem Chaos strahlender denn je hervor. Im Lied wurde er mit der aufgehenden
Sonne verglichen:

> Der Osten ist rot, die Sonne steigt auf.
> China hat hervorgebracht einen Mao Tse-tung.
> Er plant Glück und Segen für das Volk –
> Huhaijo! – Er ist des Volkes großer Rettungsstern."[129]

Die Kulturrevolution wäre missverstanden, wenn man in ihr nur eine Orgie sinnloser
Gewalt sähe. Das Tückische daran war, dass die Gewalt aus einer Welle idealistischer
Begeisterung erwuchs. Gruppen junger Menschen zogen unter dem Motto „Dem

---

[120] Vgl. vor allem J. D. Spence, a. a. O., S. 609–876; vgl. auch die eindrucksvollen Illustrationen
in J. D. Spence/A. Chin: Das Jahrhundert Chinas, München 1996.

[121] Z. B. „Widerstehe-Amerika-Hilf-Korea-Kampagne", Kampagne der „Drei-Anti" (gegen
Korruption, Verschwendung und Bürokratismus), Kampagne der „Fünf-Anti" (gegen
Bestechung, Steuerhinterziehung, Diebstahl von Staatseigentum, Betrug bei Staatsaufträgen
und Missbrauch staatlicher Wirtschaftsinformationen für private Zwecke), Kampagne gegen
Konterrevolutionäre.

[122] Vgl. die Schilderung eines Volkstribunals in dem Roman „Sonne über dem Fluss Sanggan"
von Ding Ling, wiedergegeben bei J. D. Spence: Das Tor des Himmlischen Friedens,
S. 314 f.

[123] J. D. Spence: Chinas Weg in die Moderne, S. 677–688; J. K. Fairbank: Geschichte des
modernen China 1800–1985, S. 295–307; J. Becker: Hungry Ghosts. Maos Secret Famine,
New York 1996.

[124] J. K. Fairbank: Geschichte des modernen China, S. 295.

[125] Ebd. Eine Schilderung der Hungersnot durch eine Überlebende findet sich bei
J. Becker, a. a. O., S. 1 f. Es ist unverständlich, wie B. Whyte, a. a. O., S. 261 f., im Bezug
auf diese Hungerkatastrophe von „widespread malnutrition and some mortality" und von
„the near-famine in 1960" sprechen kann.

[126] Ein Bericht von der Demütigung des späteren Parteivorsitzenden Hu Yaobang durch Rote
Garden wird wiedergegeben in G. Th. Brown: Christianity, S. 120. Eine andere eindrückliche
Schilderung bei Seitz: China, S. 187.

[127] Vgl. z. B. R. W. M. Fung (Hg.): Graswurzel-Gemeinden, S. 106 f.

[128] Vgl. das Bild in J. D. Spence/A. Chin, a. a. O., S. 202 f.

[129] Zitiert nach W. Bauer: China und die Hoffnung auf Glück, S. 568.

Volk dienen" freiwillig in entlegene Gebiete, um dort die Lehren Maos zu verbreiten. Ein junger Mann aus einer christlichen Familie erzählt rückblickend:

Als die Funken der Kulturrevolution alle Teile des Landes erreichten, war ich Feuer und Flamme. Ich fühlte, dass ich als junger Mann aufs Land gehen müsste, um dort meinem Volk zu dienen. Mein Vater stellte sich mir nicht in den Weg. Bei der nächsten Freitagszusammenkunft erzählte ich den Versammelten von meinen Plänen und bat sie, für mich und meine Genossen zu beten ...[130]

Es war der rückhaltlose Einsatz für ein hohes, idealistisches gesellschaftliches Ziel, das zu den Verheerungen der Kulturrevolution führte.

Von Maos Tod (1976) bis in die Mitte der 90er Jahre des 20. Jahrhunderts war es Deng Xiaoping (1904–1997), der als Stellvertretender Ministerpräsident und Vorsitzender des Militärausschusses die chinesische Politik bestimmte.[131] Deng war Pragmatiker, nicht Ideologe.[132] Er hielt es für möglich, Technik und Wissenschaft des Westens aufzunehmen und doch an einer Staatsform festzuhalten, in der die bestimmende Rolle der Partei unangetastet blieb. Aus dieser Einstellung erwuchs sein kompromissloses Nein zu den parteikritischen Forderungen der Demokratiebewegung und deren brutale Niederschlagung am 4. Juni 1989. In den 80er Jahren des 20. Jahrhunderts aber ließ sich – anders als zur Zeit Maos – ein Pluralismus in Denken und Lebensstil nicht mehr verhindern.[133] Auch im geistigen Bereich entstand ein gewisser Pluralismus. Je unwichtiger die offizielle Ideologie für die Menschen wurde, desto mehr gewannen andere Strömungen an Bedeutung, unter ihnen auch die Religionen. Und dabei zeigte sich, dass auch das Christentum in den Verfolgungen der maoistischen Zeit nicht untergegangen, sondern im Gegenteil gewachsen war.

b) Die Einbindung der Kirche in den Aufbau einer sozialistischen Gesellschaft (1949–1965)

Mit der Regierungsübernahme der Kommunisten in China oder – in der geläufigen chinesischen Sprachregelung – mit der Befreiung Chinas begann auch für die christliche Kirche eine neue Epoche.

(1) Die chinesische Kirche im Jahr 1949 und das Modell der „Einheitsfront": Die chinesische Christenheit war im Jahr 1949 eine kleine Minderheit von weniger als 1 % der Gesamtbevölkerung. In einzelnen Volksgruppen allerdings war der prozentuale Anteil der Christen erheblich höher. So waren z. B. über 40 % der Hua Miao[134] (im Grenzgebiet von Yunnan und Guizhou), unter denen Samuel Pollard[135] gewirkt hatte,

---

130 R. W. M. Fung (Hg.), Graswurzel-Gemeinden, S. 128 f.
131 Zum Folgenden vgl. J. D. Spence: Chinas Weg in die Moderne, S. 767–880; J. K. Fairbank/ M. Goldman: China, S. 406–450; K. Seitz, a. a. O., S. 211–426.
132 Das zeigt sein berühmter Ausspruch: „Es kommt nicht darauf an, ob eine Katze schwarz oder weiß ist; solange sie Mäuse fängt, ist sie eine gute Katze."; zitiert nach K. Seitz, a. a. O., S. 179.
133 Vgl. besonders J. K. Fairbank/M. Goldman, a. a. O., S. 437–446.
134 J.-K. Tien: Peaks of Faith, S. 22.
135 Vgl. N. Diamond: Christianity and the Hua Miao: Writing and Power. In: D. H. Bays (Hg.): Christianity in China, S. 139–157.

und über 30 % der Lisu[136] Christen geworden. Es gab ungefähr drei Millionen katholische Christen und ca. eine Million Protestanten.[137] Die weitaus größte unter den protestantischen Kirchen war die 1927 gegründete *Church of Christ in China* mit ca. 177 000 Mitgliedern. Etwa 20 % der protestantischen Christen gehörten zu unabhängigen einheimischen Kirchen, von denen die *True Jesus Church* (ca. 125 000 Mitglieder) und die *Kleine Herde* (*Little Flock*, ca. 70 000 Mitglieder) die größten waren. Sieht man von den unabhängigen einheimischen Kirchen ab, so waren sowohl die katholische wie auch die protestantische Kirche immer noch stark von ausländischen Priestern bzw. Pfarrern bestimmt. In der katholischen Kirche waren von 5788 Priestern 3090 Ausländer. Bei den Protestanten gab es 2024 chinesische und 939 ausländische Pfarrer.[138] In der Gesellschaft spielten die Christen eine Rolle, die in keinem Verhältnis zu ihrer verhältnismäßig kleinen Zahl stand. Ein Grund dafür waren die sozialen Einrichtungen, die von den Kirchen bzw. Missionen getragen wurden: 429 höhere Schulen, 16 Universitäten, 538 Krankenhäuser.[139] Indirekt wirkte sich hier aus, dass sich die Mission zugleich als Trägerin der westlichen Kultur verstanden hatte, zu der Chinesen aller Schichten in zunehmendem Maße Zugang suchten.

Vor der kommunistischen Machtergreifung galt die Sympathie der chinesischen Christen überwiegend den Nationalisten Chiang Kai-sheks. Diese Einstellung wurde ihnen auch von den meisten Missionaren nahe gelegt. Dagegen hatte sich der CVJM-Sekretär Y. T. Wu (Wu Yaozong[140], 1893–1979), der in den folgenden Jahren zur einflussreichsten Gestalt des chinesischen Protestantismus wurde, schon in den 1940er Jahren dem Kommunismus zugewandt. Wu begrüßte die Kommunistische Revolution. Er beklagte die reaktionäre Haltung der Christen und rief zum Umdenken auf: „Die Zeiten fordern einen Schritt nach vorn."[141] Ein solcher Schritt musste nach Wus Ansicht die Kirche an die Seite der Kommunistischen Partei führen. Und tatsächlich begrüßte auch die KPCh einen solchen Schritt. Angesichts der übermenschlichen Aufgabe, ein vom Bürgerkrieg zerrissenes Land neu aufzubauen, griff die KPCh zu einem bewährten Modell, das geeignet zu sein schien, alle zur Verfügung stehenden Kräfte – selbstverständlich unter Führung der KPCh – für die Bewältigung der Zukunftsaufgaben zu vereinen: dem Modell der „Einheitsfront" (*united front*)[142], in der verschiedene Gruppen, die an ihrer Unterschiedlichkeit festhalten, sich doch in der Verfolgung eines gemeinsamen Anliegens zusammenschließen sollten („seeking the common ground, while reserving differences"[143]). Dafür sollten auch die Religio-

---

136 J.-K. Tien, a. a. O., S. 24.
137 Genauere Zahlen z. B. bei G. Th. Brown: Christianity, S. 78 f.; F. P. Jones: The Church in Communist China, S. 7–22.
138 Zahlen nach B. Whyte, a. a. O., S. 199 f.
139 Zahlen nach G. Th. Brown, Christianity, S. 78 f.; Zahlen, die sich nur auf die protestantischen Einrichtungen beziehen bei M. Gänßbauer: Religionspolitik in der VR China – zum Verhältnis zwischen Parteistaat und Kirche am Beispiel des protestantischen Christentums, in: Zmiss 27 (2001), S. 244–266, bes. S. 256.
140 W. Gao: Y. T. Wu. A Christian Leader Under Communism, in: D. H. Bays (Hg.): Christianity in China, S. 338–352.
141 Documents of the Three-Self Movement, S. 4.
142 Zum Folgenden vgl. P. L. Wickeri: Seeking the Common Ground, S. 45–109.
143 Ebd., S. XXI u. ö.

nen gewonnen werden. Die ideologische Basis für diese Haltung lieferte Mao Zedong in seiner Abhandlung „Über die richtige Behandlung der Widersprüche im Volke" (1957). Die Religionen gehörten nach Mao zu den nichtantagonistischen Widersprüchen, deren Vertreter nicht durch „Zwangs- und Unterdrückungsmaßnahmen", sondern „durch Überzeugung und Erziehung"[144] zur richtigen Einsicht gebracht werden müssen. Zu dieser Zeit freilich hatten viele Christen schon am eigenen Leib erfahren müssten, dass „Überzeugung und Erziehung" in der VRC mit erheblicher physischer und psychischer Gewalt verbunden sein konnten.[145]

(2) Das Ende der westlichen Mission in China: Es war klar, dass Missionsarbeit nach der Gründung der VRC nicht in derselben Weise wie vorher weitergehen konnte.[146] Aber mit einem völligen Ende der Mission hatten offenbar selbst die chinesischen Christen nicht gerechnet. Schon 1950 wurden die Kirchen aufgefordert, sich von „imperialistischen Elementen", zu denen Missionarinnen und Missionare gehörten, zu reinigen. Manche von ihnen wurden in öffentlichen Anklageversammlungen angegriffen. Berühmt wurde die Anklageversammlung gegen den presbyterianischen Missionar Dr. Frank W. Price in Shanghai. Als Ankläger brachte der Generalsekretär der *Church of Christ in China,* H. H. Tsui (Cui Xianxiang), gegen ihn vor, er sei antikommunistisch und antirussisch eingestellt, er habe Chiang Kai-shek beraten, eine Amerikareise von Studenten vermittelt und deren Unterbringung in Privathäusern organisiert, um die jungen Leute geistig zu vergiften. Zum Schluss gelobte Tsui, jeden Kontakt mit Price abzubrechen. Price wurde trotzdem nicht inhaftiert, sondern unter Hausarrest gestellt, wo er und seine Frau bis Herbst 1952 auf die Ausreisegenehmigung warteten. Im Verlauf des Jahres 1951 verließen fast alle protestantischen Missionare das Land. Das Ende der Chinamission wurde in den protestantischen Missionskreisen des Westens als Schock empfunden. Auch die katholischen Missionare verließen – wenn auch langsamer – das Land. Im Januar 1956 waren nur noch 16 Priester und elf Schwestern in China (davon 13 Priester im Gefängnis).[147] Manche der katholischen Ordensleute wurden in grausamer Weise misshandelt.[148] Erzbischof Antonio Riberi wurde im September 1951 nach Hongkong abgeschoben.[149]

(3) Die Anpassung der protestantischen Kirche an die Politik des Staates: „Anpassung" ist in diesem Zusammenhang nicht eo ipso negativ zu verstehen.[150] Als der Kirchen-

---

[144] Mao Tsetung: Über die richtige Behandlung der Widersprüche im Volke, in: Fünf Philosophische Monographien, Peking 1976, S. 89–147, Zitat S. 97 u. ö.

[145] Kritik an der positiven Beurteilung der chinesischen Einheitsfrontvorstellung durch Ph. Wickeri übt zu Recht M. Gänßbauer: Parteistaat, S. 96, 100, 286.

[146] Zu diesem Abschnitt vgl. R. C. Bush, Jr.: Religion in Communist China, S. 38–98; B. Whyte, a. a. O., S. 219–228; G. Th. Brown, a. a. O., S. 90–99; G. Evers: Die Länder Asiens, S. 100 f.

[147] Zahlen nach R. C. Bush, Jr., a. a. O., S. 60.

[148] Ebd., S. 49–61, S. 59, Anm. 63, weitere Erfahrungsberichte.

[149] Zu Erzbischof Riberi vgl. R. G. Orr: Religion in China, S. 65–84. Zur unterschiedlichen Beurteilung der Rolle Riberis vgl. G. Evers, a. a. O., S. 97 f.

[150] Zur Bedeutung der Vorstellung der Anpassung in der chinesischen Religionspolitik vgl. W. Glüer: Gegenseitige Anpassung und Harmonie. Zur Religionspolitik in der Volksrepublik China, in: R. Malek (Hg.): „Fallbeispiel" China, S. 491–502; Ph. Wickeri: Die Kirche in China am Vorabend des 21. Jahrhunderts, bes. S. 508; M. Gänßbauer, a. a. O., S. 149–194.

führer Y. T. Wu im Jahr 1954 in einer Versammlung kirchlicher Delegierter Orientierungspunkte der kirchlichen Arbeit für die kommenden Jahre darstellte, schloss er mit folgender Erklärung:

All diese Vorschläge dienen dazu, die Kirche zu reinigen und anzupassen und zu einem echten Zeugen für das Evangelium Christi zu machen.[151]

Y. T. Wu und andere chinesische Christen waren der Überzeugung, dass der kommunistische Staat den Christen helfe, das zu werden, was sie sein sollen, nämlich „Zeugen für das Evangelium Christi". Zugleich macht das Wort „Anpassung" deutlich, dass es nicht um ein Miteinander gleichrangiger Partner ging. Die „Führungsrolle der Partei" stand nicht zur Diskussion. Für diejenigen, die die Anpassung verweigerten, gab es keine Religionsfreiheit. Eine erste Konkretisierung der so verstandenen Anpassung der protestantischen Kirchen wurde im „Christlichen Manifest" (1950) versucht. Der Entwurf dieses kurzen Textes[152] stammte von Y. T. Wu. Er enthält einen dreifachen Appell: 1. Distanzierung vom Imperialismus und Solidarisierung mit der kommunistischen Partei, 2. Aufbau einer selbständigen chinesischen Kirche im Sinne der *Drei-Selbst-Bewegung*,[153] 3. Selbstkritik. Selbstkritik und Kritik anderer waren die Methoden der „Reform des Denkens" (*thought reform*), die in den 50er Jahren in ideologischen Schulungskursen und Anklageversammlungen durchgeführt wurde. Bis Ende 1952 hatten ca. 400 000 Personen – also ungefähr die Hälfte aller chinesischen Christen – das Manifest unterzeichnet. Es wurde sehr unterschiedlich beurteilt. Der frühere CIM-Missionar Leslie Lyall bezeichnete es als „Manifest des Verrats"[154], nach Richard Bush geht es in ihm darum, „wie die Kirche am besten ihre Loyalität der neuen Regierung gegenuber ausdrucken kann".[155] Dagegen meint Wickeri, dass das Christliche Manifest „für viele chinesische Christen die Entdeckung eines neuen Verständnisses christlich sozialen Bewusstseins bedeutete".[156]

Die Gründung der *Chinesischen Christlichen Patriotischen Drei-Selbst-Bewegung* (DSB) wurde im Januar 1951 auf einem Zusammentreffen von Kirchenführern mit Ministerpräsident Zhou Enlai in die Wege geleitet[157] und 1954 realisiert. Die DSB war keine Kirche, sondern eine von oben initiierte Bewegung innerhalb der Kirchen. Die Gemeinden mussten erst noch gewonnen werden. Dieser Aufgabe unterzogen sich die führenden Persönlichkeiten der neuen Bewegung mit großem Einsatz, indem sie die Kirchen besuchten und überall die Gründung regionaler und lokaler Drei-Selbst-Komitees anregten. Im Laufe der Zeit ging auf sie die Leitung der offiziellen Kirchen über, da sie die Unterstützung der Regierung hatten. Zugleich wurde von ihnen eine bedingungslose Unterstützung der staatlichen Politik erwartet. Auf dieser Basis schien

---

151 D. E. MacInnis: Religionspolitik, S. 129.

152 Deutsche Übersetzung in D. E. MacInnis: a. a. O., S. 169–171. Diese Übersetzung wird im Folgenden zitiert.

153 Sie sollte die Selbstverwaltung, Selbsterhaltung und Selbstausbreitung der Kirche gewährleisten.

154 L. Lyall: Trotz Wind und Wetter. Die gegenwärtige Lage der Kirchen in China, Gießen 1961, S. 17.

155 R. C. Bush, Jr., a. a. O., S. 178.

156 P. L. Wickeri, a. a. O., S. 133.

157 Dazu D. E. MacInnis, a. a. O., S. 52 f.

die protestantische Kirche im kommunistischen China eine echte Lebensmöglichkeit zu haben.

In der zweiten Hälfte der 50er Jahre allerdings ging die Entwicklung in eine Richtung, die zu einem zunehmenden Verkümmern des kirchlichen Lebens führte. Jetzt sollten alle Kräfte für die gesellschaftliche Entwicklung und „produktive Arbeit" eingesetzt werden. In vielen Städten wurde die Anzahl der Kirchen, in denen Gottesdienste gehalten wurden, drastisch reduziert. In Peking blieben von 64 Kirchen vier geöffnet, in Shanghai von 200 nur 23.[158] Für Kirchenordnung und Gottesdienstgestaltung wurden unter der Leitung der Drei-Selbst-Komitees pragmatische Regelungen auf der lokalen Ebene gefunden, wie etwa in Taiyuan, der Hauptstadt der Provinz Shanxi.[159] Die Vereinbarung von Taiyuan beginnt mit folgender Bestimmung:

Der Gottesdienst in der Stadt Taiyuan soll vereinigt werden, mit einem Personal von drei oder vier Personen. Außer diesem Personal und den Mitarbeitern im Drei-Selbst-Büro sollen sich alle anderen kirchlichen Mitarbeiter in den sozialistischen Aufbau des Mutterlandes stürzen […]. Aller Grundbesitz, beweglicher Besitz und Kirchenvermögen sollen dem Drei-Selbst-Komitee zur gemeinsamen Verwaltung übergeben werden.[160]

Die Anpassung an die weltanschaulichen Vorgaben der Partei brachten auch Eingriffe in Lehre und Verkündigung mit sich:

Es soll eine kritische Überprüfung aller Bücher und Veröffentlichungen vorgenommen werden, die von den Kirchen bei der Auslegung der Bibel benutzt werden. Diejenigen, die giftiges Material (*poisonous material*) enthalten, sollen ausnahmslos ausgeschieden werden. Lehren, die Zusammenarbeit fördern und die mit dem Sozialismus übereinstimmen, sollen gestärkt (*encouraged*) werden […]. Negative und pessimistische Lehren, wie die von der Endzeit oder von der Nichtigkeit der Welt, sollen nicht länger betont werden.[161]

Das war die Entwicklung in der offiziellen Kirche. Von ihr unabhängig und unkontrolliert entstanden in den 50er Jahren Hauskirchen, die von Laien geleitet und - in denen Bibelstudium, Singen und Gebet ohne die Aufsicht offizieller Stellen gepflegt wurden. Die staatlichen Stellen betrachteten sie mit Misstrauen. Erst zu Beginn der 80er Jahre wurde bekannt, wie lebendig die religiöse Praxis in den Hauskirchen war.

Die DSB ging in der Anpassung an Regierung und Partei manchmal sehr weit. In ihrer Zeitschrift wurde der Geburtstag Stalins ebenso gefeiert wie die Niederschlagung des Aufstandes in Ungarn 1956.[162] Drei-Selbst-Komitees in Shanghai feierten ein Fest zum Abschuss eines US-Flugzeugs über Kuba.[163] Vor allem aber haben die von der Drei-Selbst-Bewegung durchgeführten Maßnahmen zur Reform des Denkens und die Anklageversammlungen[164] Unverständnis und oft Abscheu hervorgerufen.

Auf der Konferenz im Jahr 1951, auf der das Vorbereitungsgremium für die Drei-Selbst-Bewegung konstituiert wurde, kam es zu den ersten Anklageveranstaltungen.

---

[158] Zahlen nach B. Whyte, a. a. O., S. 267.
[159] Vgl ebd., S. 267 f., und P. L. Wickeri, a. a. O., S. 219 f.
[160] Ebd., S. 219.
[161] Ebd., S. 220.
[162] A. Hunter/K.-K. Chan: Protestantism, S. 24.
[163] R. C. Bush, Jr., a. a. O., S. 248.
[164] Dazu P. L. Wickeri, a. a. O., S. 133–146; R. C. Bush, Jr., a. a. O., S. 187–219.

Ein methodistischer und ein anglikanischer Bischof klagten jeweils einen anderen Bischof derselben Kirche an. Der methodistische Bischof Z. T. Kaung (Jiang Changchuan) stellte seine Anklagerede gegen seinen Kollegen W. Y. Chen unter die Überschrift „Ich klage diesen christlichen Schurken W. Y. Chen an". Er begann mit folgendem Satz:

Heute erhebe ich mich in äußerster Verärgerung und Scham, um diesen christlichen Schurken W. Y. Chen anzuklagen, der – verborgen in der methodistischen Kirche – ein williges Werkzeug des amerikanischen Imperialismus und des Banditen Chiang Kai-shek gewesen ist und der gegen das Volk und die Revolution gearbeitet hat.[165]

Der Bischof versicherte, er werde sich dafür einsetzen, dass seine Kirche „von allen Schurken wie W. Y. Chen" gereinigt wird und sie „unter der Leitung der Regierung vereint und positiv an der Bewegung ‚Widerstand gegen Amerika Hilfe für Korea' wie auch an allen anderen antiimperialistischen Bewegungen teilnimmt und so hilft, das neue China zu bauen".[166] Bis Mitte 1952 fanden 169 große Anklageveranstaltungen in 124 Städten statt.[167] Danach wurden sie angeblich nicht mehr gefördert.[168] Opfer einer Anklage wurde auch T. C. Chao, der bekannteste chinesische Theologe der ersten Hälfte des 20. Jahrhunderts.[169] Großes Aufsehen erregte die Anklageveranstaltung gegen den unabhängigen Prediger Wang Mingdao.[170] Seine Kirche, *Christian Tabernacle* in Peking, war von ausländischer Hilfe vollständig unabhängig. Eine Verbindung mit den imperialistischen Mächten ließ sich also gegen ihn nicht geltend machen. Aber Wang war ein kämpferischer Fundamentalist, der mit den „liberalen" Vertretern der DSB, die er für Ungläubige hielt, keinerlei Gemeinschaft haben wollte. 1955 griff Wang die Führer der DSB, besonders Y. T. Wu und Bischof K. H. Ting, in einem Pamphlet mit dem Titel „Wir, auf Grund des Glaubens" („We, Because of Faith") scharf an:

Diese Leute haben keinen Glauben; sie glauben nicht an Jesus; sie sind keine Christen. […] Sie sind Diebe und Räuber in der Kirche, sie sind Wölfe im Schafspelz, die in den Pferch der Schafe eindringen. […] Von Respekt vor solchen Leuten oder Vereinigung mit ihnen kann keine Rede sein.[171]

Nachdem sich auf einer ersten Anklageversammlung die Menschen geweigert hatten, Wang zu verurteilen, wurden er und seine Frau 1955 verhaftet. Gesundheitlich gebrochen wurde er entlassen und legte ein Bekenntnis ab, in dem er sich als „Konterrevolutionär" bezeichnete und der Regierung für die Behandlung dankte, die sie ihm hatte zuteil werden lassen. Kurze Zeit später widerrief er das Geständnis und wurde erneut

---

[165] Zitiert nach F. P. Jones: The Church in Communist China, S. 67.

[166] Ebd., S. 67 f.

[167] Nach einer Angabe von Y. T. Wu, berichtet bei P. L. Wickeri, a. a. O., S. 134.

[168] So ebd. Vgl. dagegen jedoch D. E. MacInnis: a. a. O., S. 227.

[169] Kurzer Überblick über Leben und Theologie von T. C. Chao in: W. Glüer: T. C. Chao 1888–1979.

[170] R. C. Bush, Jr., a. a. O., S. 214–218; P. L. Wickeri, a. a. O., S. 164–170. Eine scharfe Kritik an Wang bietet K. H. Ting: Truth and Slander, in: No Longer Strangers, S. 141–146.

[171] M. Wang: We, Because of Faith, abgedruckt in: Documents of the Three-Self Movement, S. 99–114, Zitat S. 104.

inhaftiert. Erst 1979 wurde er – als 79-Jähriger – freigelassen. Bis zu seinem Tod im Jahr 1991 lebte Wang in Shanghai.[172] Die Anklageversammlungen wurden als Instrument der Volkserziehung verstanden, zerstörten aber – vor allem durch die „Vorliebe" für das Heranziehen Bekannter, von Freunden, Mitarbeitern und sogar Familienangehörigen als Ankläger – das Vertrauen der Menschen zueinander. Der Präsident der Yanjing-Universität in Peking, Lu Zhiwei, beispielsweise wurde von seiner eigenen Tochter öffentlich angeklagt.[173] Dabei muss man bedenken, dass in der chinesischen traditionellen Moral die Kindesliebe den höchsten Wert hatte.

Einen deutlich positiv-erzieherischen Charakter hatten die Schulungskurse. In ihnen wurden die Teilnehmenden aufgefordert, ihre Ansichten zu äußern. Diese wurden kritisiert und korrigiert. Als Höhepunkt sollten die Kursteilnehmer in einem autobiographischen Aufsatz darstellen, wie durch die Schulung ihr Leben und Denken verändert wurden.[174] Das Modell für eine solche Abhandlung lieferte Y. T. Wu selbst mit seinem Aufsatz „Wie die Kommunistische Partei mich erzogen hat", der 1951 in „Tianfeng", der Zeitschrift der Drei-Selbst-Bewegung, erschien.[175] Im Stil einer Bekehrungsgeschichte berichtet Wu von seinem Weg zum Kommunismus. Die Kommunistische Partei habe ihm zu einem neuen Verständnis des Wortes „Liebet eure Feinde" verholfen und ihm Klarheit über den Imperialismus, die Revolution, das Proletariat und das Verhältnis von Theorie und Praxis verschafft.

(4) Die Anpassung der katholischen Kirche an die Politik des Staates: Die Forderung der „Drei Selbst" stellte die katholische Kirche in China vor schwierigere Probleme als die protestantische.[176] Für die römisch-katholische Kirche gehört die Verbindung zum Papst zum Wesen der Kirche. Eine völlige Selbständigkeit, die jede Einflussnahme von außerhalb in die Leitung der Kirche ausschloss, schien unannehmbar zu sein. So folgten auch nur wenige katholische Christen und noch weniger Kleriker dem Aufruf zur Gründung einer *Bewegung der Drei Autonomien*. Sie wurde in einer von mehrheitlich ausländischen Bischöfen verfassten Schrift[177] schroff zurückgewiesen. Kirchenräume, die im Sinne der Drei-Autonomie-Bewegung gestaltet waren – wie etwa die *St. Michael's Church* in Peking –, verstärkten den Widerstand noch: Rote Fahnen schmückten den Altar, an den Säulen hingen Bänder mit der Aufschrift „Lang lebe Mao Zedong", „Lang lebe der Kommunismus", Marien- und Heiligenbilder waren durch Bilder von Mao Zedong und anderen Parteiführern ersetzt. Die katholische Bevölkerung mied die Kirche.[178] Papst Pius XII. unterstrich und forderte die Ableh-

---

[172] Die Bemerkung Wickeris „… es war Wang Mingdao, der die Drei-Selbst-Bewegung ablehnte, nicht umgekehrt" (P. L. Wickeri, a. a. O., S. 169), stellt die Dinge auf den Kopf. Wang lehnte die Drei-Selbst-Bewegung mit seinen Worten ab, die Drei-Selbst-Bewegung zerstörte deshalb Wangs Leben.

[173] Ihre Anklagerede ist wiedergegeben in F. P. Jones: The Church in Communist China, S. 71 f.

[174] Ein Ausschnitt aus einem derartigen Aufsatz (von Shen Yifan) in B. Whyte, a. a. O., S. 231.

[175] Documents of the Three-Self Movement, S. 51–54.

[176] G. Evers, a. a. O., S. 99–102.

[177] „The Church in China: Declaration and Principles". Englische Übersetzung in China Missionary Bulletin, Asia, 3 (4) (1951), S. 384–386; dazu E. O. Hanson: Catholic Politics in China and Korea, Maryknoll-New York 1980, S. 35 f.

[178] R. C. Bush, Jr., a. a. O., S. 116.

nung der Rom-kritischen Bewegung in mehreren päpstlichen Schreiben.[179] Zentrum des Widerstandes gegen die Rom-kritische Bewegung in der katholischen Kirche wurde Bischof Kong Binmei[180] von Shanghai, der 1955 mit einigen hundert weiteren Katholiken verhaftet wurde. Erst 1960 fand der Prozess gegen ihn statt, in dem er zu lebenslanger Haft verurteilt, aus der er aber 1985 entlassen wurde. In der Einsicht, dass „Autonomie" – verstanden als Unabhängigkeit von Rom – für katholische Christen ein Reizwort war, wurde der Name der Bewegung mehrfach geändert: zuerst in *Antiimperialistische Bewegung für die Liebe zu Land und Kirche* und schließlich, im Jahr 1957, in *Chinesische Katholische Patriotische Vereinigung* (CKPV, meist abgekürzt als *Patriotische Vereinigung* bezeichnet). An ihrer Gründungsversammlung im Jahr 1957 nahmen 241 Personen teil, darunter zehn Bischöfe und 200 Priester.

Zum Hauptproblem wurde die Nominierung und Weihe von Priestern und Bischöfen. Den Vertretern der *Patriotischen Vereinigung* lag nicht an einem Bruch mit Rom. Als deshalb die zunehmende Zahl der Vakanzen die Ernennung neuer Bischöfe erforderlich machte, meldeten sie die Namen der ersten beiden Kandidaten dem Vatikan, in der Hoffnung, dessen Zustimmung zu erhalten. Die Antwort war jedoch eine kompromisslose Ablehnung. Trotzdem wurden die beiden Bischöfe im April 1958 geweiht. Pius XII. antwortete im Juni 1958 mit dem päpstlichen Schreiben *Ad apostolorum principis* (*Am Grab des Fürsten der Apostel*).[181] Er wies darauf hin, dass ein derartiger Akt „automatisch" zur Exkommunikation der Geweihten und der konsekrierenden Bischöfe führen könne:

… wenn eine Weihe dieser Art durchgeführt wird, entgegen allem Recht und Gesetz, und durch dieses Vergehen die Einheit der Kirche ernsthaft gefährdet wird, so ist eine Exkommunikation festgesetzt, die in speziellster Weise (specialissimo modo) dem Apostolischen Stuhl vorbehalten ist, die den Weihenden und den, der diese in unverantwortlicher Weise gespendete Weihe empfangen hat, automatisch treffen.[182]

Diese päpstliche Äußerung wurde von manchen chinesischen Bischöfen – bis 1962 wurden über 40 Bischöfe ohne Mitwirken Roms geweiht – als vollzogene Exkommunikation verstanden, obwohl eine solche nicht für eine bestimmte Person erklärt und deshalb kirchenrechtlich auch nicht verhängt worden war.[183] Seit 1959 gelten die in China unabhängig von Rom vollzogenen Bischofsweihen als gültig (*valid*), aber ungesetzmäßig (*illicit*).[184]

Zunächst entstand der Eindruck, als setze sich die *Patriotische Vereinigung* innerhalb der katholischen Kirche langsam durch. In der Zeit der Liberalisierung nach der Kulturrevolution zeigte sich aber, dass der Widerstand im Untergrund lebendig geblieben war.

---

[179] Enzykliken *Cupimus imprimis* (Vor allem wünschen wir) von 1952 (AAS 44) und *Ad Sinarum gentes* (An die Völker Chinas) von 1954 (AAS 47).

[180] Zu seiner Haltung genauer B. Whyte, a. a. O., S. 248.

[181] AAS 50, englische Übersetzung in E. Wurth (Hg.): Papal Documents related to the New China, 1937–1984, Hongkong-Maryknoll 1985, S. 51–60.

[182] Zitiert nach dem englischen Text bei G. King: A Schismatic Church?, S. 82.

[183] Zu den kirchenrechtlichen Fragen in diesem Zusammenhang vgl. G. King, a. a. O., passim.

[184] R. G. Orr: Religion in China, S. 72 f.

c) Die Verfolgung der Kirche während der Kulturrevolution (1966–1976) und die Hauskirchen-Bewegung

Zu den „vier alten Dingen" (Sitten, Gebräuche, Kultur und Denkart), gegen die sich die Kulturrevolution richtete, gehörte auch die Religion. Und der linke Flügel der KPCh, der sich – mit Maos Frau Jiang Qing an der Spitze – in der Kulturrevolution durchsetzte, wollte nicht mehr warten, bis die Religion infolge der allgemeinen Verbesserung der Lebensverhältnisse von selbst verschwände, sondern rief zum Kampf gegen sie auf. Die neue Einstellung zur Religion kommt drastisch in einer Passage des Vorworts zum Ausdruck, das Fan Wenlan, ein Mitglied des Zentralkomitees der KPCh, zu einem Buch über den Buddhismus schrieb:

Religion [...] wird nicht von selbst verschwinden [...]. Wenn eine sterbende Kobra einen Menschen beißt, kann sie ihn noch immer verwunden oder töten. Deshalb, unabhängig davon, ein wie kleiner Rest an Gift der Religion geblieben ist, man muss an allen Fronten einen entschiedenen Kampf gegen sie führen und alle ihre giftigen Wurzeln herausreißen und vernichten.[185]

Von diesem Kampf war nicht nur das Christentum – und zwar Katholiken und Protestanten gleichermaßen – betroffen, sondern auch die anderen Religionen. So führte die Kulturrevolution die Christen in eine „Gemeinschaft der Leidenden"[186], die die Grenzen der Religionen und Weltanschauungen übergriff und der Kirche den Charakter eines Fremdkörpers in China nahm.[187]

(1) Der Versuch der Vernichtung des Christentums in China: Im August 1966 setzte der Angriff auf religiöse Einrichtungen ein. Aus Kirchen wurden Kreuze und andere religiöse Gegenstände entfernt. Die Roten Garden nutzten die Gebäude zu anderen Zwecken. In einer Kirche in Peking wurde eine Mao-Statue aufgestellt. Man verbrannte Bibeln und Gesangbücher öffentlich. Am CVJM-Gebäude in Peking wurde ein Plakat mit folgender Aufschrift angebracht:

Es gibt keinen Gott; es gibt keinen Geist; es gibt keinen Jesus; es gibt keine Maria; es gibt keinen Joseph. Wie können erwachsene Menschen solche Dinge glauben? [...] Wir rufen alle Menschen auf, Bibeln zu verbrennen, Bilder zu zerstören und religiöse Vereinigungen zu zerschlagen.[188]

Natürlich richtete sich die Aggression nicht nur gegen Sachen, sondern auch gegen Menschen. Manche Pastoren und kirchlichen Mitarbeiter wurden misshandelt.[189] Die Kulturrevolution wurde freilich nicht überall in China in gleicher Weise durchgeführt, in manche abgelegenen ländlichen Gebiete gelangte sie überhaupt nicht. Der Leiter einer kleinen christlichen Gemeinschaft erinnerte sich:

Die Kulturrevolution kam nicht bis zu uns. Wir waren davon nie ernsthaft betroffen, außer dass einige unserer Jugendlichen zeitweise nicht auf die Felder gingen und behaupteten, sie seien jetzt Revolutionäre. Aber damit machten sie sich nur lächerlich.[190]

---

185 Zitiert nach B. Whyte, a. a. O., S. 288.
186 Diesen Aspekt hob Bischof K. H. Ting hervor; vgl. B. Whyte, a. a. O., S. 297 f.
187 Zum Ergehen der Christen in der Kulturrevolution vgl. ebd., S. 288–316; P. L. Wickeri, a. a. O., S. 179–185; T. Lambert: The Resurrection of the Chinese Church, London etc. 1991, S. 9–27.
188 Zitiert nach R. C. Bush, Jr., a. a. O., S. 257.
189 Vgl. z. B. ebd., S. 259; G. A. Hood: Mission Accomplished?, S. 277.
190 R. W. M. Fung (Hg.), a. a. O., S. 84.

Manchmal gelang es verständnisvollen Parteikadern, einen mäßigenden Einfluss auszuüben. Zu ihnen gehörte vor allem Ministerpräsident Zhou Enlai.[191] Aber das waren
Ausnahmen. Erklärtes Ziel der Führer der Kulturrevolution war es, die Religion auszurotten. Deshalb wurden nahezu alle Kirchen und religiösen Einrichtungen geschlossen. Diplomaten aus Afrika und Indonesien bewirkten Anfang der 70er Jahre die
Öffnung von zwei Kirchen in Peking. In die Gottesdienste und Messen wagten sich
aber kaum Chinesen. Wenzhou in der östlichen Küstenprovinz Zhejiang wurde zum
„religionsfreien Distrikt" erklärt.[192] Jiang Qing verkündete, dass die Religion tot sei,[193]
und christliche Beobachter – wie James Endicott[194] – hatten denselben Eindruck.
Inzwischen waren freilich unabhängig von der offiziellen Kirche Gemeinden entstanden, in denen das Christentum die Kulturrevolution überlebte.

(2) *Die Hauskirchen-Bewegung:* Das Phänomen der Hauskirchen, das sich schon zu
Beginn der 50er Jahre – also lange vor der Kulturrevolution – herauszubilden begann,
ist vor allem wegen des niedrigen Organisationsgrades dieser Gemeinschaften sehr
schwer als Einheit zu erfassen. Die Zahl ihrer Mitglieder war unterschiedlich und
unterlag starken Schwankungen. Phasen intensiver Verfolgung konnten zur Auflösung von Gemeinschaften führen, die sich später wieder bildeten. Während die einen
Gruppen völlig isoliert lebten, waren andere zu Netzwerken unterschiedlicher Größe zusammengeschlossen. Die Bezeichnung „Hauskirchen" ist schon im Hinblick
auf die Größe vieler Gemeinschaften unzutreffend. Als Alternativen wurden u. a.
vorgeschlagen „autonome christliche Gemeinschaften"[195] oder „Graswurzel-Gemeinden"[196]. Keiner dieser Vorschläge hat sich jedoch bislang durchgesetzt. Deswegen
wird auch hier die Bezeichnung „Hauskirchen" beibehalten.

Das Verhältnis zu den politischen Behörden war unterschiedlich. Natürlich konnten
Hauskirchengemeinschaften in der Regel nicht völlig im Verborgenen leben. Eine
Hausgemeinde versuchte dem Konflikt mit den Roten Garden dadurch auszuwei-
chen, dass bei jedem Zusammenkommen „einige Zeit für die Beschäftigung mit den
‚Gedanken des Vorsitzenden Mao'" eingebaut wurde.[197] Christus und Mao schienen
manches gemeinsam zu haben: „Jesus liebt die Armen und dies tut auch der Vorsitzende Mao."[198] Andere waren auch dann nicht zu Kompromissen bereit, wenn das zu
grausamen Misshandlungen führte.

Unterschiedlich war auch das Verhältnis der Hauskirchen zur offiziellen Kirche.
Manche Hauskirchen wuchsen aus der offiziellen Kirche heraus. In anderen Fällen
bestand zwischen den Hauskirchen und den Vertretern der offiziellen Kirche bittere
Feindschaft. Die Attraktivität der Hauskirchen erregte den Neid mancher Pastoren,
die nicht zögerten, die Hauskirchenleiter mit Hilfe staatlicher Instanzen auszuschal-

---

[191] P. L. Wickeri, a. a. O., S. 183.

[192] Ebd.

[193] A. Hunter/K.-K. Chan: Protestantism, S. 1.

[194] Endicott war der Ansicht, dass das Christentum in der Kulturrevolution selbst weiterlebe,
da diese „die Prinzipien der Bergpredigt" vertrete; vgl. B. Whyte, a. a. O., S. 309; vgl. auch
P. L. Wickeri, a. a. O., S. 14 f.

[195] A. Hunter/K.-K. Chan, a. a. O., S. 81.

[196] R. W. M. Fung (Hg.), a. a. O.

[197] Ebd., S. 61.

[198] J.-K. T'ien: Peaks of Faith, S. 86.

ten.[199] Die theologischen Ansichten der Pastoren der DSB waren manchen Hauskirchenmitgliedern zu liberal, ihr Lebenswandel nicht streng genug. Angesichts dieser Unterschiede zwischen den einzelnen Hauskirchen ist es schwer, gemeinsame Charakteristika zu finden. Nur eines haben sie gemeinsam: Es handelt sich um unabhängige Gemeinschaften unterschiedlicher Größe, die sich zu Bibelstudium, Gebet und Gesang trafen und deren Mitglieder einander in den Problemen des täglichen Lebens unterstützten. Meist wurden die Gruppen von Laien geleitet.

Nachdem Bibeln und Gesangbücher vielfach konfisziert und verbrannt worden waren, wurde die Bibel zu einem wertvollen Schatz. Apokalyptische Bücher – Offenbarung und Daniel – waren besonders beliebt.[200] Sie schienen durch die Erfahrung der Gemeindeglieder bestätigt zu werden: Christen müssen leiden, denn „das Tor zum Himmel ist eng".[201] Weil die Gesangbücher eingezogen worden waren, wurden neue Lieder geschaffen. Heilungen durch Gebet spielten eine Rolle[202], ein Aspekt, der nach der Kulturrevolution immer mehr an Bedeutung gewann. Und natürlich traten auch zweifelhafte Erscheinungen auf: möglichst geräuschvolles Singen[203], Gebet als Glaubenstest[204], Taufen[205] und Heilungsgebete[206] gegen Bezahlung, Streit und Spaltungen. Trotzdem entstanden in den Hauskirchen Gemeinschaften, in denen selbstlose Hilfe geübt wurde und die den Menschen in einer chaotischen Zeit Halt und Sinn gaben. Und da Christen und Nichtchristen gleichermaßen Opfer der politischen Fehlentscheidungen wurden zeigten die Hauskirchen auch für ihre nichtchristlichen Leidensgenossen eine Alternative.

(3) Die katholische Kirche in der Kulturrevolution: Auch die Katholiken pflegten in den Jahren der Kulturrevolution den Glauben in kleinen Gruppen. Der wichtigste Ort der Weitergabe des Glaubens aber war die Familie.[207] An den Kindern wurde von Eltern oder Großeltern eine „vorläufige Taufe" mit einer einfachen trinitarischen Taufformel vollzogen. Besonders die Großmütter übten weiter die Rituale aus und unterrichteten die Enkel in den wichtigsten Lehren des Glaubens.

c) Die Duldung der Kirche in der sozialistischen Gesellschaft Chinas nach Mao Zedong (ab 1976)

Die Religionspolitik der 80er und 90er Jahre des 20. Jahrhunderts war nicht nur eine Abkehr von den Verirrungen der Kulturrevolution und eine Rückkehr zu den religionspolitischen Grundsätzen, wie sie zu Beginn der kommunistischen Epoche in Geltung gewesen waren. Die Entfaltungsmöglichkeiten der Kirche waren jetzt größer, ihre gesetzlichen Absicherungen verlässlicher, die Haltung der zuständigen Behörden meist verständnisvoller. Das alles hing wohl auch mit der gesunkenen gesellschaftlichen

---

199 A. Hunter/K.-K. Chan, a. a. O., S. 194, 203.
200 Ebd., S. 206.
201 J.-K. T'ien, a. a. O., S. 112 f.
202 R. W. M. Fung (Hg.), a. a. O., S. 31, 47 f., 123; A. Hunter/K.-K. Chan, a. a. O., S. 205.
203 A. Hunter/K.-K. Chan, a. a. O., S. 197.
204 Ebd., S. 201.
205 Ebd., S. 205.
206 R. W. M. Fung (Hg.), a. a. O., S. 47 f.
207 R. Madsen: China's Catholics, S. 57 f.

Akzeptanz der Kommunistischen Partei und einer gewissen Ernüchterung und Enttäuschung zusammen, vor allem aber mit der Liberalisierung, die Ende der 70er Jahre – nach einer auf Maos Tod folgenden Übergangsphase – einsetzte.[208] Nach wie vor in Geltung blieb jedoch die Forderung der Anpassung von Kirche und Theologie an den Parteistaat.[209]

(1) Religionspolitische Vorgaben: Der erste Satz des Artikels 36 der chinesischen Verfassung von 1982[210] garantiert – wie auch schon die Verfassung von 1954 – jedem Bürger die Religionsfreiheit:

Die Bürger der Volksrepublik China genießen die Glaubensfreiheit *(freedom of religious belief).*[211]

Im gleichen Jahr verabschiedete das Zentralkomitee der KPCh das *Dokument 19,* das für die Religionspolitik in den letzten beiden Jahrzehnten des 20. Jahrhunderts größte Bedeutung hatte.[212] *Dokument 19* folgt dem traditionellen marxistischen Religionsverständnis in der Annahme, dass Religion im Laufe der gesellschaftlichen Entwicklung vom Sozialismus zum Kommunismus „auf natürliche Weise verschwinden" (S. 44) und „nach und nach absterben" (S. 62) werde, da die Menschen „den leeren Wahn einer Welt Gottes" nicht mehr brauchen würden (S. 62). Dies werde jedoch erst nach „einer langfristigen Entwicklung" (S. 43), „nach einem sehr langen Geschichtsabschnitt, nach vielen Generationen" (S. 62) geschehen. Dieser langwierigen Entwicklung dürfe man nicht vorgreifen, etwa durch den Versuch, die Religion mit Gewalt zu beseitigen (S. 44). Die Religionsfreiheit solle vielmehr respektiert und geschützt werden (S. 48), früheres Unrecht solle – soweit möglich – wiedergutgemacht werden, beschlagnahmte Gebäude sollten zurückgegeben werden, unrechtmäßig verurteilte oder inhaftierte Personen rehabilitiert werden (S. 47). Die Religionsfreiheit sei freilich kein Wert in sich, sondern solle die Einbeziehung religiöser Menschen und Gruppen in die von der Partei geführte Einheitsfront ermöglichen, damit sie „ihren ganzen Willen und ihre Kraft dahingehend einsetzen, einen modernen, machtvollen, sozialistischen Staat aufzubauen" (S. 49). Dementsprechend gelte die Religionsfreiheit nicht uneingeschränkt. Sie gilt nur für „normale religiöse Tätigkeiten", nicht für solche, die

---

208 A. Hunter/K.-K. Chan, a. a. O., S. 21–65; D. E. MacInnis: Religion im heutigen China; M. Gänßbauer, a. a. O.

209 Dazu M. Gänßbauer, a. a. O., S. 149–194. Sie zeigt auch, dass dieser Forderung von führenden Persönlichkeiten der protestantischen Kirche entsprochen wurde (vgl. S. 152 f., S. 178).

210 Zum Folgenden vgl. P. L. Wickeri, a. a. O., S. 101–106. Der Text des Art. 36 der Verfassung von 1982 im Folgenden zitiert nach D. E. MacInnis: Religion im heutigen China, S. 73 f.

211 Der entsprechende Artikel in der Verfassung von 1978 lautete: „Die Bürger genießen die Freiheit, an Religion zu glauben und die Freiheit, nicht an Religion zu glauben und den Atheismus zu propagieren." Zu den Grenzen der Religionsfreiheit in Art. 36 vgl. M. Gänßbauer, a. a. O., S. 58–64.

212 *Dokument 19* im Folgenden zitiert nach D. E. MacInnis, a. a. O., S. 41–63. Auf diese Veröffentlichung beziehen sich die im Text genannten Seitenzahlen. *Zu Dokument 19* vgl. M. Gänßbauer, a. a. O., S. 77–87.

zu einer Störung des öffentlichen Lebens führen könnten[213] und nicht für „alle aber-
gläubischen Praktiken" (S. 58). Den Gläubigen sei es nicht gestattet, „außerhalb von
Kultstätten […] den Theismus zu propagieren". Verboten sei es, „Menschen unter 18
Jahren zu zwingen, Mitglied einer Kirche zu werden" (S. 49). Auch auf die Heranbildung religiöser Amtsträger solle die Partei Einfluss nehmen, und zwar mittels der
„patriotischen religiösen Organisationen" (wie z. B. der Drei-Selbst-Bewegung), die
„der Führung der Partei und der Regierung unterliegen" (S. 54).

So sind auch in *Dokument 19* Ansatzpunkte vorhanden, die eine Kontrolle der Religionen und Einflussnahme auf ihre Entwicklung durch Partei und Regierung ermöglichen. In Parteidokumenten nach 1989 wird die noch stärker betont.[214] *Dokument 19*
ist allerdings recht unbestimmt in den Anweisungen, die den Parteifunktionären in
dieser Hinsicht gegeben werden. Sie werden vor einer „Tendenz des laissez-faire"
gewarnt (S. 47) und sollten

eine Haltung einnehmen, wie sie von LENIN als „äußerste Wachsamkeit", „sehr genau sein"
und „die Dinge gründlich bedenken" bezeichnet wurde. Denn beides wäre falsch: die Ernsthaftigkeit und Komplexität der Frage zu überschätzen und deshalb in Panik zu geraten, wie
auch die Existenz und Komplexität der aktuellen Frage zu ignorieren und so die Zügel aus der
Hand zu lassen. (S. 45)

Ähnlich vage ist die Anweisung bezüglich der Hauskirchen:

Das Versammeln der Protestanten in Hauskreisen zu Gottesdiensten ist im Grunde nicht
erlaubt. Doch dieses Verbot soll nicht zu streng gehandhabt werden. (S. 53)

Manche Staatsbeamten zogen daraus den Schluss, dass es das Beste sei, möglichst
wenig einzugreifen, da im Falle auftretender Probleme immer ihnen die Schuld gegeben werden konnte.[215]

Die politisch-rechtlichen Vorgaben der Religionspolitik verbanden also die grundsätzliche Religionsfreiheit mit den Möglichkeiten staatlicher Kontrolle und Einflussnahme. Den Zeitumständen, der persönlichen Einstellung von Beamten und den lokalen Gegebenheiten entsprechend konnte jeweils das eine oder das andere stärker
gewichtet werden. Die allgemeinen Rahmenbedingungen wurden durch Deng
Xiaopings „Vier Prinzipien" markiert, die nicht verletzt werden durften, nämlich
Sozialismus, Diktatur des Proletariats, Führungsrolle der Partei und die Verbindung
des Marxismus-Leninismus mit den Gedanken Mao Zedongs. Ein nationales Religionsgesetz, wie es führende protestantische Persönlichkeiten 1998 gefordert hatten,[216] gab
es nicht.[217]

---

213 Vgl. Art. 36 der Verfassung von 1982 (zitiert in D. E. MacInnis, a. a. O., S. 73 f.): „Der Staat
schützt normale religiöse Tätigkeiten. Niemand darf eine Religion dazu benutzen, Aktivitäten durchzuführen, die die öffentliche Ordnung stören, die körperliche Gesundheit von
Bürgern schädigen oder das Erziehungssystem des Staates beeinträchtigen."

214 A. Hunter/K.-K. Chan, a. a. O., S. 100 f.

215 Ein Beispiel dafür ist ebd., S. 34 f., zitiert.

216 Vgl. „Für Rechtsstaatlichkeit und den baldigen Erlass eines ‚Religionsgesetzes'". Gemein-
samer Aufruf von 13 Vertretern der evangelischen Kirche auf einer Sitzung der Nationalen
Politischen Konsultativkonferenz. Abgedruckt in: Aktuelle China Nachrichten, Nr. 28,
Hamburg 1998, S. 7–9.

217 „Kein nationales Religionsgesetz Chinas in Sicht", in: ebd., Nr. 46, Hamburg 2001, S. 1.

(2) Kirchliche Strukturen im Protestantismus: Die Verfolgung der Christen in der Kulturrevolution zerstörte zwar den administrativen Überbau der kirchlichen Verwaltung, die Drei-Selbst-Bewegung. Es gelang ihr aber nicht, die christlichen Gemeinden zu vernichten. Sie wurden in den Untergrund getrieben, wo – wie *Dokument 19* bedauernd feststellt – „die religiösen Gruppen sogar Fortschritte machen"[218] konnten. Die Initiative zum Aufbau übergreifender kirchlicher Strukturen ging nach der Kulturrevolution nicht von diesen selbständigen Gemeinden und Gruppen aus, sondern sie erfolgte von oben nach unten.[219] 1980 fand erstmals seit Beginn der Kulturrevolution wieder eine Sitzung des Leitungsgremiums der DSB statt. Im Herbst desselben Jahres wurde eine neue Institution ins Leben gerufen, der *Chinesische Christenrat (China Christian Council,* CCC). Vorsitzender beider Institutionen wurde Bischof K. H. Ting von Nanjing. Die Aufgabenbestimmung der eng miteinander verbundenen „Zwei Komitees", wie sie genannt wurden, war nicht ganz deutlich. Die DSB war mehr für die Verbindung zum BRA und Fragen der Religionspolitik zuständig, der CCC mehr für innerkirchliche und pastorale Aufgaben, die über die Möglichkeiten der einzelnen Gemeinden hinausgingen: Bibelübersetzung und -druck, sonstige christliche Literatur, Ausbildung von Pastorinnen und Pastoren, Weiterbildung kirchlicher Mitarbeiterinnen und Mitarbeiter usw.[220]

DSB/CCC versuchten, die Gemeinden dazu zu bewegen, sich staatlich registrieren zu lassen, entweder als registrierte Kirche oder als registrierter Treffpunkt (*meeting point*). Für christliche Gemeinschaften mit über 100 Mitgliedern bestand seit 1994 Registrierungspflicht. Manche Gemeinden lehnten allerdings jede Zusammenarbeit mit DSB/CCC ab. Man hat manchmal geradezu von zwei nebeneinander bestehenden protestantischen Kirchen gesprochen: der offiziellen Kirche, die DSB/CCC akzeptierten, und einer Untergrundkirche aus unabhängigen „Hauskirchen", die DSB/CCC ablehnten, weil sie sich nicht in die Abhängigkeit zu einem atheistischen Staat begeben wollten. Die Existenz solcher Gemeinschaften kann nicht bestritten werden. Die bekannteste derartige Gemeinde wurde von Pfarrer Samuel Lam (Lin Xian'gao) in Kanton geleitet.[221] Wie viele der chinesischen Christen sich bewusst von DSB/CCC distanzierten, lässt sich nicht exakt sagen. Nach Wickeri waren es in der Provinz Zhejiang 10 bis 15 %. In anderen Provinzen könnten es seiner Ansicht nach über 25 % sein.[222] Trotzdem ist es fraglich, ob man von der Existenz zweier protestantischer Kirchen sprechen kann. Erstens bildeten auch die unabhängigen christlichen Gemeinschaften keine Untergrundkirche, sondern sie wirkten öffentlich. Zweitens gab es keine zwei in sich geschlossenen Blöcke (offizielle Kirche/Untergrundkirche). Viele selbständige Gruppen nahmen gleichzeitig am Leben der mit DSB/CCC verbundenen Kirchen teil. Bischof Ting hat sich wiederholt auch für die Gemeinden eingesetzt, die die Registrierung und Zusammenarbeit mit DSB/CCC ablehnten.

---

218 D. E. MacInnis, a. a. O., S. 46.
219 Vgl. zum Folgenden den vorzüglichen Überblick von C. Währisch-Oblau: Die Gemeinden im Bereich des Chinesischen Christenrates, passim.
220 B. Whyte, a. a. O., S. 351.
221 A. Hunter/K.-K. Chan, a. a. O., S. 92 f.
222 Ph. Wickeri: Die Kirche in China am Vorabend des 21. Jahrhunderts, S. 517.

Im Jahr 1991 wurde der CCC in den Ökumenischen Rat der Kirchen aufgenommen und fand damit auch über Chinas Grenzen hinaus Anerkennung, was der staatlichen Politik der Öffnung entsprach.

(3) *Christliches Leben im Protestantismus:* Die protestantische Christenheit in China erlebte in den letzten beiden Jahrzehnten des 20. Jahrhunderts ein erstaunliches Wachstum. Exakte Zahlenangaben sind aber nicht möglich.[223] Auf jeden Fall hat sich die Zahl der Christen seit 1949 um mehr als das Zehnfache erhöht. Schilderungen blühender Gemeinden und überfüllter Gottesdienste sind keine Seltenheit. Die größten Gemeinden finden sich in Henan, Zhejiang und Fujian.[224] Insgesamt bilden die Christen dennoch nicht mehr als 2 % der Gesamtbevölkerung Chinas. Da das Wachstum der christlichen Gemeinden sich in kurzer Zeit vollzog, sind in manchen Gemeinden mehr als 90 % Christen der ersten Generation.[225] Die Zahl der Frauen ist überdurchschnittlich hoch (60–90 %); allerdings sind nur 24 % der Pastorenschaft Frauen, während in manchen Seminaren über 50 % der Studierenden Frauen sind.[226] Die Mehrzahl der Christen verfügt über geringe formale Bildung. Drastischer drückt es ein atheistischer Wissenschaftler der Akademie für Sozialwissenschaften in Shanghai aus. Er hat die wachsende christliche Gemeinde in seiner Heimatstadt in der Provinz Anhui untersucht und dabei viel Anerkennenswertes gefunden. Am Ende aber kommt er zu dem Ergebnis:

Alle Statistiken belegen, dass die Zahl der Christen [...] in einer direkten Entsprechung zum Grad ihres Zurückgebliebenseins, ihrer Unwissenheit und Dummheit steht.[227]

Aber dies ist nicht überall so. Der Pfarrer einer Kirche in Xiamen (Provinz Fujian) berichtete in einem Interview, dass sich in seiner Gemeinde jeden Sonntagabend ca. 170 junge Menschen zwischen 15 und 30 Jahren versammeln,

weil sie Antworten auf Fragen über den Glauben und den Sinn des Lebens suchen. Es sind Intellektuelle [die wenigstens über eine Gymnasialausbildung verfügen] ...[228]

Ein intellektuelles Interesse am christlichen Glauben findet sich bei einigen Gebildeten („Kulturchristen"), die aber meist nicht am Leben der Gemeinden teilnehmen.[229] In den Gottesdiensten stehen Lieder, Gebet und Predigt im Zentrum, wobei oft Chöre mitwirken. Persönliche Frömmigkeit und christlich-ethisches Verhalten im Alltag werden betont. Politische Predigt im Sinne der Regierungspolitik wurde gegen Ende der 80er Jahre selten.[230] Die Wahrnehmung eines regierungskritischen prophetischen Wächteramtes ist unmöglich.[231] Unerwünschte Themen in Predigten sind Glaubens-

---

[223] Zur Problematik der Zahlenangaben vgl. A. Hunter/K.-K. Chan: Protestantism, S. 66–71; M. Gänßbauer: Parteistaat, S. 202–212.

[224] Vgl. die Liste bei A. Hunter/K.-K. Chan, a. a. O., S. 68.

[225] C. Währisch-Oblau, a. a. O., S. 530.

[226] Aktuelle China Nachrichten, Nr. 47, Hamburg 2001, S. 1.

[227] D. E. MacInnis: Religion im heutigen China, S. 448.

[228] Ebd., S. 437.

[229] C. Währisch-Oblau, a. a. O., S. 531.

[230] A. Hunter/K.-K. Chan, a. a. O., S. 75 f.

[231] C. Währisch-Oblau, a. a. O., S. 546.

heilung und Eschatologie.[232] Heilungen spielen aber in den Gemeinden die allergrößte Rolle, was von gebildeteren Christen und Pastoren mit großem Misstrauen betrachtet wird. Aber nicht nur wunderhafte Geschehnisse wirken anziehend, sondern auch das Verhalten der Christen: die Hilfe, die die Gemeindeglieder einander und auch Menschen außerhalb der Gemeinde zuteil werden lassen. Sie bemühen sich um ein verantwortungsbewusstes, moralisch unanstößiges Leben. Entsprechend wird in den Predigten ein Ideal ethischer Vollkommenheit gezeichnet.[233] Auch hier dürfte – vielleicht unbewusst – chinesische Tradition wirksam sein, denn die Ethik stand im Zentrum der konfuzianischen Philosophie. Und teilweise konnten auch die konfuzianischen Normen als christliche Ideale aufgenommen werden, wie etwa die Kindesliebe oder das Verhältnis von Schwiegermutter und Schwiegertochter zueinander. Am Ende des 20. Jahrhunderts bestand für die chinesischen Gemeinden das größte Problem im Mangel an ausgebildeten Mitarbeitern. Viele Pastoren und Kirchenführer waren hochbetagt, über 70 oder 80 Jahre alt. „Die Leute sagen, man sollte mit fünfundachtzig in Pension gehen, aber das kann ich nicht tun", sagte Bischof Moses Xie im Jahr 1988 in einem Interview.[234] Was die älteren Kirchenführer – allen voran Bischof K. H. Ting (geboren 1915) – so schwer ersetzbar machte, waren die persönlichen Kontakte zu staatlichen Stellen, die sich im Laufe der Jahrzehnte entwickelt hatten.[235] Daneben hinderte die dominierende Stellung alter Pastorinnen und Pastoren allerdings auch jüngere Pastoren an der Entfaltung ihrer Fähigkeiten und führte zu Unzufriedenheit und Spannungen.[236] Zur Ausbildung von Pastoren gab es inzwischen in China 13 Seminare, von denen das in Nanjing nationalen Charakter hatte.
(4) Die katholische Kirche: Die Beziehungen des Vatikan zur VRC unterlagen starken Schwankungen.[237] Als besonders schwerer Affront wurde die Umwandlung der Internuntiatur in Taiwan in eine volle Nuntiatur zu Weihnachten 1966 empfunden. Es gab aber auch kleine Schritte der Annäherung, etwa die Freilassung von Bischof Walsh (1970, nach zehnjähriger Haft) oder der Verzicht Pauls VI., Taiwan zu besuchen, als er in Hongkong weilte. Als der Vatikan am 1. Oktober 2000 (dem Jahrestag der Gründung der VRC!) die Heiligsprechung von 120 Personen verkündete, die in China das Martyrium erlitten hatten, wurde dies von einem Sprecher des BRA als „perverser und böswilliger Akt" bezeichnet, der einer Normalisierung des Verhältnisses der VRC zum Vatikan schweren Schaden zugefügt habe.[238]
Trotz dieser gespannten Beziehungen machte sich die Ende der 70er Jahre einsetzende Liberalisierung auch in der katholischen Kirche bemerkbar. Kirchen wurden wie-

---

232 A. Hunter/K.-K. Chan, a. a. O., S. 76.
233 G. Oblau: Zeitgenössische Predigt in Chinas evangelischen Gemeinden als Experimentierfeld kontextueller Theologie, in: R. Malek (Hg.): „Fallbeispiel" China, S. 643–664, bes. S. 651–658.
234 D. E. MacInnis, a. a. O., S. 474–479, Zitat S. 479.
235 Ph. Wickeri, a. a. O., S. 513.
236 Dazu C. Währisch-Oblau, a. a. O., S. 543–545.
237 R. G. Orr: Religion in China, S. 81–84.
238 China's State Administration of Religious Affairs Spokesman on Vatican's „Canonization of Saints", in: People's Daily vom 2.10.2000;
http://english.peopledaily.com.cn200010/01/eng20001001_51692.html (17.6.01)

der geöffnet, Besuche in China und Besuche von Chinesen im Ausland wieder möglich, Kirchenbesitz – jedenfalls teilweise – zurückerstattet. Zur *Chinesischen Katholischen Patriotischen Vereinigung* (CKPV) traten 1980 zwei neue Institutionen: die *Nationale Verwaltungskommission* und die *Chinesische Bischofskonferenz*. Sie wurden in Fragen der Kirchenleitung über die CKPV gestellt, was die Unabhängigkeit der Kirche vom Staat zu stärken schien. Der Bischofskonferenz wurde – in *Dokument 3* aus dem Jahr 1989 – zugestanden, die Autorität des Papstes in spirituellen Fragen anzuerkennen und ihn ins öffentliche Gebet aufzunehmen. In der Frage der Bischofsernennungen aber gab es keine Zugeständnisse: Bischöfe müssen von der Kirche in China nominiert und geweiht werden.[239] Die beiden Hauptforderungen der VRC an den Vatikan sind also nach wie vor: Abbruch der diplomatischen Beziehungen zu Taiwan und volle Anerkennung der in China vollzogenen Bischofsweihen.

Das Problem der Bischofsweihen hat auch innerhalb der katholischen Kirche in China zu einer Spaltung geführt.[240] Den in China – ohne päpstliche Zustimmung – geweihten Bischöfen standen die schon vor der kommunistischen Epoche vom Papst ernannten, Rom-treuen Bischöfe gegenüber. Als deren Zahl Ende der 70er Jahre dramatisch abnahm, da Rom keine Neuernennungen für die vakanten Bischofssitze vornehmen konnte, erteilte der Vatikan diesen Bischöfen die Erlaubnis, ihre Nachfolger zu ernennen und zu weihen und Priester ohne die reguläre Ausbildung zu konsekrieren. Das war als Ausnahmeregelung gedacht, von der aber sehr ausgiebig Gebrauch gemacht wurde.[241] So wurden allein im Jahr 1994 auf diese Weise 71 Priester geweiht.[242] Dadurch entstand eine „Untergrundkirche", geführt von Rom-treuen Bischöfen und Priestern. Sie griffen die teilweise verheirateten „patriotischen", d. h. der CKPV angehörenden, Priester und Bischöfe scharf an und bestritten der von ihnen geleiteten Kirche das Recht, sich „Kirche" zu nennen.[243] Bischof Ma Ji von Pingliang (in der nordwestlichen Provinz Gansu) forderte die Katholiken auf, sich von den patriotischen Priestern fernzuhalten und „ihren Einfluß [zu] fürchten (wie den von Teufeln und Geistern)".[244] Ihre Messen zu besuchen und von ihnen die Eucharistie zu empfangen, sei eine Sünde.[245] Im Jahr 1989 gründeten Bischöfe der Untergrundkirche eine Gegen-Bischofskonferenz, an deren Spitze Bischof Fan Xueyan von Baoding (ca. 200 km südwestlich von Peking) stand. Er starb 1991 unter undurchsichtigen Umständen.[246] Als sich das Gerücht verbreitete, Bischof Fan sei zu Tode gefoltert worden, wurde seine Beerdigung zu einer großen Demonstration.[247]

---

[239] J. Tong: The Church From 1949 to 1990, in: E. Tang/J.-P. Wiest (Hg.): The Catholic Church in Modern China, S. 7–27, bes. S. 23.

[240] Vgl. dazu E. Tang: The Church into the 1990s; J. Charbonnier: The „Underground" Church.

[241] E. Tang: The Church into the 1990s, S. 33.

[242] R. Madsen: China's Catholics, S. 124.

[243] Vgl. Ma Ji: My Statement.

[244] Ebd., S. 122.

[245] Thirteen Points. Attributed to Bishop Fan Xueyan, in: E. Tang/J.-P. Wiest (Hg.): The Catholic Church in Modern China, S. 142–145, bes. S. 142.

[246] E. Tang, a. a. O., S. 41.

[247] R. Madsen: China's Catholics, S. 84.

Über die zahlenmäßige Stärke der Untergrundkirche lassen sich schwer genaue Aussagen machen.[248] Sie scheint die offizielle Kirche schon überflügelt zu haben. Der Eindruck, als stünden sich in der „patriotischen" Kirche und der Untergrundkirche zwei geschlossene Lager gegenüber, ist jedoch unzutreffend. Es gibt eine starke Gruppe von Priestern, die zwischen den Lagern steht.[249] Manche in China ernannten Bischöfe haben nachträglich und ohne viel Aufsehen die Anerkennung Roms erhalten, da sie die Autorität des Papstes akzeptiert haben. Umgekehrt haben im Geheimen geweihte Bischöfe nachträglich die Zustimmung der offiziellen Kirchenleitung erlangt.[250] Selbst das Problem der Bischofsnominierungen ist nicht unlösbar. Es gibt bereits eine Anzahl von Fällen, bei denen den Regierungen ein Mitspracherecht bei der Ernennung zugestanden wurde.[251] Zu einer derartigen, versöhnlichen Lösung ist es jedoch bisher noch nicht gekommen.

EXKURS: HONGKONG

Die Geschichte der Kirche in Hongkong gehört zwar in den weiteren Rahmen der Kirchengeschichte Chinas. Es ist aber nicht zu übersehen, dass sich sowohl die Arbeitsbedingungen der Missionare wie auch die Haltung der chinesischen Christen und Gemeinden auf Grund des kolonialen Status Hongkongs tiefgreifend von den Gegebenheiten in China unterschieden.[252] Mit dem ersten Opiumkrieg (1839–1842) begann für Hongkong eine dramatische Entwicklung, die aus dem „fast unbewohnten, öden Felseninselchen"[253] innerhalb von 150 Jahren eine Metropole mit ca. sechs Millionen Einwohnern machte. Die politischen Verhältnisse wirkten sich auch in der Geschichte der Kirche von Hongkong aus.

1. Der politische Hintergrund

Zu den „Ungleichen Verträgen", die China zwischen 1842 und 1860 im Gefolge der Opiumkriege aufgezwungen wurden, gehörte auch die Bestimmung, dass es die im Delta des Perlflusses gelegene Insel Hongkong und die Halbinsel Kowloon „für immer" an Großbritannien abtrete. Aus den genannten Gebieten wurde die Kronkolonie Hongkong. Deren Gebiet wurde 1898 noch um die so genannten „New Territories" erweitert, ein fast 1000 km² großes Gebiet, das für 99 Jahre an Großbritannien verpachtet wurde. Damit wurde das Jahr 1997 für Hongkong zu einem Schicksalsjahr. Genau genommen endete mit ihm zwar nur der Pachtvertrag für die „New Territories". Aber schon Anfang der 80er Jahre hatte China die Rückgabe des gesamten Gebietes von Hongkong gefordert, eine Forderung, der sich London – nach dem Ende der Kolonialzeit – schwer entziehen konnte. Die gesellschaftlichen, politischen und wirt-

---

[248] Z.B. A. Hunter/K.-K. Chan, a. a. O., S. 241.
[249] J. Charbonnier, a. a. O., S. 52–55.
[250] Ebd., S. 55.
[251] G. King: A Schismatic Church?, S. 96–98.
[252] C. T. Smith: Chinese Christians, S. 182–193.
[253] J. Richter: Das Werden der christlichen Kirche, S. 78.

schaftlichen Strukturen sollten jedoch nicht abrupt denen der VRC angeglichen werden, sondern – jedenfalls in einer Übergangsperiode – erhalten bleiben. Dafür schlug Deng Xiaoping 1981 die Formel „ein Land, zwei Systeme" vor: In dem einen Land China sollte neben dem beherrschenden sozialistischen Wirtschaftssystem in einigen Gebieten – wie z. B. in Hongkong – das marktwirtschaftliche Wirtschaftssystem weiter existieren. Hongkong sollte eine „Sonderverwaltungszone" innerhalb der VRC werden:[254] Die Zentrale Volksregierung in Peking übernahm die Verantwortung für die Außen- und Verteidigungspolitik. Abgesehen davon aber sollte die Sonderverwaltungszone Hongkong „eine weitgehende Autonomie" (Grundgesetz Art. 2) genießen. Was „weitgehende Autonomie" oder „ein hohes Maß an Autonomie"[255] bedeutet, war eine Auslegungsfrage. Darüber konnte die Zentralregierung in Peking entscheiden (Grundgesetz Art. 158). Der Nationale Volkskongress hat auch das Recht, das Grundgesetz abzuändern (Grundgesetz Art. 159). Der damit gegebene Unsicherheitsfaktor rief bei vielen Bürgern Hongkongs Befürchtungen hervor, die durch die Niederschlagung der Demokratiebewegung am Tiananmen-Platz am 4. Juni 1989 und die stark von Peking gelenkte Wahl des ersten Regierungschefs der Sonderverwaltungszone („Vollzugsbemächtigter", gewählt im Dezember 1996) verstärkt wurden. Am 1. Juli 1997 wurde Hongkong als „Sonderverwaltungszone" (*Hongkong Special Administrative Region*) in die Volksrepublik China integriert.

Damit geht der lang gehegte, gemeinsame Wunsch des chinesischen Volkes nach Wiedereingliederung Hongkongs in Erfüllung.[256]

Viele Bürger Hongkongs waren nicht dieser Ansicht und verließen vor der Eingliederung in die VRC die Kronkolonie. Andere machten sich auf das Schlimmste gefasst und trafen entsprechende Vorkehrungen. Manche Unternehmen verkauften ihren Grund- und Gebäudebesitz und mieteten ihn wieder, um sich im Zweifelsfall schnell aus Hongkong absetzen zu können.[257] Die christlichen Kirchen teilten die Bedenken, riefen aber dazu auf, in Hongkong zu bleiben und aktiv an der Gestaltung der Zukunft mitzuwirken.

2. Die Kirche in Hongkong von 1840 bis zur Wiedervereinigung mit China

Schon 1840, ein Jahr nach Beginn des ersten Opiumkrieges, errichtete die römisch-katholische Kirche[258] die Präfektur Hongkong. Verschiedene Orden (Franziskaner, Dominikaner, Schwestern des Hl. Paul von Chartres) gründeten Schulen und Hospitäler für die schnell wachsende Bevölkerung, die in 20 Jahren auf 100 000 anwuchs. Im

---

254 Vgl. „Chinesisch-Britische Gemeinsame Erklärung über die Hongkong-Frage", abgedruckt in: R. Malek (Hg.): Hongkong, S. 269–282, und „Grundgesetz der Sonderverwaltungszone Hongkong der Volksrepublik China", abgedruckt ebd., S. 283–307.

255 So die Formulierung im Anhang zu der „Gemeinsamen Erklärung" von 1984.

256 Präambel des Grundgesetzes, zitiert nach R. Malek (Hg.), a. a. O., S. 283.

257 C. V. Coulson: The enduring Church. Christians in China and Hong Kong, New York 1996, S. 71.

258 Einen Überblick über die Geschichte der römisch-katholischen Kirche in Hongkong bieten K. Feith/R. Malek: Aus der Geschichte Hongkongs, in: R. Malek (Hg.): Hongkong, S. 35–82. Für die jüngste Zeit vgl. B. Leung: The Catholic Church in Post-1997 Hongkong.

Jahr 1874 wurde die Präfektur in ein Apostolisches Vikariat umgewandelt. Eine eigene Hierarchie – d. h. eine Diözese mit einem Bischof an der Spitze – wurde allerdings erst 1946 eingerichtet, nachdem Hongkong von 1941 bis 1945 von den Japanern besetzt war. Im Jahr 1969 wurde erstmals ein Chinese zum Bischof von Hongkong, 1988 Bischof John Baptist Wu zum Kardinal ernannt. Im Zusammenhang mit den Vorbereitungen zur Wiedervereinigung Hongkongs mit China weckte Kardinal Wu das politische Verantwortungsbewusstsein der katholischen Christen und ermutigte sie zu einer aktiven Teilnahme an der politischen Diskussion.

Auch protestantische Missionare trafen unmittelbar nach der Errichtung der Kronkolonie ein,[259] zunächst von englischen Missionsgesellschaften (LMS, CMS). 1844 gründete Karl Friedrich August Gützlaff in Hongkong die *Chinesische Union*. Während Gützlaff seine ganze Energie der Evangelisation widmete, verwendeten die englischen Missionare einen großen Teil ihrer Kraft auf die Führung von Schulen und übten durch sie einen großen Einfluss aus. Junge Menschen sollten nach westlichen Prinzipien erzogen werden, z. B. in der von Rev. Samuel R. Brown geleiteten *Morrison Education Society School*. Dessen Bildungsziel war der „chinesische christliche Mann"[260], der nach dem Durchlaufen der Schule in seine Heimat zurückkehren und dort gleichsam als Multiplikator westliche Bildung verbreiten würde. Brown erzog seine Schüler zu unabhängigem, kritischem Denken, Hochschätzung der Arbeit, höflichen, westlichen Umgangsformen, zur Beherrschung der englischen Sprache, Annahme christlicher Überzeugungen und zu einer gewissen Verachtung gegenüber der chinesischen Bildung.[261] Dem chinesischen Bildungssystem, das „den Vorrang harmonischer Beziehungen zwischen den einzelnen Individuen, den gesellschaftlichen Ordnungen und zwischen Gesellschaft und Kosmos betonte"[262], konnte Brown wenig abgewinnen. Es erziehe „fleißige, stille Staatsdiener" und „friedliche Maschinen", aber keine denkenden Menschen. Viele Absolventen der Missionsschulen fanden Anstellungen in der Kolonialverwaltung oder bei Handelsfirmen und brachten es zu Reichtum und Ansehen. Sie wurden zu einer englischsprachigen Elite, die zwischen zwei Kulturen stand oder – im günstigeren Fall – in ihrer Lebensweise zwei Kulturen miteinander verband.[263]

Die Missionare der verschiedenen Missionsgesellschaften gründeten Gemeinden in Hongkong. Als erster Missionar ließ sich der Baptist Issachar J. Roberts in Hongkong nieder. Er unterrichtete u. a. den Führer der Taiping-Bewegung, Hong Xiuquan. James Legge von der *London Missionary Society*, der besonders als Übersetzer der chinesischen klassischen Schriften berühmt wurde, gründete neben einer Gemeinde für Ausländer auch eine chinesische Gemeinde (im Jahr 1843), für die 1846 der chinesische Pastor Ho Fuk-tong ordiniert wurde.[264] Die *Independent Chinese Church of*

---

259 Überblick bei J. Richter: Das Werden der christlichen Kirche, S. 332–336; C. T. Smith: Chinese Christians, S. 1–11.
260 C. T. Smith, a. a. O., S. 14.
261 Dies kommt z. B. in den Briefen der Schüler zum Ausdruck, die C. T. Smith, ebd., S. 16–33, auswertet.
262 Ebd., S. 15.
263 Ebd., S. 10 f.
264 Ebd., S. 4.

Hongkong wurde die erste chinesische Kirche, in der die Prinzipien der „Drei Selbst" verwirklicht wurden.[265] Viele Missionare waren allerdings nicht bereit, chinesische Mitarbeiter als gleichrangig zu betrachten. Als James Legge das Geld für die Versorgung einiger Mädchen vor seiner Abreise an Pastor Ho übergab, fand das nicht die Billigung der anderen Missionare. Es sei der westlichen Erzieherin nicht zuzumuten,

bei einem Einheimischen […], die monatliche Zuwendung für den Unterhalt der Kinder zu beantragen – und auf diese Weise jemanden, als dessen Lehrer und Vorbilder wir gesandt sind, sogar über die Missionare im Bezug auf die Vertrauenswürdigkeit zu erheben […]. Man sollte nichts tun, was uns in den Augen der Chinesen erniedrigen könnte. Wie sollen sie uns sonst in allen Dingen als Vorbilder betrachten.[266]

Zu den berühmtesten Konvertiten zum Christentum in Hongkong gehörte Sun Yat-sen, der 1911 die Qing-Dynastie zu Fall brachte und die Republik ausrief. Er trat 1883 oder 1884 der Kongregationalistischen Kirche in Hongkong bei.[267]

Für die Christen unterschied sich die Situation in Hongkong von der in China erstens dadurch, dass das Christentum die von Gesellschaft und Regierung anerkannte und bevorzugte Religion war. Während Christen in China im Verdacht standen, sich außerhalb der chinesischen Gesellschaft zu stellen („Ein Christ mehr ist ein Chinese weniger"), so genossen sie in Hongkong gesellschaftliche Anerkennung. Begegnete die konfuzianisch gebildete, chinesische Elite dem Christentum mit Verachtung und Ablehnung, so bekannte sich die Elite in Hongkong zu ihm. Die führenden Schulen warben für das Christentum und die Regierung der Kronkolonie förderte diese Schulen durch Zuschüsse.

Dazu kam zweitens, dass Hongkong für viele Chinesen ein Zufluchtsort war. Sie waren aus China geflohen, um dem konfuzianisch geprägten Staat zu entkommen. Die englische Kolonie war für sie nicht – wie für die Chinesen im Kaiserreich und später in der Republik – eine nationale Demütigung, deren Ende so schnell wie möglich herbeigeführt werden musste. Ihnen bot die Kolonie Schutz und Lebensmöglichkeiten, die sie in China nicht gehabt hätten. Es gab zwar keine Demokratie, aber Hongkong mit seiner kapitalistischen Laissez-faire-Gesellschaft bot die Möglichkeit, zu Wohlstand und wirtschaftlicher Sicherheit zu gelangen.[268] Die politische Macht lag in den Händen der Kolonialregierung. Die Bürger verwendeten alle Energie auf die Hebung der wirtschaftlichen Verhältnisse. Und diejenigen, die es durch Klugheit und Fleiß geschafft hatten, in der Kronkolonie Fuß zu fassen, wurden „zu einem Teil des kolonialen Establishments"[269]. Manche dachten weiter und sahen in der Ordnung der Verhältnisse in Hongkong die Zukunft eines neuen, besseren Gesamtchina. Kehrten sie in ihre Dörfer zurück, sorgten sie dort für die Einrichtung von Schulen und Krankenhäusern. Die Schülerin einer Missionsschule in Hongkong wollte bei der Taufe nach der englischen Königin „Victoria" genannt werden, weil sie gele-

---

[265] Ebd., S. 183.
[266] Ebd., S. 175.
[267] Ebd., S. 87–102.
[268] J. Kaung: Theologische Entkolonisierung.
[269] C. T. Smith, a. a. O., S. 193.

sen hatte, dass die Königin schon als Kind den Vorsatz gefasst habe, „ihr Äußerstes zu tun, um ihr Volk in die rechte Richtung zu führen".[270] So entstand

eine ungeheure ökonomische und gesellschaftliche Erfolgsgeschichte unter britischer Flagge und mit chinesischen Menschen.[271]

Zum Kolonialismus hatten die Menschen ein anderes Verhältnis als in den meisten anderen Kolonialländern:

Das Wort „Kolonie" hat in Hongkong einen positiven Beiklang erlangt, während das Wort „Vereinigung" (mit China) eine negative Konnotation trägt.[272]

Wie sollten sich Kirchen, die in einer solchen Gesellschaft beheimatet waren, angesichts des Umbruchs verhalten, der mit der Rückgabe Hongkongs an China am 1. Juli 1997 eintrat?

3. Die Kirchen Hongkongs angesichts der Wiedervereinigung mit China – Prophet und Diener

Am Ende einer Erklärung des *Hongkong Christian Council* aus dem Jahr 2000 zum Thema „Before and After 1997. The Churches in Hongkong" heißt es: „Kirchen in Hongkong werden auch weiterhin die Rolle von Prophet und Diener spielen …"[273] Mit diesen beiden Worten – „Prophet" und „Diener" – lässt sich die Haltung beschreiben, die die katholische und evangelische Kirche in der Vorbereitung auf 1997 und in der Zeit danach einzunehmen versuchte. Damit wird auf der einen Seite die bisherige Wirksamkeit der Kirche fortgeführt. Auch bisher war ein großer Teil der Schulen und höheren Bildungseinrichtungen, der Krankenhäuser und der sozialen Hilfswerke in kirchlicher Trägerschaft gewesen. Und wenn man zum prophetischen Dienst auch die Mission rechnet, dann ist unübersehbar, dass manche protestantischen Gruppen eine starke missionarische Motivation hatten.

Auf der anderen Seite begegneten aber in der Zeit des Übergangs und nach 1997 auch neue Aspekte. Eine Erklärung, die 1999 auf einer vom *Council for World Mission* und der *Christian Conference of Asia* durchgeführten Konsultation verabschiedet wurde, suchte nach einem Verständnis von Mission, in dem eine grundsätzlich negative Haltung anderen religiösen Traditionen gegenüber überwunden wird.[274] Vor allem aber wurde die prophetische Verpflichtung der Kirche jetzt auch im Zuge der Wahrnehmung politischer Verantwortung verstanden. In diesem Sinne sagte Kardinal Wu in einem Pastoralschreiben aus dem Jahr 1989 mit der Überschrift „Aufbruch in ein Leuchtendes Jahrzehnt":

---

[270] Ebd., S. 189.

[271] St. Puhl: Welche Zukunft, S. 480.

[272] J. Kaung, a. a. O., S. 451 f.; vgl. St. Puhl, a. a. O., S. 479: „Hongkong war in den letzten Jahrzehnten ein anachronistisches Relikt aus der Kolonialzeit, auch wenn dieser Status als Privileg erfahren wurde."

[273] Zitiert nach: www.hkcc.org.hk/eng/Before%20after.htm

[274] Christian Conference of Asia – Council for World Mission: The Way Forward. Challenges Facing the Church in Mission, Hongkong 1999, S. 2
(Internetversion: www.hkcc.org.hk/eng/winter%20forward.htm).

In einem solchen historischen Augenblick müssen wir den Geist des Zweiten Vatikanischen Konzils leben und in die Welt hinausgehen; uns unserer Verantwortung im Glauben bewusst, müssen wir Christus, dem Herrn, nacheifern, indem wir diesen historischen Auftrag demütig und bestimmt angehen.[275]

Schon im Jahr 1984, als die „Chinesisch-Britische Gemeinsame Erklärung über die Hongkong-Frage" verfasst wurde, hatten die katholische und die evangelische Kirche Erklärungen abgegeben, in denen die Einhaltung der Menschenrechte, besonders der Religionsfreiheit, gefordert wurde. Als die „Gemeinsame Erklärung" dann erschienen war, veröffentlichten mehrere katholische Organisationen von Hongkong eine Stellungnahme, in der Forderungen nach weitgehender Demokratisierung erhoben wurden.[276] Diese Wahrnehmung politischer Verantwortung stieß bei der VRC auf Ablehnung.[277] Auch andere Versuche politischer Einflussnahme blieben wirkungslos. So wurden 1986 in Hongkong eine Million Unterschriften gegen den Bau des Daya-Bay-Kernkraftwerkes (50 km von Hongkong entfernt) gesammelt, was aber unbeachtet blieb. Auch die Wahrnehmung einer Brückenfunktion zwischen China und dem Vatikan, die Papst Johannes Paul II. sowohl für Taiwan als auch für Hongkong gewünscht hatte, stieß auf den Widerspruch Pekings. Die Kirchen sollten sich strikt auf den religiösen Bereich beschränken und von jeder politischen Einflussnahme absehen.

Diese Haltung Pekings führte zunächst dazu, dass die Kirchen tatsächlich Zurückhaltung hinsichtlich des politischen Aspekts des prophetischen Auftrags übten. Dann aber, im Jahr 1999, nahmen sie erneut zu einer politischen Frage Stellung und diesmal mit deutlicher Kritik an der Regierung von Hongkong. Es ging um die Frage, ob Kinder von Eltern, die dauernd in Hongkong lebten, ebenfalls Wohnrecht in Hongkong haben sollten. Kardinal Wu, unterstützt von seinem designierten Nachfolger Bischof Joseph Zen, griff diese Frage in einem Hirtenbrief auf, der die Überschrift trug „Gott ist Liebe".[278] Der anglikanische Erzbischof von Hongkong und weitere christliche Gruppen und Persönlichkeiten schlossen sich der Sicht des Kardinals an. Wichtiger als der Einzelfall war, dass die Kirche mit dieser Stellungnahme öffentlich unterstrichen hat, dass soziale und politische Fragen nicht vom christlichen Glauben getrennt werden können.

B TAIWAN

Die Portugiesen nannten die Insel, auf der sie 1590 landeten, „Ilha Formosa", „die schöne Insel". Auch der Name „Taiwan" („Terrassen-Bucht") nimmt auf die Landschaft Bezug, nämlich auf die terrassenförmig an den Hängen angelegten Reisfelder. Die Geschichte Taiwans ist durch Einwanderungswellen und Eingriffe ausländischer

---

[275] J. B. Wu: Aufbruch in ein Leuchtendes Jahrzehnt, in: R. Malek (Hg.), a. a. O., S. 355–368, Zitat S. 356.
[276] Stellungnahme zur Gemeinsamen Erklärung ebd., S. 327–330.
[277] Vgl. dazu B. Leung: The Catholic Church in Post-1997 Hongkong, S. 301–319.
[278] Zum Folgenden vgl. ebd., S. 315–318.

Mächte bestimmt. Vor diesem Hintergrund ist auch die Kirche in Taiwan und ihre Geschichte zu verstehen.[279]

1. Die Kirche in Taiwan unter holländischer und chinesischer Herrschaft (17.–19. Jahrhundert)

Die ersten christlichen Gemeinden in Taiwan entstanden, als die holländische *Ostindische Handelsgesellschaft* (VOC) 1624 nach Taiwan kam, die kurze Zeit später eintreffenden Spanier vertrieb und die Insel zu einem Umschlagplatz für den Handel zwischen dem heutigen Indonesien und den Städten an der Küste des chinesischen Festlandes machte. Die VOC sandte Geistliche nach Taiwan, die sich um die Holländer, aber auch um die einheimische Bevölkerung (die „dort wohnenden Barbaren"[280]) kümmern sollten. Manche der holländischen Geistlichen wandten sich der in den gebirgigen Gebieten im Osten der Insel wohnhaften Urbevölkerung zu. Von 1627 bis 1664 kamen 37 Missionare ins Land. Sie erlernten die Sprache der Urbevölkerung und begannen mit Mission und Bibelübersetzungen. Robert Junius soll in den 14 Jahren seiner Tätigkeit (1629–1643) nicht weniger als 4000 Personen getauft haben.[281] Einige Missionare heirateten einheimische Frauen.[282] 1657 wurde ein theologisches Seminar gegründet. Es ist wenig darüber bekannt, wie die Bergstämme Taiwans die christliche Botschaft verstanden und wie sich die Praxis der neuen Religion gestaltete. Als sich 1661 Zheng Chenggong (von den Europäern „Koxinga" genannt), der vergeblich versucht hatte, den Sturz der Ming-Dynastie aufzuhalten, aus China nach Taiwan zurückzog und die holländische Festung Zeelandia einnahm, wurde die christliche Religion als die Religion der Fremden unterdrückt. Nur vage Erinnerungen an das Christentum blieben erhalten.[283] Im Jahr 1683 eroberte die chinesische Qing-Dynastie Taiwan zurück. Für Missionare – jedenfalls für legale missionarische Tätigkeit – blieb Taiwan bis 1859 verschlossen.

Zu einem Neuanfang der Mission und damit zur Gründung christlicher Gemeinden in Taiwan kam es erst nach den Opiumkriegen und den „Ungleichen Verträgen", als Dominikaner sowie englische und kanadische Presbyterianer nach Taiwan kamen. Das Evangelium fand vor allem bei der Bevölkerungsschicht Aufnahme, die aus der Verbindung von Ureinwohnern mit chinesischen Einwanderern hervorgegangen war. Zur Zeit des japanischen Herrschaftsantritts (1895) gab es ca. 100 protestantische Gemeinden, in denen einheimische Pfarrer tätig waren.[284] Die Kirche wurde aber von den Missionaren geleitet.

---

279 Zu Mission und Kirche in Taiwan vgl. M. Chang: A History of Christianity in Taiwan; D. Woodward: Taiwan, in: D. E. Hoke (Hg.): The Church in Asia, S. 609–623; A. H. Ion: The Cross and the Rising Sun; D. C. E. Liao (Hg.): World Christianity, S. 132–141; K. H. Federschmidt: Theologie aus asiatischen Quellen; M. A. Rubinstein: The Protestant Community; Y. E. Cheng: Art. „Taiwan", in: DAC, S. 815–817.

280 Begründung der VOC für die Errichtung des *Seminarium Indicum*, zitiert in W. Raupp (Hg.): Mission in Quellentexten, S. 75.

281 M. Chang: A History of Christianity in Taiwan, S. 18.

282 R. R. Covell: The Liberating Gospel, S. 253.

283 M. Chang, a. a. O., S. 18.

284 Ebd., S. 20 f.

2. Die Kirchen unter der japanischen Kolonialmacht (1895–1945)

Nach der Niederlage Chinas im chinesisch-japanischen Krieg von 1894 wurde Taiwan japanische Provinz. Für die wirtschaftliche Entwicklung Taiwans war die japanische Verwaltung möglicherweise förderlicher, als es die chinesische gewesen wäre.[285] In den ersten 30 Jahren (bis 1925) verhinderten die Japaner die Niederlassung weiterer protestantischer Denominationen in Taiwan, so dass sich die Presbyterianer ungehindert etablieren und entfalten konnten. 1910 war im Norden und Süden je eine Synode konstituiert worden, bis 1920 entstand eine unabhängige, von Taiwanesen geführte presbyterianische Kirche.[286] Als 1925 weitere protestantische Denominationen zugelassen wurden, kamen vom chinesischen Festland die *True Jesus Church*[287] und aus Japan Missionare einer Heiligungskirche[288].

Auf völlig andere Weise fand das Christentum bei den Bergstämmen, der Urbevölkerung Taiwans im gebirgigen Ostteil der Insel, Eingang.[289] Westliche Missionare durften die Stammesgebiete nicht betreten. Die Stammesangehörigen, die den Schritt aus den Reservaten in die Welt der Chinesen gewagt hatten und als Evangelisten zu ihrem Stamm zurückkehrten, verbreiteten den christlichen Glauben selbst. Eine dieser einheimischen Evangelistinnen war Ji Wang, eine Frau aus dem Stamm der Sediq,[290] die sich 1924 im Alter von 52 Jahren taufen ließ, ein anderer ein chinesischer Reisbauer, der eine Stammesangehörige geheiratet hatte.[291] Ji Wang beherrschte außer ihrer Stammessprache auch Taiwanesisch und Japanisch. Der presbyterianische Missionar James Dickson überredete sie zum Besuch einer Bibelschule, die sie aber nach sechs Monaten verließ. Danach begann sie, den Stammesangehörigen das Evangelium in einer sehr einfachen Form zu verkünden. Angesichts des japanischen Widerstands gegen die Mission unter den Stämmen mussten Ji Wangs Besuche im Geheimen geschehen. Die Menschen schmuggelten sie unter Decken versteckt in der Bahn oder schleppten sie in einem Kartoffelsack von Ort zu Ort. Weitere Frauen und Männer begannen mit evangelistischer Tätigkeit, teilweise unter harter Verfolgung. Es bildeten sich kleine informelle Gemeinschaften. Erst nach Kriegsende und dem Ende der japanischen Herrschaft konnten sich die Stammesangehörigen taufen lassen und eigene Kirchen gründen. Nach dem Zweiten Weltkrieg kamen weitere Kirchen zu den Bergstämmen (Katholiken, *True Jesus Church* u. a.). Ende des 20. Jahrhunderts waren etwa 50 % der Angehörigen der Bergstämme Christen.[292]

Die taiwanesischen Bergstämme begegneten dem Christentum zu einem Zeitpunkt, als durch den Kontakt mit Chinesen und durch die japanische Verwaltung die herkömmlichen Lebensordnungen (Tabubestimmungen, Beeinflussung von Geisterwesen

---

[285] S. Ho: Economic Development of Taiwan, New Haven-Connecticut 1978, S. 25 f.; zitiert bei M. A. Rubinstein: The Protestant Community, S. 20.

[286] M. A. Rubinstein, a. a. O., S. 21.

[287] Ebd., S. 21–24, 117–143.

[288] Ebd., S. 24–26.

[289] G. F. Vicedom: Ein Volk findet Gott; R. R. Covell: The Liberating Gospel, S. 242–262; J. Freytag: Die Bergbevölkerung in Taiwan, S. 35–80.

[290] R. R. Covell, a. a. O.; G. F. Vicedom, a. a. O., S. 12–32.

[291] G. F. Vicedom, a. a. O., S. 61–70.

[292] Zahlen nach R. R. Covell, a. a. O., S. 252.

durch Opfer) ins Wanken geraten waren. Die Kopfjagd war verboten worden, sie hatte den Männern Anerkennung im Stamm und Zukunftshoffnung vermittelt.[293] Das Christentum trat in dieses verunsicherte System ein. Es war „eine Art funktionaler Ersatz für die alte Praxis der Kopfjagd".[294] An die Stelle der Geisterwesen trat der Schöpfergott. Die christlichen Gebote ersetzten die Tabuordnungen. Das Gebet wurde als Möglichkeit verstanden, Unheil abzuwenden und Segen herbeizuführen. „Die Ausrichtung auf Gemeinschaft, die für die Bergbevölkerung typisch ist",[295] fand im christlichen Glauben eine Basis. Die Niederlage der Japaner im Krieg erwies die Überlegenheit des „westlichen" Gottes und die Stammesangehörigen wollten „auf der siegreichen Seite sein".[296] Das erklärt teilweise die Attraktivität des Christentums für die Bergstämme. Es entstand eine neue Sicht auf Welt und Leben, die sich im Lebensvollzug bewährte. Es ging aber nicht nur um die Erhaltung der traditionellen Lebensmöglichkeiten. Die Bergbevölkerung wandte sich dem Christentum zu, „um sich eine neue und gleichberechtigte Stellung in der ganzen Gesellschaft Taiwans zu erringen".[297]

3. Die Kirchen in Taiwan seit 1945

Wie auf dem chinesischen Festland, so bedeutete auch in Taiwan das Ende der japanischen Kolonialherrschaft noch keineswegs das Eintreten geordneter Verhältnisse.

a) Die politische und religiöse Lage

1945 übernahmen die chinesischen Nationalisten die Herrschaft in Taiwan. 1947 schlugen sie einen Aufstand der Taiwanesen blutig nieder. Nach der Niederlage gegen Mao Zedong zog sich Chiang Kai-shek mit ungefähr zwei Millionen Festlandchinesen nach Taiwan zurück, von wo aus er die Herrschaft über ganz China zurückerobern wollte. Die Politik Taiwans in den folgenden Jahrzehnten war charakterisiert durch „Starrheit im Politischen – Flexibilität im Wirtschaftlichen".[298] Unter dem Schutz der USA, die Taiwan im Koreakrieg als einen „unversenkbaren Flugzeugträger"[299] brauchten, regierte Chiang Kai-shek mit Hilfe des Ausnahmerechts, das auch noch nach der Wende der amerikanischen Politik aufrechterhalten wurde.[300] Ein großer Teil des Volksvermögens – bis zu 80 % des Budgets – ging in die Rüstung.[301] Freie Wahlen fanden erstmals 1989 statt. Im Jahr 2000 musste die GMD die Regierungsgewalt an Chen Shuibian von der *Demokratischen Fortschrittspartei (Democratic Progressive Party)* abgeben.

---

293 Ebd., S. 244–246.
294 Ebd., S. 248.
295 J. Freytag, a. a. O., S. 57.
296 R. R. Covell, a. a. O., S. 248.
297 J. Freytag, a. a. O., S. 58.
298 O. Weggel: Taiwan-Hongkong, S. 78.
299 Ebd., S. 32.
300 Zum politischen System in Taiwan vgl. Y.-H. Nieh: China (Taiwan), in: W. Draguhn u. a. (Hg.): Politisches Lexikon Asien, Australien, Pazifik, S. 74–86, bes. S. 76–78.
301 Nach M. A. Rubinstein, a. a. O., S. 44.

Auf Grund der historischen Entwicklung gab es ab der Mitte des 20. Jahrhunderts in Taiwan drei unterschiedliche Bevölkerungsgruppen:[302] die Urbevölkerung (1,5 %), die zum Großteil in den gebirgigen Gebieten im Osten des Landes wohnte; die so genannten Taiwanesen (ca. 85 %); Chinesen, die vor 1945 nach Taiwan eingewandert waren; die Festländer (1,4 %), die nach 1945 mit der GMD aus ganz verschiedenen Gebieten Chinas kamen.

Die überwiegende Mehrheit der Menschen in Taiwan lebte in einer volksreligiösen Tradition, die das ganze Leben mit einem Netz religiöser Handlungen überzog, durch die eine Beziehung zu den Ahnen, zu Göttern oder Göttinnen und zum Himmel hergestellt wurde.[303] Vor der Ahnentafel im Haus brachte die Mutter am Anfang und in der Mitte des Monats Opfergaben dar. Für die verschiedensten Probleme im Leben gab es Götter oder Göttinnen, die um Hilfe gebeten werden konnten. Aspekte des Buddhismus und des Daoismus wurden in freier Weise mit dieser Volksreligion verbunden. Es war möglich, zu mehreren Religionen zu gehören und mehrere Götter und Göttinnen zu verehren. Zu welcher Religion ein Tempel gehörte, „mag akademische Tüftler interessieren; für das religiöse Leben der gewöhnlichen Leute waren solche Fragen ohne funktionale Bedeutung".[304] Aus dieser Einstellung zur Religion ergibt sich, dass Zahlenangaben über die Anhänger einer bestimmten Religion von begrenztem Wert sind. Für das Jahr 1989 gibt eine Quelle[305] an, dass 48,5 % der Bevölkerung Anhänger der Volksreligion waren, 43 % Buddhisten. Für die Christen finden sich Angaben zwischen 3 und 7,4 %.[306] Das wären – bei einer Gesamtbevölkerung von ca. 20 Millionen – zwischen 600 000 und 1,5 Millionen Menschen.

b) Der Protestantismus nach 1945[307]

Nach der kommunistischen Machtübernahme auf dem chinesischen Festland kam es in Taiwan zu einer „missionarischen Invasion". Im Jahr 1959 waren in Taiwan über 600 Missionare der verschiedenen Denominationen tätig.[308] Manche Kirchen erlebten in dem Jahrzehnt von 1950 bis 1960 ein erstaunliches Wachstum. Ein Autor sagte schon voraus, dass Taiwan „in weniger als einem halben Jahrhundert eine christliche Nation" sein werde.[309] In den 60er Jahren aber flachte das Wachsen der Kirchen ab, was vermutlich mit der allgemeinen Verbesserung der Lebensverhältnisse zusam-

---

[302] Das Folgende nach K. H. Federschmidt: Theologie, S. 63, die Zahlen beziehen sich auf das Jahr 1990.

[303] Anschauliche Darstellung der Volksreligion bei Ch.-H. Chen: Die Volksreligion, in: B. Opitz-Chen u. a.: Taiwan. Texte und Fragen, Hamburg 1993, S. 15–19; J. Freytag: Dialog mit der taiwanesischen Volksreligion?; G. P. Kramer/G. Wu: An Introduction to Taiwanese Folk Religion, Taipei 1979.

[304] C. K. Yang: Religion in Chinese Society, Berkeley-Los Angeles/California 1967², S. 340; zitiert bei K. H. Federschmidt: Theologie, S. 68.

[305] Ebd., S. 67, mit Verweis auf Jahrbuch Encyclopaedia Britannica 1989, S. 709.

[306] K. H. Federschmidt, a. a. O., Anm. 12.

[307] M. A. Rubinstein, a. a. O., passim.

[308] Ebd., S. 34.

[309] Ebd., S. 44.

menhing.[310] Es stellte sich zudem heraus, dass Modernisierung auch ohne das Christentum möglich war. So kam es zu einem Wiederaufleben der Volksreligion.

Die *Presbyterianische Kirche von Taiwan* (PCT), die größte protestantische Kirche, zu der etwa ein Drittel der taiwanesischen Christenheit gehört, bemühte sich zunächst intensiv um zahlenmäßiges Wachstum. Im Jahr 1955 startete sie eine Kampagne, durch die innerhalb von zehn Jahren die Mitgliederzahl verdoppelt werden sollte. Dieses Ziel wurde noch übertroffen: 1965 war die Zahl der Mitglieder von 86 000 auf 176 000 angewachsen, wobei ungefähr 45 000 der neuen Christen von den Bergstämmen kamen.

Während die meisten Kirchen bemüht waren, sich politisch konform zu verhalten und auf Äußerungen zu aktuellen politischen Fragen zu verzichten, griff die PCT mit mehreren Erklärungen bewusst in die politische Diskussion ein.[311] Das geschah erstmals gegen Ende des Jahres 1971, als bekannt wurde, dass Präsident Richard Nixon für 1972 einen Staatsbesuch in der VRC plane. Das ließ auf eine Änderung der amerikanischen Politik schließen. In dieser Situation veröffentlichte die *Presbyterianische Kirche* die „Öffentliche Erklärung über unser nationales Schicksal", zu der 1975[312] und 1977[313] weitere Äußerungen zur politischen Situation traten.[314] Die PCT forderte allgemeine Wahlen, eine durchgreifende politische Erneuerung, ein Ende des starren Antikommunismus und die Beachtung der Menschenrechte. Sie wies auf Missstände, die aus der einseitig profit- und wachstumsorientierten Wirtschaftspolitik entstanden, und verlangte Maßnahmen, die dazu führen sollten, dass „Taiwan ein neues und unabhängiges Land werden kann".[315] Besonders die Formulierung „ein [...] unabhängiges Land" wurde geradezu als Volksverrat verstanden, denn sie widersprach der Theorie von der Einheit Chinas und dem Ziel der Rückeroberung Festland-Chinas durch Taiwan. Entsprechend scharf war die Reaktion der Regierung: Der Kirchenpräsident und andere Persönlichkeiten wurden vor Gericht gestellt und zu mehrjährigen Gefängnisstrafen verurteilt.

Das Verhältnis der PCT zur Regierung blieb auch angespannt, als mit Lee Teng-hui ein protestantischer Taiwanese Präsident wurde. In einer Erklärung zur „gegenwärtigen Situation Taiwans" aus dem Jahr 1990 wurden der Verzicht auf den Alleinvertretungsanspruch und die Anerkennung Taiwans und der VRC als zweier selbständiger Staaten gefordert. Wie brisant eine derartige Forderung immer noch ist, zeigte sich daran, dass der im Jahr 2000 gewählte Präsident Chen Shui-bian von der *Demokratischen Fortschrittspartei* die Forderung der Selbständigkeit Taiwans nach der Wahl deutlich in den Hintergrund treten ließ.

---

310 Ebd., S. 49 f.

311 K. H. Federschmidt, a. a. O., S. 118–128.

312 „Appell, betreffend die Bibel, die Kirche und die Nation", ausgelöst durch die staatliche Konfiszierung einer Bibelübersetzung in Taiwanesisch in lateinischer Schrift.

313 „Menschenrechtserklärung".

314 Deutsche Übersetzung der drei Erklärungen bei L. Vischer (Hg.): Reformiertes Zeugnis heute. Eine Sammlung neuer Bekenntnistexte aus der reformierten Tradition, Neukirchen-Vluyn 1988, S. 55–61.

315 Zitiert bei K. H. Federschmidt, a. a. O., S. 124.

c) Der Katholizismus nach 1945

Die Entwicklung der katholischen Kirche[316] nach 1945 verlief in vieler Hinsicht ähnlich der in der protestantischen Kirche: Das Einströmen vieler Missionare vom Festland führte in den 50er Jahren zu einem starken Wachstum (von 11 000 auf 300 000), das aber von den 60er Jahren an abnahm und sogar in einen leichten Rückgang überging. Das entsprach den Ergebnissen einer von katholischen und protestantischen Forschern durchgeführten langjährigen Untersuchung über „Lebensqualität im Lebensraum von Taiwan". Sie ergab, dass Religion für die Menschen in Taiwan nur von untergeordneter Bedeutung sei.[317] Trotzdem leistete die katholische Kirche auf sozialem, medizinischem und schulisch-universitärem Gebiet einen beachtlichen Beitrag zum öffentlichen Leben in Taiwan. Ein neuer Aspekt kirchlicher Verantwortung wurde durch Papst Johannes Paul II. eingebracht: Er forderte die 1984 in Rom versammelten Bischöfe Taiwans auf, eine „Brückenkirche" zu sein zwischen Rom und der von Rom unabhängigen katholischen Kirche in China und damit natürlich auch zwischen der katholischen Weltkirche und China allgemein.[318]

Zu einem Ansatz ökumenischer Zusammenarbeit kam es 1991 mit der Gründung des *Nationalen Komitees der Kirchen* in Taiwan.

C MONGOLEI

Die Mongolei[319] erlebte in ihrer Geschichte eine dramatische Entwicklung: vom Weltreich, das vom Pazifik bis zum Schwarzen Meer reichte und dessen Reiterheere 1240 bis Liegnitz vorstießen, zur von Moskau abhängigen Volksrepublik (1924–1992) und schließlich zur demokratischen Mongolei. Ab dem 17. Jahrhundert stritten Russland und China um Einfluss auf die Mongolei.

Formen einer alten Volksreligion und ein ekstatischer Schamanismus konnten sich in der Mongolei trotz der Bekämpfung und Verfolgung[320] durch den Lamaismus (tibetischer Buddhismus) und später durch den Kommunismus bis in die Gegenwart halten. Der tibetische Buddhismus verband sich teilweise mit dem Schamanismus und wurde vom 16. Jahrhundert an zur bestimmenden Religion. Im 19. Jahrhundert gab es in der Mongolei über 700 buddhistische Tempel und Klöster[321]. Aus fast jeder Familie wurde ein Sohn lamaistischer Mönch, was ca. ein Drittel der Bevölkerung ausmachte.[322] Das Christentum konnte in der Mongolei lange nicht Fuß fassen, in jüngster Zeit scheint hier jedoch eine Änderung eingetreten zu sein. Christliche Einflüsse gibt es allerdings in der Mongolei schon seit über einem Jahrtausend.

---

[316] M. Chang, a. a. O., S. 31–37.

[317] G. Evers: Länderbericht „Taiwan", in: KM 113 (1994), S. 173–177, bes. S. 174.

[318] Vgl. dazu A. B. Chang: Kirche in China.

[319] Statistische Angaben in WCE², Bd. 1, S. 506–508.

[320] Dazu W. Heissig: Die Religionen der Mongolei, S. 338–348.

[321] In der Inneren Mongolei gab es ca. 1200 lamaistische Tempel und Klöster, vgl. ebd., a. a. O., S. 299.

[322] Ebd. Nora Waln schreibt im Bericht von ihrer 1928 unternommenen Reise in die Mongolei: „Seit einigen Jahrhunderten wird der erstgeborene Sohn jeder Familie – hoch oder niedrig – zum Priester erzogen." (N. Waln: Sommer in der Mongolei, S. 112).

1. Christen im mongolischen Großreich außerhalb Chinas

Im mongolischen Großreich, das Dschingis Khan (ca. 1162–1227) und seine Nachfolger schufen, verbindet sich die Geschichte der Mongolei mit der Chinas, denn Kubilai Khan, ein Enkel Dschingis Khans, begründete die chinesische Yuan-Dynastie (1279–1368) und regierte von Khanbalik (dem späteren Peking) aus.[323] Mehrere Mongolenherrscher hatten christliche Frauen, unter denen Sorkaktani herausragt. Sie kam aus dem Stamm der Kereit[324] und war die Mutter von Mongke und Kubilai Khan, dem vierten bzw. fünften Großkhan, und von Hulegu, der Persien eroberte (1258 nahm er Bagdad ein). Hulegus Sohn Abaka schickte eine Botschaft an den Papst und an europäische Fürsten, in der er ein gemeinsames Vorgehen gegen die islamischen Mächte vorschlug. Dasselbe tat Abakas Sohn Arghun. Ihr Vorschlag wurde jedoch nicht aufgegriffen. Er entsprang wohl auch nicht religiöser Überzeugung sondern politischem Kalkül, denn die Mongolen-Herrscher betrachteten die Religionen unter dem Gesichtspunkt politischer Nützlichkeit. Gegen Ende des 13. Jahrhunderts endete die Zeit, in der das Christentum, das sich mit Schmanismus und Buddhismus vermischt hatte,[325] im Mongolenreich Freiheit und manchmal sogar Förderung genossen hatte. Zum Untergang des Christentums im westlichen Teil des mongolischen Reiches führte die Herrschaft Tamerlans (1336–1405), der in beispiellosen Zerstörungsfeldzügen ein neues islamisches Großreich schuf, das allerdings kurz nach seinem Tod zerfiel. Als erster römisch-katholischer Missionar erreichte 1246 der Franziskaner Johannes von Plano Carpini die Residenz des Großkhans Kuyuk in Karakorum.[326] Die über ein Jahr dauernde Reise hatte der ungefähr 60-jährige, angeblich recht beleibte und immer wieder von Krankheiten geplagte Ordensmann vorwiegend auf dem Rücken von Pferden gemacht. Johannes überbrachte dem Mongolenherrscher einen Brief des Papstes, in dem die Mongolen aufgefordert werden, „daß sie Christen werden und den Glauben an unseren Herrn Jesus Christus annehmen sollten, weil sie anders nicht zum Heil finden könnten".[327] Christen am Hof des Großkhans hatten Johannes gegenüber die Überzeugung geäußert, dass der Herrscher bald Christ werden werde.[328] Dem widersprach allerdings die Reaktion des Großkhans auf die Botschaft des Papstes: Er nahm sie mit Unverständnis zur Kenntnis und beantwortete sie, indem er seinerseits den Papst zur Unterwerfung aufforderte.[329] Hier stießen Herrschaftsansprüche und Unterwerfungsforderungen auf beiden Seiten unversöhnlich aufeinander. Hinter der päpstlichen Botschaft stand zudem ein völliges Missverständnis der Macht und Größe des mongolischen Reiches, das alle abendländischen Reiche weit übertraf, wie ein halbes Jahrhundert später auch Marco Polo feststellte.

---

[323] Das Christentum in der Zeit der Yuan-Dynastie wird im China-Kapitel dieses Buches behandelt. Zum Christentum im Mongolenreich vgl. vor allem S. H. Moffett: Christianity in Asia, S. 397–512.

[324] Zum Folgenden vgl. ebd., S. 400–404. Moffett (S. 401) nennt weitere christliche Stämme.

[325] W. Heissig, a. a. O., S. 303.

[326] Johannes von Plano Carpini: Kunde von den Mongolen; zur Person von Johannes von Plano Carpini vgl. die Einleitung, S. 14–17.

[327] Ebd., S. 101.

[328] Ebd., S. 117.

[329] Vgl. S. H. Moffett, a. a. O., S. 409.

Wie Johannes von Plano Carpini, so kam auch Wilhelm von Rubruk, der von 1253 bis 1255 ins Mongolenreich reiste, nicht bis nach China, sondern nur bis zum Hof des Großkhans in Karakorum.[330] Dort traf er auf nestorianische Christen, über die er freilich ein vernichtendes Urteil fällte. Der Großkhan ließ Wilhelm an einem Religionsgespräch zwischen Manichäern, Buddhisten, Muslimen und Nestorianern teilnehmen und erläuterte dem Ordensmann seine „Religionstheologie", mit der sich das Nebeneinander mehrerer Religionen rechtfertigen ließ:

Wir [...] glauben, dass es nur einen Gott gibt [...], aber wie uns Gott die verschiedenen Finger der Hand gibt, so gibt er den Menschen verschiedene Wege ...[331]

Katholische Gemeinden entstanden in der Mongolei außerhalb Chinas offenbar nicht.

2. Christliche Mission in der Mongolei im 19. und 20. Jahrhundert[332]

Die *London Missionary Society* (LMS) betrieb ab 1817 Mission unter den Mongolen. James Gilmour war 21 Jahre lang in der Mongolei tätig (1870–1891). Er teilte das Leben der Mongolen und lebte bis zu seinem Tod unter ihnen als „christlicher Lama", der auch mit seinen begrenzten medizinischen Kenntnissen zu helfen versuchte.[333] Berühmt wurde Gilmour durch sein Buch „Unter den Mongolen"[334]. Die Mongolen, auch tibetische Lamas, hatten Interesse an Gesprächen über das Christentum, aber nur wenige wurden Christen. Am Ende des Jahres 1886 teilte Gilmour mit, er habe im abgelaufenen Jahr 23 755 Personen gepredigt, aber nur zwei Personen seien Christen geworden.[335] Und zwei Jahre später schrieb er in sein Tagebuch:

Von den Mongolen habe ich wenig Erfreuliches zu berichten. Sie kommen und hören jeden Tag das Evangelium; aber – bis jetzt jedenfalls – damit endet die Sache. Ich blicke in ihre Gesichter, um zu sehen, wen der Herr ruft, aber bisher habe ich ihn noch nicht deutlich gesehen.[336]

Zwar entstanden kleine christliche Gemeinschaften, sie wurden aber weniger von Mongolen gebildet als von zugewanderten Chinesen. Wenn Gilmour von Taufen berichtet, findet sich oft die Bemerkung „alles Chinesen".[337] Bewertet man missionari-

---

330 Deutsche Übersetzungen seines Reiseberichts: H. Herbst: Der Bericht des Franziskaners Wilhelm von Rubruk, Leipzig 1925; F. Risch: Wilhelm von Rubruk. Reise zu den Mongolen, 1934. Vgl. auch S. H. Moffett, a. a. O., S. 409–414.

331 Zitiert ebd., S. 413.

332 Zu diesem Abschnitt vgl. H. P. Kemp: Art. „Mongolia"; St. Gunzel/D. E. Hoke: The Mongolian People's Republic, in: D. E. Hoke (Hg.): The Church in Asia, Chicago 1975, S. 441–449.

333 Gilmour war sich der Unzulänglichkeit seiner medizinischen Kenntnisse sehr bewusst; vgl. R. Lovett: James Gilmour of Mongolia, S. 60. Medizinische Arbeit unter den Mongolen betrieb zu Beginn des 20. Jahrhunderts die schwedische *Mongolen-Mission* (heute: *Evangelical East Asia Mission*); vgl. die anschauliche Schilderung der Amerikanerin Nora Waln, a. a. O., S. 99 f.

334 J. Gilmour: Among the Mongols, London 1883.

335 R. Lovett: James Gilmour of Mongolia, S. 138.

336 Ebd., S. 140.

337 Z. B. ebd., S. 143.

schen Erfolg nach der Zahl der Getauften, dann war der Mongolenmission wenig Erfolg beschieden. Im Jahr 1913 gab es nach Gustav Warneck „2 oder 3 getaufte Mongolen".[338] In der Äußeren Mongolei endete die Missionsarbeit 1924 mit der Gründung der Mongolischen Volksrepublik, in der Inneren Mongolei kurz nach dem Beginn der kommunistischen Herrschaft in China (1950).

3. Christentum in der Mongolei in der Gegenwart

1992 endete mit dem Zerfall der Sowjetunion auch die kommunistische Herrschaft in der Mongolei. Aus der Mongolischen Volksrepublik wurde wieder die „Mongolei". Mongolen, die sich während der Emigration in westlichen Ländern dem Christentum angeschlossen hatten, kehrten in die Mongolei zurück und gründeten christliche Gemeinschaften. Auch westliche Missionare arbeiteten erneut in der Mongolei. Auf Einladung der Regierung haben die *Scheut-Väter* (CICM) eine päpstliche Botschaft in Ulan Bator errichtet. Die Zahl der Christen wuchs von 1994 bis zum Ende des 20. Jahrhunderts von 3000 auf 30 000.[339] Mehrere protestantische Kirchen sind selbständig und unter mongolischer Leitung.

D KOREA

Korea wurde „die Erfolgsgeschichte in der modernen Mission" genannt.[340] Überall, besonders aber in den Städten, entstanden große christliche Gemeinden. In einer 1987 erschienenen Landeskunde Koreas findet sich die folgende Schilderung eines Sonntags in Seoul:

Sonntags in Seoul. Es ist halb fünf Uhr morgens. Menschen mit ledergebundener Bibel und Gesangbuch unter dem Arm beleben die noch dunklen Straßen. Sie sind die Vorhut eines bis in die späten Abendstunden nicht abreißenden Stromes von Gläubigen auf dem Weg in die Kirchen der Hauptstadt, die mit ihren Lautsprechern und Glocken zum Gottesdienst rufen.[341]

Sieht man von den Philippinen ab, so gibt es kein asiatisches Land, in dem das Christentum in solchem Maße Fuß fassen konnte wie in Korea. Schon die Anfänge der Kirche in Korea vollzogen sich auf ungewöhnliche Weise: Es waren nicht die Missionare, die das Christentum brachten, sondern die Koreaner selbst. Dabei fand der Katholizismus ziemlich genau 100 Jahre vor dem Protestantismus Eingang in Korea.

---

[338] G. Warneck: Abriss, S. 490.

[339] Zahlen nach H. P. Kemp: Art. „Mongolia", in: DAC, S. 563.

[340] E. N. Hunt, Jr.: Protestant Pioneers in Korea, S. 2. Schon 1934 nannte ein Autor Korea etwas überschwenglich die „most Protestant nation in Asia" (A. W. Wasson: Church Growth in Korea, Concord 1934, S. 3; zitiert bei W. J. Kang: Religion and Politics in Korea, S. 11.) Zu Mission und Kirche in Korea vgl. S. H. Moffett: Korea, in: D. E. Hoke (Hg.): The Church in Asia, S. 369–389; K. B. Min: A History of Christianity in Korea, in: M. D. David (Hg.): Asia and Christianity, S. 1–13; W. J. Kang: Christ and Caesar in Modern Korea. A History of Christianity and Politics, Albany-New York 1997; G. Th. Brown/S. Rhee: Art. „Korea", in: DAC, S. 446–449; W. Y. Ji: Art. „Korea II. Historisch/Kirchenkundlich", in: TRE, Bd. 19, S. 615–620.

[341] H. W. Maull/I. M. Maull: Korea, S. 105 f.

1. Anfänge und Ausbreitung des Christentums im Königreich Korea (1784–1910)

Ab dem 16. Jahrhundert gab es immer wieder Pläne und Ansätze, den christlichen Glauben nach Korea zu tragen.[342] Der in China wirkende Jesuit Johann Adam Schall von Bell (1592–1666) wähnte sich dem Erfolg nahe, als sich der koreanische Kronprinz Sohyon für den Katholizismus interessierte. Als Sohyon aber im Jahr 1644, mit christlichen Schriften ausgestattet, aus China nach Korea zurückkehrte, geriet er in einen Strudel von Hofintrigen und wurde ermordet. Koreanische Christen gab es seit dem letzten Jahrzehnt des 16. Jahrhunderts in Japan. Dabei handelte es sich um Sklaven, die der japanische Fürst (*daimyo*) Toyotomi Hideyoshi (1536–1598) von einem Kriegszug gegen Korea nach Japan gebracht hatte. Einige von ihnen kamen zu christlichen *daimyos* und wurden Christen. Mindestens 13 von ihnen erlitten in den späteren Verfolgungen den Märtyrertod.[343] Die Entwicklung der katholischen Kirche in Korea steht in engem Zusammenhang mit den politischen Gegebenheiten.

a) Die Entstehung der katholischen Kirche in Korea

Nach dem japanischen Einfall in Korea verfolgten die koreanischen Herrscher der Yi-Dynastie (1392–1910 an der Macht) eine strikte Isolationspolitik. Es gab jedoch vor allem ein Fenster zur Welt: die Tributdelegation, die dreimal jährlich nach Peking entsandt wurde, um die fortdauernde Anerkennung der chinesischen Oberhoheit zum Ausdruck zu bringen.[344] Vor allem durch die Einflüsse, die diese Gesandtschaften mit nach Hause brachten, entstand in Korea eine geistige Bewegung, die sich *Silhak* nannte: „praktisches Wissen". Praktisches Wissen war vor allem *Sohak:* „westliches Wissen". Mit einer Tributdelegation kam 1784 auch der Gelehrte Yi Sunghun[345] nach Peking. Er gehörte zu einer Gruppe junger Gebildeter, die sich schon seit Jahren mit dem Christentum beschäftigten. In Peking nahm Yi Sunghun Kontakt mit einem katholischen Priester – dem Jesuiten[346] Grammont – auf und ließ sich schließlich taufen, wobei er den Namen „Peter" erhielt. Nach Korea zurückgekehrt, gründeten Yi und seine Freunde eine katholische Kirche: Sie bestimmten einen Bischof und weihten Priester. Yi taufte seine Freunde und andere Konvertiten. Dass dies nach kanonischem Recht nicht zulässig war, lernten die koreanischen Christen erst später vom Bischof von Peking. Es war freilich nicht nur religiöses Suchen, das Yi Sunghun und seine Freunde antrieb. Sie gehörten Sippen der oberen Gesellschaftsschicht an, die keinen Zugang zu den begehrten Beamtenstellen und den damit verbundenen Machtpositionen gefunden hatten. Mit den bestehenden politischen Gegebenheiten unzufrieden, suchten sie nach neuen Wegen und wandten sich dem „westlichen Wissen" und dem katholischen Christentum zu, das auf diese Weise zur Religion der Opposition gegen die Herrschenden wurde.

---

[342] Vgl. dazu J. H. Grayson: Korea, S. 176–178.

[343] Ebd., S. 177.

[344] Vgl. zum Folgenden J.-H. Lee: Das Traditionelle Verhältnis, S. 106–110.

[345] Es begegnet auch die Schreibung „Lee Seung-Hoon", z. B. in W. Y. Ji: Art. „Korea", S. 615.

[346] Der Jesuitenorden war zwar 1773 aufgehoben worden, das bedeutete aber nicht, dass alle Jesuiten China verlassen hätten.

Die Christen lehnten wesentliche Elemente der koreanischen Gesellschaft – besonders die Ahnenverehrung – ab, was den Konflikt mit der Gesellschaft verstärkte. Unterstützt wurden sie dabei von den Missionaren der *Pariser Missionsgesellschaft* (MEP), die vom Vatikan mit der Arbeit in Korea beauftragt worden war. Vor diesem Hintergrund ist zu verstehen, dass der Katholizismus, kaum dass er in Korea Eingang gefunden hatte, bereits verboten und verfolgt wurde (erstmals 1785). Als die verfolgten Christen im Jahr 1801 an die „christlichen Länder" appellierten und um die Entsendung von Soldaten und Kriegsschiffen nach Korea baten, wurde der an den Bischof von Peking gerichtete geheime Brief abgefangen. Die koreanischen Christen erschienen nun nicht nur als die Anhänger einer Irrlehre, sondern als Landesverräter. Als solche wurden sie in mehreren Verfolgungswellen (1791, 1801, 1815, 1827, 1839, 1846 und 1866–1871) blutig unterdrückt. Yi Sunghun wurde 1801 hingerichtet. Die Verfolgung von 1866 bis 1871 unter dem Prinzregenten Taewon-gun hatte sich die Ausrottung des Katholizismus zum Ziel gesetzt. Neun französische Priester und ca. 8000 koreanische Christen wurden hingerichtet. Fast die Hälfte der koreanischen Christen verlor in den Verfolgungen ihr Leben.

Mit dem Rücktritt des Prinzregenten (1873) wendete sich die Lage. Die Zeit der Abgrenzung Koreas war vorbei. Als erste ausländische Macht erzwang Japan im Vertrag von Kangwha (1876) die Öffnung Koreas. Ähnliche Verträge wurden in den 80er Jahren mit den USA, Deutschland, England und Frankreich geschlossen. Die Großmächte der Region – China, Japan und Russland – wollten sich das kleine Korea aneignen. Auf sich gestellt, war Korea nicht in der Lage, sich gegen den Zugriff dieser Mächte zu wehren. Das erkannte der König Kojong, der ab 1873 regierte. Unterstützung und Schutz erhoffte er sich vor allem von den USA.

In dieser Zeit begann die Tätigkeit protestantischer Missionare. Mission war zwar noch immer verboten, aber mit stillschweigender Duldung der Regierung kamen amerikanische Presbyterianer und Methodisten nach Korea und begannen mit dem Aufbau einer Gemeinde.

b) Die Entstehung protestantischer Kirchen in Korea

Wie die erste katholische Gemeinde, so entstand auch die erste protestantische Gemeinde in Korea durch Koreaner.[347] Das Wirken von So Sang-Yun, der schottischen Missionaren im Grenzgebiet zur Mandschurei bei der Bibelübersetzung geholfen hatte, führte dazu, dass in seinem Heimatdorf 50 von 58 Familien Christen wurden.[348] Auch von anderer Seite gab es koreanische Initiativen zur Verbreitung des protestantischen Christentums in Korea. Koreaner, die in Japan bzw. in Amerika Christen geworden waren, versuchten, Missionare zur Tätigkeit in Korea zu bewegen.[349] Die protestantische Mission begann in Korea nicht mit der Verkündigung, sondern

---

[347] Die Versuche von Karl Gützlaff (1832) und Robert Jermain Thomas (1866), durch die Verteilung von Bibeln das Christentum nach Korea zu tragen, blieben erfolglos. Thomas verlor dabei sein Leben. Vgl. Y.-J. Kim: Der Protestantismus in Korea, S. 26; E. N. Hunt, Jr.: Protestant Pioneers in Korea, S. 47 f. Zu Mission und Kirche in Korea bis 1945 vgl. A. H. Ion: The Cross and the Rising Sun.
[348] J.-H. Lee: Das Traditionelle Verhältnis, S. 183; Y.-J. Kim, a. a. O., S. 28 f.
[349] J. H. Grayson, a. a. O., S. 197.

mit medizinischer und erzieherischer Arbeit, ermöglicht durch die neue politische Lage. Horace Newton Allen[350], Arzt der amerikanischen Gesandtschaft in Seoul, war zugleich der erste protestantische Missionar in Korea. Am 8. Oktober 1884 schrieb er an den Missionsausschuss der *Northern Presbyterian Church* in den USA:

Jetzt ist die Zeit für Sie, um Fuß zu fassen. Gewinnen Sie das Vertrauen der Leute durch eine gut organisierte und von offizieller Seite anerkannte medizinische Arbeit, und alles andere wird ungehindert folgen […]. Es ist noch eine ganze Menge harter Arbeit in Korea zu tun, aber mit der Gnade Gottes werden wir es einnehmen und hoffentlich den Tag erleben, an dem es eine christliche Nation ist.[351]

In der kämpferischen Missionssprache seiner Zeit gab Allen dem medizinischen Wirken eine missionarische Ausrichtung. Auch wenn sich seine großen Erwartungen nicht erfüllten, so gewann Allen doch durch die erfolgreiche Behandlung eines Vetters des Königs das Vertrauen des Hofes. Schon 1885 wurde ihm die Errichtung eines Hospitals in Seoul gestattet, für das er – sehr geschickt – den Namen „His Corean Majesty's Hospital" vorschlug. An das nach wie vor bestehende Verbot der direkten Verkündigung hielt sich Allen. Das unterschied ihn von den Missionaren, die in den folgenden Jahren eintrafen.[352] 1885 kamen der Presbyterianer Horace G. Underwood und der Methodist Henry G. Appenzeller nach Korea. Methodisten und Presbyterianer verstanden sich durchaus als Konkurrenten in der Mission. So schrieb etwa Appenzeller: „Wir kamen nach Korea mit dem Plan, den Methodismus zum Erfolg zu führen."[353] Nach einigen Anfangsschwierigkeiten erhielt Appenzeller die Erlaubnis zur Einrichtung einer Schule, die im Juni 1886 ihre Tore öffnete. Auch Appenzeller hatte in Bezug auf die Missionierung Koreas hohe Erwartungen. Schon am 1. Juli 1886 schrieb er:

Ohne ein Prophet sein zu wollen, glaube ich, dass wir den Tag erleben werden, an dem Korea noch wunderbarere Schritte in Richtung Zivilisation und Christentum macht als Japan.[354]

„Zivilisation" und „Christentum" gehörten für ihn selbstverständlich zusammen. Von einem „großen Erfolg" war in diesen Tagen, unmittelbar nach Eröffnung der Schule, noch nichts zu sehen. Am ersten Tag kamen nur zwei Schüler. Aber am Jahresende waren es schon 26, dann wuchs die Zahl schnell. Der König selbst gab der Schule den Namen „Paejae Hakdang" („Halle zur Erziehung nützlicher Männer") und ließ die Worte auf einer in den königlichen Farben bemalten Tafel am Schulgebäude anbringen. In dem von konfuzianischer Tradition geprägten Land trug das wesentlich zum Ansehen der Schule bei.[355]

---

350 Vgl. W. J. Kang: The Legacy of Horace Newton Allen, in: IBMR 20 (1995), S. 125–128.

351 Zitiert nach E. N. Hunt, Jr., a. a. O., S. 18.

352 Dass es die Missionare mit dem Verbot der Evangelisation nicht so genau nahmen, scheint der koreanischen Regierung durchaus bewusst gewesen zu sein. Der methodistische Missionar Henry G. Appenzeller berichtet im Jahr 1887, dass ein koreanischer Beamter zu ihm gesagt habe: „Wir wissen alle, dass ihr christliche Arbeit tut und dass ihr zu diesem Zweck hier seid. Jeder von uns weiß das persönlich, aber machen Sie es uns nicht offiziell bekannt." Vgl. ebd., S. 78.

353 Ebd., S. 43.

354 Ebd., S. 62.

355 Ebd., S. 69.

Was war der Grund für das der protestantischen Mission und ihrer Arbeit von Seiten des Staates entgegengebrachte Wohlwollen? Die offiziell vertretene Haltung war noch immer das Verbot jeder christlichen Mission. Die Verträge mit Japan und den westlichen Ländern enthielten eine dementsprechende Bestimmung. Nur der 1887 geschlossene Vertrag mit Frankreich bildete eine Ausnahme.[356] Dr. Allens erfolgreiches medizinisches Wirken mag ein Grund für das Wohlwollen gewesen sein. Der Hauptgrund lag aber wohl darin, dass die Missionare Amerikaner waren.[357] Um sich gegen den Zugriff der benachbarten Großmächte China, Japan und Russland zu wehren, suchte König Kojong (1873–1910, gest. 1919) die Unterstützung der USA. Mehrmals bat er erfolglos um Berater. So richteten sich die Hoffnungen des Königs auf die Amerikaner, die tatsächlich in Korea waren: die Missionare. Deren Verbindung zum Hof war so eng, dass sie in der politisch unruhigen Zeit nach dem Sieg Japans über China (1995) geradezu zu Beschützern des Königs wurden. Sie überwachten die Speisen des Königs, um eine Vergiftung zu verhindern, und hielten sogar Nachtwache, um ihn zu schützen.[358] Vor diesem Hintergrund ist die Förderung der protestantischen Mission durch den koreanischen Königshof zu verstehen.

Damit ist allerdings noch nicht das starke Wachstum der protestantischen Gemeinden erklärt. 1895 gab es in Korea 802 Protestanten, 1910 bereits 167 352 und die Zahl der Christen stieg in den folgenden Jahren noch gewaltig an. Zwei Gründe scheinen für diese Entwicklung besonders wichtig gewesen zu sein: die so genannte Nevius-Methode und die Erweckungsbewegungen.

Der presbyterianische Missionar Horace G. Underwood lernte Ende der 80er Jahre die Missionsmethode des Chinamissionars John Nevius[359] (1829–1893) kennen. Diese legte größten Wert auf die Eigenverantwortung der einheimischen Christen und stand den berühmten „Drei Selbst" nahe, von denen im Jahr 1854 Henry Venn, der Sekretär der *Church Missionary Society*, in England gesprochen hatte: Selbsterhaltung, Selbstausbreitung und Selbstverwaltung. Angestrebt war die weitgehende Selbständigkeit jeder einzelnen Gemeinde. Jeder Christ sollte sich für die Weitergabe des

---

[356] Vermutlich haben die französischen Missionare in die chinesische Fassung des Vertrags ohne Wissen der koreanischen Vertragspartner ein Wort eingefügt, dem man die Erlaubnis entnehmen konnte, den christlichen Glauben zu lehren. Art. 9 des Vertrags lautet in der koreanischen Version: „Die Franzosen, die nach Korea kommen, um die geschriebene und gesprochene Sprache, Wissenschaft, Recht oder Künste zu studieren, sollen zum Zeichen des Gefühls guter Freundschaft, das die hohen vertragschließenden Parteien erfüllt, immer Hilfe und Unterstützung empfangen." In der chinesischen Fassung des Vertrags ist hinter dem Wort „studieren" das Wort „lehren" eingefügt. Vgl. J.-H. Lee: Das Traditionelle Verhältnis, S. 135 f. Zu einer ähnlichen Fälschung im Vertrag Frankreichs mit China aus dem Jahr 1860 vgl. H. Gründer: Welteroberung und Christentum, S. 389 f. Auskunft darüber, ob der Koreanisch-Französische Vertrag gefälscht wurde, werden vielleicht die Tagebücher des Missionars Gustave-Charles Marie Mittel geben, der an der Abfassung des Vertrags mitgearbeitet hat. Diese Tagebücher sollen nach dem Willen der MEP erst im Jahr 2023 öffentlich zugänglich gemacht werden.

[357] Vgl. dazu E. N. Hunt, Jr., a. a. O., S. 21, 80 f.

[358] Y.-J. Kim, a. a. O., S. 52 f.

[359] Zur Nevius-Methode vgl. I. S. Kim u. a.: Art. „Nevius, John Livingston", in: DAC, S. 599 f.; I. S. Kim: Art. „Nevius Methods", in: DAC, S. 598 f.; Y.-J. Kim, a. a. O., S. 43–50; C. Wippermann: Zwischen den Kulturen, S. 142 f.

Evangeliums verantwortlich wissen. Dafür wurde er durch intensives Bibelstudium und ein Leben nach biblischen Grundsätzen befähigt. Die Leiter der einzelnen Gruppen sollten von diesen selbst bestimmt werden und ihre Arbeit ohne Bezahlung tun. Erst auf einer höheren organisatorischen Ebene sollte es bezahlte Leiter geben, und jede Gemeinde sollte nur solche Gebäude und Institutionen haben, die sie selbst finanzieren konnte. Wenn man sich an das hohe Maß der koreanischen Eigeninitiative bei der Entstehung der christlichen Gemeinden erinnert, so wird verständlich, dass diese Methode den koreanischen Christen entsprach. An einem Punkt führten die Missionare die Nevius-Methode nur unzureichend durch: bei der Selbstverwaltung.[360] Erst 1912 wurden die Missionare in die Kirche eingebunden und der koreanischen Kirchenleitung unterstellt.

Der andere Grund für das Wachstum der koreanischen Christenheit waren die Erweckungsbewegungen, die im Jahr 1907 einen ersten Höhepunkt erreichten.[361] Sie waren kein isoliertes koreanisches Phänomen, sondern standen in Zusammenhang mit den Erweckungsbewegungen in Wales[362] und Australien, die in der *Keswick-Bewegung* ihre Wurzel hatten und sich auch in Nordostindien auswirkten. Die Erweckung begann unter den Missionaren selbst. Im Januar 1907 kam es in großen Versammlungen zu gemeinsamem Gebet und oft sehr emotionalen, unter Tränen vollzogenen Äußerungen der Buße und Umkehr.[363] Die Bewegung breitete sich im ganzen Land aus und führte zu ehrgeizigen Missionsunternehmungen („Zweihunderttausend Seelen für Christus", „Eine Million Seelen für Christus"). Diese Ziele wurden aber nicht annähernd erreicht.[364]

Das alles vollzog sich in einer politisch turbulenten Zeit, in der sich der Einfluss Japans in Korea zunehmend verstärkte. Als Russland versuchte, in Ostasien Fuß zu fassen, brach 1905 der russisch-japanische Krieg aus, der mit einem Sieg Japans endete. Im selben Jahr wurde Korea japanisches Protektorat. Die Herrschaft des letzten koreanischen Königs Kojong endete im Jahr 1910. Der König war zwar noch zum Kaiser geworden, im Vertrag mit dem Kaiser von Japan musste er aber auf alle seine Machtbefugnisse verzichten. Die beiden ersten Artikel des „Treaty of Annexation" von 1910 lauten:

Seine Majestät, der Kaiser von Korea, überträgt völlig und dauerhaft Seiner Majestät, dem Kaiser von Japan, alle Rechte der Souveränität über ganz Korea.
Seine Majestät, der Kaiser von Japan, nimmt die im vorhergehenden Artikel genannte Übertragung an und stimmt der völligen Eingliederung Koreas in das Kaiserreich Japan zu.[365]

Auch für die Kirchen Koreas brach damit eine neue Zeit an.

---

360 Y.-J. Kim, a. a. O., S. 63–68.
361 Ebd., S. 55–58.
362 Dazu L. Pachuau: Ethnic Identity, S. 111–117.
363 Die Schilderung eines Beteiligten, des Missionars W. N. Blair, findet sich in A. D. Clark: History of the Korean Church, New York 1961, S. 132–137.
364 Vgl. Y.-J. Kim, a. a. O., S. 62; S. H. Moffett: Korea, in: D. E. Hoke (Hg.): The Church in Asia, Chicago 1975, S. 369–389, bes. S. 378; J. E. Orr: Evangelical Awakening in Eastern Asia, S. 27–32.
365 Zitiert in W. J. Kang, a. a. O., S. 83.

2. Kirche und Theologie zur Zeit der japanischen Kolonialherrschaft in Korea (1910–1945)

Die japanische Kolonialregierung verfolgte gegenüber Buddhismus, Konfuzianismus und Christentum in etwa dieselbe Politik.[366] Durch Lockung und – da das bei Buddhismus und Christentum nichts ausrichtete – durch Einschränkungen und Eingriffe sollten die Religionen unter Kontrolle gehalten und eine projapanische Haltung gewährleistet werden.[367] Die politischen Maßnahmen, die zu diesem Zweck ergriffen wurden, waren allerdings derart unsensibel und totalitär, dass auch anfängliche Befürworter der japanischen Kolonialherrschaft – wie z. B. manche Missionare[368] – schließlich in die Opposition getrieben wurden. Die Haltung der japanischen Regierung gegenüber den Christen wandelte sich im Verlauf der 35-jährigen japanischen Herrschaft mehrfach. War sie in den Jahren bis 1919 durch repressive Maßnahmen gekennzeichnet, so begann mit dem Regierungsantritt von Saito Macato als Generalgouverneur (September 1919) die so genannte „cultural rule", die sich durch mehr Verständnis für die Anliegen der Christen auszeichnete. Das änderte sich mit Beginn des Krieges Japans gegen China (1931).

a) Unterdrückung und Widerstandsbewegung vom 1. März 1919

Nach einer ganz kurzen Anfangsphase, in der einzelnen Christen und christlichen Institutionen Vergünstigungen geboten wurden (z. B. finanzielle Unterstützung des YMCA), begann eine Zeit der Verdächtigungen und der Unterdrückung, die ihren ersten Höhepunkt in einem „Verschwörungsprozess" (conspiracy case)[369] erreichte, der sich von 1911 bis 1915 hinzog. Koreanische Christen hatten sich angeblich – angespornt durch Missionare[370] – an der Planung eines Attentatsversuchs gegen den Generalgouverneur Terauchi beteiligt.

Christen waren an der so genannten Unabhängigkeitsbewegung vom 1. März (March First Independence Movement)[371] maßgeblich beteiligt – aber ohne Kenntnis der Missionare. Führend bei der Vorbereitung der Unabhängigkeitsbewegung war das geistliche Oberhaupt der Chondogyo, Son Pyong-hi.[372] Zu Beginn des Jahres 1919

---

366 Zum ganzen Abschnitt vgl. ebd.; Y.-J. Kim, a. a. O., S. 79–93.

367 Einheimische Religionen dagegen, deren bedeutendste Chondogyo (= Tonghak) war (vgl. dazu J. H. Grayson: Korea, S. 234–239), wurden nicht als Religionen anerkannt, sondern als politische Parteien bezeichnet und scharfen Restriktionen unterworfen; vgl. W. J. Kang, a. a. O., S. 73.

368 Arthur Brown, der Sekretär des Board of Foreign Missions der Presbyterianischen Kirche in den USA, vertrat zunächst die Ansicht: „Die japanische Verwaltung ist viel besser, als Korea es andernfalls gehabt hätte, und viel besser, als Korea es unter seiner eigenen Regierung hatte." Zitiert ebd., S. 14.

369 Vgl. dazu ebd., S. 16–21. Im Jahr 1915 wurden alle Verurteilten begnadigt.

370 W. N. Blair: Gold in Korea, Topeka/Kansas 1957, S. 175; zitiert bei W. J. Kang, a. a. O., S. 18.

371 Zur Unabhängigkeitsbewegung vom 1. März [1919] vgl. ebd., S. 23–27; Y.-J. Kim, a. a. O., S. 86–93.

372 Zur Rolle von Son Pyong-hi und Chondogyo bei der Unabhängigkeitsbewegung vgl. W. J. Kang, a. a. O., S. 74–79.

nahmen die Planungen konkretere Formen an, als ein Ereignis eintrat, das die ganze Bevölkerung stark erregte und die sofortige Ausführung der Pläne nahe legte: Am 22. Januar 1919 starb König Kojong. Gerüchte verbreiteten sich, er sei von den Japanern vergiftet worden. In dieser Situation entschlossen sich die Planer der Unabhängigkeitsbewegung zu schnellem Handeln. In der Nacht zum 1. März wurden Kopien der Unabhängigkeitserklärung in Seoul verteilt, so dass die Bürger sie am Morgen zu Gesicht bekamen. Sie beginnt mit den Worten:

Wir erklären hiermit die Unabhängigkeit Koreas und die Freiheit des koreanischen Volkes. Wir teilen es der Welt mit, indem wir die Gleichheit aller Nationen bezeugen, und wir geben es an unsere Nachkommen als ihr angeborenes Recht weiter.[373]

Der Ton der Erklärung ist nicht von der Anklage gegen Japan beherrscht – obwohl diese natürlich nicht fehlt –, sondern vom Appell an die neue Zeit, in der die Nationen aus der Dunkelheit gegenseitiger Unterdrückung und Abhängigkeit heraustreten. So müsse auch Korea sein Geschick selbst in die Hand nehmen. Am Ende wird die Vision einer neuen Zeit mit einer Anspielung auf die Jahreszeit verbunden, zu der die Erklärung verkündet wird, dem Frühling, in dem neues Leben erwacht:

Eine neue Zeit wacht vor unseren Augen auf. Die alte Welt der Gewalt ist vergangen, und eine neue Welt der Gerechtigkeit und der Wahrheit ist da. Aus der Erfahrung und der Mühsal der alten Welt geht ein Licht auf für die Dinge des Lebens. Die Insekten, erstickt unter dem Nebel und Schnee des Winters, erwachen zu dieser Zeit unter dem Frühlingswind und dem milden Licht der Sonne, das auf ihnen liegt […].
Wir erwachen jetzt aus der alten Welt mit ihren dunklen Lebensbedingungen zu einem neuen Leben, in voller Entschlossenheit und einig in Herz und Sinn, das Recht auf unserer Seite zusammen mit den Kräften der Natur. Mögen all die Tausende und Zehntausende Generationen von Ahnen uns von innen her helfen und alle Kräfte der Welt uns von außen unterstützen. Möge der Tag, den wir beginnen, der Tag des Gelingens sein! In dieser Hoffnung schreiten wir voran.[374]

In einem kurzen Zusatz zur Unabhängigkeitserklärung wird ausdrücklich festgehalten, dass es sich um eine gewaltlose Aktion handeln soll. Von den 33 Unterzeichnern der Unabhängigkeitserklärung waren 16 Christen, zwei Buddhisten, die anderen *Chondogyo*-Anhänger.
Die Kolonialregierung machte vor allem die Christen für die Unabhängigkeitsbewegung verantwortlich. Über 3000 presbyterianische Christen wurden inhaftiert. Auch einzelne Missionare waren jetzt Angriffen ausgesetzt. Gelegentlich kam es zu Gräueltaten gegen christliche Dörfer.[375] Ihr eigentliches Ziel erreichte die Unabhängigkeitsbewegung vom 1. März 1919 nicht. Zwar gingen die Demonstrationen noch mehrere Monate lang weiter, unter großer Beteiligung der Bevölkerung. Aber die Führer der Bewegung wurden sofort verhaftet. Auch die Unterstützung ausländischer Regierungen war zu gering, um in Japan Wirkung zu zeigen. In Korea selbst wird die Bewegung vom 1. März 1919 allerdings bis heute zu den wichtigsten Ereignissen der neueren koreanischen Geschichte gezählt. Durch die starke Beteiligung

---

[373] Zitiert nach ebd., S. 89–91.
[374] Zitiert nach ebd., S. 90 f.
[375] Ebd., S. 26.

von Christen an der Unabhängigkeitsbewegung verlor das Christentum in Korea endgültig den Charakter einer „fremden Religion".

b) Japanisierung, Shinto-Schrein-Verehrung und Gleichschaltung der Kirche

Nach der Okkupation der Mandschurei (1931) und – in verstärktem Maß – nach dem Einmarsch in China (1937) und dem Beginn des Pazifischen Krieges (1941) war die japanische Kolonialregierung bemüht, die uneingeschränkte Loyalität Koreas gegenüber Japan und seiner imperialistischen Politik zu erzwingen – und zwar auf dem Weg einer Japanisierung, die so weit ging, dass 1940 sogar eine Änderung der Namen und die Einführung japanischer Namen angeordnet wurde. Wichtigster Bestandteil der Japanisierung war die Shinto-Schrein-Verehrung.[376] Sie sollte zusammen mit dem Eid auf den japanischen Kaiser als Akt der patriotischen Verbundenheit mit dem japanischen Kaiserhaus und seinen Ahnen in den Gottesdienst einbezogen und an den Schulen durchgeführt werden. Das gottesdienstliche und schulische Leben sollte politisch gleichgeschaltet werden. Mit der Gründung der *Kirche Koreas der japanischen Vereinigten Kirche* (1945) führte die japanische Regierung eine Vereinigung aller protestantischen Kirchen herbei, um sie besser unter Kontrolle halten zu können.[377]

Die Reaktion der koreanischen Christen war ebenso uneinheitlich wie die der Missionare, die z. B. als Schulleiter vor der Frage standen, ob sie die geforderten Riten vollziehen sollten, um so den Bestand der Schule zu sichern. Die römisch-katholische Kirche erlaubte ihren Mitgliedern die Shinto-Schrein-Verehrung.[378] Langsam und unter massivem Druck fügten sich auch die protestantischen Kirchen. Auf der 27. Generalsynode der Presbyterianischen Kirche (1938) wurde unter Missachtung des Mehrheitsvotums der folgende Antrag für angenommen erklärt:

Wir erkennen die Verehrung des Shinto-Schreins als staatliche Zeremonie an und sehen ein, dass sie der christlichen Lehre nicht widerspricht. Wir wollen deshalb vorbildlich daran teilnehmen und als Untertanen des Kaisers dem Reich treu dienen und dabei behilflich sein, alle Menschen dazu aufzurufen.[379]

Nach der Sitzung begaben sich 24 Synodale zu einem Schrein, um dort ihre Verehrung zu erweisen. In seiner Generalversammlung vom November 1940 stellte das Exekutivkomitee der Presbyterianischen Kirche fest:

Indem wir der Leitung der Regierung folgen und uns der nationalen Politik anschließen, die auf der Organisation von Gruppen basiert, werden wir von dem falschen Gedanken frei werden, dass wir von Europa oder Amerika abhängig sind, und werden so unser Bestes tun, um das koreanische Christentum anzupassen und zu reinigen. Gleichzeitig sollten Kirchenmitglieder als loyale Untertanen des Kaisers selbstlos der Gesellschaft dienen und tapfer voranschreiten bei der Aufrichtung der neuen Ordnung in Asien.
Wie andere Menschen, so sollten auch die Kirchenmitglieder an der Schrein-Verehrung teilnehmen.[380]

---

[376] Zum Folgenden vgl. Y.-J. Kim, a. a. O., S. 112–125; W. J. Kang, a. a. O., S. 33–43.
[377] Y.-J. Kim, a. a. O., S. 125.
[378] Ebd., S. 116.
[379] Ebd., S. 120.
[380] W. J. Kang, a. a. O., S. 41 f.

Andere Kirchen gaben ähnliche Erklärungen ab. Damit stellte sich die Kirche hinter die japanische Kolonialmacht und ihr Vorgehen in Korea: Ganze Gruppen von Koreanern wurden zur Arbeit in der Rüstungsindustrie nach Japan gebracht. Korea wurde zur Kornkammer Japans. Während die Menschen in Korea hungerten, transportierte man Nahrungsmittel aus Korea nach Japan. Koreanische Frauen mussten japanischen Soldaten als Prostituierte dienen und ganz Südostasien wurde – angeblich zu seinem Heil – in den Krieg gestürzt.

Viele Christen – einzeln und in Gruppen – setzten dem entschiedenen Widerstand entgegen.[381] Am bekanntesten wurden die Pastoren Son Yang-Won, der durch seine schier unbegrenzte, opferbereite Liebestätigkeit zur Legende geworden ist[382], und Chu Ki-Cheol, der nach der Befreiung als patriotischer Märtyrer verehrt wurde[383]. Im Jahr 1940 verhafteten die Japaner über 2000 Gegner der Shinto-Schrein-Verehrung. Über 50 von ihnen starben im Gefängnis.

Blickt man auf die Geschichte der koreanischen Kirchen in der Zeit der japanischen Kolonialherrschaft, so drängt sich ein Vergleich mit der Kirchengeschichte im Dritten Reich auf.[384] In beiden Fällen ging es um eine Gleichschaltung der Kirche mit den politischen Zielen des Staates. Der Widerstand, der den Bestrebungen der Regierung entgegengesetzt wurde, war in Korea vor allem innerkirchlich motiviert. Es war nicht die aggressive Eroberungspolitik Japans in ganz Südostasien und das damit verbundene Leid, die den christlichen Widerspruch hervorriefen, sondern die Verletzung des 1. und 2. Gebotes und das Eingreifen in kirchliche Entscheidungsbefugnisse. Die Bejahung der staatlichen Anordnungen wurde mit dem Argument gerechtfertigt, es gehe bei der Shinto-Schrein-Verehrung nicht um einen religiösen Akt, sondern um ein Element asiatischer Kultur, das sich in die christliche Frömmigkeitspraxis einfügen lasse, wodurch die Selbständigkeit der asiatischen Kirche gegenüber westlichen Herrschaftsansprüchen untermauert werde.

c) Beginn einer theologischen Polarisierung

Im Zusammenhang mit der Frage der Legitimität der Shinto-Schrein-Verehrung kam es zur ersten theologischen Polarisierung[385] in der presbyterianischen Kirche Koreas. Sie wurde beeinflusst durch die theologischen Auseinandersetzungen zwischen Konservativen und Liberalen in Nordamerika, wobei auch die Bezeichnungen „konservativ" und „liberal" in Korea übernommen wurden, obwohl sie sich nur ungefähr mit dem in Amerika und Europa so Bezeichneten decken. Die Beeinflussung geschah einerseits durch die Missionare, unter denen es auch einige liberale gab. Sie geschah aber vor allem durch koreanische Theologen, die in Princeton und anderen westlichen Ausbildungsstätten studiert hatten. So war J. Gresham Machen der Lehrer von Park Hyung-Nyong[386], dem führenden konservativen presbyterianischen Theologen

---

381 Y.-J. Kim, a. a. O., S. 119–125.

382 Vgl. ebd., S. 120, Anm. 76; eine – sehr erbauliche – Biographie von Pastor Son ist Y. Ch. Ahn/Ph. Thompson: Treu bis in den Tod, Stuttgart-Neuhausen 1978.

383 Y.-J. Kim, a. a. O., S. 129.

384 Vgl. dazu ebd. S. 121, Anm. 78; S. 123, Anm. 82, 84.

385 Formulierung im Anschluss an Y.-J. Kim, a. a. O., S. 125.

386 In der Schreibung des Namens halte ich mich an H.-M. Yim: Unity, passim; Y.-J. Kim, a. a. O., passim, schreibt „Hyeong-Yong Pak".

in Korea, während der bedeutendste liberale Theologe – Kim Chai-Choon – bei Machens Gegnern in Princeton studiert hatte. Im ersten Band seiner siebenbändigen Dogmatik schreibt Park Hyung-Nyong:

Die orthodoxe Theologie, die uns die westlichen Missionare vor 80 Jahren überlieferten, die will ich an die kommende Generation weitergeben.[387]

Eine mit dieser Zielsetzung betriebene theologische Ausbildung hielt Kim Chai-Choon für „Indoktrination", der er die Forderung einer „Freiheit im Denken" gegenüberstellte.[388] Die Bibelkritik der Liberalen war sehr gemäßigt, trotzdem wurde sie von der Generalsynode der presbyterianischen Kirche scharf zurückgewiesen. Ein im Jahr 1934 von der Generalsynode eingesetzter Untersuchungsausschuss kam zu folgendem Ergebnis:

Ein Pastor, der die Verfasserschaft der Genesis von Moses verneint [...] kann nicht Pastor unserer Kirche sein [...].
Die Pastoren, die den zerstörerischen biblisch-historischen Kritizismus annehmen und ihn unterrichten oder die Bibel zeitgemäß eigenwillig-frei auslegen, sollen aus der kirchlichen Gemeinschaft ausgeschlossen werden.[389]

Die Shinto-Schrein-Verehrung lehnten die konservativen Theologen mehrheitlich strikt als eine Verletzung des 1. Gebotes ab. Sie nahmen teilweise einschneidende persönliche Konsequenzen in Kauf. Chu Ki-Cheol, der 1944 im Gefängnis starb, schrieb in sein Tagebuch:

Wie kann ich später in das Angesicht des Herrn schauen, wenn ich der Verfolgung, die ich um Jesu willen leiden muss, ausweichen würde? Was kann ich auf die Frage des Herrn antworten, wenn er mich wie folgt fragt: Du hast in meinem Namen Gutes und Freude genossen [...]. Wo hast du dein Kreuz, das ich dir als Erbschaft anvertraut hatte, niedergelegt?[390]

Die liberalen Theologen dagegen fanden sich dazu bereit, der Argumentation der Regierung zuzustimmen und in der Schrein-Verehrung lediglich einen Akt der Respektbezeigung, nicht aber eine religiöse Handlung zu sehen. Die Frage der Shinto-Schrein-Verehrung und die theologische Auseinandersetzung griffen ineinander.[391] Nach dem Krieg wurden manche koreanische Christen, die im Widerstand gegen die japanischen Forderungen den Tod erlitten hatten, als patriotische Helden verehrt,[392] was vermutlich eine Uminterpretation ihres Verhaltens war.
Vertrat die Generalsynode der presbyterianischen Kirche eine außerordentlich enge, konservative theologische Position, so nahm die methodistische Kirche, die zweite große kirchliche Gemeinschaft in Korea, 1930 ein recht liberal formuliertes Bekenntnis an. Es erwähnt weder die Jungfrauengeburt noch das stellvertretende Leiden, die Auferstehung und die Wiederkunft Jesu. Die ekklesiologischen und eschatologischen Aussagen des Bekenntnisses lauten so:

---

[387] Zitiert ebd., S. 109.
[388] Ebd., S. 111.
[389] Ebd., S. 106.
[390] Zitiert ebd., S. 126.
[391] Ebd., S. 112–131; H.-M. Yim: Unity, S. 52–71.
[392] Vgl. die Grabinschrift „Das Grab des Patrioten Chu Ki-Cheol"; Y.-J. Kim, a. a. O., S. 129.

Wir glauben, dass die Kirche die Gemeinschaft aller, die in dem lebendigen Herrn einig sind, zum Gottesdienst und Diakonie ist.
Wir glauben an das Reich Gottes als göttlichen Maßstab in der Gesellschaft der Menschen und an die Bruderschaft unter Gott dem Vater.
Wir glauben an den letzten Triumph der Gerechtigkeit und an das ewige Leben.[393]

Theologische Auseinandersetzungen in dem Ausmaß, wie sie in der presbyterianischen Kirche geführt wurden, gab es in der methodistischen Kirche Koreas nicht.

3. Innerkirchliche Entwicklungen in Korea nach 1945

Das Ende des Pazifischen Krieges leitete für Korea nur eine kurze Friedensperiode ein, die wenig Zeit für die Aufarbeitung der Probleme der Vergangenheit ließ. Nach dem Koreakrieg (1950–1953) wurde das Land am 38. Breitengrad geteilt, wodurch die Kontakte zwischen den Bürgern von Nord- und Südkorea für fast ein halbes Jahrhundert nahezu vollständig unterbunden wurden.[394] Während im kommunistischen Nordkorea die Bevölkerung wirtschaftlich verarmte und auf internationale Hilfe angewiesen war, kam es in Südkorea vor allem unter dem Präsidenten Park Chonghi (1961–1979) zu einem steilen wirtschaftlichen Aufstieg (der aller Welt bei der Olympiade 1988 demonstriert wurde) und zur Umwandlung Südkoreas von einem Agrarstaat in einen Industriestaat. Die Kehrseite dieser Entwicklung waren soziale Spannungen und die Unterdrückung von Meinungsfreiheit, Opposition und Gewerkschaften während der Regierungszeit Parks und des ebenfalls durch einen Militärputsch an die Macht gelangten Präsidenten Chun Du-Hwan (1980–1987). Die Einkommensverteilung war soziologischen Untersuchungen zufolge zwar gleichmäßiger als z. B. in der Bundesrepublik Deutschland und in den USA[395], die Lebens- und Arbeitsverhältnisse der untersten Einkommensschichten waren aber wegen des Überangebots an Arbeitskräften sehr schlecht.[396] Die politischen und gesellschaftlichen Gegebenheiten beeinflussten auch Kirche und Theologie Koreas nach 1945.

a) Spaltungen in der presbyterianischen Kirche

Die Aufspaltung der presbyterianischen Kirche[397] in eine Vielzahl von Kirchen hat ihren Grund im Ineinandergreifen mehrerer Faktoren: (1) der Frage nach angemessenen Konsequenzen aus den Erfahrungen unter der japanischen Kolonialherrschaft, (2) der Auseinandersetzung zwischen „liberaler" und „konservativer" Theologie, (3) dem Streit um die ökumenische Orientierung.

---

[393] Das ganze Bekenntnis findet sich bei Y.-J. Kim, a. a. O., S. 181 f., vgl. auch S. 103.

[394] Erst im Jahr 2000 kam es zu einem Treffen der Regierungschefs von Nord- und Südkorea.

[395] H. W. Maull/I. M. Maull, a. a. O., S. 93.

[396] Einen Eindruck von den Arbeitsverhältnissen vermittelt das Gedicht „Menschenmarkt", in dem eine Näherin in einer Fabrik ihren Arbeitstag schildert; vgl. J. Moltmann (Hg.): Minjung, S. 25 f., 78 f.

[397] Auch in anderen Kirchen (Methodisten, Baptisten) kam es zu Spaltungen, die zur Entstehung mehrerer Kirchen derselben Denomination führten. Die Spaltungen nahmen aber nicht dasselbe Ausmaß wie in der presbyterianischen Kirche an. Teilweise wurden sie wieder rückgängig gemacht. Vgl. W. Y. Ji: Art. „Korea", S. 618.

(1) Das Ende der japanischen Kolonialherrschaft brachte die Befreiung der Christen, die sich der Forderung der Shinto-Schrein-Verehrung widersetzt hatten und ihrer standhaften Haltung wegen ins Gefängnis gekommen waren.[398] Manche dieser „befreiten Christen" forderten als Konsequenz aus den Erfahrungen der Kolonialzeit einen radikalen Neuanfang: Die Pastoren und Kirchenführer, die sich an der Shinto-Schrein-Verehrung beteiligt hatten, sollten von ihren Ämtern zurücktreten, um sich dann erneut zur Wahl zu stellen. Die Angegriffenen widersetzten sich diesen Forderungen mit dem Hinweis, sie hätten aus Verantwortung für die Gemeinden gehandelt.[399] Was die Shinto-Verehrung betreffe, so müsse jeder sein Verhalten individuell vor Gott verantworten.

(2) Da die „befreiten Christen" die Theologie ihrer Gegner für deren Versagen angesichts der Shinto-Schrein-Verehrung und der staatlichen Zwangsmaßnahmen verantwortlich machten, wollten sie wenigstens auf diesem Gebiet eine Trendwende. Die Theologie, die sich in der japanischen Zeit kompromissbereit gezeigt hatte, war die „liberale" Theologie, wie sie vor allem Kim Chai Choon, der Leiter des *Chosun Theological Seminary* in Seoul,[400] vertrat. Anstoß erregte vor allem die historisch-kritische Betrachtung der Bibel. Sie nahm nach Ansicht der konservativen Theologen die Weisungen der Bibel – wie etwa das 1. Gebot – nicht wirklich ernst, wie sich im Zusammenhang mit der Shinto-Verehrung gezeigt habe. Für manche konservativen koreanischen Theologen war freilich schon die Theologie Karl Barths „modernistisch".[401]

(3) Paradoxerweise wurde auch die ökumenische Orientierung zum Anlass einer Spaltung in der presbyterianischen Kirche Koreas.[402] In Korea gab es schon seit 1924 einen *Nationalen Christenrat*, der 1970 in den *National Council of Churches in Korea* (NCCK) umgewandelt wurde. Zu diesen ökumenischen Organisationen gehörte aber nur ungefähr ein Drittel der koreanischen Kirchen.[403] Nach 1948 entzündete sich der Streit an der Frage der Mitgliedschaft im ÖRK. Koreanische Christen, unterstützt von westlichen Organisationen wie dem *International Council of Christian Churches* (ICCC)[404], richteten scharfe Angriffe gegen den ÖRK: Er sei von einer liberalen Theologie beherrscht, strebe eine Art universale „Überkirche" an[405] und unterstütze den Kommunismus.[406] Besonders schwerwiegend war in Südkorea der Vorwurf einer

---

[398] Zu diesem Abschnitt vgl. Y.-J. Kim, a. a. O., S. 135–144; H.-M. Yim, a. a. O., S. 73–85.

[399] Vgl Y.-J. Kim, a. a. O., S. 136.

[400] Eine kurze Geschichte dieser Ausbildungsstätte gibt H.-M. Yim, a. a. O., S. 78 f. Zur Auseinandersetzung um die dort vertretene Theologie vgl. Y.-J. Kim, a. a. O., S. 145–149; H.-M. Yim, a. a. O., S. 85–98.

[401] H.-M. Yim, a. a. O., S. 90.

[402] Zum Folgenden vgl. Y.-J. Kim, a. a. O., S. 146–149; H.-M. Yim, a. a. O., S. 98–112.

[403] Einzelheiten bei E.-S. Kim: Missio Dei und Kirche in Korea, Ammersbek bei Hamburg 1995, S. 121, Anm. 1.

[404] Er wurde (ebenfalls im Jahr 1948 in Amsterdam!) von Carl McIntire als „Gegengründung" zum ÖRK ins Leben gerufen.

[405] Der ÖRK hat mehrfach bestritten, dass er sich als „Überkirche" verstehe; vgl. etwa die „Toronto-Erklärung" von 1950: „Der Ökumenische Rat der Kirchen ist keine ‚Über-Kirche' und darf niemals eine werden."

[406] Vgl. vor allem H.-M. Yim, a. a. O., S. 102 ff.

prokommunistischen Haltung, nachdem sich das Land im Koreakrieg gegen eine kommunistische Aggression zur Wehr gesetzt hatte. Eine Person, die als Kommunist identifiziert worden war, konnte in Südkorea zum Tod verurteilt werden.[407]

Das Zusammenspiel dieser Gründe führte zu einer Reihe von Spaltungen innerhalb der presbyterianischen Kirche Koreas, wobei sich auch eine in der koreanischen Kultur- und Missionsgeschichte wurzelnde „Unfähigkeit zum Kompromiss und zur Duldung von Pluralität"[408] bemerkbar machte, für die es freilich auch Gegenbeispiele gibt. So versuchte der bekannteste konservative Theologe der ersten Nachkriegsjahrzehnte, Park Hyung-Nyong, die Abspaltung der konservativen Gruppe durch einen eindrucksvollen Appell zu verhindern:

Führer, die ihr aus dem Gefängnis entlassen wurdet! Ist es recht, dass ihr die Kirche verlasst, weil ihr unzufrieden seid mit der verspäteten Umkehr unserer ganzen Kirche? [...] Ist es nicht eure Aufgabe, als befreite Heilige (*as released saints*) unter ihnen zu bleiben und sie kräftig zur Umkehr zu ermutigen, anstatt euch abzuspalten?[409]

Solche Appelle verhallten ungehört und konnten die Spaltungen in der presbyterianischen Kirche nicht aufhalten.

Zur ersten Abspaltung kam es, als erkennbar wurde, dass sich die „befreiten Christen" mit ihrer Forderung nach einem grundsätzlichen Neuanfang nicht durchsetzen konnten und stattdessen eine Rückkehr zu den Verhältnissen vor 1938 vollzogen wurde. In der *Presbyterian Church of Korea* wurde der Beschluss der Generalsynode von 1938 für ungültig erklärt, da er nicht in rechtmäßiger Weise gefasst worden sei. Die Persönlichkeiten, die in der japanischen Kolonialzeit die Kirche geleitet hatten, standen weiterhin an der Spitze. Daraufhin gründete die theologisch „konservative" Partei zunächst ein eigenes theologisches Seminar (das *Koryo-Seminar* in Pusan) und 1952 eine selbständige Kirche, die *Presbyterian Church of Korea (Koryo)*. Ihr gehörte etwa ein Zehntel der presbyterianischen Christen an.[410]

Ein Jahr später lösten sich auch „liberale" Theologen und die mit ihnen verbundenen Gemeinden von der *Presbyterian Church of Korea*. Als die Generalsynode der Kirche 1953 die Ordination des führenden „liberalen" Theologen Kim Chai-Choon aufhob und ihn aus der Kirche ausschloss, weil er die Irrtumslosigkeit und Verbalinspiration der Bibel bestritt,[411] bildete die Gruppe um Kim Chai-Choon (die so genannte Kichang-Gruppe) eine neue Generalsynode, aus der 1954 die *Presbyterian Church in the Republic of Korea* (PROK) hervorging.[412] Damit war es zu einer zweiten Kirchenspaltung gekommen.

Die *Presbyterian Church of Korea*, von der sich die beiden eben erwähnten Kirchen getrennt hatten, gehörte dem ÖRK seit seiner Gründung an. Nun, in den 50er Jahren des 20. Jahrhunderts, wurde diese Mitgliedschaft in Frage gestellt. Das führte 1959 zur Spaltung der *Presbyterianischen Kirche Koreas* in die *Presbyterianische Kirche*

---

[407] Ebd., S. 102, Anm. 567.
[408] H. W. Maull/I. M. Maull, a. a. O., S. 72. Dazu ausführlich H.-M. Yim, a. a. O., S. 6–72.
[409] Zitiert nach H.-M. Yim, a. a. O., S. 84.
[410] Zahlen bei Y.-J. Kim, a. a. O., S. 143, Anm. 35.
[411] Zur Kritik an Kim Chai-Choon vgl. H.-M. Yim, a. a. O., S. 94.
[412] Ebd., S. 96.

(Haptong), die den ÖRK ablehnt, und in die *Presbyterianische Kirche (Tonghap)*,[413] die Mitglied des ÖRK[414] ist.

Den dargestellten Spaltungen folgte eine Welle weiterer Abspaltungen. Koreanischen Quellen zufolge gab es in den 90er Jahren des 20. Jahrhunderts zwischen 114 und 168 protestantische Denominationen und zwischen 74 und 130 presbyterianische Kirchen, die sich mit einer Ausnahme alle *Presbyterian Church of Korea* (mit einem unterscheidenden Zusatz) nannten.[415] Was Theologie und politische Einstellung angeht, haben sich die Grenzen zwischen ihnen teilweise verwischt.[416] Es gab auch Bemühungen um Wiedervereinigung[417], denen aber bisher kein durchschlagender Erfolg beschieden war.

b) Wachstum der protestantischen Kirchen

Wie in der südkoreanischen Wirtschaft, so spielten auch bei den Kirchen in der Zeit nach 1945 Erfolg und Wachstum eine große Rolle. Dies gilt insbesondere für die Pfingstkirchen[418] wie die *Full Gospel Church* von Cho Yonggi, aber nicht nur für sie. Es gibt in Südkorea noch eine ganze Anzahl weiterer „Mega-Kirchen" bzw. „Mega-Gemeinden", auch solche, die zu den presbyterianischen Kirchen gehören, besonders zur größten unter ihnen, der Haptong-Kirche.

Das zahlenmäßige Wachstum der christlichen Kirchen in Südkorea von Anfang der 60er Jahre bis Mitte der 90er Jahre des 20. Jahrhunderts war erstaunlich. Die protestantische Christenheit erlebte in diesem Zeitraum ein Wachstum von 1 257 000 (5,2 % der Bevölkerung) auf 15 761 000 (33,8 % der Bevölkerung).[419] In den letzten Jahren des Jahrhunderts schien das Kirchenwachstum im Allgemeinen zu einem Ende gekommen zu sein.[420]

---

[413] Die Worte „Haptong" und „Tonghap" haben ungefähr dieselbe Bedeutung, nämlich „Vereinigung".

[414] Daneben gehören dem ÖRK noch die *Koreanische Methodistische Kirche* und die *Presbyterianische Kirche in der Republik Korea* (PROK, d. h. die Kirche der Kichang-Gruppe) an.

[415] Vgl. dazu M. Rhinow: Die Kirchen Südkoreas, in: Korea Forum, Nr. 2 (1998), S. 23–26, bes. S. 23.

[416] Vgl. C. Wippermann: Zwischen den Kulturen, S. 154.

[417] Diesem Ziel ist die im Vorangehenden häufig zitierte Dissertation von H.-M. Yim gewidmet.

[418] Zu der Pfingstbewegung in Korea vgl. W. J. Hollenweger: Charismatisch-pfingstliches Christentum, S. 121–127. Hollenweger betont den schamanistischen Hintergrund der koreanischen Pfingstbewegung, stellt aber zugleich heraus, dass es sich um eine vielschichtige Bewegung handle, die sich nicht auf einen gemeinsamen Nenner (etwa den der „Religion des Erfolges") bringen ließe.

[419] C. Wippermann, a. a. O., S. 151, 159; er meldet allerdings begründete Zweifel an diesen Zahlen an (S. 158 f.).

[420] Vgl. dazu L. Drescher: Ende des Wachstums? Die protestantischen Kirchen Südkoreas in der Krise, in: ZMiss 21 (1995), S. 105–116.

c) Entwicklungen in der katholischen Kirche seit 1945[421]

Hatte die katholische Kirche während der japanischen Kolonialherrschaft eine regierungskonforme Position eingenommen, so gehörte sie in der Zeit der Militärdiktatur (1961–1987 bzw. 1992) zu den wichtigsten Trägerinnen des Protestes.[422] Die katholische Kirche schien der

Anwalt der einfachen Leute, der Unterdrückten und Armen zu sein, sich mit diesen zu identifizieren und im Einsatz für deren Rechte selbst Repressionen in Kauf zu nehmen.[423]

Dies ist aber nur die halbe Wahrheit. Tatsächlich waren auch die katholischen Christen – Bischöfe, Priester und Gemeinden – in ihrer politischen Haltung gespalten. Wippermann zitiert einen katholischen Gewährsmann mit der Ansicht, dass nur etwa 5 % der katholischen Christen in der Demokratiebewegung und im Kampf um soziale Reformen aktiv gewesen seien, ca. 30 % hätten diese Haltung ihrer Gesinnung nach geteilt.[424] Leitfigur in der katholischen Demokratiebewegung war der Bischof von Wonju (ca. 120 km östlich von Seoul gelegen), Chi Hak-sun. Als er 1974 eine des Kommunismus verdächtigte Jugend- und Studentenorganisation unterstützte und in einer „declaration of conscience" die Regierung scharf kritisierte, wurde er zu 15 Jahren Gefängnis verurteilt, von denen er freilich nur etwas mehr als ein halbes Jahr tatsächlich absitzen musste. Seine Inhaftierung wurde zum Anlass für die Gründung der *Catholic Priest's Association for Justice.* Diese führte Gottesdienste durch, in denen Forderungen nach sozialer Gerechtigkeit, Einhaltung der Menschenrechte und Rückkehr zur Demokratie Ausdruck gegeben wurde. Im Anschluss an die Gottesdienste fanden oft Demonstrationen statt. Es war von entscheidender Bedeutung, dass Stephen Kardinal Kim von Seoul die Myong-dong-Kathedrale und den davor liegenden Platz für solche Gottesdienste und Demonstrationen zur Verfügung stellte. Der Kardinal selbst hielt sich zurück und dadurch die von internen Auseinandersetzungen und Spaltungen bedrohte Kirche zusammen.[425]
In die Zeit der Militärdiktatur fielen auch die Ernennung des Erzbischofs von Seoul zum Kardinal (1968, im Amt bis 1998) und zwei Besuche von Papst Johannes Paul II. in Korea, deren erster (1984) besonderes Gewicht hatte. Im Jahr 1984 feierte die katholische Kirche in Korea ihr 200-jähriges Bestehen. Bei dieser Gelegenheit sprach der Papst 103 Märtyrer (93 Koreaner und zehn Europäer) heilig. Es war die erste Heiligsprechung, die außerhalb Roms vorgenommen wurde. Für die Märtyrer wurde eine Kirche im traditionell koreanischen Stil – Se-Nam-toh – errichtet.[426]
Mit dem Ende der Militärdiktatur ging das politische Engagement der katholischen Christen und Priester deutlich zurück. Die Ziele (Wiederherstellung der Demokratie, Verbesserung der sozialen Verhältnisse) schienen erreicht zu sein. Im Bereich der Politik trat jetzt die Frage der Wiedervereinigung der beiden koreanischen Staaten in den Vordergrund, im eigentlich kirchlichen Bereich die Vertiefung des Glaubens.

---

[421] Vgl. dazu G. Evers: Die Länder Asiens, S. 56–92.
[422] Zum Folgenden vgl. vor allem die Darstellung bei C. Wippermann, a. a. O., S. 111–136.
[423] Ebd., S. 119.
[424] Ebd., S. 125.
[425] Zur Rolle von Kardinal Kim vgl. vor allem ebd., S. 127 f.
[426] Ein Bild dieser Kirche gibt C. Wippermann, ebd., S. 115.

Diese schien auch deshalb nötig zu sein, weil es in den vorangehenden Jahrzehnten zu einem ganz unerwarteten zahlenmäßigen Wachstum der katholischen Kirche gekommen war. In einem Interview sprach Stephen Kardinal Kim davon, dass die Kirche beinahe überfordert sei angesichts der vielen neu Eingetretenen. In den knapp 30 Jahren von Anfang der 70er Jahre bis 1997 war die Zahl der katholischen Christen von 788 000 (2,5 % der Bevölkerung) auf 3 676 000 (7,9 % der Bevölkerung)[427] angewachsen, und das, obwohl sich die katholische Kirche der Wachstumsideologie der Regierung gerade nicht anschloss, sondern sich ihr eher widersetzte.

E JAPAN

„Japan ist das Land der Götter." Mit diesem Satz beginnt das Edikt, in dem der Regent Toyotomi Hideyoshi am 25. Juli 1587 die Ausweisung der jesuitischen Missionare aus Japan verfügte.[428] Im „Land der Götter" hatte seit 552 n. Chr. der Buddhismus Fuß gefasst und breite Akzeptanz gefunden. Das Christentum aber, das tausend Jahre später (1549) kam, wurde bald verboten und blutig verfolgt. Die erste Phase christlicher Präsenz in Japan endete mit der Abgrenzung Japans von der Außenwelt im Jahr 1639. Erst 220 Jahre später (1859) kamen wieder Missionare – weithin ungehindert, wenn auch noch immer illegal – ins Land. Am Ende des zweiten Jahrtausends stellten die Christen in Japan eine in viele Konfessionen und Denominationen gespaltene Minderheit von ca. 1 % der Gesamtbevölkerung dar.[429]

1. Das „christliche Jahrhundert" (1549–1639)

Die erste Begegnung des Christentums mit Japan – im so genannten christlichen Jahrhundert (1549–1639) – fand in einer Zeit des Umbruchs statt. Eine Epoche des Kampfes lokaler Fürsten (*daimyo*, „großer Name") und ihrer Krieger (Samurai) gegeneinander, woran sich auch buddhistische Klöster kriegerisch beteiligten,[430] wurde durch die drei „Einiger des Reiches" Oda Nobunaga (1534–1582), Toyotomi Hideyoshi (1536–1598) und Tokugawa Ieyasu (1542–1616) beendet. Bedeutsam war in diesem Zusammenhang die Einführung von Feuerwaffen durch die Portugiesen (ab 1543). Den Architekten der Einheit Japans erschien das Christentum als gefährlich, wobei die Missionare diesen Verdacht – unbewusst – selbst nährten.

a) Die Anfänge des Christentums in Japan

Die Mission in Japan wurde im 16. Jahrhundert in erster Linie von den Jesuiten betrieben. Erst später (1593 und 1602) kamen Missionare der Bettelorden hinzu. Die beiden prägenden Gestalten der Jesuitenmission im Japan des 16. Jahrhunderts waren Franz Xaver und Alessandro Valignano.

---

[427] Zu den Zahlen vgl. ebd., S. 120, 132.

[428] Zitiert in G. Elison: Deus Destroyed. Der Satz begegnet auch in vielen anderen Texten, oft verbunden mit der weiteren Aussage, dass Japan auch das Land des Buddha sei.

[429] K. Ogawa: Art. „Japan", in: TRE, Bd. 16, S. 536.

[430] G. Elison, a. a. O., S. 122.

Franz Xaver (1506–1552)[431], der Mitbegründer des Jesuitenordens, und zwei weitere Ordensleute kamen mit einem landeskundigen Führer am 15. August 1549 in der Hafenstadt Kagoshima, auf der südlichen Insel Kyushu, an. Über Japan äußerte sich Franz Xaver voller Begeisterung. Es sei „weitaus das höchststehende von allen neuentdeckten Ländern der Welt".[432] In den etwas über zwei Jahren, die Franz Xaver in Japan verbrachte, ließen sich ca. 1000 Personen taufen,[433] von denen die überwiegende Zahl aus den unteren Bevölkerungsschichten kam. Franz Xaver legte Wert auf auswendig gelernte Grundinformationen wie Glaubensbekenntnis, Zehn Gebote, Ave Maria u. a. Nach zwei bis drei Wochen Unterricht wurden die Bewerber getauft. Anziehender als die Botschaft war möglicherweise die Person Franz Xavers. Er stand in dem Ruf, Krankheiten durch das Kreuzeszeichen oder auf Zettel geschriebene Bibelverse heilen zu können.[434] Und schließlich wies die buddhistische Frömmigkeitspraxis – wie Franz Xaver selbst erstaunt feststellte[435] – verblüffende Parallelen zur katholischen auf, so dass vielen anfangs gar nicht bewusst wurde, dass sie sich auf eine ganz andere Religion eingelassen hatten. Als weniger glücklich erwiesen sich Franz Xavers Versuche, den christlichen Glauben mit Hilfe einer aus dem japanischen Buddhismus entnommenen Begrifflichkeit zu vermitteln. Die Übersetzung des Wortes „Gott" erwies als besonders schwierig. Franz Xaver und die anderen Missionare sahen bald ein, dass für eine Missionsarbeit in Japan wenigstens die Zustimmung, besser noch die Unterstützung der *daimyo* unerlässlich war. Pater Luis Frois, der Historiker der Jesuiten in Japan, schrieb 1569:

Man muss sich bemühen, zuerst die Gunst der Könige, Fürsten und Herren, die das Land regieren, zu gewinnen und sich zu erhalten […]. Denn ohne diese Mittel (im Hinblick auf menschliche Macht gesprochen) wird man unter ihnen keine Früchte ernten, sondern eher das Gegenteil.[436]

Die Unterstützung der Fürsten war nicht selten mit politischen und wirtschaftlichen Erwartungen verbunden. Trotzdem ist es zu einseitig, den christlichen Glauben der *daimyo* ausschließlich als politischen Opportunismus zu sehen. Takayama Ukon etwa war zwar nicht frei von Machtstreben und Fanatismus,[437] aber er verzichtete lieber auf seine Macht und ging schließlich ins Exil nach Manila, statt den christlichen Glauben abzulegen.

---

[431] Zu Franz Xavers Wirksamkeit in Japan vgl. L. Frois: Die Geschichte Japans (1549–1578). Nach der Handschrift der Ajudabibliothek in Lissabon übersetzt und kommentiert von G. Schurhammer und E. A. Voretzsch, Leipzig 1926; G. Schurhammer: Franz Xaver, Bd. II/3; R. H. Drummond: Christianity in Japan, S. 30–44; A. C. Ross: Vision, S. 13–31.

[432] Die Briefe des Francisco de Xavier, S. 154.

[433] C. R. Boxer: The Christian Century, S. 39.

[434] R. H. Drummond, a. a. O., S. 35.

[435] Ebd., S. 37.

[436] Zitiert nach G. Elison, a. a. O., S. 26.

[437] Das versucht die ans Hagiographische grenzende Darstellung von J. Laures zu verschleiern; vgl. J. Laures: Takayama Ukon und die Anfänge der Kirche in Japan, Münster 1954. Zur Korrektur vgl. G. Elison, a. a. O., S. 124–131; vgl. auch J. Laures: The Catholic Church in Japan, S. 110; dort wird die Zwangsbekehrung durch Takayama Ukon unter der Überschrift „Takayama Ukon's Apostolate" behandelt.

Mehrfach schritten Fürsten, die Christen geworden waren, in religiösem Übereifer und mit der Zustimmung – wenn nicht gar auf Betreiben – der Missionare zur Zwangschristianisierung und zur Zerstörung buddhistischer Tempel und Statuen. So etwa Omura Sumitada, der *daimyo* des Gebietes um Nagasaki.[438] Pater Luis Frois gab dem Geschehen eine erbauliche Deutung:

Und so kam es durch die grenzenlose Güte Gottes, aus dessen Erbarmen alles Gute fließt, dass nach der Zerstörung der Pagoden und Tempel alle Untertanen [Omuras], die 60 000 Seelen zählten, Christen wurden.[439]

Mit diesem Zerstörungswerk, das konvertierte Fürsten an buddhistischen Heiligtümern anrichteten, identifizierten sich die Missionare so sehr, dass Alessandro Valignano es den Patres selbst zuschreiben konnte:

Gott gab den Patres solche Stärke, dass [...] sie alle Klöster und Tempel der Bonzen zerstörten und verbrannten und in ein paar Monaten alle Heiden dieser Länder bekehrten ...[440]

Als im Juli 1579 Alessandro Valignano[441], dem als Visitator die gesamte Mission der Jesuiten im Osten[442] unterstand, in Japan ankam, fand er ca. 150 000 Christen vor.[443] Valignano, der insgesamt dreimal Japan besuchte (1579–1582, 1587–1592, 1599–1603), hielt in zwei Bereichen Änderungen für nötig: Er forderte eine stärkere Angleichung der Missionare an die japanischen Lebensformen und leitete den Aufbau einer japanischen Kirche mit einheimischem Klerus ein.

Valignano erkannte, dass die Jesuiten sich strikt an die japanischen Sitten halten müssten, wenn sie Offenheit für ihre Botschaft finden wollten.[444] Die Europäer sollten leben wie die Japaner. Das betraf auch Architektur und Einrichtung der Häuser. Sie sollten von einem gepflegten Garten umgeben sein und einen Raum für die Teezeremonie haben. Die Speisen seien auf niederen Tischen zu servieren, wobei genau festgelegt wurde, was und was nicht gegessen werden durfte: im Normalfall kein Schweine- oder Rindfleisch. Schweine, Rinder und Ziegen sollten auch nicht gehalten werden, Enten und Hühner waren erlaubt.

Es war Valignano klar, dass die Kirche in Japan nur Fuß fassen konnte, wenn sie eine japanische Kirche mit einheimischem Klerus wäre. Bei seiner Ankunft in Japan gab es weder japanische Vollmitglieder des Jesuitenordens noch japanische Brüder und Novizen, sondern nur *dojuku*, die dem Orden im strikten Sinn (noch) nicht angehörten. Sie waren „die Arbeitstiere (*workhorses*) der Gesellschaft"[445]. Aber sie leisteten einen großen Teil der missionarischen Arbeit, da sie die sprachlichen Fähigkeiten zu predigen

---

[438] Zu Omura Sumitada vgl. G. Elison, a. a. O., S. 27, 87–101.

[439] Ebd., S. 92; Zufügung von Elison.

[440] Zitiert nach C. R. Boxer, a. a. O., S. 138.

[441] Zu Valignano vgl. A. C. Ross: Vision, S. 32–78; J. F. Schütte: Valignanos Missionsgrundsätze für Japan. Bd. I, 1. Teil: Das Problem (1573–1589), Rom 1951; Bd. I, 2. Teil: Die Lösung (1590–1582), Rom 1958; J. F. Moran: The Japanese and the Jesuits. Alessandro Valignano in sixteenth-century Japan, London-New York 1993.

[442] D. h. von Mosambik bis Japan.

[443] C. R. Boxer, a. a. O., S. 78.

[444] G. Elison, a. a. O., S. 56–62; A. C. Ross, a. a. O., S. 62–65.

[445] G. Elison, a. a. O., S. 16.

und zu unterrichten hatten. Während sie „die Last und Hitze des Tages trugen"[446], wurde ihnen doch der Zugang zu den höheren Ebenen im Orden verwehrt. Das führte zu Enttäuschungen und Kränkungen. Manche Japaner wandten sich aus diesem Grund nicht nur vom Jesuitenorden, sondern auch vom christlichen Glauben ab.

Valignano ordnete gleich bei seinem ersten Aufenthalt in Japan die Errichtung von Institutionen an, in denen Japaner auf den Priesterberuf und die Aufnahme in den Orden vorbereitet wurden: zwei Seminare, ein Noviziat und ein College. Die Aufgabe des Novizenmeisters übernahm er selbst. An Interessenten fehlte es nicht. Die Japaner sollten dieselbe Bildung erhalten wie die Europäer, mit einer Einschränkung: Die Lehrbücher wurden von allen Hinweisen auf Häresien und abweichende Meinungen „gereinigt".[447] Und auch in den anderen Wissensgebieten sollten die Japaner nichts von den europäischen Entdeckungen und Theorien erfahren, die nicht völlig mit dem christlichen Glauben – wie die Jesuiten ihn lehrten – in Einklang waren.[448] Valignano wollte bei den Japanern die Illusion aufrechterhalten, „daß die europäische Tradition ausschließlich christlich sei".[449] Eine Tendenz zu weltanschaulicher Engführung und Indoktrination ist bei seinem Bildungsprogramm nicht zu übersehen. Zwar strebte Valignano die Schaffung „einer japanischen Kirche in Japan unter einem japanischen Bischof"[450] an, aber die Kirche sollte in einer für europäische Beurteiler akzeptablen Weise japanisch sein. Die ersten japanischen Priester wurden 1601 geweiht.[451]

Gegen den erklärten Willen Valignanos[452] kamen 1593 Franziskaner nach Japan. Sie konzentrierten sich in ihrer Mission auf die unteren Bevölkerungsschichten.[453] Die Spannung zwischen Jesuiten und Bettelorden – 1602 kamen noch Dominikaner und Augustiner – blieb selbst in der Zeit der Christenverfolgung nach 1623 bestehen.[454] Angesichts der Unterdrückung der Christen zeigten die einfachen Menschen der franziskanischen Mission eine erstaunliche Standhaftigkeit und Leidensbereitschaft.

b) Verbot und Verfolgung des Christentums

In der Nacht vom 24. zum 25. Juli 1587 schickte der Regent Toyotomi Hideyoshi eine Nachricht an Pater Gaspar Coelho und stellte dem Vizeprovinzial der Jesuiten in Japan vier zornige Fragen, auf die er eine sofortige Antwort forderte:

Warum versucht ihr Missionare so eifrig und sogar mit Gewalt, Konvertiten zu machen? Warum zerstört ihr Shinto-Heiligtümer und buddhistische Tempel und verfolgt die Mönche, anstatt ihnen versöhnlich zu begegnen?

---

[446] So C. R. Boxer, a. a. O., S. 88.
[447] R. H. Drummond, a. a. O., S. 67.
[448] G. Elison, a. a. O., S. 65.
[449] Ebd.
[450] A. C. Ross, a. a. O., S. 60.
[451] H. Cieslik: Sel. Sebastian Kimura (1565–1622). Der erste japanische Priester, in: NZM (1959), S. 81–89.
[452] C. R. Boxer, a. a. O., S. 156–159.
[453] Ebd., S. 234–237.
[454] Ebd., S. 359 f.

Warum tut ihr so unsinnige Dinge und esst nützliche Tiere wie Pferde und Kühe, die den Menschen dienen?
Warum kaufen die Portugiesen viele Japaner und bringen sie als Sklaven in ihr Land?[455]

Am folgenden Tag erließ Hideyoshi ein Edikt, in dem er alle Missionare innerhalb von 20 Tagen zum Verlassen des Landes aufforderte.[456] Die Feindschaft des Fürsten traf Coelho völlig unerwartet. Sein Verhältnis zu Hideyoshi war bis dahin das allerbeste und dessen Haltung den Christen gegenüber äußerst wohlwollend gewesen. Coelho hatte Hideyoshi sogar versprochen, für den geplanten Krieg gegen China zwei portugiesische Kriegsschiffe zu beschaffen. Wie kam es zu der plötzlichen Ablehnung von Christentum und Mission, die in mehreren antichristlichen Edikten ihren Ausdruck finden sollte, von denen das aus dem Jahr 1587 das erste war?
Beim Entstehen der antichristlichen Haltung in Japan wirkten mehrere Ursachen zusammen.[457] Den letzten Ausschlag für das Edikt Hideyoshis gab vielleicht die Laune eines betrunkenen Fürsten. Eine Rolle spielte offenbar auch das gewaltsame Vorgehen der Christen gegen buddhistische und shintoistische Heiligtümer, worauf Hideyoshi in seinen Fragen an Pater Coelho hinweist. Der Hauptgrund für die Entstehung der Abneigung des Regenten gegen die Christen scheint aber die Furcht vor einem Eingreifen der Missionare in die Politik gewesen zu sein, möglicherweise sogar zugunsten westlicher Eroberer.[458] Hideyoshi lehnte jede Einflussnahme religiöser Gruppen in das politische Leben strikt ab. Deshalb war es verhängnisvoll, als Pater Coelho – in der Absicht, die Position der Jesuiten zu stärken – die politische Einflussmöglichkeit der Patres herausgestellt hatte, durch die sogar portugiesische Kriegsschiffe zum Einsatz gebracht werden könnten. Offenbar sahen Hideyoshi und die folgenden Herrscher im Christentum „eine Bedrohung der Existenz Japans".[459] Darin liegt wohl der Hauptgrund für das erste antichristliche Edikt und für die Verfolgung der Christen im folgenden halben Jahrhundert.
Hideyoshis Edikt von 1587 blieb zunächst nur eine Drohung. Es konnte der Eindruck entstehen, dass es sogar außer Kraft gesetzt sei. 1593 wurde den Franziskanern die Niederlassung in Japan gestattet. Hideyoshis Misstrauen gegen die Christen konnte jedoch jederzeit erneut aufflammen, wie es 1596 geschah, als er 26 Christen kreuzigen ließ. Ähnlich verfuhr Tokugawa Ieyasu, der Hideyoshi im Jahr 1598 nachfolgte. Unter seiner Herrschaft kam es geradezu zu einer Blütezeit des Christentums in Japan. Aber 1614 erließ Ieyasu erneut ein antichristliches Edikt.[460] Die Ausweisung aller christlichen (westlichen und japanischen) Priester und Ordensleute wurde angeordnet. Öffentliche und private Praxis des christlichen Glaubens wurde verboten. Jede Familie sollte Mitglied einer buddhistischen Sekte werden und bei einem buddhistischen

---

[455] Zitiert nach A. C. Ross, a. a. O., S. 69.
[456] Text des Edikts bei C. R. Boxer, a. a. O., S. 148, und – in den Formulierungen oft abweichend – bei G. Elison, a. a. O., S. 115 f.
[457] C. R. Boxer, a. a. O., S. 140–152; G. Elison, a. a. O., S. 111–123.
[458] G. Elison, a. a. O., S. 118–123.
[459] Ebd., S. 9.
[460] Text bei J. Jennes: A History of the Catholic Church in Japan, S. 116–118. Zur Ursache vgl. C. R. Boxer, a. a. O., S. 314 f.

Tempel registriert sein (*Danka*-System). Die buddhistischen Priester sollten durch Hausbesuche sicherstellen, dass niemand in den christlichen Glauben zurückfiel. Ieyasus Sohn Hidetada (1616–1623[461]) und dessen Sohn Iemitsu (1623–1651) griffen zu den brutalsten Foltermethoden, um das Christentum in Japan auszurotten. Jetzt zeigte sich aber auch, wie tief es gerade bei den unteren Bevölkerungsschichten verwurzelt war.[462] Mehrfach kam es vor, dass sich bei öffentlichen Exekutionen Christen in großer Zahl am Hinrichtungsort versammelten, Hymnen anstimmten und so die Hinrichtung zu einer Demonstration ihres Glaubens machten.[463] Andere verließen die Städte, so dass es selbst in dieser Zeit noch zu einer Verbreitung des Christentums im Norden der Insel Honshu kam. Die angewandten Foltermethoden wurden aber immer grausamer,[464] schon die Gefängnisse waren unerträglich.[465] Um Christen dazu zu bringen, ihrem Glauben abzuschwören, wurde den mit dem Kopf nach unten aufgehängten Opfern Wasser in die Nase gegossen. Andere wurden – nachdem man ihnen offene Wunden zugefügt hatte – in die heißen Schwefelquellen von Unzen getaucht, wobei ein zugezogener Arzt dafür sorgen sollte, dass sie nicht starben. Schließlich wurde das „Hängen in der Grube" durchgeführt. Eine Beschreibung dieser Tortur gibt Francois Caron, der von 1619 bis 1641 mit kurzen Unterbrechungen als Angestellter und schließlich als höchster Beamter der 1602 gegründeten holländischen *Vereinigten Ostindischen Compagnie* in Japan weilte:

> Endlich haben sie eine List erdacht, die Leute an den Füßen an einen Galgen und mit dem Leib halb in einen Brunnen zu hängen. […] Sie leben noch ungefähr neun Tage und reden bis zuletzt mit gutem Verstand. Ein junges Mädchen starb vor zwei Jahren erst am vierzehnten Tag, was sehr lang ist und selten geschieht.[466]

Das Abschwören vollzog sich durch das Treten auf ein Bild des Gekreuzigten, das auf einem Brett befestigt war. Viele wurden durch diese Methoden zum Aufgeben des christlichen Glaubens bewogen, wenn es manchmal auch nur pro forma geschah. Das Christentum konnte nur noch im Untergrund weiter praktiziert werden. Die Zahl derer, die als Märtyrer starben, ist nicht exakt zu bestimmen. Zwischen 1614 und 1643 dürften es zwischen 2000 und 5000 Menschen gewesen sein.[467] Zu einem letzten Auf-

---

461 Hidetada trat 1623 zugunsten seines Sohnes Iemitsu zurück, bestimmte aber in den verbleibenden neun Jahren seines Lebens die Politik weiterhin mit.

462 Es mag richtig sein, dass es „ein ‚Reis-Christentum' […] in Japan ebenso wie in China und Indien gegeben" hat (H. Gründer: Welteroberung und Christentum, S. 221). Wenn das aber das einzige ist, was man über das Christentum der unteren Bevölkerungsschichten im Japan des „christlichen Jahrhunderts" zu sagen hat, so ist das eine Verkürzung.

463 C. R. Boxer, a. a. O., S. 342 f.

464 Ebd., S. 349–354; R. H. Drummond, a. a. O., S. 100–105. Boxer (S. 347) erinnert seine Leser daran, „dass für wirklich alles in diesem Katalog der Schrecken Parallelen im zeitgenössischen Europa gefunden werden können".

465 C. R. Boxer, a. a. O., S. 347–349.

466 F. Caron: Beschreibung des mächtigen Königreichs Japan 1645. Eingeleitet und erläutert von D. Haberland, Stuttgart 2000, S. 135 f.

467 So C. R. Boxer, a. a. O., S. 358; zur Verfolgung der Christen und dem Verbot des Christentums vgl. auch H. Cieslik: Das Christen-Verbot in Japan unter dem Tokugawa-Regime, in: NZM 6 (1950), S. 175–192, 256–272; 7 (1951), S. 24–36.

flackern christlichen Widerstands kam es im Shimabara-Aufstand[468] von 1537/38. Nachdem der Aufstand niedergeschlagen war, erließ Iemitsu im Jahr 1639 das letzte der so genannten Sokaku-Edikte[469], das die Abgrenzung Japans von der Außenwelt anordnete. Wer Japan verlassen hatte, durfte nicht zurückkehren. Der Handel mit dem Ausland wurde fast völlig unterbunden.[470] Die Holländer, die sich durch die Beteiligung an der Verfolgung katholischer Christen als politisch zuverlässig erwiesen hatten, durften auf der künstlichen Insel Deshima (im Hafengebiet von Nagasaki) einen Handelsstützpunkt unterhalten. Versuche der Portugiesen von Macao, eine Revision des Sokaku-Edikts zu erreichen, scheiterten.

c) Antichristliche Literatur

Der Kampf gegen das Christentums wurde nicht nur mit dem Mittel staatlicher Gewalt geführt. In der ersten Hälfte des 17. Jahrhunderts entstanden auch Abhandlungen, die sich in unterschiedlicher Weise mit dem Christentum auseinander setzten.[471] Besonders bedeutsam sind die Schriften des ehemaligen Jesuiten Fabian Fucan (ca. 1565–1621)[472] und des vormaligen Provinzials der Jesuiten in Japan, Christovão Ferreira. Fabian Fucan verfasste im Jahr 1620 eine Widerlegung des christlichen Glaubens vom Standpunkt eines Buddhisten aus mit dem Titel „Ha Deusu" (Widerlegung [des christlichen] Gottes[473]). Christovão Ferreira (1580–1650) blieb nach dem antichristlichen Edikt von 1614 in Japan und war im Untergrund tätig. 1633 wurde er gefasst und der Folter des „Hängens in der Grube" unterworfen. Nach fünf Stunden erklärte er sich zum Abschwören bereit. In den folgenden Jahren trat er in Verhören gegen Christen, besonders gegen aufgegriffene Missionare, auf und versuchte, sie von der Unsinnigkeit und Schädlichkeit des christlichen Glaubens zu überzeugen.[474] Er verfasste eine kurze Schrift („Der entlarvte Betrug"[475]), die diesem Zweck diente. Die jesuitische Tradition berichtet, Ferreira sei schließlich zum

---

[468] Shimabara ist eine auf Kyushu östlich von Nagasaki gelegene Halbinsel. Zur heutigen touristischen Vermarktung der christlichen Vergangenheit vgl. G. Elison, a. a. O., S. 221. Zum Shimabara-Aufstand im Ganzen vgl. C. R. Boxer, a. a. O., S. 377–383.

[469] Vorhergehende Sokaku-Edikte seit 1533 sind genannt bei G. Elison, a. a. O., S. XI.

[470] Zu unbedeutenden Einschränkungen dieses Verbots vgl. J. W. Hall: Das Japanische Kaiserreich, S. 186.

[471] Vgl. dazu G. Elison, a. a. O., S. 142–247, und die Übersetzungen einiger Schriften auf S. 255–389.

[472] Ebd., S. 142–184.

[473] Englische Übersetzung der Schrift bei G. Elison ebd., S. 257–291; die Wiedergabe des Titels ist in der Literatur nicht ganz einheitlich: „Deus destroyed" (ebd.), „Against God" (C. R. Boxer, a. a. O., S. 337), „Refutation of Deus" (R. H. Drummond, a. a. O., S. 93, Anm. 21), „Der zerstörte Gott" (A. Camps: Das Christentum aus chinesischem und japanischem Blickwinkel. Während der ‚Jesuitischen Epoche' der Missionsgeschichte Asiens [1549–1777], in: ders.: Studies in Asian Mission History, 1956–1998, Leiden-Boston-Köln 2000, S. 122–138, bes. S. 131).

[474] Vgl. den Roman von Sh. Endo: Schweigen, Graz-Wien-Köln 1977.

[475] Englische Übersetzung bei G. Elison, a. a. O., S. 293–318. Von manchen wird angenommen, die Schrift stamme nicht tatsächlich von Ferreira.

christlichen Glauben zurückgekehrt und habe das Martyrium erlitten,[476] was aber sehr fraglich ist.

Die Argumentation ist in beiden Schriften ähnlich: Bibel und christliche Lehre seien voller Sinnlosigkeiten und eine „Wurzel der Rebellion"[477], indem im 1. Gebot gefordert wird, man solle Gott über alle anderen Instanzen stellen. Man solle also die Gebote von Herrscher oder Vater missachten, wenn sie dem Willen Gottes widersprechen! Fabian kann an dieser Stelle seine Empörung nicht zurückhalten:

In diesem Gebot lauert die Intention, das Land zu untergraben und zu usurpieren, das Gesetz des Buddha und die Herrschaft des Königs auszulöschen. Schnell, schnell! Legt diese Bande in Stock und Fessel![478]

Und Fabian fällt sein Gesamturteil gleich im ersten Abschnitt seines Werkes: „Leeres Geschwätz ohne Substanz und überaus ärgerlich."[479]

Noch öffentlichkeitswirksamer als diese „gelehrten" Werke waren Volksgeschichten, die – teils in groben Burlesken und mit Illustrationen ausgestattet – die Christen der Lächerlichkeit preisgaben. Eine Sammlung solcher Geschichten[480] endet damit, dass die völlige Überwindung der christlichen Gefahr konstatiert wird:

… Die Christen wurden ausgerottet, ohne dass ihnen erlaubt worden wäre, auch nur einen Zentimeter unseres Bodens festzuhalten, um einen Fuß auf unser Land zu setzen […].

Das Reich ist in Frieden, das Land ist ruhig, die Herrschaft mit langem Leben gesegnet. Die Leute haben teil an der Tugend des Herrschers und der ihm untergebenen Fürsten. Wahrlich, unser Zeitalter kann eine neue geheiligte Herrschaft des Engi genannt werden, wirklich ein goldenes Zeitalter.[481]

Das hier gerühmte „goldene Zeitalter" ist die Tokugawa-Zeit, die von 1603 bis 1868 dauerte und in der das Land von nahezu jedem Einfluss von außen abgeschirmt wurde.

In Wirklichkeit war das Christentum jedoch nicht völlig ausgerottet. In einigen entlegenen Gebieten lebte es unter den „Verborgenen Christen" weiter. Diese überlebten die Tokugawa-Zeit und kamen nach der Öffnung des Landes in der Mitte des 19. Jahrhunderts wieder an die Öffentlichkeit.[482] Da sie sich den Inquisitoren gegenüber als Buddhisten ausgeben mussten, pflegten sie unter dem Deckmantel des Buddhismus den christlichen Glauben weiter. Ein Bild der Göttin Kannon mit dem Kind ließ sich leicht als Mariendarstellung interpretieren.[483] In manche Buddhafiguren hat-

---

[476] J. S. Schütte: Ist P. Christovao Ferreira als Märtyrer gestorben?, in: H. Cieslik/G. Voss: Japanische Dokumente zur Missionsgeschichte des 17. Jahrhunderts, Tokyo 1940, S. 202–208.

[477] G. Elison, a. a. O., S. 303 (Ferreira).

[478] Ebd., S. 282.

[479] Ebd., S. 262.

[480] Englische Übersetzung ebd., S. 319–374.

[481] Ebd., S. 374. Die sagenhafte Herrschaft des Engi dauerte von 901 bis 923 (ebd., S. 488, Anm. 80).

[482] Zu den „Verborgenen Christen" (*Kakure*) vgl. ebd., S. 222 f., und die Ausführungen in den Anmerkungen.

[483] Ein Bild der Kannon mit einem Kind findet sich in A. C. Ross, a. a. O., nach S. 78; vgl. auch Sh. Endo: Das Mütterliche, in: U. Luz/S. Yagi (Hg.): Gott in Japan, S. 16–46.

ten sie auf der Rückseite ein Kreuz eingeritzt und sie so als christliche Kultobjekte benutzt. Nach Elison wurde der christliche Glaube von den Verborgenen Christen „in eine Volksreligion umgeformt", mit Amuletten und allerlei magischen Praktiken.[484]

2. Neuanfang der christlichen Kirche in der Meiji-Zeit (1868–1912)

Wie in China, so war auch in Japan die Öffnung des Landes, die einen Neuanfang der christlichen Kirche ermöglichte, von den Westmächten erzwungen worden. Allerdings reagierte Japan darauf anders als China. Im Zusammenhang mit der so genannten Meiji-Restauration vollzog es eine revolutionäre politische und geistige Neuorientierung, die dem Land die Unabhängigkeit erhielt und es in einigen Jahrzehnten zu einem ebenbürtigen Partner der Westmächte machte. Gleichzeitig entwickelte sich ein japanischer Nationalismus, der Japan in das Abenteuer eigener imperialistischer Unternehmungen stürzte, die mit dem Pazifischen Krieg und der Kapitulation am 15. August 1945 endeten.[485] Im ersten Abschnitt dieses Zeitraums, der – grob gesagt – mit der Meiji-Zeit zusammenfällt, konnte das Christentum in Japan erneut Fuß fassen.

a) Die Meiji-Restauration und ihre Folgen

In der Mitte des 19. Jahrhunderts brach die Herrschaft der Tokugawa-Shogune zusammen und die Isolation Japans wurde beendet. Am 8. Juli 1853 legte Commodore Matthew Calbraith Perry, Oberbefehlshaber der Ostindienflotte der USA, in der Bucht von Edo an und zwang den Japanern einen „Friedens- und Freundschaftsvertrag" auf, der u. a. die Öffnung zweier Häfen (Shimoda und Hakodate) vorsah und den Ausländern die freie Ausübung ihrer Religion gewährte. Es sollte aber auf jedes Verhalten verzichtet werden, das „darauf berechnet wäre, religiösen Zwist und Hader hervorzurufen".[486] Diesem Satz könnte man ein Missionsverbot entnehmen. Wenn in den folgenden Jahren trotzdem christliche Missionare in Japan tätig wurden, so war das „eine offene Verletzung japanischen Rechts".[487]

Innenpolitische Wirren führten zur Regierungsübernahme durch den 15-jährigen Kaiser Mutsuhito, der seine Regierung unter das Motto „Meiji" („erleuchtete Regierung") stellte und deshalb als Meiji-Tenno bezeichnet wird. Mit der Meiji-Restauration wurde die Herrschaft des Kaisers wiederhergestellt, die Lokalfürsten (*daimyo*) wurden entmachtet, enteignet und großzügig entschädigt und der Stand der Samurai, des Kriegeradels, der bisher an der Spitze der Gesellschaft gestanden hatte, wurde aufgehoben. Es waren vor allem die auf der Verliererseite stehenden früheren Samurai, die sich dem Christentum zuwandten. Die unbedingte Treue zu ihrem Herrn, zu der sie auf Grund der Samurai-Ethik (*bushido*) verpflichtet waren, übertrugen sie –

---

[484] G. Elison, a. a. O., S. 222.

[485] Zur politischen Geschichte vgl. J. W. Hall, a. a. O., S. 247–355; R. Hartmann: Geschichte, S. 11–209.

[486] Zitiert nach der deutschen Übersetzung des Vertrags, in: EMM 4 (1860), S. 298–310.

[487] So N. R. Thelle: Buddhism and Christianity in Japan. From Conflict to Dialogue, 1854–1899, Honolulu 1987, S. 15.

nachdem die *daimyo* entmachtet waren – auf Christus.[488] Ende des 19. Jahrhunderts stammten ca. 30 % der japanischen Christen aus Samurai-Familien, während diese aber nur ca. 5 % der Gesamtbevölkerung ausmachten.

Im Verlauf der 70er Jahre des 19. Jahrhunderts kam es zu einer dramatischen Öffnung zum Westen. In kürzester Zeit machte Japan eine Entwicklung durch, die sich im Westen im Verlauf von Jahrhunderten vollzogen hatte. Die geistigen Werte Japans sollten aber durch die Übernahme westlicher wissenschaftlicher und technischer Errungenschaften nicht angetastet werden. In die Begeisterung für den Westen mischten sich bald Bedenken, ob der westliche Individualismus mit den gesellschaftlichen Grundsätzen Japans vereinbar sei. Zunehmend setzte sich ein neuer Nationalismus durch, der zur Entwicklung des Staats-Shinto führte.

Der Shinto hat schon seit der Mitte des ersten nachchristlichen Jahrtausends eine politische Komponente,[489] in der ein Japanzentrismus[490] zum Ausdruck kommt. Den frühesten schriftlichen Zeugnissen Japans, den zu Beginn des 8. Jahrhunderts entstandenen mythologischen Geschichtswerken Kojiki („Aufzeichnungen alter Begebenheiten") und Nihongi („Annalen des Sonnenursprungs[landes]"),[491] zufolge stammt das japanische Kaiserhaus von der Sonnengöttin Amaterasu ab. Die „Nationale Schule" (*Koku-gaku*) in der zweiten Hälfte des 17. und der ersten Hälfte des 18. Jahrhunderts entwickelte aus dieser Mythologie die These „von der wesensmäßigen Auserwähltheit Japans vor allen anderen Ländern".[492] Es wird nicht von einem Menschen regiert, sondern von einem Gott. Und wie der Kaiser, der „Himmlische Erhabene"[493] (*tenno*), bereits ein Gott (*kami*) ist, so sind das potentiell auch alle anderen Japaner. Aus diesem Ansatz konnte später der imperialistische Herrschaftsauftrag Japans abgeleitet werden. Den Weg dahin bahnte der so genannte Staats-Shinto, „weithin eine erfundene Tradition".[494] Er verschmolz Elemente der Tradition zu einer Einheit, die in dieser Form vorher nicht existiert hatte, und verwendete die neu geschaffene Tradition, um das Volk zu einer Gemeinschaft zusammenzuschließen, die zu rückhaltloser Hingabe für Japan bereit und dem Kaiser in unverbrüchlicher Treue verbunden war. Verehrung des Kaisers und Opferbereitschaft für Kaiser und Land waren die zentralen Inhalte des Staats-Shinto. Die Namenstafeln von Personen, die ihr Leben

---

[488] Vgl. z. B. J. W. Hall, a. a. O., S. 284; K. Ogawa: Art. „Japan", in: TRE, Bd. XVI, S. 529 f. Es darf aber nicht übersehen werden, dass in der frühen Meiji-Zeit auch Angehörige anderer Gesellschaftsschichten zum Christentum konvertierten; darauf verweist G. Squires: Einleitung zu Yamaji Aizan: Essays on the Modern Japaneses Church: Christianity in Meiji Japan, Ann Arbor 1999, S. 33–35.

[489] „Fragt man nach dem Wesen ‚des' Shinto, zeigt sich somit von Anbeginn an eine grundlegend politische und legitimatorische Orientierung" (K. Antoni: Kokutai, S. 33; vgl. den ganzen Abschnitt S. 29–39).

[490] I. Reader: Religion in Contemporary Japan, Honolulu 1991, S. 27–29.

[491] Übersetzungen nach K. Kracht: Geistesgeschichte, S. 160. Zum Unterschied zwischen Kojiki und Nihongi vgl. K. Antoni: Shinto, S. 127 f.; Übersetzung einzelner Abschnitte bei N. Naumann: Die Mythen des alten Japan, München 1996.

[492] K. Antoni, Shinto, S. 133.

[493] Übersetzung von K. Kracht, a. a. O., S. 162.

[494] So H. Hardacre: Shinto and the State, S. 3. Zur weiten Verbreitung „erfundener Traditionen" vgl. K. Antoni: Kokutai, S. 5–7.

für ihr Land gelassen hatten, wurden „eingeschreint", d. h. in einem Shinto-Heiligtum deponiert. Der Verstorbene war damit zu einem *kami* geworden und wurde kultisch verehrt. Höchstes Ansehen genoss der Yasukuni-Schrein in Tokyo.[495] In ihm erwies der Kaiser selbst den eingeschreinten Toten Verehrung.

Dieselbe Opferbereitschaft schärfte der „Kaiserliche Erziehungserlass" ein, der 1890 herausgegeben und in Kopie an die Schulen des Landes geschickt wurde:

> Sollte es je sich nötig erweisen, so opfert euch tapfer für das Vaterland auf! Erhaltet und mehret also das Gedeihen Unserer wie Himmel und Erde ewig dauernden Dynastie! Dann werdet ihr nicht nur Unsere guten und getreuen Untertanen sein, sondern dadurch auch die von den Vorfahren überkommenen Eigenschaften glänzend dartun.[496]

Der Kaiserliche Erziehungserlass sollte an den Schulen feierlich in Empfang genommen werden. Es wurde erwartet, dass die versammelten Lehrer und Schüler sich vor dem Erlass verneigten. Im Januar 1891 verweigerte der Christ Uchimura Kanzo in Anwesenheit von 90 Lehrern und über tausend Schülern diese Verneigung. Ein Sturm der Entrüstung erhob sich. Uchimura wurde ein „Feind der Nation" genannt und musste seinen Posten als Lehrer aufgeben. Wäre Uchimura der Theorie des Staats-Shinto gefolgt – was er im Nachhinein auch tat –, so hätte er die Verneigung ohne Bedenken vollziehen können. Denn man vertrat die Ansicht, dass der Staats-Shinto keine Religion sei, sondern eine staatsbürgerliche Pflicht, die über den Religionen stehe.

b) Verborgene Christen und katholische Kirche

Die katholischen Missionare der *Pariser Missionsgesellschaft* (*Société des Missions Étrangères de Paris*), die nach 1859 nach Japan kamen, entdeckten, dass es vor allem im Süden von Kyushu eine erstaunlich große Zahl „Verborgener Christen" gab.[497] Sie wurden zunächst vom Staat massiv verfolgt. Auf Grund der Zuordnung aller Haushalte zu buddhistischen Tempeln war es leicht, sie zu identifizieren, sobald sie die Dienste des buddhistischen Priesters nicht mehr in Anspruch nahmen. Erst die Proteste in westlichen Ländern, zu denen Japan Kontakt aufnehmen wollte, führten zum Ende der Verfolgungen. Am 19. Februar 1873 wurde die Verordnung des Verbotes des Christentums von den öffentlichen Anschlagtafeln entfernt. Das war keine Billigung des Christentums als erlaubte Religion im strikten Sinn und noch weniger eine Erklärung allgemeiner Religionsfreiheit. Aber es bedeutete die stillschweigende Anerkennung der Existenz christlicher Gemeinden in Japan.

Die katholische Kirche in Japan entfaltete in den Jahren nach 1873 eine ausgedehnte missionarische Tätigkeit, die zur Gründung von Gemeinden in verschiedenen Städten führte. So gab es 1890 in Tokyo 3110 Katholiken, in Kyoto 520.[498] Im Jahr 1891 wurde in Japan eine Hierarchie errichtet, deren Oberhaupt der Erzbischof von Tokyo

---

[495] Abbildung z. B. in Polyglott APA Guide Japan, Berlin-München 2001, S. 158.

[496] Der gesamte Text des Erziehungserlasses findet sich in Y. Terazono/H. E. Hamer (Hg.): Brennpunkte, S. 33.

[497] Zu diesem Abschnitt vgl. J. Laures: The Catholic Church in Japan; J. Jennes: A History of the Catholic Church in Japan; R. H. Drummond, a. a. O., S. 299–320.

[498] Ebd., S. 312.

war. Schon 1870 war ein erstes Seminar zur Ausbildung von Priestern gegründet worden. 1882 wurden erstmals drei Japaner zu Priestern geweiht. Es dauerte allerdings noch bis 1927, bis ein Japaner zum Bischof ernannt wurde. 1937 wurde Doi Tatsuo Erzbischof von Tokyo.[499]

c) Die orthodoxe Kirche

Der Aufbau der russisch-orthodoxen Kirche in Japan[500] war vor allem mit der Person von Vater Nikolai (mit bürgerlichem Namen Ivan Kasatkin) verbunden. Auch er kam unter dem Schutz der politischen Vertretung seines Landes nach Japan. Vater Nikolai begann 1861 in Hakodate (Hokkaido) mit seiner Mission. 1868 wurden die ersten Konvertiten im Geheimen getauft, unter ihnen Paul Sawabe, ein ehemaliger Samurai und Shinto-Priester. Schon 1875 wurden Paul Sawabe und ein weiterer Japaner zu Priestern geweiht. Bemerkenswert war die Missionsmethode von Nikolai. Die Verkündigung geschah überwiegend durch einheimische Katecheten und Priester. Nie waren mehr als vier russische Missionare gleichzeitig im Land. Trotzdem gab es im Jahr 1900 ca. 26 000 orthodoxe Christen in Japan. Auf Polemik gegen andere Konfessionen, Denominationen und Religionen verzichtete Vater Nikolai. Eine kritische Lage ergab sich für ihn, als es 1905 zum Krieg zwischen Russland und Japan kam. Nikolai blieb auf Bitten von Priestern und Laien der orthodoxen Kirche in Japan. In einem Pastoralbrief forderte er die japanischen Christen auf, sich als loyale Bürger ihres Landes zu verhalten. Als Soldaten sollten sie aus Liebe zu ihrem Land und ohne Hass auf den Gegner kämpfen, im Bewusstsein, dass es ein anderes Vaterland gebe, zu dem die Menschen ohne Unterschied der Nationalität gehörten. Die japanische Regierung respektierte Nikolais Haltung und sicherte ihm und den Mitgliedern seiner Kirche staatlichen Schutz zu. Im Jahr 1906 wurde Vater Nikolai zum Erzbischof von Tokyo ernannt. In einem protestantischen Missionsblatt bezeichnete man ihn schon 1885 als „den populärsten aller Missionare in Japan"[501]. Die Ausbreitung der russisch-orthodoxen Kirche in Japan sei eine „Weckstimme für die evangelische Mission sich zu beeilen, wenn Japan nicht eine Beute des religiös-politischen Russenthums werden soll".[502]

d) Die protestantische Kirche

Im Jahr 1859 kamen die ersten sechs protestantischen Missionare nach Japan, gesandt von Missionsabteilungen verschiedener amerikanischer Kirchen.[503] Sie konzentrierten sich auf Unterricht und medizinische Arbeit. Besonderen Einfluss übte Guido Fridolin Verbeck (1830–1898) durch seine Lehrtätigkeit aus.[504] Die Anzahl der Konvertiten blieb jedoch zunächst gering. 1872 gründeten sie die *Kirche Christi in Japan* (*Kyodan*), die einen überdenominationellen Charakter haben sollte. In den 80er Jah-

---

499 Ebd., S. 321.
500 Zum Folgenden vgl. ebd., S. 339–355.
501 Der große Umschwung in Japan, in: EMM 29 (1885), S. 13–25, Zitat S. 24.
502 Zeichen der Zeit in Japan, in: EMM 22 (1878), S. 139–158, 202–216, 242–246, Zitat S. 210.
503 Namen und Kirchenzugehörigkeit z. B. bei E. E. Best: Christian Faith, S. 27 f.
504 R. H. Drummond, a. a. O., S. 153–155.

ren des 19. Jahrhunderts erlebte der Protestantismus in Japan ein so überwältigendes zahlenmäßiges Wachstum, dass manche Beobachter schon meinten, Japan werde in Kürze zu einem „christlichen Land" werden. Die Zahl der protestantischen Christen stieg von null im Jahr 1859 auf 6598 im Jahr 1883 und 25 514 im Jahr 1888.[505] Gründe für dieses Wachstum waren die große Zahl der Missionare und Missionarinnen,[506] die Verbindung von Christentum und westlicher Zivilisation[507] und die offensive Missionstätigkeit japanischer Christen selbst. Von besonderer Bedeutung waren Zusammenschlüsse junger japanischer Christen – „Christian bands" –, die sich in Yokahama, Kumamoto und Sapporo bildeten.[508]

Die nationale Begeisterung erfasste auch die protestantische Christenheit Japans, besonders während und nach dem Krieg gegen Russland (1905). Kirchen stellten sich in Erklärungen hinter die japanische Politik. Christliche Gruppen – allen voran der CVJM – organisierten Hilfsmaßnahmen für die Soldaten an der Front und für Verwundete. Solche Unternehmungen boten den Christen zugleich eine Möglichkeit, den Verdacht zu widerlegen, sie seien keine loyalen japanischen Staatsbürger, ein Verdacht, der immer wieder laut wurde.[509] Bei ihrer Bejahung des japanischen Nationalismus gingen die Christen von der Voraussetzung aus, dass sie spätestens seit dem Inkrafttreten der Verfassung von 1889 einen legitimen Platz in der japanischen Gesellschaft hätten. Artikel 28 dieser Verfassung wurde dabei als Erklärung der Religionsfreiheit verstanden:

Japanische Untertane sollen Freiheit des religiösen Glaubens genießen, sofern er sich nicht nachteilig auf Frieden und Ordnung auswirkt und ihren Pflichten als Untertanen widerspricht.[510]

Dass die Religionsfreiheit hier unter Vorbehalte gestellt wurde, die einen weiten Interpretationsspielraum ließen und zur Legitimation von Einschränkungen dienen konnten, wurde zunächst übersehen. Auch eine nationalistische Haltung schloss allerdings Kritik an der Politik des Staates nicht aus. Das zeigt das Beispiel von Uchimura Kanzo. Sein Denken enthielt eine deutliche nationalistische Komponente. Er sprach von den beiden „J" (Jesus und Japan)[511], denen er sich verpflichtet wisse. Die Wahrnehmung der japanischen Kriegsziele im chinesisch-japanischen Krieg (1895) machte ihn jedoch zum Kriegsgegner.[512]

Das Problem der Haltung der Kirche angesichts eines nationalistischen Staates und seiner Politik, das sich in der späten Meiji-Zeit erstmals stellte, sollte in den folgenden Jahrzehnten zu einem Hauptproblem werden.

---

[505] Zahlen nach E. E. Best, a. a. O., S. 78. W. Thomas: Protestant Beginnings, S. 71 f. nennt für das Jahr 1889 eine Zahl von ca. 30 000 Protestanten in Japan. Im Jahr 1890 betrug die Gesamteinwohnerzahl Japans 39 902 000 (nach R. Hartmann: Geschichte, S. 302).

[506] W. Thomas, a. a. O., S. 81.

[507] Ebd., S. 164.

[508] R. H. Drummond, a. a. O., S. 166–172.

[509] E. E. Best, a. a. O., S. 148.

[510] Nach dem englischen Text bei Ch. W. Iglehart: Century, S. 98.

[511] Zitiert bei H. Kimura-Andres: Mukyokai, S. 84.

[512] Ebd., S. 101 f.; Ch. W. Iglehart: Century, S. 116 f.

3. Die Kirche in der Zeit des japanischen Nationalismus (1912–1945)

Modernisierung und Industrialisierung Japans führten zu gesellschaftlichen Veränderungen und Problemen (Landflucht, Verelendung der Arbeiter).[513] Zugleich und vielleicht damit zusammenhängend trat in der Zeit des Kaisers Taisho[514] (1912–1926) und vor allem in den ersten 20 Jahren des Showa-Tenno[515] (bis 1945) der Nationalismus beherrschend in den Vordergrund. Das auf den Mythen des Kojiki und des Nihongi basierende Verständnis des japanischen „Nationalwesens" (*kokutai*) „entwickelte sich nunmehr zu einer totalitär-fundamentalistischen Heilslehre für Japan und die Welt".[516] Sie wurde in konkretes politisches Handeln umgesetzt mit der Besetzung der Mandschurei (1931), dem Einmarsch in China (1937) und schließlich im Pazifischen Krieg, in dem Japan einen großen Teil der südostasiatischen Länder (Philippinen, Indonesien, Hong Kong, Singapur, Burma, Neuguinea) besetzte. Unter der Parole „die ganze Welt unter einem Dach" wurde die Zukunftsvision eines „Großostasiatischen Wohlstandsraums" entworfen, eines großen Friedensreiches, das ganz Ost- und Südostasien unter der Führung Japans vereinen sollte. Die japanische Bevölkerung wurde zu Kriegs- und Opferbereitschaft bewogen. Der Schmerz über den Verlust von Angehörigen wurde durch die Einschreinung im Yasukuni-Schrein in Stolz verwandelt. Das zeigen Äußerungen von Eltern aus dem Jahr 1939:

Vom Zeitpunkt der Einberufung an wartete unser ältester Sohn jeden Augenblick auf die Gelegenheit, sein Leben für den Himmelssohn (Tenno) zu opfern. Nun konnte er tatsächlich den ehrenvollen Heldentod genießen, wie es erhofft war.[517]

Wie haben sich die Kirchen angesichts von sozialen Problemen und Nationalismus verhalten?

a) Evangelisation und soziales Engagement (Kagawa Toyohiko)

Am Ende der Meiji-Zeit waren die christlichen Kirchen zu anerkannten Größen in der japanischen Gesellschaft geworden. Zahlenmäßig stellten sie allerdings eine verschwindende Minderheit dar. Die Kirchen hatten ca. 300 000 Mitglieder, von denen nur etwa ein Drittel aktiv am Leben der Gemeinden beteiligt war.[518] Mehrmals fanden große evangelistische Kampagnen statt. Die bekannteste evangelistische Großunternehmung war die „Reich-Gottes-Bewegung", die in den Jahren 1926 bis 1933 unter Führung von Kagawa Toyohiko, des weltweit wohl bekanntesten japanischen Christen, durchgeführt wurde.[519]

---

[513] E. E. Best, a. a. O., S. 164.

[514] Taisho („große Rechtschaffenheit") war das Motto der Regierungszeit von Kaiser Yoshihito, der wegen körperlicher und geistiger Erkrankung die Amtsgeschäfte ab 1921 an den Kronprinzen Hirohito übergeben musste.

[515] Showa („leuchtender Friede") war das Motto der Regierungszeit von Kaiser Hirohito (1926–1989).

[516] K. Antoni: Kokutai, S. 263. Zum Folgenden vgl. S. 257–318.

[517] Zitiert in Y. Terazono/H. E. Hamer (Hg.), a. a. O., S. 115 f.; vgl. auch H. Hardacre: Shinto and the State, S. 90–92.

[518] Zahlen nach R. H. Drummond, a. a. O., S. 246.

[519] Vgl. zuletzt A. H. Ion: The Cross in the Dark Valley, S. 35–39.

Kagawa Toyohiko (1888–1960)[520] verband in seiner Person das soziale Engagement mit dem evangelistischen Anliegen. Er teilte (mit Unterbrechungen) 15 Jahre lang das Leben der Slumbewohner von Kobe, gründete Gewerkschaften, beteiligte sich an Streiks und rief Vereinigungen von Bauern, Kooperativen und Genossenschaftsbanken ins Leben. Kritiker monierten, dass Kagawa seine Aktionen ohne die erforderliche Sachkenntnis durchgeführt habe.[521] Durch seine persönliche Anteilnahme an den sozialen Problemen seiner Zeit wirkte er jedenfalls auf Öffentlichkeit und Regierung ein, wobei sich in der Rückhaltlosigkeit seines Einsatzes vielleicht auch sein Samurai-Erbe auswirkte.[522]

Die Christen, die in der Arbeiterbewegung und der Sozialismusbewegung aktiv waren, kamen vor allem aus dem liberalen und unitarischen Christentum. Es waren Einzelne, die sich hier engagierten. Mit dem Erstarken der Kirchen nahm ihr soziales Engagement ab.[523]

b) Die Anpassung der Kirche an die Politik des Staates

Auch von den Religionen wurde Zustimmung und Unterstützung der Ideologie des japanischen Nationalismus erwartet. Kritik an der imperialistischen Politik galt als Verrat am japanischen Volk und am Kaiser. Dem kam die nationalistische Haltung führender Christen entgegen. Der Sekretär des Nationalen Christenrates vertrat die Ansicht, „dass Gott Japan benutzt zur Errichtung Seines Reiches in Asien …".[524] Die meisten Kirchen entsprachen der staatlichen Erwartung nach Unterstützung der japanischen Kriegsziele.[525] Als 1941 der Pazifische Krieg ausbrach, forderte Tomita Mitsuru, der Torisha (Präsident) der *Vereinigten Kirche Christi in Japan* (Kyodan) zum Gebet für den Sieg auf:

Das Gebet ist Quelle des Sieges. In dieser Krise unserer Nation sollten Christen in Einheit für unser Vaterland beten.[526]

In den Kirchen wurden Gebetsversammlungen für den Sieg abgehalten. Eine Sammlung zur Finanzierung von Kriegsflugzeugen wurde durchgeführt. Noch 1944, in der letzten Phase des Krieges, mahnte die *Vereinigte Kirche Christi in Japan* zum Durchhalten:

---

520 H.-R. Weber: Ecumenical Movement, S. 191–197; R. H. Drummond, a. a. O., S. 220–241; K.-H. Schell: Kagawa Toyohiko (1888–1960). Sein soziales und politisches Wirken, München 1994.

521 So O. A. Petty (Hg.): Laymen's Foreign Missions Inquiry. Regional Reports of the Commission of Appraisal, Japan-New York-London 1933, S. 45.

522 So W. Gundert im Vorwort zu T. Kagawa: Auflehnung und Opfer. Lebenskampf eines modernen Japaners, Stuttgart 1929, S. 8; J. M. Philips: Rising of the Sun, S. 24, meint, das politische Wirken Kagawas müsse „noch auf einen zukünftigen Entdecker seiner Größe warten".

523 M. Takenaka: Reconciliation and Renewal in Japan, New York 1957, S. 31, 42.

524 Zitiert nach A. H. Ion, a. a. O., S. 252.

525 K. S. Lee: The Christian Confrontation, S. 147–151.

526 Zitiert nach ebd., S. 147.

In dieser Hinsicht ist es die Aufgabe des Kyodan, alle christlichen Bemühungen für eine Vollendung des Krieges mit dem Triumph des Kaisers zu stärken, in Übereinstimmung mit dem obersten Ziel der Streitkräfte und des Staates.[527]

Die Anpassung an die japanische Politik hatte für die Kirchen erhebliche Eingriffe in das kirchliche Leben zur Folge. Es wurde erwartet, dass die christlichen Schulen an Riten des Staats-Shinto teilnähmen. Die kleinste Unachtsamkeit konnte tiefgreifende Konsequenzen haben.[528] Im Jahr 1937 musste Yuasa Hachiro, der Präsident der Doshisha-Universität in Kyoto, von seinem Amt zurücktreten, weil ihm beim Vorlesen des Kaiserlichen Erziehungserlasses ein Lesefehler unterlaufen war. Das war kein Einzelfall. Geschlossene Teilnahme am Besuch der Gedenkstätten für die Helden, die für das Vaterland ihr Leben gelassen hatten, wurde erwartet. Die Regierung vertrat die Ansicht, es handle sich dabei nicht um einen religiösen Vorgang, sondern um einen Akt des Patriotismus und um einen Ausdruck von Loyalität. Auf dieser Grundlage gestattete die *Congregatio de Propaganda Fide* 1936 den katholischen Christen die Teilnahme an der Schreinverehrung.[529] Die Leitungen protestantischer Schulen nahmen in der Regel denselben Standpunkt ein, was nicht verhinderte, dass es immer wieder zu Spannungen kam.

Das Bemühen um eine politische Gleichschaltung der Kirche berührte auch die Glaubensinhalte und das gottesdienstliche Leben. Auf Lieder, die Gott anscheinend über den Kaiser stellten, wie Luthers „Ein feste Burg ist unser Gott", sollte verzichtet werden. Die Bitte um Frieden galt als Zersetzung des Kampfeswillens des Volkes.[530] Jeder Gottesdienst musste mit einem Ritus beginnen, in dem sich die Gemeinde im Gedenken an die Kriegstoten in Richtung des Kaiserpalastes verneigte und die Nationalhymne sang. Anstoß erregte das Bekenntnis zu Gottes Schöpfungswerk und seiner Allmacht. Da die Vertreter der *Vereinigten Kirche Christi in Japan* nicht bereit waren, auf das Bekenntnis zur Auferstehung Jesu zu verzichten, war es bis zum Kriegsende nicht möglich, eine Lehrformulierung zu finden, die die Zustimmung des zuständigen Ministeriums gefunden hätte.[531]

Gelang die Anpassung der Kirche an Ideologie und Politik des Staates weitgehend, so gab es doch auch Widerstand. Kagawa Toyohiko wurde im Jahr 1940 verhaftet, weil er sich in China für die Invasion Japans entschuldigt hatte und sich weigerte, den Kaiser über Gott zu stellen. Die Proteste einer breiten Öffentlichkeit gegen seine Inhaftierung waren so stark, dass er wieder auf freien Fuß gesetzt wurde. Der Mukyokai-Leiter Yanaihara Tadao lehnte den Krieg und den japanischen Nationalismus radikal ab.[532] Er musste seine Professur an der kaiserlichen Universität in Tokyo aufgeben. Besonders die Holiness-Kirchen waren von der staatlichen Verfolgung betroffen.[533] Ihre Erwartung der Wiederkunft Christi widersprach nach Auffassung

---

527 Zitiert nach ebd., S. 149.

528 Zum Folgenden A. H. Ion, a. a. O., S. 91.

529 K. S. Lee: The Christian Confrontation, S. 140 f.

530 R. T. Baker: Darkness of the Sun. The Story of Christianity in the Japanese Empire, New York-Nashville 1947, S. 50 f.

531 R. H. Drummond, a. a. O., S. 266.

532 Ch. W. Iglehart: Century, S. 223.

533 Vgl. dazu N. Tsuji: Das Christentum unter dem Kaisersystem. Eine Kirche auf der Flucht, in: Y. Terazono/H. E. Hamer (Hg.), a. a. O., S. 19–30.

der Behörden dem Gesetz zur Aufrechterhaltung des öffentlichen Friedens. Einige Pfarrer der Holiness-Kirchen wurden zu Gefängnisstrafen verurteilt. Der Kyodan distanzierte sich von ihnen und entließ sie aus dem Amt.

4. Die Kirche in Japan nach 1945

Wie die ganze Nation, so stand auch die Kirche in Japan 1945 vor der doppelten Aufgabe der Verarbeitung einer traumatischen Vergangenheit und der Gestaltung der Zukunft, wobei die zuerst genannte verhältnismäßig spät in Angriff genommen wurde.[534] Die Erschütterung durch die Niederlage führte kurzzeitig zu einer Hinwendung zu den Religionen, darunter auch zum Christentum. Man sprach von einem „Christian boom"[535], dem eine neu einsetzende Aktivität vieler Missionsgesellschaften entsprach. Der starke Zustrom zu den christlichen Kirchen ebbte mit dem Ende der Besatzungszeit schnell ab.

a) Die politische und gesellschaftliche Lage

Nach dem Abwurf der Atombomben auf die Städte Hiroshima und Nagasaki am 6. bzw. 9. August 1945 gab der Tenno am 15. August über den Rundfunk die Kapitulation Japans bekannt.[536] Durch die alliierte Besatzungsmacht sollte der Aufbau eines demokratischen und friedlichen Japan in die Wege geleitet werden. Der in der Tenno-Ideologie zentrierte japanische Nationalismus und Militarismus sollte abgebaut werden.[537] Am 1. Januar 1946 erklärte der Tenno über den Rundfunk, dass er nur ein Mensch sei.[538] Artikel 1 der Verfassung von 1947 bezeichnete ihn als „Symbol Japans und der Einheit des japanischen Volkes".[539] Artikel 9 hielt den Verzicht auf Militär und auf das Recht zur Kriegsführung fest:

In aufrichtigem Streben nach einem auf Gerechtigkeit und Ordnung gegründeten internationalen Frieden verzichtet das japanische Volk für alle Zeiten auf den Krieg als ein souveränes Recht der Nation und die Androhung und Ausübung von militärischer Gewalt als ein Mittel zur Regelung internationaler Streitigkeiten.
Zur Erreichung des Zwecks des Abs. 1 werden Land-, See- und Luftstreitkräfte sowie andere Kriegsmittel nicht unterhalten. Ein Kriegsführungsrecht des Staates wird nicht anerkannt.[540]

---

[534] Zur katholischen Kirche vgl. G. Evers, a. a. O., S. 27–53.

[535] Z. B. J. M. Philips, a. a. O., S. 5.

[536] Text der Erklärung bei Ch. W. Iglehart, a. a. O., S. 258 f.

[537] W. P. Woodard: The Allied Occupation of Japan 1945–1952 and Japanese Religions, Leiden 1972, S. 14.

[538] „Die Bande zwischen Uns und Unserem Volk beruhten immer auf gegenseitigem Vertrauen und gegenseitiger Verehrung und sind keineswegs Produkte reiner Mythen und Legenden. Sie beruhen nicht auf dem Wahn, der Tenno sei ein gegenwärtiger Gott und das japanische Volk anderen überlegen, oder es hätte gar die Aufgabe, die Welt zu beherrschen"; zitiert nach der deutschen Übersetzung der Erklärung des Kaisers bei E. Lokowandt: Zum Verhältnis von Staat und Shinto, S. 68 f.

[539] Vgl. ebd., S. 70. In Art. 1 der Meiji-Verfassung (1889) hieß es: „Das Kaiserreich Groß-Japan wird beherrscht und regiert von dem Kaiser aus der seit der Gründung des Reiches ununterbrochen herrschenden Dynastie."

[540] Zitiert nach Y. Terazono/H. E. Hamer, a. a. O., S. 36.

Die Trennung von Religion und Staat war schon durch die „Shinto-Direktive"[541] vom Dezember 1945 festgelegt worden, die jede staatliche Unterstützung von Shinto-Schreinen, die Verbreitung des Shinto in den öffentlichen Bildungsanstalten und jede erzwungene Teilnahme an der Shinto-Schrein-Verehrung untersagte. Ausdrücklich festgehalten wurde die Trennung von Staat und Religion in den Artikeln 20 und 89 der Verfassung von 1947. In den folgenden Jahrzehnten kam es aber sowohl zu einem Aufleben von Staats-Shinto und Nationalismus als auch zu einer erneuten Aufrüstung.

Vor allem im Jahrzehnt von 1960 bis 1970 erlebte Japan unter den Ministerpräsidenten Ikeda Hayato (1960–1964) und Sato Eisaku (1964–1972) einen gewaltigen wirtschaftlichen Aufschwung, der aber auch seine Kehrseiten hatte.[542] Sie zeigten sich am deutlichsten in der Umweltbelastung und daraus resultierenden gesundheitlichen Schäden (Minamata-Krankheit, Itai-itai-Krankheit[543]). Zudem war die Teilhabe der Bevölkerung am wirtschaftlichen Aufschwung sehr ungleich. Den größten Anteil hatten die auf Lebenszeit angestellten Stammarbeitnehmer der großen Betriebe. Zugang zu den begehrten Stellen erhielten vor allem die Absolventen der Eliteuniversitäten. Eltern, die es sich leisten konnten und ihren Kindern eine möglichst erfolgreiche berufliche Laufbahn sichern wollten, bereiteten sie vom Kindergarten an auf die Aufnahme in eine Eliteuniversität vor.[544] Die innerkirchliche Kritik an der wirtschaftlichen Entwicklung führte im Zusammenhang mit der Planung des „Christlichen Pavillon" auf der Weltausstellung in Osaka 1970 (Expo 70) zu einer scharfen Konfrontation der Standpunkte. Die Kritiker sahen in der Weltausstellung die Verherrlichung eines inhumanen Kapitalismus, an der sich die Kirche nicht beteiligen dürfe. Die Unruhen lähmten das Leben an einigen Hochschulen und im Kyodan über mehrere Jahre.[545]

b) Wahrnehmung politischer und gesellschaftlicher Verantwortung durch die Kirchen

Das Wiederaufleben von Nationalismus und Staats-Shinto sowie die Nebenwirkungen der wirtschaftlichen Entwicklung veranlassten die Kirchen zu Stellungnahmen und Aktionen, mit denen sie politische und gesellschaftliche Verantwortung wahrnahmen.[546]

(1) Gegen das Vergessen: In der ersten Nachkriegszeit wurde unumwunden von der

---

[541] Englischer Text bei H. Hardacre, a. a. O., S. 167–170, und E. Lokowandt, a. a. O., S. 64–67.

[542] Dazu mit weiterführender Literatur A. Suggate: Japanese Christians, S. 162–175.

[543] Itai-itai ist lautmalerisch, etwa mit „Au-Au" zu übersetzen; vgl. M. Pohl: Japan, München 1992², S. 233.

[544] A. Suggate, a. a. O., S. 41–50.

[545] J. M. Nakajima: The Church in Dispute over Expo 70. Controversy in the United Church of Christ in Japan, in: Y. Kumazawa/D. L. Swain (Hg.): Christianity in Japan, S. 100–113; J. M. Philips, a. a. O., S. 35–37, 200 f.; W. Davis: Japanese Religion and Society. Paradigms of Structure and Change, Albany 1992, S. 81–109.

[546] Vgl. zu diesem Abschnitt vor allem J. M. Philips, a. a. O., S. 7–49; M. Miyata: Mündigkeit und Solidarität, passim; Y. Terazono/H. E. Hamer, a. a. O., S. 13–43, 68–129; Y. Kumazawa/ D. L. Swain (Hg.), a. a. O., S. 63–74 (O. Tsukada: Yasukuni Shrine and Emperor System), 75–88 (T. Shoji: Christians and Peacemaking), 89–99 (J. M. Nakajima: Campus Protests Inaugurate the 1970s), 100–113 (J. M. Nakajima: The Church in Dispute over Expo 70); A. Suggate, a. a. O., S. 56–117, 215–248.

japanischen Kriegsschuld gesprochen.[547] Aber diese Geschichtsdarstellung wurde – wie der christliche Politikwissenschaftler Miyata Mitsuo gezeigt hat – in der Folgezeit zunehmend revidiert.[548] Der Großasiatische Krieg (d. h. der Krieg in Ost- und Südostasien 1931–1945) wurde als ein Befreiungskrieg interpretiert, dessen Ziel es gewesen sei, Südostasien von der Herrschaft der westlichen Kolonialmächte zu befreien. Und so betrachtet hat Japan eigentlich das Kriegsziel erreicht, auch wenn der Krieg verloren wurde. Noch im Jahr 1994 vertrat Shin Sakurai, Direktor des Umweltamtes und Kabinettsmitglied, vor Journalisten die Ansicht, die japanische Besetzung anderer asiatischer Länder im Zweiten Weltkrieg habe vorwiegend positive Folgen gehabt:

Dank der japanischen Besetzung konnten die meisten asiatischen Nationen sich vom europäischen Kolonialjoch befreien und unabhängig werden.[549]

Die Tendenz einer Verschleierung der japanischen Aggression weist Miyata auch in den Schulbüchern nach.[550] Z. B. blieben die Gräueltaten im Zusammenhang mit der Einnahme der chinesischen Stadt Nanjing (1937) ebenso unerwähnt wie die Zwangsverpflichtung koreanischer Frauen (*comfort women*) zur Befriedigung sexueller Bedürfnisse japanischer Soldaten.

Vor diesem Hintergrund war es nicht nur von innerkirchlicher, sondern auch von politischer Bedeutung, dass der Kyodan 1967 ein Schuldbekenntnis ablegte, in dem nicht nur von den Verbrechen von Regierung und Volk gesprochen wurde, sondern auch vom Versagen der Kirche:

Die Kirche als ‚das Licht der Welt‘ und als ‚das Salz der Erde‘ hätte sich nicht mit dem Krieg verbinden sollen. […] Wir gaben jedoch im Namen der Vereinigten Kirche eine Erklärung im Inland und im Ausland ab, in der wir den Krieg guthießen und unterstützten. Und wir beteten für den Sieg. […]
Jetzt bekennen wir diese Sünde mit tiefem Schmerz in unseren Herzen und bitten unseren Herrn um Vergebung, ebenso die Länder der ganzen Welt, besonders die in Asien, die Kirchen und die Brüder und Schwestern dort, sowie auch unser eigenes Volk.[551]

Diese Erklärung erregte Widerspruch, auch innerhalb des Kyodan, da sie eine implizite Kritik an früheren Kirchenführern enthielt. 1986 bekannte sich der Kyodan zu einer anderen Seite seiner Vergangenheit: Er entschuldigte sich bei Vertretern der Holiness-Kirchen für das Verhalten ihnen gegenüber während des Krieges.[552]

(2) Gegen das Wiederaufleben von Tenno-Ideologie und Nationalismus: Erstes Anzeichen eines Wiederauflebens von Nationalismus und Staats-Shinto[553] war die Wie-

---

547 M. Miyata, a. a. O., S. 95.
548 Ebd., S. 19–21, 93–99, 145–166.
549 Zitiert in: Der Spiegel vom 22.9.1994 (34), S. 120. Da zu gleicher Zeit Ministerpräsident Murayama eine Reise in verschiedene ostasiatische Länder plante, entschuldigte sich der Minister umgehend für seine Äußerung.
550 M. Miyata, a. a. O., S. 145–166.
551 Zitiert nach Y. Terazono/H. E. Hamer, a. a. O., S. 178, dort der ganze Text des Schuldbekenntnisses.
552 Ebd., S. 15.
553 K. Antoni: Kokutai, S. 319–373; A. Suggate, a. a. O., S. 96–117; K. P. Takayama: The Revitalization of Japanese Civil Religion, in: M. R. Mullins/S. Susumu/P. L. Swanson (Hg.): Religion and Society in Modern Japan, o. O. 1993, S. 105–120.

dereinführung von Nationalhymne und Flagge, die Symbole des japanischen Imperialismus waren. Äußerungen des Tenno deuteten darauf hin, dass seiner Ansicht nach das Verhältnis des Volkes zu ihm unverändert geblieben war.[554] Ein Shinto-Gelehrter nannte 1972 den Kaiser den „Gott auf der Erde".[555] Ein so verstandenes Kaisertum trägt nach Miyata Mitsuo den Keim der Intoleranz und der Unterdrückung in sich. Und Miyata kam zu dem Ergebnis, dass das Kaisertum, „sei es auch das ‚Symbol-Kaisertum', [...] grundsätzlich unvereinbar mit dem christlichen Glauben" sei.[556] Dass die Tenno-Idee im Kern tatsächlich unverändert geblieben war, zeigte sich während der Feiern anlässlich des Todes des Showa-Tenno (1989) und der Inthronisation seines Sohnes Akihito als Heisei-Tenno (1990). Christliche Organisationen forderten die strikte Einhaltung der Trennung von Staat und Religion, was bedeutet hätte, dass weder die Trauerfeierlichkeiten für den Showa-Kaiser noch die Inthronisation des Heisei-Kaisers unter Staatsbeteiligung und auf Staatskosten hätten stattfinden dürfen. Besonders umstritten war die „Große Reisopfer-Zeremonie" im Zusammenhang der Inthronisation. Durch diesen Ritus wurde der neue Kaiser zum *kami* erhoben und also vergöttlicht.[557] Die Regierung ignorierte den Protest in beiden Fällen und führte die Riten auf Staatskosten durch.

In diesem Zusammenhang ist auch der Widerstand gegen die Verstaatlichung des Yasukuni-Schreins zu sehen. Nach 1945 wurde dieser Schrein wie alle anderen Heiligtümer nicht mehr als Staatsschrein betrachtet, bezahlt und verwaltet, sondern als Heiligtum einer Religionsgemeinschaft. Versuche einer erneuten Verstaatlichung des Schreins scheiterten zwar, aber nachdem schon 1952 der Tenno den Schrein besucht hatte, statteten ihm mehrfach Ministerpräsidenten (z.B. Koizumi 2001) und andere Persönlichkeiten aus Politik und Militär einen Besuch ab, was regelmäßig Proteste im Ausland hervorrief. 1978 wurden 14 Kriegsverbrecher der Klasse A in den Yasukuni-Schrein aufgenommen, wo sie fortan als Helden („Showa-Märtyrer") verehrt wurden. Der *Nationale Christenrat Japans* sah hier einen Versuch, die Trennung von Staat und Religion rückgängig zu machen und nahtlos an eine Tradition anzuknüpfen, die in der Vergangenheit Unheil gebracht hatte. Auch nichtchristliche Religionsgemeinschaften wie die neubuddhistische *Rissho Kosei-Kai* unter ihrem Gründer Niwano Nikkyo[558] erhoben Protest. Der Rechtsstreit einer einzelnen christlichen Frau, die die Rechtmäßigkeit der Einschreinung ihres nichtchristlichen Mannes anfocht[559], endete zu ihren Ungunsten. Sie selbst wurde zur Zahlung von einer Million Yen verurteilt.[560]

Der Widerstand von Christen gegen die Beteiligung des Staates an der Schrein-Verehrung und damit gegen eine Aufweichung der Trennung von Staat und Religion geschieht nicht nur um des Erhalts einer offenen Gesellschaft willen, sondern auch aus Verantwortung für den Frieden. Denn mit dem Verweis auf die Rache und den Zorn

---

[554] M. Miyata, a. a. O., S. 77 f.
[555] Ebd., S. 79.
[556] Ebd., S. 67.
[557] A. Suggate, a. a. O., S. 86 f.
[558] Y. Terazono/H. E. Hamer (Hg.), a. a. O., S. 127.
[559] Vgl. dazu ebd. , S. 75–87; H. Hardacre, a. a. O., S. 153–157.
[560] H. Hardacre, a. a. O., S. 157.

der „Heroen-Götter", d. h. der im Yasukuni-Schrein verehrten Gefallenen, wurde in der Vergangenheit zum Durchhalten im Krieg aufgerufen.[561]

(3) Für den Frieden: Der Verzicht auf Militär – wie ihn Artikel 9 der Verfassung fordert – wurde nach dem Zweiten Weltkrieg nicht lange durchgehalten. Als im Zuge des Kalten Krieges und des Koreakrieges Japan zum ostasiatischen Stützpunkt der westlichen Mächte wurde, suchten die Besatzungsmächte selbst nach Wegen, das strikte Verbot zu umgehen.[562] Eine 75 000 Mann starke „Polizeireserve" wurde aufgestellt, aus der 1952 eine „Sicherheitstruppe" und 1954 die „Selbstverteidigungskräfte" wurden. Ende des 20. Jahrhunderts hatte Japan das drittgrößte Militärbudget und die viertgrößte Armee der Welt.[563] Die Ablehnung der atomaren Rüstung allerdings nahm in Japan noch zu, als 1954 ein japanischer Fischer von Niederschlägen betroffen wurde, die durch Atombombenversuche auf dem Bikini-Atoll radioaktiv verseucht waren. 1967 verkündete Ministerpräsident Sato die drei nichtnuklearen Grundsätze: Japan werde keine Atomwaffen herstellen, keine besitzen und auf seinem Boden keine zulassen.[564]

Die in der japanischen Friedensbewegung aktiven Christen waren nur eine Minorität in der Christenheit Japans. Sie gründeten 1951 die *Christian Peace Association*, die sich vor allem für die Einhaltung von Artikel 9 der Verfassung stark machte. Der *National Christian Council of Japan* (NCC-J) bekräftigte im Jahr 1982 die Verantwortung der Christen für den Frieden in einem „Friedensappell".[565] Das Bemühen um den Frieden wird hier in den weiteren Kontext von Gerechtigkeit und Menschenrechten gestellt. Die ungebremste Aufrüstung erfüllte die Verfasser mit Pessimismus, zugleich aber sahen sie einen weltweiten Friedenswillen am Werk. Artikel 9 der Verfassung sahen sie als eine von Gott zugewiesene Verpflichtung:

Wir Christen haben unsere Verfassung so verstanden, dass sie uns eine Gelegenheit schenkt, in der der Wille Gottes geoffenbart werden soll (Jes 2,4). Lange haben jene herrschenden Kreise, die sich hauptsächlich auf den japanisch-amerikanischen Sicherheitsvertrag stützen, diesen Verfassungsartikel zum toten Buchstaben zu erklären versucht. Wir möchten jedoch diesen Artikel auf Waffenverzicht wieder hochhalten und ihm neues Leben verleihen.[566]

Das NCC-J-Komitee für „Frieden und nukleare Fragen" versuchte dieses Anliegen in den Kirchen lebendig zu halten. Einzelne Christen engagierten sich bei der Entwicklung einer Friedenserziehung für Kinder.[567]

---

[561] Noch im Jahr 1982 schrieb ein shintoistischer Autor: „Sogar ein von Natur aus gewöhnlicher Mensch wurde dadurch zum Gott, dass er sein Leben für das Vaterland opferte. Diese ‚Götter' sind die Gottheiten des Yasukuni-Schreins. Wenn man das nicht verstehen kann und diese Frage nach dem westeuropäischen Maßstab erledigen will, dann werden sogar die toleranten japanischen Götter am Ende ungeduldig werden und in Zorn ausbrechen."; zitiert bei M. Miyata, a. a. O., S. 184.

[562] R. Hartmann: Geschichte, S. 235.

[563] Nach A. Suggate, a. a. O., S. 230.

[564] Ebd., S. 225.

[565] Text in Y. Terazono/H. E. Hamer, a. a. O., S. 89–92.

[566] Ebd., S. 91.

[567] M. Miyata, a. a. O., S. 140–144, 157–166.

(4) Für Gerechtigkeit[568]: In der florierenden Wirtschaft Japans nach dem Zweiten Weltkrieg gab es auch Gruppen, die an dem allgemeinen Aufschwung nicht teilhatten, sondern unter Benachteilung oder Diskriminierung zu leiden hatten. Dazu zählten die Ainu (vermutlich zu einer frühen Einwanderungsschicht gehörend), die *buraku-min*, als unterste japanische Bevölkerungsschicht, die Koreaner, denen eine gleichbe-rechtigte Existenz unter Beibehaltung ihrer koreanischen Kultur streitig gemacht wurde, die Tagelöhner, die in einigen Großstädten in besonderen Vierteln lebten, wo sie auf Tagesbasis angeworben wurden, sowie Frauen.

Obwohl die Christen in Japan selbst eine verschwindende Minderheit sind, gab es unter ihnen doch einzelne und Gruppen, die sich mit den Benachteiligten solidarisier-ten. So setzt sich ein Komitee des NCC-J (*Buraku People and Discrimination Committee*) ein für eine angemessene Darstellung der Buraku in den Schulbüchern und gegen ihre Diskriminierung im gesellschaftlichen Leben. Das *Buraku Liberation Centre* des Kyodan ging der Diskriminierung von Buraku in der Kirche nach.

In einigen großen Tagelöhnervierteln (*Yosebas*) haben Kirchen – teilweise in ökume-nischer Zusammenarbeit – mit Sozialarbeit begonnen. Als Beispiel sei die von der deutschen Missionarin Elisabeth Strohm begonnene Arbeit in Kamagasaki, dem Tagelöhnerviertel von Osaka, genannt.[569]

Frauengruppen des NCC-J führten in den 70er Jahren eine Kampagne gegen den Sextourismus japanischer Männer durch und errichteten zum Schutz ausländischer Frauen, die in der Unterhaltungsindustrie tätig waren, HELP (*House in Emergency of Love and Peace*).[570] Die japanische Abteilung des *Asian Women's Workers Centre* setzte sich für die Belange arbeitender Frauen ein. Ein 1988 eingerichtetes Beratungs-telefon für überarbeitete Frauen wurde so stark in Anspruch genommen, dass inzwi-schen die meisten Präfekturen ähnliche Dienste eingerichtet haben. In diesen Zusam-menhang gehört auch der sozialethische Ansatz von Takenaka Masao, der „neue Formen des Dienstes in einer sich wandelnden Welt" in Form einer „sozialen Diako-nie" forderte.[571]

---

[568] Zu diesem Abschnitt vgl. vor allem Y. Kumazawa/D. L. Swain (Hg.), a. a. O., S. 143–154 (Chong-il Lee: Churches and Minorities in a Warped Society), 155–170 (Mizuho Matsuda: Asian Migrant Workers), 191–203 (N. Koyanagi: Christian Work in the Yoseba: Kamagasaki, Sanya, Kotobuki, Sasajima); A. Suggate, a. a. O., S. 135–161, 176–214; Y. Terazono/ H. E. Hamer, a. a. O., S. 44–67.

[569] Vgl. dazu E. Strohm: Die Kirche kommt nach Kamagasaki, Erlangen 1976.

[570] K. Honda: Churches and Women's Human Rights, in: Japanese Christian Activity News, 726 (2000), S. 4.

[571] Vgl. Takenakas Vortrag auf der Vollversammlung des ÖRK in Neu Delhi (1961), abge-druckt in M. Takenaka: Cross and Circle, S. 73–84, Zitat S. 79.

Anhang
Christentum und Kirche in Australien

Die Kirchengeschichte Australiens ist vor allem die Geschichte der Kirchen der westlichen Einwanderer in das Land. Die Ureinwohner Australiens sind zu einer kleinen Minderheit geworden, die um ihre Rechte kämpfen muss. Auf dem australischen Festland gab es 1981 – also fast 200 Jahre nach der Ankunft der ersten englischen Siedler – von ca. einer Million noch 144 665 Ureinwohner.[1] Ihnen standen ca. 15 Millionen[2] weiße Australier gegenüber. Die Ureinwohner Tasmaniens wurden vollständig ausgerottet, „1876 soll der letzte gestorben sein".[3]

Australien, das von vielen gesuchte „Südland", wurde schon 1606 entdeckt und zunächst als „Neu Holland" bezeichnet.[4] Ab 1788 wurde es von England als Sträflingskolonie genutzt. Es handelte sich freilich nicht nur um Schwerverbrecher, besonders unter den irischen Sträflingen waren auch politische Häftlinge. Die Deportation von Strafgefangenen nach Australien dauerte in Westaustralien bis 1868 an. Insgesamt betrug ihre Zahl ca. 160 000.[5] In zunehmendem Maß kamen auch freie Siedler. Deren Zahl stieg sprunghaft an, als in den 50er Jahren des 19. Jahrhunderts in Australien Gold entdeckt wurde.

Mit den ersten Ankömmlingen in Neu-Südwales kam auch der anglikanische Geistliche Richard Johnson.[6] Am 3. Februar 1788 hielt er den ersten Gottesdienst in Sydney. Von der Kolonialverwaltung erhielt er ein großes Stück Land zur Verfügung gestellt, aber ansonsten wenig Unterstützung. Er ernährte sich durch die Erträge seiner Farm, erbaute selbst eine Kirche, die zugleich als Schule diente, und unternahm anstrengende Reisen zu den verschiedenen Niederlassungen. Um einen Gottesdienst in Paramatta um neun Uhr zu halten, musste er um vier Uhr morgens aufbrechen.[7] Als er 1800 nach England zurückkehrte, waren seine Kräfte aufgebraucht. Im Jahr 1836 wurde William Broughton zum ersten Bischof der *Church of England in Australia* ernannt. Volle Unabhängigkeit erhielt die anglikanische Kirche in Australien erst 1962. Die verschiedenen Strömungen innerhalb der anglikanischen Kirche in England (High Church, Broad Church, Low Church) finden sich auch in Australien.[8]

---

1 Zahlen nach W. Reinhard: Geschichte, Bd. 3, S. 57; die diesbezüglichen Zahlenangaben differieren allerdings stark.
2 Ende des 20. Jahrhunderts über 18 Millionen; vgl. WCE[2], Bd. 1, S. 81.
3 W. Reinhard, a. a. O., S. 57.
4 Zu Entdeckung durch westliche Seefahrer vgl. W. Reinhard: Geschichte, Bd. 1, S. 82.
5 Zahlen nach W. Reinhard: Geschichte, Bd. 3, S. 57.
6 Vgl. I. Breward: A History of the Churches (2001), S. 12 f.
7 Vgl. I. Breward: A History (1993), S. 14.
8 Vgl. R. Humphreys/R. Ward: Religious Bodies, S. 34–41.

Natürlich gehörten nicht alle Siedler der *Kirche von England* an. Vor allem Siedler aus Irland waren häufig Katholiken. Ihre Forderung nach einem katholischen Priester wurde lange Zeit zurückgewiesen. Erst 1820 wurden katholische Geistliche für die Strafgefangenen ernannt. Die katholische Kirche wuchs im Verlauf der folgenden beiden Jahrhunderte zur zahlenmäßig stärksten christlichen Kirche (26,3 % der Gesamtbevölkerung im Jahr 2000[9]), was vor allem auf die große Zahl katholischer Einwanderer nach dem Zweiten Weltkrieg zurückzuführen ist. In den ersten Jahrzehnten des 19. Jahrhunderts gründeten weitere protestantische Denominationen Gemeinden: Kongregationalisten (1810), Methodisten (1815), Church of Scotland (1824), Baptisten (1831).[10] Einen Sonderfall stellten die lutherischen Siedler dar, die ab 1838 aus Deutschland kamen. Sie wanderten nicht aus wirtschaftlichen, sondern aus religiösen Gründen nach Australien aus.[11] Unter der Führung von Pastor Augustus Kavel weigerten sie sich, die von Friedrich Wilhelm III. verordnete Kirchenunion anzuerkennen. Mit Hilfe des englischen Philanthropisten George F. Angas gelang ihnen die Auswanderung nach Australien. Nachdem es zunächst auf Grund der bewusst lehrmäßigen Ausrichtung der lutherischen Siedler zu mehreren Spaltungen gekommen war, wurde 1921 die *United Evangelical Lutheran Church in Australia* gegründet. Zu einer weiteren Einigung kam es 1966 mit der Gründung der *Lutheran Church of Australia* (ELC), der auch die der Missouri-Synode nahe stehenden Lutheraner angehörten.[12] Zu den traditionellen christlichen Denominationen kamen in den letzten Jahrzehnten des 20. Jahrhunderts vor allem charismatische und pfingstliche Gruppen und Kirchen, die zu den am schnellsten wachsenden christlichen Kirchen wurden.[13]

Die Kirchen in Australien nahmen für sich in Anspruch, einen wesentlichen Beitrag zu öffentlicher Moral und einem geordneten Miteinander zu leisten. Die wichtigste Institution in diesem Zusammenhang war die Schule. Besonders römisch-katholische und anglikanische Bischöfe wandten sich in den 60er und 70er Jahren des 19. Jahrhunderts entschieden gegen den Besuch der Regierungsschulen. Der Streit um Regierungsschulen bzw. kirchliche Schulen zog sich von den 30er Jahren des 19. Jahrhunderts bis in die 80er Jahre hin. 1882 wurde in Neu-Südwales die staatliche Subventionierung denominationeller Schulen eingestellt.[14] Das bedeutete aber nicht das Ende für alle kirchlichen Schulen. Auch kleine Denominationen wie die Lutheraner unterhielten weiterhin Schulen. In der katholischen Kirche entstanden in diesem Zusammenhang Ordensgemeinschaften, die sich besonders der Erziehung widmeten. Am bekanntesten wurden die *Sisters of St. Joseph*, eine von der 1995 selig gesprochenen Mary MacKillop gegründete Gemeinschaft.[15]

---

9   Zahlen nach F. Hebart: Art. „Australia", S. 166.

10 I. Breward: A History (1993), S. 16–20.

11 Vgl. Th. Hebart: The United Evangelical Lutheran Church in Australia (U.C.L.C.A.). Its History, Activities and Characteristics, 1838–1938, Adelaide 1938; E. Leske: For Faith and Freedom. The Story of Lutherans and Lutheranism in Australia 1838-1996, Adelaide 1996.

12 I. Breward, A History (1993), S. 153 f.; R. Humphreys/R. Ward, a. a. O., S. 30–33.

13 Vgl. den Überblick in WCE², Bd. 1, S. 83, und den Überblick über die Kirchen in Australien auf S. 85 f.

14 Vgl. I. Breward: A History of the Churches (2001), S. 134.

15 Ebd., S. 131–133.

1977 schlossen sich presbyterianische, kongregationalistische und methodistische Gemeinden zur *Uniting Church in Australia* zusammen. Der Name soll andeuten, dass der Prozess der Einigung nicht als abgeschlossen betrachtet wird, sondern weiter fortschreiten soll. Leider traten ca. 35 % der Presbyterianer der Unionskirche nicht bei. Im *National Council of Churches in Australia* (1994 aus dem *Australian Council of Churches* hervorgegangen) sind die meisten protestantischen und acht orthodoxen Kirchen vertreten. Katholiken, Lutheraner und Baptisten gehören ihm zwar nicht an, arbeiten aber mit ihm zusammen.[16]

Das dunkelste Kapitel der australischen Geschichte und Kirchengeschichte seit 1788 ist das Verhältnis der Kirchen zu den Ureinwohnern. Zwar gab der erste protestantische Geistliche in Australien, Richard Johnson, seine Tochter einem Ureinwohner zur Frau und versuchte, die SPG zur Entsendung von Missionaren zu den Ureinwohnern zu bewegen. Damit hatte er aber keinen Erfolg.[17] Sein Nachfolger Marsden hielt die Ureinwohner für die „Niedrigsten der menschlichen Rasse", die noch nicht fähig seien, die Segnungen des christlichen Glaubens zu empfangen.[18] Einem großen Teil der Siedler waren die Ureinwohner einfach im Weg. Sie wurden mit den brutalsten Mitteln von ihrem Land vertrieben und ihrer Herden beraubt. Der erste anglikanische Bischof, John Bede Polding, machte das Vorgehen der Siedler dafür verantwortlich, dass die Mission unter den Ureinwohnern erfolglos war. Der Hauptgrund für deren Ablehnung des Christentums sei

das Unbehagen und der Mangel an Vertrauen, die ganz natürlich durch die Art verursacht wurden, wie man von ihrem Land Besitz ergriff – gewaltsame Besetzung, verbunden mit Morden, Misshandlung, Vergewaltigung ihrer Frauen, mit einem Wort: die Überzeugung, dass der weiße Mann ausschließlich um seines eigenen Vorteils willen gekommen sei, ohne jede Rücksicht auf ihre Rechte.[19]

Es trifft zwar zu, dass auch die Missionare den Ureinwohnern gegenüber eine paternalistische Haltung einnahmen und für die Eigenart ihres Denkens und ihrer mit dem Land untrennbar verbundenen Religiosität kein Verständnis hatten.[20] Die schlimmste Folge dieser Einschätzung war die Maßnahme, dass man Kinder der Ureinwohner von ihren Familien trennte, um sie in einer besseren Atmosphäre zu guten Christen und Bürgern zu erziehen, ein Verfahren, das bis in die 80er Jahre des 20. Jahrhunderts fortgeführt wurde.[21] Aber in den Grenzen ihrer paternalistischen Haltung setzten sich die Missionare in der Regel für den Schutz der Ureinwohner ein und scheuten nicht die Feindschaft weißer Siedler. Ein Beispiel dafür ist der Neuendettelsauer Missionar Carl Strehlow (1871–1922). Er arbeitete von 1895 an bis zu seinem Tod mit kurzer Unterbrechung auf der Missionsstation Hermannsburg am Finke River in Mittelaustralien. Er war autoritär, aber er durchlebte mit den Ureinwohnern 27 Jahre lang Dürreperioden, Epidemien, Kriegszeiten und die Anfeindungen weißer Siedler. Und er verfasste in dieser Zeit ein Wörterbuch der Aranda-Sprache, übersetzte das

---

16 Vgl. F. Hebart: Art. „Australia", S. 167.
17 I. Breward: A History (1993), S. 14.
18 Zitiert nach R. C. Thompson: Religion in Australia, S. 5.
19 Zitiert nach ebd., S. 28 f.
20 Das betont R. C. Thompson, ebd., passim.
21 So I. Breward: A History of the Churches (2001), S. 246.

Neue Testament und sammelte eine Fülle religionsgeschichtlichen und ethnologischen Materials. Ein Teil der Ureinwohner wandte sich dem Christentum zu. Aus ihnen sind Theologinnen und Theologen hervorgegangen, die versuchten, ihre Tradition – vor allem die Verbindung von Religion und Land – für ihr christliches Denken fruchtbar zu machen.[22]

---

[22] Vgl. A. Pattel-Gray: Art. „Aboriginal Theology", in: DThWTh, S. 1 f.

Register

Kirchengeschichte in Einzeldarstellungen (KGE)

Herausgegeben von Ulrich Gäbler und Johannes Schilling

Begründet von Gert Haendler und Joachim Rogge †

Die „Kirchengeschichte in Einzeldarstellungen" wendet sich vor allem an Studierende, aber auch an Lehrende der Theologie, Religionspädagogik sowie der Geschichtswissenschaften und an alle kirchengeschichtlich sowie historisch Interessierten. Die Reihe ist ein Standardwerk für das Studium und die Einführung in die gesamte Kirchengeschichte von den Anfängen bis in die neueste Zeit.

Jeder Teilband ist in sich abgeschlossen und verständlich, der jeweilige Zeitraum wird übersichtlich erschlossen. Die Themen der einzelnen Bände greifen ineinander und leiten zur Lektüre des Gesamtwerkes an. Die Verzeichnisse der geschichtlichen Quellen und der weiterführenden Literatur ermöglichen die intensive Arbeit an einzelnen Themen. Zeittafeln, Register und vielfach auch mehrere Karten erleichtern den Zugang zum gesamten Stoff.

Die mit * versehenen Titel sind in Planung

EVANGELISCHE VERLAGSANSTALT
Leipzig

www.eva-leipzig.de

Otto Kaiser
Anweisungen zum gelingenden, gesegneten und ewigen Leben
Eine Einführung in die spätbiblischen Weisheitsbücher
ThLZ.F 9, 2003, 129 Seiten, ISBN 3-374-02067-4, Euro 14,80

Christian Grethlein
Kommunikation des Evangeliums in der Mediengesellschaft
ThLZ.F 10, 2003, 114 Seiten, ISBN 3-374-02086-0, Euro 14,80

Ingolf U. Dalferth
Evangelische Theologie als Interpretationspraxis
Eine systematische Orientierung
ThLZ.F 11/12, 2004, 204 Seiten, ISBN 3-374-02120-4, Euro 18,80

Christoph Markschies
Warum hat das Christentum in der Antike überlebt?
Ein Beitrag zum Gespräch zwischen Kirchengeschichte
und Systematischer Theologie
ThLZ.F 13, 2004, 68 Seiten, ISBN 3-374-02187-5, Euro 12,80

Helmut Goerlich, Wolfgang Huber, Karl Lehmann
Verfassung ohne Gottesbezug?
Zu einer aktuellen europäischen Kontroverse
ThLZ.F 14, 2004, 88 Seiten, ISBN 3-374-02254-5, Euro 14,80

Ulrich Kühn
Zum evangelisch-katholischen Dialog
Grundfragen einer ökumenischen Verständigung
ThLZ.F 15, 2005, 96 Seiten, ISBN 3-374-02279-0, Euro 14,80

Martin Greschat
Kirchliche Zeitgeschichte
Versuch einer Orientierung
ThLZ.F 16, 2005, 112 Seiten, ISBN 3-374-02318-5, Euro 14,80

EVANGELISCHE VERLAGSANSTALT
Leipzig

www.eva-leipzig.de

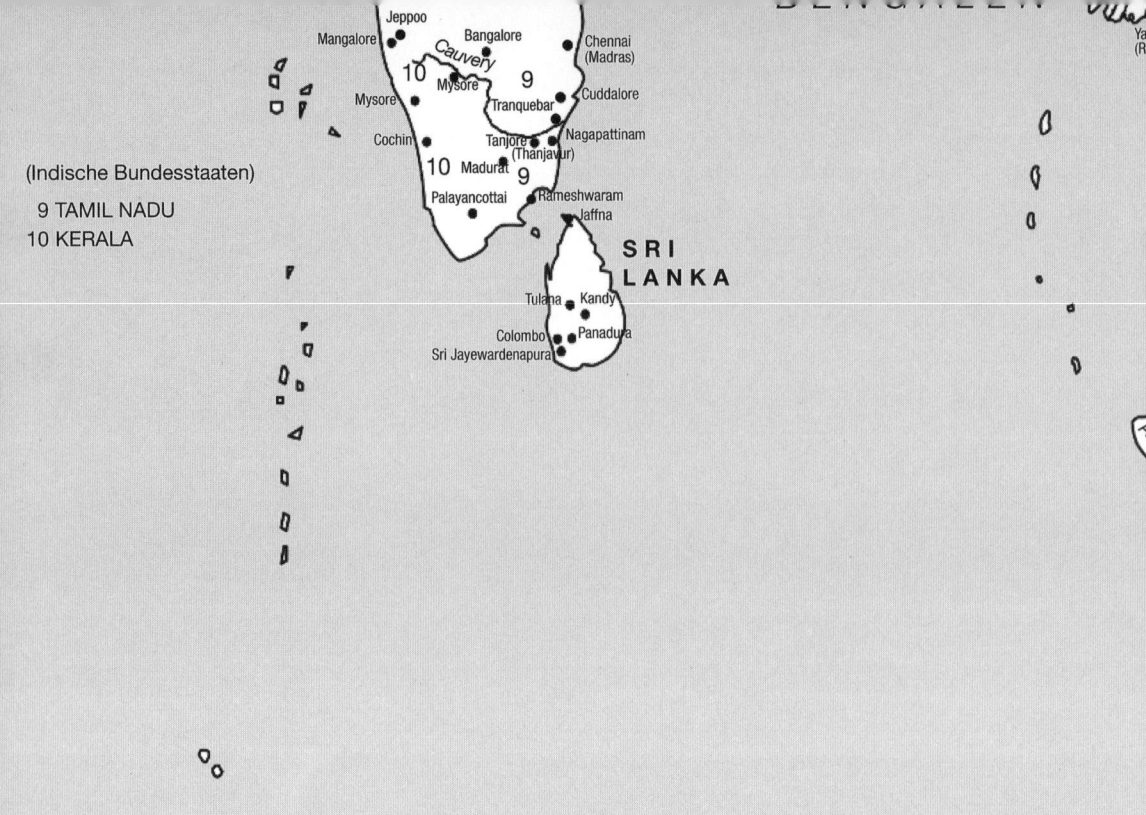

(Indische Bundesstaaten)

9 TAMIL NADU

10 KERALA